セクストス・エンペイリコス

学者たちへの論駁 1

西洋古典叢書

凡例

一、本書の訳出にあたっては、トイプナー叢書(*Sexti Empirici Opera*, rec. H. Mutschmann, vol. III: *Adversus Mathematicos Libros I-VI continens*, iterum ed. J. Mau, Leipzig, 1961)を底本とし、これと異なる読みをした箇所は註によって示した。翻訳にあたっては、『学者たちへの論駁』全十一巻のうち、第1分冊には文法術、弁論術、幾何学、数論、星学(占星術)、音楽を扱う第一巻―第六巻が、第2分冊には論理学を扱う第七巻―第八巻が、第3分冊には自然学、倫理学を扱う第九巻―第十一巻が収められる。

二、ギリシア語をカタカナで表記するにあたっては、

(1) *θ, φ, χ* と *τ, π, κ* を区別しない。

(2) 母音の長短の区別については、固有名詞のみ原則として音引きを省いた。

(3) 地名は慣用に従って表示した場合がある。

三、訳文中『 』は書名を、「 」は引用、表現、議論の事例等を、またゴシック体の和数字はベッカー版(一八四二年)における節番号を表わす。

四、訳文中の[ ]は訳者の補足であることを示す。第一巻では訳文中でギリシア語をそのまま用いた場合があるが、必要に応じて[ ]中にギリシア語のローマ字表記、意味等を加えた。

五、訳註に頻出する略称、略号は解説の末尾に記したので参照されたい。

六、訳文中の固有名詞については巻末の「固有名詞索引」で略述する。

目次

学者たちへの論駁 1

金山弥平
金山万里子 訳

第一巻

学者たちへの論駁

一　諸学問を事とする人たちに対して反論を行なっている点では、エピクロスの一派[1]もピュロンを祖とする人たちもほぼ共通するように思われるが、しかし、彼らは同一の状態に基づいて反論を行なったわけではない。エピクロス一派は、諸学問は知恵の完成になんら貢献するところがないと考えて、あるいは、ある人たちの推測するところでは、反論することによって自分たちの無教養を覆い隠すことができると考えて、反論を行なった——というのも、エピクロスは多くの領域において、無学な者として論駁の対象となっているが、通常の会話でも正しいギリシア語を用いていないとして論駁されているからである[2]。二　またおそらくは、プラトンやアリストテレスの一派、また同様に博学であった人たちに対する反感のゆえに反論を行なったということもあるかもしれない[3]。さらにまた、ピュロンの弟子であるナウシパネスへの敵意ゆえ、ということもありそうにないわけではない。というのも、ナウシパネスは多くの若者を引きつけ、諸学問、なかでもとりわけ弁論術を熱心に追究していたからである。三　そこでエピクロスは、ナウシパネスの弟子であったにもかかわらず、自学自習により、自力で大成した哲学者であると思われんがために、あらゆる方法でそのことを否認し、また師の名声を消し去ろうと熱心に努め、かの人が誇りとしていた諸学問に対する大々的告発者となったのである。(4) **四** げんに彼は、『ミュティレネの哲学者たちへの書簡』の中で次のように語っている、「とにかくわたしとしてはこう思う――あの唸り屋たちは、わたしがかのクラゲの生徒であり、酔

---

(1) エピクロス「断片」一二七 (Usener)。諸学問を不要とするエピクロスの態度については、キケロ『善悪の究極について』第一巻六-二〇、第二巻四-一二、ディオゲネス・ラエルティオス『哲学者列伝』第十巻六–七、アテナイオス『食卓の賢人たち』第十三巻五八八a–bを参照。これらの箇所におけるエピクロスへの中傷の出所は、エピクロスの弟子であったが、後に離反したティモクラテスに遡ると考えられる(ディオゲネス・ラエルティオス『哲学者列伝』第十巻六–七を参照)。また諸学問を不必要とみなすに至ったエピクロス自身の理由については、キケロ『善悪の究極について』第一巻二一-七一–七二を参照。

(2) *Epicurea*, p. 89, 30 (Usener). エピクロスに対する無学、無教養の誹謗については、キケロ『神々の本性について』第一巻二六-七二、『善悪の究極について』第一巻七–八-二六、二一-七二、『占いについて』第二巻五〇-一〇三、クレオメデス『メテオーラ(諸天体の円運動について)』第二巻一-四六七–五二四 (Todd)、エピクロスの独自の用語法については、キケロ『善悪の究極について』第二巻五-一五、六-一八、九-二七、ディオゲネス・ラエルティオス『哲学者列伝』第十巻一三–一四を参照。

(3) 諸学問に対するアカデメイア(クセノクラテス)とアリストテレスの肯定的態度については、ディオゲネス・ラエルティオス『哲学者列伝』第四巻一〇、第五巻三一を参照。

(4) ナウシパネス「生涯と学説」七 (DK)、エピクロス「断片」一一四 (Usener) を参照。エピクロスの「独学」の主張、およびナウシパネスその他の哲学者たちへの攻撃については、キケロ『神々の本性について』第一巻二六-七二–七三、ディオゲネス・ラエルティオス『哲学者列伝』第十巻七–八、一三、プルタルコス『モラリア』一〇八六E–F、一一〇〇A–Bを参照。しかし、エピクロスは先人の説を剽窃したとして批判されてもいた(ディオゲネス・ラエルティオス『哲学者列伝』第十巻四、一四)。

い痴れた若造連中にまじってその講義を聴いた、などと考えることだろう」。ここで彼が「クラゲ」と呼んでいるのはナウシパネスのことであり、それは、彼を無感覚［愚鈍］とみなしてのことである。[1] さらにまた、同書簡の後の方では、エピクロスはこの男に多くの非難を浴びせた後、彼が諸学問に熟達していたことにそれとなく言及し、「というのも、彼は下等な人間であって、そこからしては知恵に到達することのできないそうした諸々の事柄に勤しんだのである」と述べているが、ここで彼が暗示しているのは諸学問のことである。

五 しかし、人が推測して言うであろうように、エピクロスは、何かそうした動機から出発して諸学問に論戦を挑むべきだと考えたとしても、他方、ピュロンを祖とする人たちは、諸学問はまったく知恵に寄与するものではないという理由で論戦を挑んだわけでもないし――というのも、それはドグマティスト的な主張であるから[2]――、また彼らに付きまとう無教養がそうさせた、というわけでもない。というのも、彼らには教育があり、他の哲学者たちにまさる広い経験を積んでいるだけでなく、さらに加えて、彼らは多くの人々の思いなしに対しては無頓着［無差別］の態度をとっているからである。[3] **六** それにまた、ある人たちに対する反感のためということでもない（なぜなら、そのような悪徳は彼らの穏やかさから遠くかけ離れているから[4]）。彼らはむしろ、彼らが哲学[5]全体においてこうむったのと同様の情態を、諸学問においてもこうむったのである。というのは、彼らは真理に到達したいという渇望に促されて哲学に向かったが、しかし諸々の物事のあいだの力の拮抗した争いと変則性に出会い、判断を保留するに至った[6]――それと同じように諸学問においても、彼らは学問の獲得を目指して出発し、ここでも真実を学ぼうと探求したが、しかし同等の行き詰まり［難問］が種々あるのを見出し、そのことを隠さなかったのである。七　それゆえわれわれも、彼らと同じ生き方［主義］(7)を追求している者として、勝利欲を離れ(8)、諸学問への反論となる実質的な諸議論を選び出

(1)『ミュティレネの哲学者たちへの書簡』についてはディオゲネス・ラエルティオス『哲学者列伝』第十巻七を参照。「唸り屋」の原語は βαρύσтονος。よい役者の βαρύτονος（深い声）をもじり、下手な役者を指すのに用いられた（デモステネス『冠について』二六二）。哲学者への適用例についてはプルタルコス『モラリア』一〇八六Eを参照。「クラゲ」が無感覚（愚鈍）なものを指す点については、プラトン『ピレボス』二一C、アリストテレス『動物部分論』第四巻第五章六八一a一八、アテナイオス『食卓の賢人たち』第三巻九七cを参照。エピクロスとは対照的に、ナウシパネスは政治への積極的参加とそのための弁論術を重んじたが（ナウシパネス「断片」一、二を参照）、そうした影響を受けた若者を指して、エピクロスは「酔い痴れた若造連中」と呼んだのであろう。

(2)『論駁』第六巻四－五を参照。

(3) 人々の思いなしに対するピュロンの無頓着（無差別）については、ディオゲネス・ラエルティオス『哲学者列伝』第九巻六二、六六、ガレノス『経験派の概要』第十一章（p. 82, 32-p. 83, 2 (Deichgräber)）を参照。

(4) ピュロンの穏やかさ、あるいは静かさについては、『論駁』第十一巻一四一、ガレノス『経験派の概要』第十一章（p. 84, 30-p. 85, 2 (Deichgräber)）、懐疑主義者の人間愛については、『概要』第三巻二八〇、また、穏やかさを懐疑派の目的とみなす見解については、ディオゲネス・ラエルティオス『哲学者列伝』第九巻一〇八を参照。

(5) マウが採用するN写本の σοφίας ではなく、他の諸写本の φιλοσοφίας を読む。

(6)『概要』第一巻一〇、一二、二六、二九を参照。

(7)「生き方（主義）」の原語は ἀγωγή。「懐疑主義（σκεπτικὴ ἀγωγή）」は「懐疑的な生き方」とも訳しうる。詳しくは『概要』邦訳補註B（四〇五頁）を参照。

(8) 勝利欲を悪とする見方については『論駁』第十一巻一二〇を参照。

して提示するよう試みるつもりである。[1]

ところで、諸学問はどうして「円環的な学問[2]」と呼ばれているのか、またその数はいくつあるのかということを教えるのは、余計なことだとわたしは思う。なぜならわれわれが教える相手は、[3]そうした事柄についての教示をすでに十分受けている人たちであるのだから。八　むしろさしあたって必要なのは、次のことを示すことである――すなわち、諸学問への反論のうちには、すべての学問への反論として一般的に語られる議論と、個々の学問への反論として語られる議論とがあり、[4]そして、学問はまったく存在しないという議論はより一般的な議論であるが、他方、より固有な議論とは、例えば文法家たちに対しては、語（レクシス）[5]を構成する諸々の字母（ストイケイオン）[6]に関する議論、幾何学者たちに対しては、仮設に基づいて諸原理を前提してはならないという議論、また音楽家たちに対しては、音声も時間もまったく存在しないという議論である――このことを、示さなければならない。そこで、まず最初により一般的な反論を取り上げ、順番に見ていくことにしよう。

学問は存在するか

九　ところで、学習について哲学者たちのあいだに生起している反目は、数多く多様であり、それについて今ここで判定を下すことは、時宜に適ったことではない。[7]むしろ次のように論じれば十分である――もしも何か学問が存在し、それが人間にとって達成可能なものであるとすれば、あらかじめ四つのものが同意されていなければならない、すなわちそれは、教えられる物事と、教える人と、学ぶ人と、学習法である。しかし、われわれがこれから示すように、教えられるものも、教える人も、学ぶ人も、学習法も存在しない。したがって、何か学問が存在するということはない。

教えられるものについて

一〇　実際われわれは、第一のものについて論じて、第一に次のように言う[8]――もしも何かが教えられるとすれば、存在するものが、存在するがゆえに教えられるか、あるいは、存在しないものが、存在しないが

---

(1) 実質的な議論については『論駁』第五巻一〇六、第六巻三八、六八を参照。

(2)「円環的な学問」については補註Aを参照。

(3)〈*πρὸς*〉*ἱκανὴν*（ベッカー）を読む。

(4) 懐疑主義者が行なう一般的な反論と個別的な反論の区別については、『論駁』第八巻五五、第十一巻二一七、二四三、『概要』第二巻八四、第三巻一、二七〇などを参照。

(5) 語（レクシス）については補註Bを参照。

(6) 字母（ストイケイオン）については補註Cを参照。

(7)『論駁』第一巻九については『論駁』第十一巻二一八、『概要』第三巻二五二を参照。なお、*διαφωνία* に「反目」という訳語をあてたが、「感情的に対立する」というような意味合いは含まない。この語は *συμφωνία* と反対の語であり、*συμφωνία* が意見の一致、調和を意味するのに対して、意見や表象相互の不一致、不調和を意味する。『概要』第一巻二六、一六五を参照。

(8)『論駁』第一巻一〇―一四については『論駁』第十一巻二一九―二二三、『概要』第三巻二五六―二五八、およびディオゲネス・ラエルティオス『哲学者列伝』第九巻一〇〇を参照。

ゆえに教えられるかのいずれかである。しかし、われわれが論じようとしているように、存在するものが存在するがゆえに教えられることもないし、存在しないものが存在しないがゆえに教えられることもない。したがって、何かが教えられることはない。

実際、存在しないものが、存在しないがゆえに教えられるということはありえないだろう。というのも、もしもそれが教えられるとすれば、それは教えられうるものであるとすれば、それは存在するものであることになり、一一　それゆえそれは、存在しないものでもあるし、また存在するものでもあることになるだろう。しかし、同じものが、存在するものとしても存在しないものとしても存立することは不可能である。したがって、存在しないものが、存在しないがゆえに教えられるということはない。

また、存在しないものには何の属性も属さないが、何の属性も属さないものには、教えられるということも属さないだろう。というのも、教えられるということも、諸属性のうちの一つであるのだから。かくしてこの理由によっても、存在しないものは教えられうるものではない。

一二　それにまた、教えられるものは、表象(1)を喚起することによってわれわれの学習するところとなるが、存在しないものは表象を喚起しえないから、教えられうるものでもない。

さらにまた、存在しないものは、真なるものとしても教えられえない(2)。というのも、真なるものは存在しないものではないし、また、何か真なるものが、存在しないものとして教えられうるということもないからである。しかし(3)、もしも真なるものは何も、存在しないものとして教えられうるのではないとすれば（というのも、真なるものは存在するものであるから(4)）、存在しないものは教えられえないものである。

一三　また、もしも真なるものが何も教えられないとすれば、教えられるものはすべて偽なるものであることになる。これはきわめて不合理である。かくして、存在しないものが教えられるということはない。というのも、教えられるものは、偽なるものであるか、あるいは、真なるものであるかのいずれかである。しかし、偽なるものであるというのはきわめて不合理であり、他方、真なるものであれば、存立しているのである。したがって、存在しないものは、教えられうるものではない。

一四　それにまた、存在するものが、存在するがゆえに教えられうるということもない。というのも、存在するものはすべての人に等しく現われているのであるから、すべてのものが教えられえない(5)ことになるであろう。

さらにまた、もしも存在するものが、存在するがゆえに教えられうるとすれば、教えられえないものは何

（1）「表象」と訳した *φαντασία* は、ストア派認識論においては、物質的な魂の統轄的部分が感覚的にこうむる物質的変様を指し、そこから英語ではしばしば impression（印象、表象）と訳される（『概要』第二巻七〇および『概要』邦訳一三頁註（4）を参照）。

（2）*ὂν ⟨διδακτόν⟩ ἐστιν*（ベッカー）を読む。

（3）「しかし」以下、一二―一三節の読み方については補註Dを参照。

（4）ストア派によれば、「真なるものとは、存立しており、かつ何かと対立（矛盾）するものである」（セクストス『論駁』第八巻一〇、八五、八八、第十一巻二二〇、『概要』第二巻二五六）。

（5）マウは、*διδακτά*（教えられうる）（Harder）を採用しているが、諸写本の *ἀδίδακτα*（教えられえない）を読む。詳しい読み方については補註Eを参照。

も存在しないであろう。(1) そしてそこから、教えられうるものは何もないことになるであろう。というのも、教えられうるものの学習が知られているものから生じるためには、何か教えられえないものがあらかじめ存在していなければならないからである。(2) かくして、存在するものが存在するがゆえに教えられる、ということもない。

一五　教えられるのは、「何かでないもの」か、あるいは、「何か」(3)かのいずれかであると主張する人たちに対しても、行き詰まりに導く同様の方式が用いられるだろう。というのも、もしも「何かでないもの」が教えられるとすれば、それは教えられるかぎりにおいて「何か」であり、そしてそれゆえ、同じものが反対のもの――「何かでないもの」と「何か」――であることになるだろう。しかしこれは不可能なことである。(4) また、「何かでないもの」には何の属性も属しておらず、それゆえ、教えられるということも属していない。というのも、これも一つの属性であるのだから。一六　かくして「何かでないもの」は教えられない。(5) しかし、同じ類比に従い、「何か」もまた、教えられえないものになるだろう。というのも、もしも「何か」が、「何か」であるというそのこと(6)のゆえに教えられうるとすれば、教えられえないものは何もないことになり、そこからして、教えられうるものは何もないことになるからである。(7)

一七　それにまた、もしも「何か」が教えられるとすれば、それは「何かでないもの」を通して教えられるか、あるいは、「何か」を通して教えられるかのいずれかであることになるだろう。(8) しかし、「何かでないもの」を通して教えられることはありえない。なぜなら、ストア派によれば、「何かでないもの」は思考にとって非成立的であるから。したがって残る選択肢としては、学習は「何か」を通して生じるしかない。しかしこれもまた行き詰まることになる。一八　というのも、教えられるものそれ自体が、「何か」であるかぎりにおいて教えられるのと同様に、そこから学習が生じる元のものもやはり「何か」である以上、けっきょくすべてのものが教えられうるものであることになるだろう。そしてそれゆえに、教えられえない(9)ものは何もないのであるから、学習は否認されることになる(10)。

一九　さらにまた(11)、「何か」のうち、あるものは物体であり、別のものは非物体であるから、「何か」である教えられるものは、物体であるか、あるいは、非物体であるかのいずれかでなければならないだろう。しかし、われわれがこれから論じるように、それは物体としても存立しえないし、非物体としても存立しえない。したがって、教えられる「何か」は存在しないのである。

---

(1) 〈*καὶ ἄλλως· εἰ τὸ ὂν τῷ εἶναι διδακτόν ἐστιν, οὐδὲν ἔσται ἀδίδακτον*〉（ハインツ）を補う。詳しい読み方については補註Eを参照。

(2) アリストテレス『分析論後書』第一巻第一章七一a一―一一を参照。

(3)「何か（*τί*）」と「何かでないもの（*οὔτι, τὸ οὔ τι ὄν*）」については補註Fを参照。

(4)『論駁』第一巻一〇―一一を参照。

(5)『論駁』第一巻一一を参照。

(6) *ὅτι* 〈*τὶ*〉 *ἔστιν*（ハインツ、ビュリー）を読む。

(7)『論駁』第一巻一四を参照。

(8)『論駁』第一巻一七―一八と同様の二者択一に基づく議論については、『論駁』第十一巻二三一―二三三、『概要』第三巻二五七―二五八を参照。

(9) 諸写本の *διδάκτου* ではなく、ビュリーやマウが採用する *ἀδιδάκτου* を読む。

(10)『論駁』第一巻一四を参照。

(11)『論駁』第一巻一九―二九については『論駁』第十一巻二二四―二三一、『概要』第三巻二五四―二五五を参照。

物体について

二〇　とりわけストア派によれば、物体は教えられうるものではないことになるだろう。というのも、教えられるものはレクトン〔言表されうるもの〕[1]でなければならないが、物体はレクトンではなく、それゆえ物体は教えられないからである。[2]

また、もしも物体が感覚されるものでも、思惟されるものでもないとすれば、明らかに、それは教えられうるものでもないことになるだろう。[3] ところで、物体は感覚されるものではない——感覚されるものの概念から明白であるように。二一　というのも、もしも物体が、エピクロスが主張しているように、大きさと形と抵抗の集積した結合であるとすれば、あるいは数学者たちが言っているように、三次元の広がりをもつもの、すなわち、長さと幅と深さから成るものであるとすれば、あるいはふたたびエピクロスが、物体を空虚から[4]区別するために言っているように、三次元の広がりをもち、抵抗を伴うものであるとすれば、あるいは他の人たちが言っているように、抵抗性のある塊であるとすれば、[5]——　二二　ともかくいずれであるにせよ、物体は多数の固有性の結合に基づいて思惟されるのであり、そして複数のものを結合することは、何らかの単一で非理性的な感覚の働きではなく、理性的な思考の働きであるのだから、物体は、感覚されるものではないことになるだろう。[6]

二三　さらに、物体は感覚されるものであるという仮説をわれわれが採用してみても、やはり物体は教えられえない[7]。なぜなら、感覚されるものがまた、感覚されるものであるかぎり、教えられることはないからである。というのも、白色を見ることや、甘さを味わうことや、温かさに触れることや、芳香を嗅ぐことを学ぶ者はだれ一人おらず、むしろそれらは教えられえないものであって、われわれに自然に具わる事柄だからである。

二四　したがって残る選択肢としては、物体は思惟されるものであり、そういう仕方で教えられうる、と

---

(1) 教えられるものは真なるものでなければならず、したがってレクトンでなければならない。「レクトン(言表されうるもの)」については補註Gを参照。

(2) 同様の議論については『論駁』第十一巻二二四を、レクトンの非物体性については『論駁』第八巻一二、『概要』第二巻八一、および補註Gを参照。

(3) 『論駁』第一巻二〇—二二については『論駁』第九巻四三七、第十一巻二二五—二二六、『概要』第三巻四七を参照。エピクロス派の物体観については、『論駁』第十巻二四〇、二五七、第十一巻二二六、『概要』第三巻三九、四六、一二六、一五二、擬ガレノス『性質は非物体的であること』一九(XIX. p. 464 (Kühn))、九(XIX. p. 483 (Kühn), *SVF* II. 381, LS 45F)、またエピクロス「断片」二七五(Usener)も参照。ただし擬ガレノスでは、この物体観がストア派の見解として紹介されている。また数学者たちの物体観については『論駁』第三巻一九、八三、第九巻三六七、『概要』第二巻三〇を、抵抗という点での空虚と物体の相違については『概要』第三巻一二八を参照。

(4) 諸写本の τὸ κενόν ではなく、ビュリーやマウが採用する τοῦ κενοῦ(ハインツ)を読む。

(5) ブランクは「あるいは他の人たちが言っているように、抵抗性のある塊であるとすれば」を、異なる諸性質の「結合」を含まない規定であって、目下の議論にそぐわないとして削除するが、その必要はないように思われる。

(6) 感覚されるものと思惟されるものへの物事の分類については『論駁』第七巻二一七—二二六を参照。

(7) 『論駁』第一巻二二三については『論駁』第十一巻二二七、二二九、『概要』第三巻二五四を参照。

言うしかない。しかし、いかにしてこれが真でありうるのか、考察してみることにしよう。[1] というのも、もしも物体は長さだけであるのでも、幅だけであるのでも、深さだけであるのでもなく、むしろそれらすべてから思惟されるものであるとすれば、それらはいずれも非物体であるから、それらから成り立つものも、必然的に非物体として思惟され、物体としては思惟されないのであり、そしてそれゆえ、教えられえない、ということにもなるからである。

二五　さらに[2]、それらから成り立つものを、物体として思惟する人は、前もって、それらをそれ自体として思惟することによってはじめて、物体をも思惟することができるのである。というのも、彼はそれらを直接に遭遇するという仕方で思惟するか、あるいは、遭遇からの移行[3]によって思惟するかのいずれかであるだろう。しかし、直接に遭遇するという仕方で思惟することはないだろう。なぜなら、それらは非物体であり、そしてわれわれが非物体を直接に遭遇するという仕方で認識することはないからである――感覚的認識はつねに接触によって生じるのであるから。[4] それにまた、遭遇からの移行によってそれらを思惟することもないだろう。なぜなら、そこから移行してそれらの概念を人が形成するに至る出発点となる感覚されるものを、何一つ所有してはいないからである。かくして、物体がそれらから成り立つ元のものも、われわれは思惟することができないのであるから、物体を教えるということも、必ずやわれわれの力に余ることになるであろう。

二六　しかし、物体の思惟と成立に関しては、われわれはすでに『懐疑主義の覚え書』の中でより正確に示した。[5] そこで今は、それらの論駁から離れて、諸物体を最も大きく分けるとすれば何か二つのものに区別されるということを述べることにしよう(6)。というのも、物体のうち、あるものは感覚されるものであり、別のものは思惟されるものだからである。そこで、もしも教えられるものが物体であるとすれば、必ずやそれは思惟されるものであるか、あるいは、感覚されるものであるかのいずれかである。二七　しかし、感覚されるものは万人に等しく現われ、自明のものとして存立するのでなければならないから、教えられるものは、感覚されるものではありえない(7)。また、思惟されるもの(8)は不明瞭であり、そしてそれ自体すべての哲学者のあいだで判定不可能のまま反目の的になっているから、教えられるものは思惟されるものでもありえな

(1)『論駁』第一巻二四については『論駁』第三巻八三—八四、第九巻三六九、第十一巻二二八を参照。

(2)『論駁』第一巻二五については『論駁』第九巻四三八—四三九、『概要』第三巻四八を参照。

(3)遭遇、および遭遇からの移行については『論駁』第三巻二五、四〇—五〇、第八巻五八—六〇、第九巻三九〇—四〇二、第十一巻二五〇—二五二、ディオゲネス・ラエルティオス『哲学者列伝』第七巻五三を参照。

(4)非物体への接触が不可能であることについては『論駁』第三巻二二、第九巻二八一、二九六を参照。

(5)『論駁』第九巻三六六—四四〇。なお『概要』第三巻三八—四九も参照。『懐疑主義の覚え書』の書名については補註Hを参照。

(6)『論駁』第一巻二六—二七については『論駁』第十一巻二二九、『概要』第三巻二五四—二五五を参照。

(7)『論駁』第一巻二三を参照。

(8)ここで「思惟されるもの」と呼ばれているものは、プラトンのイデアのような非物体ではなく(非物体は存在しない。補註Fおよび『論駁』第一巻二八を参照)、物体ではあるが、感覚されえず、思惟によってその存在が確認されるもの——例えば、体表を通して汗が流れ出ることからその存在が推測される細孔(『論駁』第八巻三〇六、『概要』第二巻一四〇、一四二を参照)——である。

い――というのも、ある哲学者たちは、思惟されるものは不可分なもの［原子］として存立していると言い、別の哲学者たちは可分的なものとして存立していると言い、そして可分的であると言う人たちのうち、いく人かの人は、それは無限に分割されると主張し、またいく人かの人は、最小で部分をもたないものに行き着くと主張しているのである[1]。したがって、物体は教えられうるものではない。

二八　それにまた、非物体も教えられうるものではない[2]。というのも、どのような非物体が教えられると人が主張しようとも――それが、プラトンのイデアであろうと、ストア派のレクトン［言表されうるもの］であろうと、場所、あるいは空虚、あるいは時間、あるいは別の何かそうしたものであろうと、いずれにせよ[3]――、われわれはそれらの成立について、性急なことをいっさい言わないようにし[4]、あるいはまたそれら一つ一つのものの非成立を論じることによって、次から次へと別の考察に赴く羽目に陥らないようにするとすれば、ドグマティストたちのあいだではすべての非物体が探求の的になっており、そして「水流れ、丈高き樹々の繁るかぎり[5]」探求の的になるであろうことは、自明のことなのである――なぜなら、それらのものは存在すると確言する人もいれば、存在しないと確言する人もいるし、また判断を保留する人もいるからである。しかし、いまだ係争中で、定まらぬ論争のただなかに置かれているものについて、まるで一致と同意が見られているかのように、教えられると主張することはおかしなことである。

二九　したがって、もしも存在するもののうち、あるものは物体であり、別のものは非物体であって、それらのいずれもが教えられるものではないということが示されたとすれば、何も教えられないのである。

また次のような仕方でも議論を行なわなければならない[6]。もしも何かが教えられるとすれば、それは真なるものであるか、あるいは、偽なるものであるかのいずれかである。しかしただちに同意されるように、偽なるものは教えられえないし、また真なるものも教えられえない。というのも、『懐疑主義の覚え書』で示されたように(7)、真なるものは行き詰まり、行き詰まるものの学習は存在しないからである。三〇 したがって、教えられるものは何も存在しない。

(1) 不可分なもの(原子)を提唱するのは、デモクリトスやエピクロスの原子論者(『論駁』第九巻三六三、第十巻一四二、『概要』第三巻三二―三三)、物体が無限に分割されると主張するのはストア派(『論駁』第十巻一四二)やストラトン(『論駁』第十巻一五五)、最小で部分をもたないものを想定するのはディオドロス・クロノスである(『論駁』第九巻三六三、『概要』第三巻三二、『論駁』第十巻一一七、一四三も参照)。原子論とディオドロス・クロノスの立場の相違については、『概要』邦訳補註d(四二五頁)を参照。

(2) 『論駁』第一巻二八―二九については『論駁』第十一巻二三〇―二三一を参照。

(3) 補註F、Gを参照。

(4) セクストスはしばしばドグマティストたちの「性急さ」に言及する。『概要』第一巻二〇、一七七、二一二、第二巻一七、二一、三七、第三巻七九、二八一などを参照。

(5) プラトン『パイドロス』二六四Dを参照。プリュギア王ミダスの墓に刻まれていたとされる作者不詳の碑銘の一部(七賢人の一人クレオブロスの作とも伝えられる)。『論駁』第八巻一八四、『概要』第二巻三七にも引用されている。

(6) 『論駁』第一巻二九―三〇については『論駁』第十一巻二三一、『概要』第三巻二五三を参照。

(7) 『論駁』第七巻二九―四四六、第八巻一五―一四〇。書名については補註Hを参照。

また一般的に言って、もしも何かが教えられるとすれば、それは技術的なものであるか、あるいは、非技術的なものであるかのいずれかである(1)。そして非技術的なものであるなら、それは教えられえないし、他方、もしも技術的なものであるとすれば、それが直接に現われるものである場合は、技術的なものでもなければ、教えられうるものでもないし、不明瞭なものである場合は、不明瞭であるがゆえにやはり教えられえないのである(2)。

またこれとともに、教える人も、教えるものをもたないから否認され、学ぶ人も、学ぶものをもたないから否認される。しかしながら、彼らの各々についてもわれわれは個別に論述することにより、行き詰まり［難問］を提起することにしよう。

教える人と学ぶ人について

三一　というのも(3)、もしもだれにせよ教える人や学ぶ人が存在するとすれば、非技術者(4)が同等の非技術者を教えるか、あるいは、技術所有者が同等の技術所有者を教えるか、あるいは、非技術者が技術所有者を教えるか、あるいは、その逆であるかのいずれかであろう。しかし、盲人が盲人の道案内になりえないように、非技術者が非技術者を教えることもできないし、同様に(5)技術所有者が技術所有者を教えることもできない。なぜなら、彼らはどちらも学習を必要としていないのであり、そして等しく欠けるところがないのであるから、この人がかの人より、あるいは、かの人がこの人より、よりいっそう多く学ぶ必要があるということはないからである。

しかしまた、非技術者が技術所有者を教えることもできない。三二　なぜならそれは、視力のない人が視力のある人の道案内をすると言うのと同じようなことだからである。というのも、非技術者は、諸法則のうちでも技術を構成する諸法則に対して視力を欠いており、自分がそもそもまったく知らないものをだれか人に教えることはできないであろうし、他方、技術所有者は、技術を構成する諸法則のうちで鋭い視力をもち、諸法則の知をもっているのであるから、教えてくれる者を必要としないであろう。

三三　したがって残る選択肢としては、技術所有者が非技術者の教師であると言うしかない。しかしこれは上述したことよりもさらにおかしい。というのも技術所有者は、『懐疑主義』の箇所において、技術の諸

（1）『論駁』第一巻三〇については『論駁』第十一巻二三三—二三四、『概要』第三巻二五四、二五九を参照。

（2）マウが挿入する〈*οὐκ ἄρα ἔστι τι τὸ διδασκόμενον.*〉を読まない。

（3）『論駁』第一巻三一—三四については『論駁』第十一巻二三四—二三八、『概要』第三巻二五九—二六五を参照。

（4）「技術所有者」「非技術者」と訳した原語は *τεχνίτης*, *ἄτεχνος*。ストア派の技術概念については補註Ｉを参照。

（5）ハインツ、ビュリー、マウ、ブランクらが採用する *τὸν ὁμοίως τεχνίτην* ではなく、ベッカーが採用する諸写本の *ὁμοίως τὸν τεχνίτην* を読む。

法則とともにわれわれにとってすでに行き詰まりの対象となっているし、[1] また他方、非技術者であるときには技術所有者になることはできないし、技術所有者であるときには、もはや技術所有者になることはなく、すでに技術所有者であるからである。三四　なぜなら、非技術者であるときは、彼は生まれつき目の見えない人や耳の聞こえない人と同様であり、[2] これらの人が諸々の色や音声の概念を獲得する自然本性をもっていないのと同じように、非技術者も非技術者であるかぎりは、技術を構成する諸法則に対して視力や聴力をもっていないのであるから、それらを何一つ見ることもできず、聞くこともできないからである。他方、技術所有者になってしまえば、彼はもはや教えを受ける立場にはなく、すでに教えられてしまっているのである。

三五　また、われわれが自然学者たちに対する反論の中で、変化、情態、生成と消滅について先に取り上げたところから、[3] 諸々の行き詰まり［難問］をもってきて応用しなければならない。しかし今は、諸学問を事とする人たちに譲歩して、教えられる物事が何か存在すること、教師として導く人がだれかいること、また同様に学ぶ人もいることに同意を与えた上で、次には学習法を取り上げて問題にすることにしよう。

学習法について

三六　教育に関わる事柄は、[4] 明瞭な物事によって生じるか、あるいは、言論によって生じるかのいずれかである。しかし、これらのうち、明瞭な物事は示されうる物事に属しており、そして示されうるものは、現われるものであり、現われるものは、現われるかぎりにおいてすべての人によって共通に捉えられうるものであり、すべての人によって共通に捉えられうるものは、教えられえないものである。したがって、明瞭な物事によって示されうるものは、教えられうるものではない。他方、言論は、表示するか、あるいは、表示しないかのいずれかである。三七　そして何も表示しないとすれば、何かを教える教師であるということもない。他方、もしも表示するとすれば、自然本来的に何かを表示するか、あるいは、取り決めによって表示するかのいずれかである。[5] そして自然本来的に表示することはない――なぜなら、すべての人がすべての人の言っていることを、すなわち、ギリシア人が他国人の言っていることを、他国人がギリシア人の言ってい

(1)『論駁』第一巻三三は『論駁』第十一巻二三六と内容的に一致する。ただ、後者には「『懐疑主義』の箇所において」の語句がなく、議論はその直前から連続しているようにも見える。しかし内容的にはむしろ、『論駁』第一巻三三でも第十一巻二三六でも、「生活の技術」の存在を否定する『論駁』第十一巻一六八―二一五の議論が念頭に置かれていると解する方が妥当であろう。なお、マウは『概要』第三巻二五九を指示しているが、その可能性は、セクストスの著作執筆順序の問題と関わってくる。著作執筆順序については本書「解説」(四〇七―四〇八頁)、および『概要』邦訳「解説」(四四一―四四六頁)を参照。

(2)『論駁』第七巻五五を参照。同様の比較は『論駁』第十一巻二三八、『概要』第三巻二六四でもなされている。

(3)変化と情態については『論駁』第九巻一九五―三二九を、生成と消滅については第十巻三一〇―三五〇を参照。具体的な応用の議論としては『概要』第三巻二六〇―二六三を参照。

(4)『論駁』第一巻三六―三八については『論駁』第十一巻二三九―二四三、『概要』第三巻二六六―二六八を参照。

(5)言葉、あるいは名前が、自然本来的に何かを表示するか、あるいは、取り決めによって表示するかという問題については、補註Jを参照。

ることを、あるいはギリシア人がギリシア人の言っていることを、あるいは他国人が他国人の言っていることを、聞き取りはしないからである。**三八**　他方、もしも取り決めによって表示するとすれば、明らかに、語と対応する対象をあらかじめ把握している人は、またその対象を認識することでもあろうが——ただしその場合、それらの語によって、知っていないものを教えられるわけではなく、すでに知っているものを呼び覚ますだけなのである——、他方、知っていない物事を学習する必要のある人は、もはやその対象を認識することはないであろう。

　かくして、教えられるものも、教える人も、学ぶ人も、学習法も存在しないとすれば、明らかに、学問も学問の指導者も存在しないのである。

三九　しかしわれわれは、あらゆる学者を相手とする一般的な反論だけでなく、個々の学者を相手とする、より個別的な反論をも行なうことを約束したのであるから[1]、何か学問が存在し、学習は可能なこととして存立するということを仮設として認めておいて、それぞれの学問が公約しているところについても、それが可能な公約であるかどうかを考察することにしよう。ただしその際、論駁される人たちが語っている事柄すべてを論駁のために取り上げるのではなく（それは、困難で方法を欠くとともに、おそらくは不可能なことでさえあるだろうから）、**四〇**　また、それらすべての中から何であれ手当たり次第に取ってくるのでもなく（そんなことをしたら、たぶんそれらに触れることさえできないであろう）、むしろ、それが否認されるならそれといっしょにすべてが否認されてしまう事柄を取り上げてみることにしよう[2]。そして、ちょうど都市を陥れようと懸命になっている人たちが、それが攻略されたなら都市もまた攻略されてしまうものを何よりも熱心に支配下に収めようとし、例えば城壁を崩したり、船団に火を放ったり、食糧の供給を断ったりするように、われわれもまた、諸学問を事とする人たちと争うにあたって同じことを試み、彼らにとってすべての物事がそれにかかっている救いの源に――例えば、彼らの諸原理(3)、あるいは諸原理に基づく諸々の一般的方法、あるいは諸目的に――攻撃を加えることにしよう。というのも、あらゆる学問が、それらのうちで、あるいはそれらに基づいて、成立しているからである。

文法家たちへの論駁

四一 とりあえずわれわれは、ただちに文法家たちに対する探求に取りかかることにしよう。というのも第一に、われわれは幼児になるかならないうちから、またはじめてむつきに包まれて以来、文法術(4)に引き渡されており、文法術は、他の諸々の事柄を学習するためのいわば出発点だからであり、また第二に、文法術

(1)『論駁』第一巻八。
(2)類似の手法については『論駁』第三巻一八、第五巻三、四九、第六巻五、第八巻三三七a―三三九、第九巻一―三、『概要』第二巻二一、四八、第三巻二七などを参照。
(3)『論駁』第一巻八、第三巻九二、一〇八、第四巻一、第五巻四九、第六巻五、三八、六八を参照。
(4)「文法術」の原語「グランマティケー（γραμματική）」は、現在のgrammar（文法）の語源であるが、古代において専門化されたグランマティケーが扱う対象は、現代の文法のそれよりも広範囲であるため、本訳ではグランマティケーを「文法」と区別して「文法術」と訳す。

は他のあらゆる知識にまさって自信満々であり、(1) ほとんどセイレンたちの約束を与えているからである。

四二　というのも、かのセイレンたちは、人間が自然本来的に探索好きであって、(2) その胸には真理への大きな渇望が潜んでいることを承知しているから、傍らを航海する者を神的な調べで魅了することだけでなく、彼らにありのままの事実を教えることをも約束しているのである。実際、彼女たちは次のように言っている。

さあこちらへ、その名も高きオデュッセウス、アカイア人の大いなる誇りよ、
船をとどめ、われらの声を聞きなさい。
われらの口から流れ出る蜜のごとく甘い声を聞かずして、
黒塗りの船でこの地を過ぎ行きし者は、これまでただ一人もいないのだから。
聞く者は心楽しみ、知識を増し加えて立ち去っていく。
まことに、われらは知っている、広きトロイエの地で、
アルゴスとトロイエの両軍が、神々の意志によってこうむった艱難のすべてを。
またわれらは知っている、ものみなを養う大地の上で起こる事々のすべてを。(3)

四三　そして文法術は、神話や歴史に由来する事柄を言論によって規定することだけでなく、諸方言について、技術的諸理論について、また朗読について習熟していることを自慢し、自らへの大きな欲求を、聞く者のうちに喚起するのである。しかし、われわれが戸口で(4)さまよっていると思われないように、文法術にはどれだけの数のものがあり、またわれわれが探求対象とするのはそのうちのいずれであるか、ということをわれわれは示さなければならない。

(1) 文法術は実生活において有用であるという主張については『ディオニュシオス・トラクス「文法術」への古注』p. 5, 21-p. 6, 18, p. 122, 6-27 (GG I/III)、擬ヘロディアノス『他国風言葉遣いと語法違反について』p. 294, 4-p. 295, 1 (Nauck)、ピロン(アレクサンドレイアの)『予備教育との交わりについて』一五、ディオニュシオス(ハリカルナッソスの)『デモステネスの語り方について』五二、ディオドロス(シケリアの)『世界史』第十二巻一三-一－四を、文法術はあらゆる知識を包摂しているという主張については『ディオニュシオス・トラクス「文法術」への古注』p. 115, 15-19 (GG I/III)を、また文法家の誇りについてはセクストス『論駁』第一巻五四、九七を参照。またセクストスは、他領域でもその知識の重要性を誇る人々を攻撃している(『論駁』第六巻七、三〇、『概要』第一巻一八〇、第二巻一九四、二〇五を参照)。

(2) マウが採用する φιλομαθής ではなく、N、A以外の諸写本の φιλοπευθής を読む。なお、アリストテレス『形而上学』第一巻九八〇a二一を参照。

(3) ホメロス『オデュッセイア』第十二歌一八四－一九一。セイレンの歌がもつ危険性については『オデュッセイア』第十二歌三九－五二、一五八－一六四、一九二－二〇〇を参照。エピクロスはオデュッセウスとセイレンの譬えを、諸学問を避けて、哲学に向かうよう勧める際に用いた(ディオゲネス・ラエルティオス『哲学者列伝』第十巻六、プルタルコス『モラリア』一五D－一六Aを参照)。またキケロは『オデュッセイア』の同箇所を、人間に生得の知識愛の強さの例証として引用している(『善悪の究極について』第五巻一八-四九を参照)。

(4)「戸口で」と訳した原語 παρὰ θύραν は、「戸口を過ぎて」(ビュリー、ブランク)とも訳しうる。悲劇や喜劇でよく用いられた表現であるかもしれない(ルキアノス『ニグリノス』三一を参照)。「戸口で」という意味での用法については『七十人訳聖書、シラ書〔集会の書〕』第二十一章二四を参照。

「文法術」はいくつの意味で用いられるか

四四　「文法術（グランマティケー）」は、同音異義的に、一般的な意味と特殊な意味で用いられている。[1] 一般的な意味では、ギリシアの文字と他国の文字を問わず、ともかくどんな種類の文字であれ、諸々の文字（グランマ）の知見が「文法術」と呼ばれており、これはわれわれが「読み書き術（グランマティスティケー）」と呼び慣わしているものである。他方、より特殊な意味では、マロスのクラテスの一派や、アリストパネスとアリスタルコスの一派が労苦して仕上げた完全な知見が「文法術」と呼ばれている。**四五**　ところでこれらのいずれもが、ある一つの語源から派生的に「グランマティケー」と呼ばれるようになったように思われる。というのも前者は、われわれが分節的な音声を書き留めるのに用いる諸々の文字（グランマ）から派生したものである。他方、後者は、おそらくは、ある人々[2]が主張しているように、前者からの意味の拡張によって[3]「文法術」と呼ばれるようになったのであろう。なぜなら、前者は後者の一部であって、ちょうど医術（イーアートリケー）が昔は矢（イーオス）[4]の摘出からそう呼ばれていたが、今では他の病的諸情態に対するはるかに専門技術的な治療についても言われているように、**四六**　そしてまた、幾何学（ゲオーメトリアー）が、元来はその呼び名を土地（ゲー）の測量（カタメトレーシス）から得ていたが、現在ではもっと自然本来的な事柄の考察にも適用されているように、同様にまた完全な文法術（グランマティケー）も、最初は文字（グランマ）の知見であるからそう名づけられたけれども、後には、文字に関するより多様でより専門技術的な諸法則の知にまで拡張されるようになったのである。

四七　しかしおそらくは、アスクレピアデスの一派が主張しているように[5]、この意味での文法術もそれ自体、グランマからそう名づけられているのかもしれない――ただし、それは読み書き術（グランマティスティケー）の名の由来であるグランマではない。読み書き術の由来は、わたしが述べたように、字母（ストイケイオン）[6]〔の意味でのグランマ〕であるけれども、文法術（グランマティケー）の方は、それが取り組んでいる「書き

（1）二種類の文法術（グランマティケー）の区別については、例えば、ピロン（アレクサンドレイアの）『予備教育との交わりについて』一四八（*SVF* II. 99, *FDS* 416）の次の言葉を参照――「書くことと読むことは、より不完全な文法術が扱うところであり、ある人々はこれに変更を加えて「グランマティスティケー」と呼んでいるが、他方、詩人や作家のもとにあることとの解説は、より完全な文法術によって扱われている」。ピロン（アレクサンドレイアの）『夢は神から送られたものであることについて』第一巻二〇五、スエトニウス『文法家と弁論家について』第四章二、『ディオニュシオス・トラクス「文法術」への古注』p. 114, 23-34, p. 164, 23-29（GG **I/III**）も参照。

（2）前者を重視するエピクロス派を指す。

（3）マウが採用する *διατακτικώτερον* ではなく、*διατατικώτερον*（ベッカー、ビュリー、Theiler）を読む。

（4）青銅や鉄製の鏃が体内に残らないためには切開の必要があった。ただし、ビュリーは「イーオス」を毒蛇などの「毒」の意味にとっている。

（5）*FHG* **III**. 299（Müller）. 読み書き術を文法術に含めない立場から、アスクレピアデスが『文法術について』（『論駁』第一巻二五二を参照）のなかで行なった発言と考えられる。『論駁』第一巻四七―四八については、『ディオニュシオス・トラクス「文法術」への古注』p. 3, 19-26, p. 160, 12-23（GG **I/III**）を参照。

（6）字母（ストイケイオン）については補註Cを参照。

物（シュングランマ）」からそう名づけられているのである。というのは書き物も、かつては「グランマ」と呼ばれていたからである――げんにわれわれが、「公的グランマ」[1]という呼び方をしたり、まただれかある人について、「多数のグランマの経験がある」と言い、その場合、字母の経験があるということではなく、書き物の経験があるということを意味しているように。**四八**　カリマコスも、ある時には詩文を「グランマ」と呼び、別の時には散文を「グランマ」と呼んで次のように言っている。

わたしはクレオピュロスの労作、この人はかつて神のごとき歌人を
　その家に迎え入れた。わたしは歌う、エウリュトスと
黄金色の髪のイオレイアが身に受けたことのすべてを。しかしわたしは
「ホメロスのグランマ」と呼ばれる。親愛なるゼウスよ、
　クレオピュロスにとってこれは大いなる名誉。[2]

またさらに、

「さらば、太陽」と言って、アンブラキアのクレオンブロトスは
　身を躍らせた、高き城壁からハデスの館へと。
何も死に値する運命を見てとったわけではなく、プラトンが著わした
　一つのグランマ『魂について』を読んだがゆえに。[3]

四九　さてしかし、文法術には二種類あって、一方は、字母とそれらの結合について教えることを約束し、一般的に、書くことと読むことに関する一つの技術であるが、もう一方は、それとは異なるより深い能力で

あって、単純に諸々の文字を知ることだけでなく、また文字の発見やその自然本性を調査し、さらには文字から構成された文（ロゴス）の諸部分を調べ、そしてまた何か同様の種類のことが観取されるならそれを調べることをもその内容とするということであれば、目下の反論対象となるのは前者の文法術の方ではない[4]。というのも、それが必要であることは、万人の意見が一致しているところだからである。この人々のうちにはエピクロスをも含めなければならない――彼は、諸学問を事とする人たちに敵意を抱いていると思われてはいるけれども[5]。げんに彼は『贈物と感謝について』の中で[6]、文字の学習が知者にとって必要であることを教える試みを十分に行なっているからである。

五〇　それにまたわれわれとしては、文字の学習は、たんに知者にとってのみならず、すべての人間にとって必要であると言うであろう。というのも、あらゆる技術の目的が生活のために有用なものであることは明らかだからである。**五一**　ところで、技術のうちのあるものは、主として諸々の煩いを回避するために導入され、別のものは、有益なものを発見するために導入された。そして第一の部類に属する技術としては、

---

(1) 石に刻んで公示された条約や布告の類。

(2) カリマコス『エピグラム』六 (Pfeiffer)。

(3) カリマコス『エピグラム』二三 (Pfeiffer)。『魂について』は『パイドン』の副題。

(4) 技術を区分した上で、反論の対象を限定する同様の論法は、『論駁』第二巻二―六、第五巻一―三、第六巻一―三などにも見られる。

(5) エピクロス「断片」二二七への脚注 (Usener)。『論駁』第一巻一―二を参照。

(6) エピクロス「断片」二二一 (Usener)。『贈物と感謝について』の著作名はディオゲネス・ラエルティオス『哲学者列伝』第十巻二八で挙げられている。

医術、すなわち癒しと苦痛緩和の技術があり、第二の部類に属する技術としては、舵取り術がある――というのもすべての人間が、他の諸部族からの供給をとりわけ必要としているから。**五二**　ところが、読み書き術は、文字の発明によって、最も怠惰な病的情態である物忘れを癒すとともに、また、最も必要な活動である記憶を保持するのであるから、(1) すべてのことがそれにかかっていると言っても過言ではなく、読み書き術なしには、何か必要なことを他の人々に教えることもできないし、また何か役に立つことを他人から学ぶこともできないであろう。したがって、読み書き術は最も有用なものに属するのである。

五三　実際とにかく、たとえわれわれが読み書き術を否認しようと欲しても、われわれは自らを反転させる［覆す］(2)ことなく、それを否認することはできないであろう。というのも、もしも読み書き術が無用であることを教える諸批判は有用であり、そして読み書き術なしには、それらの批判を記憶することも、後の人々に伝えることもできないとすれば、読み書き術は必要であるからである。

しかし、ピュロンの議論の代弁者たる(3)ティモンは次のように語っているなかで、これと反対の先取的認識(4)に立っていると、ある人々には思われるかもしれない。

　文法術（グランマティケー）。カドモスのフェニキアの印を
　教えられている人にとっては、なんら考察や探求の対象とはならないもの。(5)

五四　しかし、それが真相であるとは思われない。というのも、ティモンが語っている言葉「なんら考察や探求の対象とはならない」は、カドモスのフェニキアの印が教えられる手段である読み書き術そのものに向けられているわけではないからである。なぜなら、もしも人が読み書き術を教えられるとすれば、それに何

の注意も払っていないということがどうしてありえようか。むしろティモンは、「カドモスのフェニキアの印を教えられた人にとっては、それとは別のどんな文法術も注意の対象とはならない」というようなことを語っているのであり、この発言は、諸々の字母とそれらを用いて読み書きすることのうちに観取されるかの文法術が無用であると非難するものではなく、むしろ、虚栄に満ち、余計な穿鑿を行なう文法術を的としているのである。**五五** というのも、字母の使用は実生活の遂行のために直接役に立つが、字母の観察から教

(1) 文字の発明に対する相反する評価については、プラトン『パイドロス』二七四D―二七五Bを参照。

(2) 反転（覆し）（*περιτροπή*）とは、何ごとかの肯定からその同じ事柄の否定へと、あるいは、何ごとかの否定からその同じ事柄の肯定へと導く論法である。詳しくは『概要』邦訳補註I（四〇八頁）を参照。同様の論法はアリストテレスの『プロトレプティコス（哲学の勧め）』（「証言」二（Ross））でも用いられている。

(3) ブランクは、ティモンを「ピュロンの議論の代弁者（*προφήτης*）」と呼ぶのはセクストス自身ではなく、この呼称は、ピュロン主義の論敵である「ある人々」が、侮蔑的にティモンの名に冠したものであるとみなしている。

(4) 「先取的認識」（「先取観念」とも訳される）と訳した*πρόληψις*は、エピクロスが最初に導入したと考えられる用語で、ストア派も使用した。ストア派は経験主義の立場から、同種類の物事の経験の反復によりそれに関する普遍的概念が得られるとみなし、それを「先取的認識」と呼んだ。例えば「人間」という語を聞いたとき、何らかのイメージが思い浮かぶのもこれによる。ただし、セクストスがこの用語を用いるとき、どの程度ストア派やエピクロス派の用法を意識しているのかは不明である。

(5) ティモン「断片」八三五（Lloyd-Jones/Parsons）。ここで「カドモスのフェニキアの印」と呼ばれるカドモス文字（ヘロドトス『歴史』第五巻五九を参照）とは、ギリシア文字（アルファベット）のこと。テーバイ建国の祖カドモスがフェニキアからテーバイに伝えたと考えられていた。事実、アルファベットの起源は、シリアで用いられたフェニキア文字にある。

えられることでは満足せず、そのうちのこれとこれは自然本来的に母音であり、これとこれは子音であり、また母音のうちあるものは自然本来的に短く、あるものは長く、また別のものは二時間的（ディクロノン）[1]で長短共通であるということや、また総じて、文法家たちの中でも思い上がっている人々が教えている自余のことまでも示そうとするのは、無益なことだからである[2]。

五六　したがってわれわれは、読み書き術に対しては何の非難も浴びせないどころか、むしろ最高度の恩義さえ感じるのであるが、しかし残りの文法術に対しては諸々の論駁を加えるのである。しかし、そうすることが正当であるか、あるいはその反対であるかということは、この文法術の特徴をさらに詳しく説明することによって、われわれの学ぶところとなるであろう。

文法術とは何であるか

五七　知者エピクロスによれば、先取的認識なしには探求することも、行き詰まりに陥ることもできないから[3]、すべての問題に先んじて、文法術とは何であるかという問題、また、文法家たちが与える概念に従うとき、何らかの学問が、体系として成り立ち存立しうるものとして思惟されうるか、という問題の考察に向かうのがよいであろう。ところでトラキアのディオニュシオスは、その指導書の中で「文法術は、詩人や作家のもとで語られていることの――大多数の場合の――経験（エンペイリアー）である」と述べている[4]。ここで彼が作家（シュングラペウス）と呼んでいるのは、詩人との対比から自明であるように、ほかならぬ散文著述家のことである。(5) 五八　文法家は、ホメロス、ヘシオドス、ピンダロス、エウリピデス、メナンドロス、その他の人々のような詩人たちのもとにあることを解釈するように現われているとともに、(6) またヘロドトス、トゥキュディデス、プラトンのような作家たちのもとにあることをも自らの固有の仕事として追求しているのである。五九　それゆえ、文法家のうちで気のきいた人たちも、たくさんの作家について著述し、ある場合には歴史家を、ある場合には弁論家を、さらにはまた哲学者をも取り上げ、どの記述が各方言に適ったしかるべき仕方で語られており、どの記述がくずれた語法であるか、ということを探求したり、また、例えば、トゥキュディデスにおいて ζάγκλον [zanklon] や τορνεύοντες [torneuontes] は何を意味するかということや、(7)

(1)「二時間的」という語は、母音について「長短共通」の意味で用いられる場合と、長い音節について用いられる場合とがある。前者については『論駁』第一巻一〇〇および補註L、後者については補註Oを参照。

(2) マウの補う〈ἄχρηστόν ἐστιν〉ではなく、ビュリーの補う〈ἄχρηστά ἐστιν〉を読む。ここで触れられている字母（ストイケイオン）の区別については『論駁』第一巻一〇〇―一〇一を参照。

(3) エピクロス「断片」二五五 (Usener)。

(4) ディオニュシオス・トラクス『文法術』第一章の定義。ただし、セクストスの引用とはわずかに表現が異なり、直訳すると、「文法術は、詩人たちや作家たちのもとで大体のところ語られている事柄の経験である」となる。

(5)『ディオニュシオス・トラクス「文法術」への古注』p. 11, 5-8 (GG I/III) を参照。

(6) ビュリーとともに、多数写本 (LEDς) に見られない ἃ を削除する。

(7) シケロイ人が用いた ζάγκλον（鎌）という語については、トゥキュディデス『歴史』第六巻四-五を参照。τορνεύοντες（旋盤を回しつつある）はトゥキュディデスには見当たらない。

デモステネスにおいて「あたかも車の上からのように叫んだ」とはどういう意味であるかということ(1)、あるいはプラトンにおいて、*ΗΔΟΣ* [ĒDOS] という語（レクシス）をどのように音読すべきであるか――第一音節は非帯気音か [ē]、それとも帯気音か [hē]、あるいは、第一音節は非帯気音で第二音節は帯気音か [ēd'hos]、あるいは、両方とも非帯気音 [ēdos] か、あるいはその反対 [hēd'hos] か(2)――ということを探求してきたのである。六〇 つまり、こうしたことのゆえに、文法術は「詩人や作家のもとで語られていることの経験」と呼ばれているのである。

ディオニュシオスの定義は以上のようである。しかし、ペリパトス派のプトレマイオスは、ディオニュシオスを非難して、文法術を経験（エンペイリアー）と呼ぶべきではなかったと言っている――六一 その理由は、経験そのものは一種の熟練（トリベー）であり、それは技術と言論［理性］を欠いた職工であって、たんなる観察と訓練において成立しているにすぎないが、他方、文法術は技術（テクネー）であるから、というものである(3)。しかし、第一にプトレマイオスは、われわれが『経験主義の覚え書』(4)で教えたように、実生活では、同じ人が無差別に「経験家（エンペイロス）」とも「技術所有者（テクニーテース）」とも呼ばれるのであるから、「経験（エンペイリアー）」という名称は技術にも適用される、ということを見過ごしている。この概念に基づいて、かのメトロドロスも、「諸々の物事についての経験のうちで――つまり、技術のうちで、という意味であるが――、自らの目的を見てとりうるものは哲学以外にない(5)」と語ったのである。六二 またプトレマイオスは、多数の物事を見聞きしてきた年寄りをわれわれが人生の経験者と呼ぶように、経験という名称はとりわけ、数多くの多様な物事の知にも適用される、ということを見過ごしている。これは、エウリピデスも次のように言っているとおりである。

わが子よ、老いの身に具わるものすべてが
悪いというわけではありません、エテオクレスよ。むしろ経験は、
若者よりも知恵あることを語ることができるのです。(6)

六三　かのトラキア人は、おそらくこの意味を念頭に置いて――というのも、文法家は博識、博学なる者である、と彼は言いたいわけだから――、「文法術は、詩人や作家のもとで語られていることの経験（エンペイリアー）として存立している」と語ったのであろう。したがって、この点はむしろささいな問題である。

他方、かの点はより実質的な探求に関わる問題として、彼に対する反論とする人がひょっとしてだれかい

（1）デモステネス『冠について』一二二を参照。「車の上から叫ぶ」とは、アッティカ（アテナイ）のいくつかの祭礼時に、祭礼行列の参加者が、車上から行き合う人々を大声で嘲り罵った慣わしに由来する諺的表現。『スーダ辞典』*Τὰ ἐκ τῶν ἁμαξῶν σκώμματα* の項および *Ἐξ ἁμάξης* の項を参照。

（2）*ΗΔΟΣ*（ĒDOS）はプラトンの対話篇で多用される表現で、「（そして）彼は言った」を意味する。後代のテクストでは *ἦ δ' ὅς*（ē d'hos）と表記されているが、もとはこのような発音の表記法はなかった。『スーダ辞典』*Ἦ δ' ὅς* の項および *Ἦ δ' ὅς* の項を参照。

（3）アリストテレス『形而上学』第一巻第一章九八一a一－b六を参照。なお、以下のプトレマイオス批判については『ディオニュシオス・トラクス「文法術」への古注』p. 165, 16-p. 166, 12（GG I/Ⅲ）を参照。

（4）『経験主義（経験派）の覚え書』は、『論駁』第七巻二〇二で言及される『医術の覚え書』と同一著作であると考えられる。

（5）メトロドロス「断片」六一（Koerte）。

（6）エウリピデス『ポイニッサイ（フェニキアの女たち）』五二八－五三〇。プルタルコス『モラリア』七三Cも参照。

るかもしれない——六四　すなわち、文法術は、詩人や作家のもとで語られていることだけの経験であるか、あるいは、詩人のもとにも作家のもとにもないことの経験でもあるか、いずれかであることになる。しかし、文法術が詩人や作家のもとにあることだけの経験として存立しているとは、彼らは[1]言わないだろう。というのも、時として文法術は、素人や無学な人たちのふだんの会話にも注意を払うし[2]、また他国風言葉遣いと純粋ギリシア語、語法違反と語法違反でないものの吟味にも携わるからである。[3]六五　しかし、文法術が、ただ詩人や作家のもとでだけでなく、一般に語られていることの経験でもあるとすれば、文法術の部分的属性にすぎないものを「文法術」と呼ぶべきではなかったのである。[4]

　しかし、こうした事柄のこと細かな穿鑿はやめにして、われわれが約束したとおり、このような概念に基づくかぎり文法術は最終的に成立しうるかどうか、という問題を考察することにしよう。

六六　さて彼らが「文法術は、詩人や作家のもとで語られていることの——大多数の場合の——経験である」と言うとき、彼らは、語られているすべてのことの経験を意味しているか、あるいは、いくつかのことの経験を意味しているかのいずれかである。[5]そこで、もしも「すべてのこと」の経験であるなら、もはや「大多数の場合」ではなく、「すべてのこと」であり、そして「すべてのこと」であるなら、「無限に多くのこと」なのである。というのも、「すべてのこと」というのは無限に多いのだから。しかし、無限に多いものの経験は存在しない。したがって、文法術もまたまったく生じないことになるだろう。他方、もしも「いくつかのこと」の経験であるなら、素人もまた、詩人や作家のもとで語られていることのいくつかは知っているけれども、しかし文法術的な経験はもっていないのであるから、この場合もやはり、文法術が存在すると語ってはならないのである。

六七　しかし、「大多数の場合」という言葉は、すべてのことの経験という点では時として不足があるということと、[6]それにまた、素人のやり方とは異なるということを示唆するために加えられている、と彼らが言おうとするのであれば、話は別である。というのも文法家は、素人のように、詩人や作家のもとで語られていることのうちの少数についてしか経験がないわけではなく、その大多数について経験をもっているかぎりにおいて、素人と異なっているからである。しかし他方、彼は、自分が知っているのはすべてのことではなく、すべてのうちからとられた大多数にすぎないと公言しているのであるから、すべてのことの知——これはおそらくは不可能であろう——とは無関係である。

（1）マウが Theiler に従って採用する *εἴποι⟨μ⟩εν* ではなく、写本の *εἴποιεν* を読む。

（2）マウが補う ⟨*θεωρεῖσθαι*⟩ を読まない。

（3）「他国風言葉遣い（*τὸ βάρβαρον*）」、「語法違反（*τὸ σόλοικον*）」、「純粋ギリシア語（*τὸ Ἑλληνικόν*）」については『論駁』第一巻二一〇および補註Kを参照。

（4）ビュリーとともに、ベッカーの提案する *λέγειν* ⟨*ὃ*⟩ *ἀπὸ μέρους ἔχει συμβεβηκός* を読む。

（5）『論駁』第一巻六六―七一でセクストスが攻撃の的とする「大多数の場合の」という論点は、また医学における経験派による医術の規定（「医術は、大多数の場合に、かつ同じような仕方で見出されてきた事柄の体験（経験）によって成立する」）の要件でもあった。ガレノス『経験派の概要』第一章（p. 43, 12-17 (Deichgräber)）、『入門者のために諸学派を論じる』第五章（p. 3, 9-15 (Helmreich)）を参照。

（6）マウが採用する *πάντων ἐνιαχοῦ* [*ἀπορίαν*] *ἐμπειρία*⟨*ν*⟩ (Kayser) ではなく、ビュリーが採用するベッカーの推測 *πάντων ἐμπειρίαν ἐνιαχοῦ ἀπορία* を読む。

六八　しかしこれは、弁明する者の言ではなく、むしろ悪しきことの上に悪しきことをさらに満たし、もはや適度になどというものでなく、完膚なきまで、行き詰まりを身に招き寄せる者の言辞である。ともかくまず第一に、「多数」というのは不定であり、堆積の難問を生み出すのであるが、[1]そのように「大多数」も同じ難問を生み出す。それゆえ彼らには、「大多数」の知とは、詩人や作家のもとで語られていることのどれだけの数の知であると言うべきかを示し、われわれのために「大多数」の境界を示してもらわなければならない。あるいは、もしも彼らが「大多数」を知っていると言いながら、その一方で不定の約束にこだわりつづけるなら、彼らには「わずかずつ」の問いを引き受けてもらわなければならない。六九　というのも、大多数が定められたとき、それより一つ少ない数はなお大多数である。なぜなら一の付加によって一方を大多数と呼び、他方は大多数でないと言うのは、完全におかしなことだから。それゆえ、彼らの言う大多数がそのつど一つずつ減らされていくなら、いつか必ずもはや大多数としては存立しないところにまで至るであろうし、またしたがって、文法術もやはり存立しないことになるだろう――まさしくこれが堆積の難問の結論であった。

七〇　しかし、彼らが無限の数量のうちで「大多数」について語るのは、真実のところ文法術の鈍感さを示すものでしかないであろう。[2]というのも、「より少数」は何かと相対的であって、「大多数」との相対的関係において思惟されるように、「大多数」も「少数」との相対的関係において観取されるであろう。したがって、もしも文法家たちが、詩人や作家のもとで語られていることの大多数について経験をもっているとすれば、彼らは残りの少数のことについては経験をもっていない。七一　しかし、もしも獲得されたものが大多数であり、残されたものがより少数であるなら、全体はもはや無限にはならないのである。

しかしそれはともかくとして、これらの点についてわれわれが正確な区別立てをしないとしても、文法家が詩人や作家のもとで語られていることの大多数を知っているというのは虚偽である。というのも、探求が進展するなかでわたしが後に論じるように、文法家が知らないまま取り残していることの方が何倍も多く、彼はけっきょくのところ、きわめてわずかのことしか知っていないからである。七二　しかし今は、別の規定を考察してみなければならない。

アスクレピアデス[3]は、プトレマイオスが主張したのと同じ理由で、トラキアのディオニュシオスが文法術を「経験（エンペイリアー）」と呼んだ点を批判し、また彼が、文法術は「大多数の場合の」経験であると表明した点も非難の的にしている。というのも、後者の点は、舵取り術や医術のように見当づけに頼り、偶然に左右される諸技術の特徴であり、他方、文法術は、見当づけに頼るものではなく、むしろ音楽や哲学と似かよっているから、というのである。[4]七三　アスクレピアデスは次のように言っている。

すべてのことを捉えつくすには十分でないからというので、彼が人生の短さに何らかの恐れを抱い

（1）堆積の難問については、セクストス『概要』第二巻二五三、第三巻八〇および『概要』邦訳補註N（四一〇―四一一頁）を参照。

（2）「文法術の鈍感さ」については『論駁』第一巻一四四も参照。

（3）ミュルレイアのアスクレピアデスと思われる（「固有名詞索引」を参照）。

（4）『論駁』第二巻一三、プラトン『ピレボス』五五E―五六Cを参照。

ているのであれば話は別だが――それは理不尽なことだ――、そうでなければ、彼はこの定義を文法術の定義としないで、文法家の定義とすることであろう。なぜなら、文法家は短命の生き物であり、うまくいけばたぶん詩人や作家のもとで語られている大多数のことの知者にはなるだろうが、それに対して、文法術はすべてのことの知見だからである[1]。

七四　それゆえ彼は、ディオニュシオスの定義の一部は変更し、一部は削除して、次のように文法術の概念を規定している。「文法術は、詩人や作家のもとで語られていることの技術である」。しかしこの男はそれによって、行き詰まりを取り除いたわけではなく、むしろ拡大したのである。また彼は、文法術を強化しようと欲したちょうどその点で、文法術を否認してしまった。というのも、文法術は、詩人や作家のもとで語られているすべてのことの知見であるとしてみよう。その場合、知っている人を離れては知見は何ものでもないから、文法術もまた、それを知っている文法家を離れては何ものでもないことになる――それはちょうど、逍遥は逍遥している人を離れては何ものでもなく、静止は静止している人を離れては何ものでもなく、着席は着席している人を離れては何ものでもないようなものである。七五　しかし、同意されているところでは、文法家はすべてのことの知見をもってはいない。したがって、詩人や作家のもとで語られているすべてのことの知見はもはや存在せず、それゆえ文法術もまた存在しないことになる。

それにまた、もしも詩人や作家のもとで語られているすべてのことの知見という資格において文法術が技術であり、そしてその技術は、文法家に具わる諸々の把握から成る体系である[2]とするならば、詩人や作家のもとで語られるすべてのことの把握をもつ人がだれ一人いないとすれば、文法術は必然的に非存立的になるのである。

七六　カイリスは[3]『文法術について』の第一巻で、完全な文法術は、「ギリシア人のもとにあるレクトン〔言表されうるもの〕と思惟の対象を、技術に基づいて最も正確なところまで識別しうる素養（ヘクシス）[4]である——ただし他の諸技術が扱うレクトンと思惟の対象は除く」と言っているが、この最後の但し書きは、彼がおまけに付け加えたものではない。七七　というのも、ギリシア人のもとにあるレクトン〔言表されうるもの〕と思惟の対象〔思惟されるもの〕には、諸技術が扱うものもあれば、そうでないものもあり、諸技術が扱うものについての技術、また素養（ヘクシス）が文法術であるとは、カイリスは考えていないからである。例

（1）技術理解の困難さと人生の短かさについては、ヒッポクラテスの言葉「人生は短く、技術（医術）は長い」（『箴言』一-一）を参照。

（2）『論駁』第二巻一〇、第七巻三七三、『概要』第三巻一八八、二四一、二五一等を参照。技術を諸々の把握から成る体系とみなすのは、元々はストア派の立場であった。補註Iを参照。なおハインツに従って、ビュリーやマウが削除する *τῶν περὶ τὸν γραμματικόν* を写本どおり読む。

（3）テクストでは「カレス（*Χάρης*）」となっているが、『ディオニュシオス・トラクス「文法術」への古注』p. 118, 10-11（GG I/III）では、カイリス（*Χαῖρις*）の定義として、「文法術は、ギリシア人のもとでのレクトン（言表されうるもの）を、技術と歴史的探求（ヒストリアー）に基づいて識別しうる素養（ヘクシス）である」と記されており、ここから、セクストスが「カレス」と呼んでいる人物はこの「カイリス」を指すと考えられる。したがって本訳では、テクストの「カレス」をすべて「カイリス」と読み替える。なおブランクはこの古注の記述に基づき、Barwick にならって *ἀπὸ τέχνης* 〈*καὶ ἱστορίας*〉 *διαγνωστικὴν*（技術〈と歴史的探求（ヒストリアー）〉に基づいて識別しうる）を読むが、カイリスの定義を正確にそのままセクストスが記したとはかぎらないだろう。

（4）「ヘクシス」については補註Iを参照。

えば四度の協和や音階体系の移行〔転調〕は、音楽が扱う事柄であり、また蝕や諸々の球の配置は、数学が扱う事柄である[1]。また他の諸技術についても同じであると考えねばならない。なぜなら、それら諸技術が扱う事柄のいずれをとっても、文法術はその知見ではなく、むしろそうした諸技術が扱う範囲の外にある諸々のレクトンと思惟の対象を扱うある種の方法だからである。**七八**　ここで思惟の対象と言っているのは、*πίσυρες* 〔pisyres〕とは *τέσσαρες* 〔tessares〕であるといったことや、*βῆσσαι* 〔bēssai〕と *ἄγκεα* 〔ankea〕は人の近づきうる場所であるといったことである[2]。またレクトンとは、方言に関するもの——例えば、これはドリス方言で語られているが、あれはアイオリス方言で語られているということ——であり、それは、ストア派の用法と同じく「意味〔意味されるもの〕」のことを言うのではなく、それと反対に「意味するもの」のことを言うのである[3]。なぜなら、「意味〔意味されるもの〕」に相当する語としては「思惟の対象」が採用されているからである。

七九　しかしカイリスはこう述べることで、何かクラテス的な議論を持ち出しているようにも見える。というのも、クラテスも、批評家（クリティコス）は文法家（グランマティコス）と異なるとつねづね主張していたが、その違いを次のように語っているからである。「批評家は、論理学的知識[4]全体の経験をもっていなければならないが、文法家はたんに稀語[5]を解説したり発音法[6]を規定することができ、それらと同類の事柄についても知見をもっていればそれでよい。それゆえまた、批評家は建築の棟梁に似ているが、文法家はその部下に似ている[7]」。

八〇　カイリスによる文法術の規定は以上のようなものであって、それはディオニュシオスの理不尽な諸点と比較して、ある面ではより穏当だが、しかし別の面ではより劣ったものとなっている。というのも、カイリスが、文法術を堆積の難問から解放し、また音楽や数学に属する領域違いの諸規則は文法術とは無関係であるとして、それらの規則から文法術を切り離したことは、一見して明白である。しかし、文法術を擁護

(1) 蝕の説明については、例えばアリストテレス『天について』第二巻第十三章二九三b二一―二五、第十四章二九七b二三―三〇を参照。セクストスが「数学」と呼んでいるのは、具体的には天文学のことであり、また「球」も天球を指すと考えられる。

(2) πίσυρες と τέσσαρες はいずれも「四」を意味する基数詞であるが、標準的に使用される τέσσαρες に対して、πίσυρες は叙事詩で用いられ、アイオリス方言に由来すると考えられる。βῆσσαι と ἄγκεα は詩語で、どちらも山間の谷、窪地を意味し、ホメロス『イリアス』第二十二歌一九〇では並置されている。

(3) 「意味するもの」とは具体的には音声のこと（『論駁』第一巻八一を参照）。ストア派におけるレクトン（言表されうるもの）の用法については補註Gを参照。

(4) 「論理学的知識」と訳したのは「ロギケー・エピステーメー（λογικὴ ἐπιστήμη）」。哲学の一部門としてのストア派の論理学（ロギコン）の知識を指すか、あるいは、ロゴス（言論、理性）の学としての哲学全体の知識を指すと考えられる。

(5) 「稀語」と訳した原語は γλῶσσα。自分たちと異なる人々が使用している語（アリストテレス『詩学』第二十一章一四五七b三―六、『弁論術』第三巻第十章一四一〇b一二―一三を参照）、もしくはもはやすたれて用いられない廃語――いずれも通用語でないため理解のために説明を要する――を意味する。『論駁』第一巻二五三を参照。

(6) 例えば、ギリシア語アクセント記法を最初に考案したのは、ビュザンティオンのアリストパネス（前二五七頃―一八〇年頃）とされる。

(7) 批評術と文法術の関係に関するクラテスの弟子タウリスコスの見解については『論駁』第一巻二四八を参照。アリストテレス『形而上学』第一巻第一章九八一a三〇―b一〇では、棟梁と職人の関係が、技術と経験の相違の説明に用いられている。

して非成立的でないようにすることには、彼はまったく成功しておらず、むしろそれが非成立的になるように力を貸したのである。八一　というのも、ディオニュシオスは、文法術をただ詩人と作家のみに該当するものとして設定することによって、文法術の定義をある領域に限定したが、他方カイリスは、ギリシア語のすべての音声とすべての意味［意味されるもの］[1]に文法術が関わることを要請しているからである。しかしそれはもしもこう言うことが許されるなら、神々でさえ果たしえないことである。というのも、先にもわれわれが述べたとおり[2]、何か無限のものについてはどんな方法も成り立たないからである――しかしまた、何にもまして方法こそが、それを限定するものである。なぜなら、知識は不定のものを束ねる絆であるのだから[3]。八二　しかし、諸々の物事について意味するものと意味の数は無限に多い。したがって、文法術は意味するものと意味に関する技術ではない。

それにまた、音声は多種多様に変化しており、かつても変化したし、そしてこれからも変化するであろう。というのも、植物や動物に対してだけでなく、言葉に対しても、時は変化を求めるからである[4]。八三　しかし無限性については、それが変化している場合は言うに及ばず、たとえ静止している無限性についても、人間的な知を見出すことは不可能である。かくしてこの理由によっても文法術は成立しないであろう。

とりわけまた、カイリスは素養（ヘクシス）によって、技術的な存在を考えているか、あるいは、非技術的な存在を考えているかのいずれかである。そして、もしも技術的な存在を考えているとすれば、どうして彼は、素養そのものではなく、素養が基づくものの方を、「技術」と呼んだのであろうか[5]。他方、もしも非技術的な存在を考えているとすれば、非技術的な存在を通して技術的な事柄を見てとることは不可能であるから、ギリシア人のもとにある意味するものと意味を技術的に識別する素養として文法術が成り立つということもまったくないであろう。

八四　クロロスの通称で呼ばれるデメトリオスと、ほかにもいく人かの文法家は次のような定義を示した。「文法術は、詩人たちのもとにあることの技術であり、また共通の慣わし(6)に沿った語（レクシス）の知見である」。しかし、彼らも同じ行き詰まりに陥る。というのも、文法術は、詩人たちのもとで語られているすべてのことの技術でもありえないし、またいくつかのことの技術でもありえないからである。**八五**　文法術がすべてのことの技術でありえないことは、一見して明らかである——少なくとも、詩人たちのもとでは、神々についても徳や魂についても語られているが、それらについて文法家は無経験であるとするならば。他方、文法術はいくつかのことの技術でもない。なぜならそうしたことは、文法家に限らず、他の人々、例え

(1) 音声とは、カイリスの定義（『論駁』第一巻七六）では「レクトン」と呼ばれていたもの、また、意味（意味されるもの）とは、「思惟の対象」と呼ばれていたものである（第一巻七八を参照）。
(2) 『論駁』第一巻六六を参照。同様の批判については『概要』第二巻七八、八九も参照。
(3) プラトン『ピレボス』一六C—一八Dを参照。
(4) ホラティウス『詩論』六〇—六二を参照。
(5) 『論駁』第一巻七六のカイリスによる定義を参照。ストア派にとって、素養（ヘクシス）は技術の類《るい》に相当する。補註Iを参照。
(6) 共通の慣わしについては『論駁』第一巻一七六—二四〇で詳論される。

ば哲学者や音楽家や医者にも当てはまるからである。というのも、この人たちも、詩人たちのもとにあることのいくつかを研究対象としてきたからである。

八六　さらにまた、文法術は共通の慣わしに沿った語（レクシス）の知見である、と彼らが加えて言うとき、もしも彼らがそれを普遍的言明として、「もしも共通の慣わしに沿った語（レクシス）が何かあるならば、文法術はそれの知見である」という意味で理解しているとすれば、彼らは間違っている。というのも、共通の慣わしに沿った語（レクシス）は無限に多く、そして無限に多くのものの知見は存在しないからである。[1]　八七　他方、もしも彼らの発言が部分的に限定されるものであって、その意味は、「共通の慣わしに沿った語（レクシス）が何か存在し、文法術はそれの知見である」ということに等しいとすれば、その場合もやはり、彼らが文法術に何らかの位置づけを与えることにはならないだろう。というのも、アテナイ人はアッティカ方言の慣わしに沿った語（レクシス）の知見を、またドリス人はドリス方言の慣わしに沿った語の知見を、弁論家は弁論術の慣わしに沿った語の知見を、医者は医術の慣わしに沿った語の知見を、それぞれもっているからである。八八　しかしまた、もしも彼らが、文法術は共通の慣わしに沿ったすべての語（レクシス）の知見であると言うとき、それぞれの個別的な語（レクシス）のすべてを指しているのではなく――なぜなら、それは実際のところ不可能であるから――、むしろ諸方言において普遍的で最高度の一般性をもつ語（レクシス）のすべてを指しているのであり、例えば、ドリス人はこのようなアクセントを用いるが、イオニア人は別のアクセントを用いるといったことを言っているのだとすれば、おそらく彼らはある程度説得的なことを言ってはいるが、しかしけっして真実を述べているわけではない。八九　というのも、各方言のもとに一つの習慣しかないわけではないし――というのも、ドリス方言、アッティカ方言と言ってもその数は多い――、また、彼らが授けていると考える諸規則も、あらゆる語（レクシス）に通用するわけではなく、例えば、鋭調語、あるいは非鋭調語といった、いくつかの同アクセントの語[2]の範囲内では有効であっても、すべての語を包括することはできないからである。

九〇　以上述べてきたことは、文法家たちが示す文法術の概念に基づくかぎり、文法術は非成立的であるということを示す例示の目的で語られたものとされたい。そこで次にはまた、文法術の諸理論のうち最も重要であり、文法術が他の何にもまして成立の基盤としている事柄を取り上げ、吟味することにしよう[3]。

文法術の諸部分は何であるか

九一　文法術の諸部分については、多数の、終わることのない論争が文法家たちのあいだに生起している

（1）『論駁』第一巻六六、八一、『概要』第二巻七八、八九を参照。

（2）鋭調語は、最後の音節に鋭アクセント（高い調子の音）をもつ語、非鋭調語はもたない語。『論駁』第一巻二二一―二二三で、鋭調語の格変化に関する議論が紹介されている。

（3）『論駁』第一巻四〇を参照。

ことでもあるから、[1] 本題の位置をおまけが奪っているようにわれわれに現われることのないように、また、無関係で、目下の主題にとって無益な論題に踏み込むことにより、必要性のより大きい反論をわれわれがなおざりにすることのないように、あら捜しは控えめにして次のように言えば十分であろう。文法術には、歴史的な部分と、技術的な部分と、詩人や作家に関わる問題を方法的に論じる比較的特殊な部分がある。[2] 九二 これらのうち、技術的な部分は、諸々の字母と、言論の諸部分と、正書法と、純粋ギリシア語と、それらに随伴する事柄を整理分類する部分であり、歴史的な部分は、登場人物——例えば、神々、人間、英雄——について教示したり、山や河川といった場所について説明したり、あるいは作り事、神話、もしくは何か同じ種類のことがあるなら、それらについて伝える部分である。九三 また、比較的特殊な部分は、詩人や作家に関わる部分であるが、これは、不明瞭に語られている箇所を文法家が解説し、正当なところと正当でないところを判定し、真正箇所を偽作箇所から区別する部分である。いくぶん大雑把に、概略的に捉えるなら、以上が文法術の部分である。

九四 しかし、これらの諸部分のそれぞれは、「人間の部分は魂と身体である」と人が言うような意味において、純粋なものとして思惟されるべきではない。というのも、魂と身体は互いに別のものとして思惟されるが、文法術のうちの技術的な部分と、歴史的な部分と、詩と散文に関わる部分は、それぞれ残りの部分と密に交錯し混じり合っているからである。九五 というのも、詩人たちについて調査することは、技術的な部分と歴史的な部分なしには生じないし、[3] これら二つのそれぞれも、他の諸部分との連関なしには成り立たないからである。それゆえ、医術の部分は養生法と手術と投薬であると言う人たちが、[4] 諸理論のあいだに多くの相互連絡があることを承知の上でそう語っているように――なぜなら、養生法は投薬や手術なしでは有効に働かないし、投薬もやはり、他の諸部分の効力と関わり合っているから――、目下の場合もまた、各部分は、他から切り離され、他の諸部分の混入のない純粋のものではないのである。

九六　ところで、この点をわれわれがあらかじめ詳述しておいたのは、おまけのつもりではない。むしろ、諸部分のいずれか一つでも成り立たないことが示されるなら、否認された部分なしには残りの部分のそれぞれも成立しないから、それらも実質的に否認されたことになるということを、われわれが知るためである。しかしながら、この論法は簡潔ではあっても、われわれはこれを採用しないだろう。むしろ、あたかも各部分が残りの諸部分の存在を必要としていないかのように、各部分に対する反論をわれわれは試みることにしよう。順序としては、まず第一の部分から始めなければならない。

（1）以下で取り上げられる三区分（歴史的な部分、技術的な部分、比較的特殊な部分）以外に、四区分（音読、解釈、テクスト批判、内容批判。『ディオニュシオス・トラクス「文法術」への古注』p. 135, 6-7 (GG I/III)、ウァロ「断片」二三六 (Funaioli) ＝ディオメデス『文法術』第二巻 p. 426, 21-31 (*GL* I) を参照）や、二区分（正しい話法、詩人の解釈。クインティリアヌス『弁論家の教育』第一巻四-二を参照）などの分類法もあった。

（2）『論駁』第一巻二五二および一二五頁註（2）を参照。またセネカ『書簡』八八-三、ディオメデス『文法術』第二巻 p. 426, 18-20 (*GL* I) も参照。文法術の技術的な部分は第一巻九七―二四七で、歴史的な部分は第一巻二四八―二六九で、比較的特殊な部分は第一巻二七〇―三二〇で取り上げられる。

（3）『論駁』第一巻二五二を参照。

（4）ケルスス『医術について』序言九、ガレノス『経験派の概要』第五章（p. 52, 13-14（Deichgräber））を参照。

文法術の技術的な部分が方法を欠いており、成立しないということ

九七　文法術の技術的理論（テクノロギアー）[1]を熱心に調べることが正しい理由は、ほかにも多数あるが、しかしなかでも最大の理由は、文法家たちがこれを鼻にかけて大いに誇りとし、[2]他の諸学問において著名な人たちを、ギリシア人の共通の慣わしさえ知らない者としてつねづね悪しざまに語り、さらに加えて、たまたま自分たちが探求の中でやり込められたりしようものなら、探求相手をかわすための逃げ道を、しばしば、相手の話し方は他国風言葉遣いであるとか、語法違反であると言い立てるほかには見つけることができないからである。九八　またわれわれを駆り立てる小さからぬ要因としては、だいたい二つの語句さえ巧みに繋ぎ合わせることのほとんどできない文法家たちが、トゥキュディデス、プラトン、デモステネスといった、正しい語法と純粋ギリシア語の能力に秀でた過去の人たちのそれぞれを、他国風言葉遣いをしているとして論駁する気でいるのを目にするということもあるだろう。[3]すなわち、もしも彼らのまがい物の技術的理論が、実際には非技術的であることをわれわれが証明するなら、彼らに対して、一つの防御でもってあらゆる防御の代わりをすることになるであろう。九九　順序としては、最初にまず字母を取り上げて論じなければならない。というのも彼らによると、すべては字母から構成されており、これが否認されたなら、文法家たちは必然的に文字知らず（アグランマトイ）[4]になるからである。

さて「字母（ストイケイオン）」は、三つの意味で語られ、書かれた記号や形、それの効力［音価］、さらに

その名称が「字母」と呼ばれるのであるが、目下の探求は、とくに効力について進められるものとされたい。というのも文法家たちのあいだでは、効力が、厳密な意味でも「字母」と呼ばれているものだからである。(5)

一〇〇　さて、文字に記される音声の構成要素(6)［字母］は、全部で二四あるが、文法家たちは、それらの自然本性は、最も高いレベルでは二類に区分されると仮定している。というのも、彼らは字母のうちのあるものを「母音（ポーナーエン）」と呼び、別のものを「子音（シュンポーノン）」と呼び、そして母音は、α、ε、

（1）『論駁』第一巻九一以下で「技術的な部分」と呼ばれてきたもの。

（2）『論駁』第一巻四一および二七頁註（1）を参照。

（3）プラトン、トゥキュディデスの文体に対する批判については、ディオニュシオス（ハリカルナッソスの）『リュシアス』一一、『デモステネスの語り方について』五―七、『トゥキュディデスについて』二四などを参照。

（4）「文法知らず」も意味しうる。「グランマ」の二つの意味（『論駁』第一巻四七―四八）を参照。以下、技術的理論に対する批判は、字母（九九―一一九）、音節（一二〇―一三〇）、語（レクシス）や文の諸部分（一三一―一五八）、文の区切り（一五八―一六八）、正書法（一六九―一七四）、純粋ギリシア語（一七五―二四七）を取り上げて行なわれる。

（5）ストア派による「文字（グランマ）」の三つの意味の区別（ディオゲネス・ラエルティオス『哲学者列伝』第七巻五六を参照）においては、「字母（ストイケイオン）」がこの厳密な意味で用いられている。

（6）「文字に記される（エングランマトス）音声」とは、口笛の音のようなたんなる響きや、動物の発する音声と対比される音声であり、「分節化された（エナルトロス）音声」とも呼びうる（ディオゲネス・ラエルティオス『哲学者列伝』第七巻五五―五七、補註B、およびアリストテレス『詩学』第二十章一四五六b二二―二五（補註Lに訳出）を参照）。他方また「文字に記される音声」は、「文字から構成される音声」として「音程と音から構成される」音楽的音声とも対比される（ポルピュリオス『プトレマイオス「ハルモニア論」注解』p. 8, 26-27 (Düring) を参照）。

η、ι、ο、υ、ω の七つであって、残りは子音であると言っているからである。[1]

彼らはまた、母音には三つの相違があると言っている。すなわち、彼らの言うには、母音のうちの二つは自然本来的に長く —— η [ē] と ω [ō] ——、またこれと同数が短く —— ε [e] と ο [o] ——、そして三つが長短共通的（コイノン）である —— α [a, ā] と ι [i, ī] と υ [y, ȳ]。[2] 長短共通的なものについては、彼らは「二時間的（ディクロノン）」、「流体的（ヒュグロン）」、「双方向的（アンピボロン）」、「可変的（メタボリコン）」という呼び方もしている。[3] 一〇一 なぜなら、それらの各々は、時には長く伸び、時には短く縮むような自然本性をもつからである。例えば、次の詩句において、α は、

アレスよ、アレスよ、死すべきものの災厄にして、残忍な城壁の破壊者よ。[4]

Ἆρες Ἄρες βροτολοιγὲ μιαιφόνε τειχεσιπλῆτα

Āres Ares brotoloige miaiphone teichesiplēta

ι は、

聖なるイリオスへと。一方アポロンは、女神に会おうと急いだ。[5]

Ἴλιον εἰς ἱερήν· τῇ δ' ἀντίος ὤρνυτ' Ἀπόλλων

Īlion eis hierēn' tēi d' antios ōrnyt' Apollōn

υ は、

ゼウスの雲より芳しき水が雨と滴った。[6]

θεσπέσιον νεφέων ἐκ Διὸς ὕεν ὕδωρ

thespesion nepheōn ek Dios hȳen hydōr

のごとくである。

一〇二　また彼らによれば、子音のうちのあるものは「半音声的（ヘーミポーノン）」であり、別のものは「非音声的（アポーノン）」である(7)。半音声的な子音とは、発声される際に、ル〔r〕音とかス〔s〕音とかム〔m〕音とか、あるいは何らかの似かよった音をそれ自体だけで生み出すような自然本性をもつもの、すなわち、ζ、θ、λ、μ、ν、ξ、ρ、σ、φ、χ、ψである。あるいは別の人々によれば、θ、φ、χを除いた残りの八つである。他方、非音声的な子音とは、単独では音節も固有の音も形成することができず、ただ他の

（1）ギリシア語字母の分類については、プラトン『クラテュロス』四二四C、『テアイテトス』二〇三B、『ピレボス』一八B－C、アリストテレス『詩学』第二十章一四五六b二五－三一、ディオニュシオス・トラクス『文法術』第六章 pp. 9-16 (GG I/I)、ディオニュシオス（ハリカルナッソスの）『名前の結合について』一四、および補註Lと別表Iを参照。

（2）補註Lを参照。

（3）ディオニュシオス（ハリカルナッソスの）『名前の結合について』一四、『ディオニュシオス・トラクス「文法術」への古注』p. 38, 15-26, p. 40, 10-11, p. 328, 29-p. 330, 2 (GG I/III) を参照。

（4）ホメロス『イリアス』第五歌三一。『論駁』第一巻一〇六、一二一も参照。

（5）ホメロス『イリアス』第七歌二〇。

（6）作者不詳断片一一六九 (Lloyd-Jones/Parsons)。カリマコスの詩からの断片とする説もある。

（7）子音の分類については補註Mと別表IIを参照。なお、「ヘーミポーノン」に「半有声音（半母音）」、「アポーノン」に「無声音（黙音）」の訳語が当てられることがあるが、補註Mに示したギリシア語子音の分類法との関係上、誤解を避けるために本訳では「半音声的（ヘーミポーノン）」、「非音声的（アポーノン）」の訳語を用いる。

音といっしょに発声されるときにのみ[1]それが可能となるもの、すなわち、β、γ、δ、κ、π、τ、あるいは、別の人々によればこれらにθ、φ、χを加えたものである。

一〇三　さらにまた、一般的に子音のうちには、自然本性的に帯気的なものと、非帯気的なものとがあり、帯気的子音はθ、φ、χであり、非帯気的子音はκ、π、τであると、文法家たちは言っている。また彼らの言うには、ρのみが両方を、つまり帯気性と非帯気性を受け入れる。さらに、子音のうちのあるものは——ζ、ξ、ψがそれであるが——、二重的でもあると彼らは言っている。なぜなら、彼らの主張では、ζはσとδから、ξはκとσから、ψはπとσから構成されているからである。

一〇四　さて、以上のものが、あらかじめ構成要素［字母］として列挙されたところで、わたしはまず第一に、字母のいくつかは二重的であると彼らが言うのはおかしいと主張する。というのも、二重的なものは二つのものから成る構成体であるが、字母は、いくつかのものから成る構成体ではない。なぜなら、字母は単一的でなければならず、他のものから構成されたものであってはならないのであるから。したがって、二重的な字母は存在しない。それにまた、もしも二重的な字母を構成するものが、字母であるとすれば、それらの字母から構成された二重的な字母は、字母ではないことになるであろう。そうではなくて、二重的な字母を構成するものの方が字母なのである。[2] したがって、二重的なものは字母ではない。

一〇五　さらにまた、それらが否認されるのと同様の仕方で、長短共通的な自然本性をもつとみなされる二時間的な母音も、やはり否認される。というのも、もしもそれらがそうしたものであるとすれば、文字そのもの——例えばαとか、ιとか、υとかの裸の記号——が、それ自体で二時間的な自然本性を明示しており時には長く伸び、時には短く縮むことができるか、あるいは、発音法によってそうなるか、のいずれかである。(3) 一〇六 しかし、記号それ自体は、自然本性的に共通的な字母を表わすものではない。なぜならそれは、字母が長いということも、また短いということも、あるいは、両方が合わさっていて長くもあるし短くもあるということも、明示しないからである。むしろ、*ΑΡΕΣ* [ARES] という語（レクシス）について言われたとおり、記号を含む音節が長いか短いかは、付加された発音法なしには知られないが、(4) それと同じ仕方で、*α*、*ι*、*υ* もそれだけが単独で取り上げられる場合は、両方の効力に対して共通的であるのではなく、反対に、どちらの効力ももたないことになるであろう。一〇七 したがって残る選択肢としては、各字母が共通的なものとして存立するのは、発音法が伴うからである、と言うしかない。しかしこのこともまた不可能である。というのも、字母が発音法を伴うとき、発音法が長ければ字母は長くなり、短ければ字母は短くなるけれども、しかし字母が長短共通的になることはけっしてないからである。したがって、二時間的な自然本性をもつ字母は存在しない。

一〇八 これに対して、もしも彼らが、それらは、長さと短さのそれぞれを受け入れうるかぎりにおいて、

---

(1) マウが採用する *αὐτὰ* (Harder) ではなく、写本の *αὐτὸ* を読む。

(2) 『論駁』第十巻二四九―二五三を参照。

(3) マウによらず、ビュリーに従って、*φύσεως, καὶ νυνὶ μὲν συστέλλεσθαι νυνὶ δὲ ἐκτείνεσθαι δυνάμενον, ⟨ἢ σὺν⟩ προσῳδίᾳ* を読む。

(4) 曲アクセントつきの *Ἆρες* なら長く (Āres)、鋭アクセントつきの *Ἄρες* なら短い (Ares)。

共通的な自然本性をもつものとして存立している、と主張するならば、彼らは自分では気づかずに、ほぼ同じ行き詰まりに陥ることになるであろう。なぜなら、何かを受け入れうるものは、それが受け入れうる当の対象ではないだろうからである。というのも、青銅は彫像になることを受け入れうるが、しかし、受け入れうるものであるかぎりにおいて彫像ではなく、また、木材は船になるのに適した自然本性をもっているが、しかしまだ船ではない。ちょうどそれと同じように、字母のうちのそうしたものもまた、長さと短さを受け入れうるが、しかし、発音法によって性質づけられる以前は、長くもなく、短くもなく、またそのどちらでもないからである。

一〇九　さらに今述べたことに加えて、短さと伸張は反対であり、いっしょに成立することはない。なぜなら、短さの否定によって伸張は成り立ち、また長いものが否定されて短いものが生じるからである。実際この理由で、曲アクセントを伴った短いものが生じることは不可能である――というのも曲アクセントがあれば、必然的にそれといっしょに伸張が成立するからである。[1]　一一〇　それゆえ、もしも二時間的な自然本性をもつ字母が何か存在するとすれば、それをめぐって短さの効力と伸張の効力が同時に成立するか、あるいは、順番に成立するかのいずれかであろう。しかし、同時ということはありえない。というのも、相互に否定し合う効力が、同一の発声において同時に成立することはありえないから。したがって残る選択肢としては、順番に成立するしかない。しかしこれもまた非説得的である。というのも、長いものが存在するとき、あるいは短いものが存在するときには、短さと長さの共通的な字母が存在するのではなく、たんに長い字母が存在するか、あるいは短い字母が存在するにすぎないからである。[2]

一一　自然本来的に非帯気的なもの、帯気的なもの、あるいは、両方に共通的なものについても、同じ批判方法が成り立つものとされたい。(3) しかしわれわれとしては、批判の種類を提示するだけで十分である。

さて、共通的な母音はすでに否認され、それらは長く伸びるか、あるいは、短く縮むかのいずれか一方に限られるということが示されたから、そこからの帰結としてまた、それらのそれぞれが二つずつ――すなわち、自然本来的に長いものと、自然本来的に短いものとして――存立しているということになるであろう。

一二　かくして、α、ι、υ が二つずつあるとすれば、母音である字母は、もはや七つ――そのうち η と ω の二つが長く、ε と ο の二つが短く、α、ι、υ の三つが二時間的である――にとどまらず、全部で一〇個となり、そのうちの五つ――η と ω と長い α、ι、υ――は長く、また短いものも同数あり、それらは、ο と ε と短い α、ι、υ である、ということになるだろう。

一三　しかし、文法家の一族が想定しているところでは、発音法には長、短の二つだけでなく、さらに

---

(1) 曲アクセントは調子が最初に上がり（鋭アクセント）、次に下がる（重アクセント）アクセントであって、それゆえ曲アクセントを伴う字母は必然的に長い。なおギリシア語のアクセントは、高低アクセント（pitch accent）であり、鋭アクセントは高い調子で発音され、重アクセントは実質的には無アクセントに等しい。

(2) 写本のままでは文意が通らないため、種々の修正が試みられているが、いずれもこの箇所に要求される文意に沿う点では差がないので、本訳ではベッカーの推測、*ὅτε γάρ ἐστι μακρόν, ⟨καὶ ὅτε βραχύ⟩, ……, ἀλλὰ ⟨μακρὸν μόνον καὶ⟩ βραχὺ μόνον* に従って訳しておく。

(3) 一〇三節で帯気性と非帯気性を受け入れるとされた ρ について、一〇五―一一〇節と同様の議論が成り立つ。

鋭アクセント、重アクセント、曲アクセント、帯気、非帯気の発音法もあるから、先に示した各母音はこれらの発音法のいずれかを個別にもって、それぞれが字母となるであろう。そして、長短共通的な字母は何一つ存在せず、長い発音法をもつときはただたんに長い字母であり、また、短い発音法をもつときはたんに短い字母であるということを示したのと同じ議論によって、鋭重共通的な字母は何一つ存在せず、鋭アクセントの発音法を付加的にとるときにはただたんに鋭の字母であり、重アクセントの発音法をとるときには重の字母であるということになるだろう。また、他の発音法についても類比的な議論が成り立つ。したがって、二つある短母音は、それぞれ五つの発音法——短、鋭アクセント、重アクセント、帯気、非帯気——を受け入れるから、一〇個になるだろう(1)。**一一四** さらに、二つある長母音は、曲アクセントの発音法をも余分にとるから(2)——というのも、長母音は、長、鋭アクセント、重アクセント、帯気、非帯気を受け入れるだけでなく、かなり固有のあり方として曲アクセントをとる自然本性をもつからである——、一二個になるであろう(3)。また、三つある共通的な母音は、それぞれ七つの発音法を受け入れ、そうして二一個になるだろう(4)。そして結果的に母音は全部で四三個になり、これに一七個の子音を加えるなら、字母は六〇個になるのであって、二四個ではないのである(5)。

一一五 他方また、字母のうちの母音は、文法家たちのあいだで繰り返し主張される七つという数よりも少ないということを、異なる仕方で論じる別の議論もある。すなわち、彼らによれば、αは、長く伸びるときと短く縮むときとで別の字母であるわけではなく、一つの共通的な字母なのであり、そして、ιもυも同様であるとすれば、εとηもまた、同一の効力をもつ一つの共通的な字母であるということになるであろう。

なぜなら、同一の効力が両方に属していて、ηが短く縮むときにはεになり、εが長く伸びるときにはηになるからである。また同じ仕方で、οとωも、字母として一つの共通的な自然本性であることになり、伸張と収縮によって異なってくるということになるだろう。というのも、ωは長いοであり、οは短いωだからである。一一六　したがって、文法家たちは盲目であって自分たちに帰結してくることを見てとることができず、母音は自然本来的に五つしかないにもかかわらず、七つあると主張しているのである。

しかし、いく人かの哲学者は逆に、通常伝えられている字母とは別の効力をもつものとしてもっと多くの字母があるだろう、と言っている。例えば、αιとου、また同様の自然本性をもつすべての字母である(6)。というのも、字母が字母として判断されるのは、何よりも、それがα、ε、ο、その他の音のように、構成されたものでない単一性質の音をもつことによるのでなければならない。一一七　ところが、αιやειの音は単

(1) ε, ἔ, ἒ, ἕ, ἓ, ο, ὄ, ὂ, ὅ, ὃ.

(2) 底本によらず、ブランクとともに〈ἐπεὶ〉ἐκ (Giusta) を読む。

(3) η, ἤ, ἢ, ἥ, ἣ, ῆ, ω, ὤ, ὢ, ὥ, ὣ, ῶ.

(4) 七つの発音法とは長、短、鋭アクセント、重アクセント、帯気、非帯気、曲アクセント。したがって、二一個とは、ᾱ, ᾰ, ἄ, ἂ, ἅ, ἃ, ᾶ, ῑ, ῐ, ἴ, ἲ, ἵ, ἳ, ῖ, ῡ, ῠ, ὔ, ὒ, ὕ, ὓ, ῦ である。しかし、一一三―一一四の議論をそのまま続けるとすれば、α, ι, υの共通的な母音は、二一個ではなく、ᾰ, ἄ, ἂ, ἅ, ἃ, ᾱ, ᾱ̓́, ᾱ̓̀, ᾱ̔́, ᾱ̔̀, ᾶ, ῐ, ἴ, ἲ, ἵ, ἳ, ῑ, ῑ̓́, ῑ̓̀, ῑ̔́, ῑ̔̀, ῖ, ῠ, ὔ, ὒ, ὕ, ὓ, ῡ, ῡ̓́, ῡ̓̀, ῡ̔́, ῡ̔̀, ῦ の三三個になるはずである。セクストスがなぜここで計算法を変えたのかは不明である。

(5) 字母の数に関する論争については、ディオニュシオス（ハリカルナッソスの）『名前の結合について』一四‐一五―二五を参照。

(6) αι, ου, 次に挙げられるειは、いずれも複母音である。

一的であり、単一形相的であるから[1]、これらもまた字母であることになるだろう。これらの音の単一性と単一形相性の証拠となるのが、次に述べることである。すなわち、構成された音は、最初に感覚に現出する性質のまま最後までとどまる自然本性はもっておらず、引き延ばされるとともに異なっていくのであるが、他方、単一的であって、本当の意味で字母として説明される音は、それと反対に、最初から最後まで不変である。例えばρα [ra] の音が引き延ばして発せられるときには、明らかに、発声の最初と最後とでは[2]、感覚はその音を同じようには認識せず、最初はρ [r] の発音に動かされるが、その後その発音が消え去ると、α [a] の効力を純粋なかたちで認識することになるであろう。それゆえ、ρα [ra] は字母ではありえないし、またこれに似たものもすべて字母ではありえない。一一八　これに対して、αι の音を人が発声するときには、そうしたことは何も起こらず、むしろその音声の固有性が最初に聞かれるそのままに同じ性質のものとして最後の時点でも聞かれるのであって、それゆえαι は字母であることになるであろう。しかしそうだとすれば、ει の音やοι の音も単一形相的であって、構成されたものではなく、最初から最後まで不変のものとして捉えられるから、これらもまた字母であることになるだろう。

一一九　しかしこの探求はここで止めておくことにして、われわれは、よりいっそう文法家たちをやり込めることが可能な、かの論点を取り上げることができるだろう。すなわち、もしも三つの字母α、ι、υが、長さと収縮を受け入れうるから共通的であると言われるとすれば、そこからは、あらゆる字母[3]が共通的であると言う結果になるだろう。というのも、どの字母も四つの発音法——重アクセント、鋭アクセント、非帯気、帯気——を受け入れうるからである。あるいは、もしも彼らが、あらゆる字母が共通的であるとはあえて言おうとしないのであれば、それら三つの字母についても、伸張と収縮を受け入れうるからといって、共通的であると言わせるわけにはいかないのである。

二〇　ところで、文法術の構成要素が行き詰まってしまった以上、ここで探求に終止符を打ってもよいところではあった。というのも、原理となるものをもっていない文法家たちにとって、原理の後に来るものについて、はたしてどんな議論が残されていようか。しかし、より深く踏み込んで、例示の意味で、原理の後に来るものにも試験を課してみるのは的外れなことではあるまい。そこで、字母から構成されているものは音節であるから、次には音節に関することを追加することにしよう。[4]

音節について

二一　さて、あらゆる音節は長いか、あるいは、短いかのいずれかである。ところで、音節は二つの仕方で——すなわち、自然本来的に、あるいは位置によって——長くなると、彼らは主張する。音節が自然本

(1) *αι* はセクストスの時代には [e] と発音され、*ει* は [ī] と発音されていた。L. Threatte, *The Grammar of Attic Inscription, I: Phonology*, Berlin, 1980, p. 268; W. S. Allen, *Vox Graeca*, 3rd ed., Cambridge, 1987, pp. 78-79、また補註P（正書法について）を参照。

(2) マウの *πρό⟨σ⟩πτωσιν* を採らず、写本どおり *πρόπτωσιν* を読む。

(3) 具体的には母音を指す。

(4) 同様の議論の進め方は、『論駁』第一巻六五にも見られる。

来的に長くなる仕方は次の三通りである。(1) 一つは、ἠώς [ēōs 夜明け] という語（レクシス）におけるように、自然本来的に長い字母をもつ場合。というのも、これらの音節 [η [ē] と ως [ōs]] がいずれも長いのは、一つの音節はη [ē]、もう一つの音節はω [ō] という自然本来的に長い字母をもっているからである。第二は、αἰεί [aiei つねに] という語におけるように、音節が二つの母音から(2)構成されている場合。というのも、この二つの音節 [αι [ai] と ει [ei]] が長いのは、各音節が二つの母音から存立しているからである。第三は、Ἄρης [Arēs アレス] という語におけるように、音節が共通的な字母をもち、それが長いものとして用いられる場合。(3) というのも、α [a] という二時間的な字母が、この場合は長く発音されるからである。一二 以上のように、音節が自然本来的に長いものとなる仕方には三通りあるが、他方、位置による仕方には五通りあり、その第一は、音節が二つの単子音で終わる場合、第二は、その音節に続く音節が二つの子音で始まる場合、第三は、その音節が子音で終わり、次に続く音節が子音で始まる場合、第四は、その音節が二重的な字母で終わる場合、(4) 第五は、その音節の後に二重的な字母が続く場合である。(5)

一三 そこで、もしも今指摘した技術的理論の諸方式に従って、あらゆる音節が長いか、あるいは、短いかであるのであれば、(6) われわれが、長短いずれの音節も存在しないことを論じるなら、明らかに文法家たちは語をもたないことになるだろう。なぜなら、字母が否認されるときには音節もそれといっしょに否認されるのであるが、ちょうどそれと同様に、音節が存在しないならば語も生じないであろうし、さらに一般的に言って文の諸部分(7)も生じないことになり、それゆえまた、文も生じないことになるであろうからである。

一四 ところで、何か短い音節が存在するためには、短い音節がそこにおいて成立する最小の短い時間の存在があらかじめ同意されていなければならない。しかし最小の時間は存在しない。というのも、われわれが後に示すように、(8)あらゆる時間が無限に分けられるからである。しかし、もしも時間が無限に分けられるとすれば、最小の時間は存在しない。それゆえ、短い時間を占める短い音節は存在しないことになるだろう。

　しかし、もしも彼らがここで、短くて最小の音節と呼んでいるのは、自然本来的に最小の音節のことでは

（1）ディオニュシオス・トラクス『文法術』第八章（pp. 17-19 (GG I/I)）、ディオニュシオス（ハリカルナッソスの）『名前の結合について』一五-二一七を参照。

（2）ここで言う「二つの母音」とは複母音のこと。

（3）すなわち、呼格で *Ἄρες* [Āres] となる場合。『論駁』第一巻一〇一を参照。

（4）「二重的な字母」とは複子音のこと。『論駁』第一巻一〇三を参照。

（5）ディオニュシオス・トラクス『文法術』第八章（pp. 18-19 (GG I/I)）は、位置によって長い音節の例として、(1) *ἄλς*、(2)（「短い、あるいは短く用いられる母音に二つの子音が続く場合」として）*ἀγρός*、(3) *ἔργον*、(4) *Ἄραψ*、(5) *ἔξω* を挙げている。

（6）一二一―一二二節のテクストには音節が短くなる場合への言及はないので、ブランクは一二二節の最後に欠文がありうることを示唆している。音節が短くなるのは、自然本性的に短い母音、あるいは、短いものとして用いられる共通的な母音を含み、位置によって長くなる方式に該当しない場合である。例、*βρέφος*、*Ἄρης*（ディオニュシオス・トラクス『文法術』第九章（pp. 19-20 (GG I/I)）を参照）。

（7）「語（レクシス）」については補註Bを、「文の諸部分」については補註Nを参照。

（8）直接に該当する箇所は見当たらない。思惟対象としての「長さ」に関する類似の議論については、『論駁』第三巻三九、第九巻三九二を参照。

なく、感覚にとって最小の音節のことであると主張するなら、彼らは自らに対して行き詰まりをさらに増し加えることになるであろう。一二五　というのも、われわれは、彼らのあいだで短いと呼ばれている音節――例えば ερ [er] ――が、感覚にとって可分的であることを見出すであろうからである。すなわちわれわれはこの音節において、ε [e] の効力が ρ [r] の効力に先立って発音されることを感覚的に会得するのである。また順序を入れ換えて、われわれが ρε [re] と言うなら、今度はわれわれは、順序の上で ρ [r] の効力が第一にあり、ε [e] の効力が第二に位置することを認識するだろう。一二六　したがって、およそ感覚にとって第一の部分と第二の部分をもつものはすべて感覚にとって最小のものではなく、そして、文法家が言うところの短い音節は、第一と第二の部分をもつものとして現われているのであるから、感覚にとって最小の短い音節は存在しえないことになるだろう。というのも、ひょっとして音楽家たちであれば、ある種の非理性的な時間と音声の延長を容認できるかもしれない。[1] しかし、文法家たちは無限のそうした深みを受け入れず、たんに類としての音節を短い音節と長い音節に分割するのみであるから、[2] 彼らを大目に見ることは正しくない。したがって、短い音節は非成立的である。

一二七　しかしまた、長い音節もやはり非存立的であろう。なぜなら、彼らは長い音節は二時間的であると言っているが、[3] 二つの時間がいっしょに存立することはないからである。というのも、もしも二つの時間があるとすれば、一方は現在しており、他方は現在していないことによって、それらは二つであるとして区別される。しかし、一方は現在しており、他方は現在していないとすれば、それらがいっしょに存立することはない。一二八　したがって、長い音節についても、もしもそれが二時間的であるとすれば、必ずや、その音節の第一の時間が現在しているときは、第二の時間は現在しておらず、また第二の時間が現在するときは、第一の時間はもはや存在しない。しかし、長い音節の諸部分がいっしょに存立しえないとすれば、成立しているのは音節全体でなく、その一部分なのである。しかし長い音節の部分は、長い音節そのものではない――さもないと、長い音節は短い音節と異ならないことになるであろう。したがって、長い音節もまた、まったく存在しないのである。

一二九　しかし、並立的想起[4]によって長い音節は思惟されると、もしも彼らが主張するとすれば――つまり、われわれは先に発せられた音を想起しながら、今発せられている音を認識することによって、両者から構成されるものを長い音節として想像する、というのである――もしも彼らがそのように言うなら、彼らはほかならず、こうした音節が非成立的であることに同意することになるであろう。一三〇　なぜなら、もしもその音節が成立しているとすれば、それは先に発音された音か、あるいは、後から発音された音のいずれかのうちで成立している。しかし、それは、先に発音された音のうちでも、後から発音された音のうちでも

(1)「ある種の非理性的な時間と音声の延長」については補註Oを参照。

(2) Harder に従って、写本の *αὐτὸ* を読む。

(3) この場合の「二時間的（ディクロノン）」は、母音が「長短共通的」であるという意味での「二時間的」（『論駁』第一巻五五、一〇〇、一〇五、一〇七、一一〇、一一二、一二一）と区別されねばならない。補註Oを参照。

(4) 並立的想起（*συμμνημόνευσις*）については、『論駁』第七巻二七九、第九巻三五三―三五六、第十巻六四、一七六、『概要』第三巻一〇八を参照。また並立的想起への批判については、『論駁』第九巻三五三―三五六を参照。

成立していない。というのも、それらのそれぞれが単独に成立していなければ、そもそも音節さえ存在しないのであるから。[1] したがって、長い音節も成立しておらず、もしも何か成立しているとすれば、それは短い音節であって、長い音節ではないのである。

　しかしまた、両方の音のうちで成立しているわけでもない。というのも、それらの音の一方が成立しているときには、他方は成立していないが、しかし、存立しているものと存立していないものを部分として構成されたものを思考することは、まったく不可能だからである。それゆえ、長い音節はまったく存在しない。

一三一　語（レクシス）と文の諸部分[2]に関する行き詰まりとして提起されるべきことも、今述べたことと類比的である。というのもまず第一に、今しがた示したように[3]、音節が存在しないなら、語もまた存在することはありえない。なぜなら、語は音節から成立しているからである。第二に、同じ方法を用いて、主として語そのものについて同じ行き詰まりをもたらすこともできるだろう。なぜなら、語は音節であるか、あるいは、諸々の音節から成り立っているかのいずれかである。しかしいずれであるにせよ、われわれが音節について示した諸々の行き詰まりは、語に対しても当てはまるだろう。[4] 一三二　しかし、より新味のある論駁を見出すのにわれわれが行き詰まっていると思われないように、ここでも文法家たちに向かって何か言っておかなければならない。

　すなわち、彼らがいくつかのものを文の諸部分と呼ぶとき[5]――例えば、名前、動詞、冠詞、その他であるが――、彼らはそれらをどこから得てくるのであろうか。なぜなら彼らは、それらを文の全体であると言うか、あるいは、文の諸部分であると言うかのいずれかであるが、しかし、もしも文が全体として思惟されることもありえないし、それらが文の諸部分として思惟されることもありえないとすれば、文も文の諸部分も存在しないであろう。[6] ここで、仮設のために用いられる例を取り上げてみよう——そうするのは、文法術の諸法則からわれわれが離れてしまうことのないためである。一三三 それでは仮設として、次の詩行を文の全体であるとしよう。

μῆνιν ἄειδε θεὰ Πηληϊάδεω Ἀχιλῆος

mēnin［怒りを］aeide［歌え］thea［女神よ］

Pēlēiadeō［ペレウスの子］Achilēōs［アキレウスの］[7]

そして、この文の部分は次のとおりであるとしよう——すなわち、mēnin は普通名詞、aeide は命令形の動詞、thea もまた女性の普通名詞、Pēlēiadeō は父親由来の名前、[8] そしてこれらに加えて Achilēōs は固有の名

（1）ところが、一方の音が発せられ、成立しているとき、他方は想起されているのみである。

（2）文の諸部分については補註Nを参照。

（3）『論駁』第一巻一二三。

（4）『論駁』第八巻八二—八四を参照。

（5）文の諸部分については補註Nを参照。

（6）マウが Mette に従って想定する欠落部分 ⟨*οὐκ ἔσται ὁ λόγος οὐδὲ μέρη ἐκείνου*⟩ を一応補足しておく。写本（＝マウのテクスト）通りに読むとすれば、「……しかし、文が全体として思惟されることもありえないし、それらが文の諸部分として思惟されることもありえないであろう」と訳しうる。

（7）ホメロス『イリアス』第一歌一。セクストス『論駁』第八巻八〇、第九巻三五〇も参照。文法家はしばしばこの詩行を例に用いた。

（8）「父親由来の名前（パトローニュミコン）」については、ディオニュシオス・トラクス『文法術』第十二章（pp. 25-26 (GG I/I)）を参照。

前である。一三四　この場合、文は文の諸部分とは別の何かであり、また諸部分は文とは別の何かであるか、あるいは、文は諸部分の集積として想定されているかのいずれかである[1]。そして、もしも文が諸部分とは別の何かであるとすれば、今提示した文の諸部分が取り去られても、明らかに文は残るであろう。しかし先述の詩行は、それのすべての部分が取り去られたときにとどまるどころか、どの一つの部分をわれわれが取り去るだけでも——例えば mēnin あるいは aeide を取り去るだけでも——、もはや詩行としては存立しない。

一三五　他方、文の諸部分の集積が文として思惟されるのだとすれば、ちょうど隔たりが隔たっているものを離れては何ものでもないように、集積は集積されている諸部分を離れては何ものでもないから、そのいくつかの部分が思惟される文なるものは、何ものとしても存立しないことになるだろう。しかし、全体としての文が何ものでもないとすれば、それのどの部分もまったく生じることはないであろう。かくして、ちょうど左のものが何も存在しなければ、右のものも存在しないように、全体としての文がまったく存在しなければ、諸部分もまた存立しないであろう。

一三六　また一般的に言って、もしも彼らが文の諸部分の集積が文全体であると考えるとすれば、彼らは結果的に、文の諸部分は部分相互の部分であると主張することになるだろう。なぜなら、諸部分がそれの部分となるであろう全体が、諸部分を離れては何も存在しないとすれば、諸部分は部分相互の部分となるだろうから。しかし、これがどんなに不合理きわまりないことであるか、われわれは考察してみよう。一三七　すなわち、部分は必ずや、それぞれ固有の場所を占めつつ、またそれぞれ固有の仕方で成立しつつ、それの部分であると言われるもののうちに包含されているのであって、互いのうちに包含されているということはない。例えば、人間の部分としては手が、手の部分としては指が、指の部分としては爪がある。それゆえ、人間の中に手が含まれ、手の中に指が含まれ、指の中に爪が含まれているのであり、右手が左手を完全にするとか、人差し指が親指を完結させるとか、頭が足を構成するとか、足が胸を構成する、などということはない。一三八 したがって、文の部分についても、それらが互いの部分であると言ってはならない。というのもその場合は、文の諸部分が互いの中に含まれ、mēnin は aeide の中に、aeide は thea の中に、そして一般的に言ってすべてはすべての中に含まれていなければならないことになるであろうが、しかしそれは不可能だからである。

かくして、文の諸部分が互いの部分であることは、事柄の思惟不可能性からしてありえないから、それにまた、諸部分がそれの部分であるとわれわれが言うようなものは、諸部分それ自体を離れてはまったく何も発見されないとすれば、全体としての文がそれ自体の諸部分を離れてあるということも発見されないのであるから、残る選択肢としては、文の部分は何も存在しないと言うしかない。そしてそれゆえ、文もまた存在しないことになる。

一三九 また次のような攻撃もしなければならない。もしも mēnin が詩行の部分であるとするなら、それは詩行全体の部分であるか、あるいは、aeide thea Pēleiadeō Achilēos の部分であるかのいずれかである。し

---

(1)『論駁』一三四―一四〇については、『論駁』第九巻三三八―三五一、『概要』第三巻九八―一〇一を参照。またプラトン『テアイテトス』二〇四A以下の議論も参照。

かし、もしもそれが詩行全体の部分であるとすれば、全体はほかならぬ mēnin といっしょになってはじめて思惟されるのであるから、mēnin は、自分自身を完全にする部分であることにもなり、そしてそれゆえ、自分よりもより大きくもあるし、より小さくもあるということになるだろう。すなわち、自分自身によって完全にされるかぎりにおいては自分自身より大きいし（というのも、何かによって完全にされるものは、それを完全にするものよりも大きいのであるから）、また他方、自分自身を完全にするかぎりにおいてはより小さいのである（というのも、何かを完全にするものは、完全にされるものよりも小さいから）。しかしこれはほとんど説得的ではない。それゆえ、mēnin は詩行全体の部分ではない。

一四〇　しかし、mēnin は残りのもの、つまり aeide thea Pēlēiadeō Achilēos の部分でもない。なぜならまず第一に、部分はそれがその部分であるものの中に含まれているが、しかし、mēnin は aeide thea Pēlēiadeō Achilēos の中には包含されていない。したがって、それはこの残りのものの部分ではないだろう。また第二に、aeide thea Pēlēiadeō Achilēos の方も完全化の必要はない。なぜならそれは、固有の資格においてすでに完全にされているからである。[1] しかし、文全体——つまり詩行——は、aeide thea Pēlēiadeō Achilēos ではない。かくして mēnin はこの残りのものの部分でもない。しかし、mēnin が詩行全体の部分でも、残りの部分の部分でもなく、そしてこれら以外に選択肢はないとすれば、mēnin はいかなる文の部分でもないのである。

一四一　以上のことを、文の諸部分に対する一般的な反論として述べておかなければならない。しかしわれわれが、これらの事柄について彼らのあいだで個別的に語られている技術的諸理論に踏み込むなら、われわれは多量の無駄話を見出すことであろう。このことは、この主題全体を探訪しなくても分かることである

（というのも、それはたんなる饒舌であって、文法術的な老婆の駄弁(2)に満ち満ちているからである）。しかしわれわれは、ブドウ酒の小売商人たちと同様の策を用いて、彼らが少量の味見により積荷全体を評価するのと同じ仕方で、文の一部分——例えば名前——をわれわれ自身手にとって、それに関する技術的理論から出発して、他の事柄における文法家たちの手腕をも総観することにしよう。

名前について(3)

一四二 そこでまず手始めに、彼らが、名前のうちのあるものは自然本来的に男性であり、別のものは女性であり、また別のものは中性であると言い、そしてあるものは数的に単数であり、別のものは双数であり、また別のものは複数であると言い、さらにまた、その他諸々の区別もこれらと結びつけて持ち出すとき、ここで「自然本来的に」と付加的に発音されているものの意味はいったい何であるのか、それを、われわれの探求の的とすることにしよう。**一四三** すなわち、文法家たちが言うのは、最初に諸々の名前を音声として

（1）aeide thea Pēlēïadeō Achilēos（「歌え 女神よ ペレウスの子 アキレウスの」）で一つの完結した文とみなしうる。ただし、この場合「ペレウスの子 アキレウスの」は「女神」にかかることになる。

（2）老婆の駄弁については、ガレノス『ヒッポクラテスとプラトンの教説について』第三巻四（V. p. 315, 3-p. 316, 2 (Kühn)）、キケロ『神々の本性について』第三巻五-一二などを参照。

（3）「名前（オノマ）」については補註Nを参照。

発した人々は、ちょうど苦痛の叫びをあげ、快楽や驚きの嘆声を発するように、それらの名前を自然本来的に発声したのであって、そういう意味で自然本来的に名前のうちのあるものはこれこれのものであり、別のものはまた別様のものである、ということであるか、[1]それとも彼らがそう言う意味は、現在でも名前のそれぞれは、たとえそれをわれわれが男性とみなさなくても、男性であるという作用をわれわれに自然本来的に及ぼし、また逆に、たとえわれわれが望まなくても、女性であることを自然本来的に開示している、ということであるかのいずれかである。

一四四 しかし、第一の選択肢は、彼らの主張するところではなかろう。というのも、名前は自然本来的に定まっているか、あるいは、取り決めによっているか、あるいは、いくつかの名前は自然本来的に定まっており、いくつかの名前は取り決めによっているか、ということを、[2]文法術の鈍感さはどこから識別できるのであろうか。[3]この問題に答えを与えることは、自然研究の究極に到達した人たちにとってさえ、双方を支持する議論の同等性のゆえに容易ではないのである。**一四五** とりわけ、第一の選択肢に対しては強力な議論が立ちふさがっており、文法家たちは、たとえよく言われるように投石機（カタパルト）には持ちこたえることができるとしても、[4]この議論に何か適切な答えを見つけることはできないであろう。つまり、もしも名前が自然本来的なものであり、名前による表示が個別的な取り決めによるものではないとするなら、すべての人がすべての人の言うことを――ギリシア人は他国人の言うことを、他国人はギリシア人の言うことを、そして他国人は他国人の言うことを――聞き取れなければならないであろう。[5]しかしそれは事実に反する。してみると、名前は自然本来的に表示するものではない。それゆえ、彼らが主張するのはこの選択肢ではなかろう。

一四六　他方、もしも彼らが、ある名前はこれこれのものであり、別の名前はまた別様のものであると主張するのは、それぞれの名前が、男性、あるいは女性、あるいは中性であることを自然本来的に明示しているからであるとするならば、彼らは、より滑らかな首縄で自分の首を絞めているのだと知らねばならない。

一四七　というのも、この場合もわれわれは、われわれに自然本来的に作用を及ぼすものは、すべての人に同様の作用を与えるのであって、ある人にはある作用を与えるが、別の人には別の作用を与えるのではないと言うだろう。例えば、火は自然本来的に熱するものであるが、他国人、ギリシア人、素人、経験家の別なく熱するのであって、ギリシア人を熱して他国人を冷やす、ということはない(6)。また、雪は自然本来的に冷

(1) エピクロスの立場。ディオゲネス・ラエルティオス『哲学者列伝』第十巻七五—七六、ルクレティウス『事物の本性について』第五巻一〇五六—一〇九〇を参照。

(2) ベッカーやマウの *ᾗ τίνα μὲν οὕτως τίνα δὲ ἐκείνως* ではなく、ビュリーやブランクとともに *ᾗ τινα μὲν οὕτως τινὰ δὲ ἐκείνως* を読む。

(3) 「文法術の鈍感さ」については『論駁』第一巻七〇を参照。

(4) 『論駁』第一巻四〇の都市攻略の比喩を参照。なお、この格言的表現の他の出典例は見当たらない。

(5) 『論駁』第一巻三七、第十一巻二四一、『概要』第二巻二一四、第三巻二六七を参照。

(6) 自然本来的な事柄については万人の感じ方や見解は一致し、反目はないはずであるという論法に関しては、『論駁』第八巻三七、『概要』第一巻一七七、第二巻二一四、第三巻一七九、一八二、一九〇、一九三、一九六、二二〇、二二二、二二六、およびアリストテレス『ニコマコス倫理学』第五巻第七章一一三四b二五—二六を参照。また自明の事柄や感覚的対象に関する同様の論法については、『論駁』第八巻一八七—一八八、二一五、二三九—二四〇、三二一—三二四を参照。

やすものであり、ある人を冷やして別の人を暖める、ということはない。したがって、自然本来的に作用を及ぼすものは、その人の感覚が束縛を受けていないかぎり、だれにでも同様の作用を及ぼすのである。

一四八　ところが名前は、同じ名前でもすべての人にとって同じものではなく、ある人たちにとっては男性であり、別の人たちにとっては女性であり、さらに別の人たちにとっては中性である。例えばアテナイ人は、στάμνος [stamnos　広口壺] を女性として ἡ στάμνος [hē stamnos] と言い、ペロポネソス人は、男性として ὁ στάμνος [ho stamnos] と言い(1)、また θόλος [tholos　円形建物] のことも、ある人たちは ἡ θόλος [hē tholos] と言い、別の人たちは ὁ θόλος [ho tholos] と言い、さらに βῶλος [bōlos　土くれ] についても ἡ βῶλος [hē bōlos] と言う人たちもいれば、ὁ βῶλος [ho bōlos] と言う人たちもいるが(2)、一四九　だからといって、この人たちは間違っているとか、あの人たちは間違っている、と言われることはないのである。なぜなら、各自が決まりごととなっているとおりにそれらの名前を用いているからである。また、同一の人たちでさえ、同じ名前を異なる仕方で、ある時には男性として、別の時には女性として発音し、λιμός [limos　飢饉] を ὁ λιμός [ho limos] と言ったり、ἡ λιμός [hē limos] と言ったりしている(3)。したがって、名前のうちのあるものが男性で、別のものが女性であるのは自然本来的なことではなく、むしろ決まりごとにより、あるものは一方に、別のものはもう一方になるのである。

一五〇　それにまた、もしも名前のうちのあるものは自然本来的に男性で、別のものは女性であるとすれば、必然的に、男性の自然的性をもつものはつねに男性の名前で呼ばれ、女性の自然的性をもつものはつねに女性の名前で呼ばれ、そして男性でも女性でもない自然的性をもつものは、つねに中性の名前で呼ばれるはずである。一五一　しかし実際はそうではなく、われわれは、男性の自然的性をもつものを女性の名前で呼んだり、女性の自然的性をもつものを男性の名前で呼んだり、また男性でも女性でもない自然的性をもつものを、中性の名前で呼ばずに、男性か女性の名前で呼んだりしているのである。例えば、*κόραξ* [korax　大ガラス]、*ἀετός* [aetos　ワシ]、*κώνωψ* [kōnōps　蚊]、*κάνθαρος* [kantharos　糞虫]、*σκορπίος* [skorpios　サソリ]、*μῦς* [mys　ネズミ] は、たとえ雌であっても男性の名前で語られ、また逆に、*χελιδών* [chelidōn　ツバメ]、*χελώνη* [chelōnē　カメ]、*κορώνη* [korōnē　カラス]、*ἀκρίς* [akris　バッタ]、*μυγαλῆ* [mygalē　トガリネズミ]、

(1) ギリシア語の名詞は男性、女性、中性の文法的性別をもち、ある名詞の性を明らかにする一番確実な方法は、対応する性の定冠詞を添えることであった。主格において、*ὁ* [ho] は男性名詞、*ἡ* [hē] は女性名詞、*τό* [to] は中性名詞に添えられた。*στάμνος* のように主格が *-ος* で終わる名詞は、通常は男性名詞であるが、女性名詞も少数あり、この点が、例えばアリストパネス『雲』六七〇―六九一でも面白おかしく取り上げられている。

(2) *θόλος* と *βῶλος* は一般的には男性名詞であったが、アッティカでは女性名詞であった。

(3) セクストスは、同じ人々が *λιμός* を男性名詞と女性名詞の両方に用いたかのように語っているが、実際は、ドリス方言では女性名詞、アッティカ方言では男性名詞であった。

ἐμπίς [empis　蚊] は、たとえ自然的性においては雄でも女性の名前で語られている。[1]　一五二　同様にしてκλίνη [klinē　寝椅子] も、自然的性においては男性でも女性でもないが、女性の名前で語られ、στῦλος [stylos　柱] も男性でも女性でもないが、男性の名前で語られている。かくして自然本来的に男性である名前とか女性である名前は何もないとすれば、どうして文法家が、ὁ χελιδών [ho chelidōn　ツバメ] とか ἡ ἀετός [hē aetos　ワシ] という捻じれた言い方をする人を攻撃しようとするのか、わたしは探求の的とするのである。すなわち、χελιδών [chelidōn] という名前は自然本来的に女性であるが、かの人は [男性の] 冠詞によってそれを強いて男性にしているという理由で、文法家は攻撃を加えようとするのか、あるいは、共通の慣わしが、それを男性としてでなく、女性として定めているという理由で攻撃を加えようとするのかのいずれかである。

一五三　しかし、もしも自然本来的に女性であるという理由によるとすれば、われわれが示したところでは、自然本来的に女性である名前は何もないのであるから、この点に基づくかぎり、このように発音されるか、あのように発音されるかということは、無差別のことである。他方、もしも共通の慣わしによって女性として定められているという理由によるとすれば、適正に語られているか否かの規準となるのは、技術的で文法術的な何らかの言論 [理性] ではなく、むしろ、慣わしに対する非技術的で単純素朴な観察であることになるであろう。[2]

一五四　名前の単数と複数の問題に対しても、これらと同じ論を適用しなければならない。なぜなら一つの都市であるのに、Ἀθῆναι [Athēnai　アテナイ] や Πλαταιαί [Plataiai　プラタイアイ] は複数形で呼ばれ、逆に単数形で Θήβη [Thēbē　テーベー] とも、また複数形で Θῆβαι [Thēbai　テーバイ] とも呼ばれ、さらに Μυκήνη

[Mykēnē ミュケネ] とも、*Μυκῆναι* [Mykēnai ミュケナイ] とも呼ばれているからである。(3) こうした事柄における変則性については、探求の後の方でより入念に語られるであろう。(4)

さて目下のところは、これらの事柄における文法家たちの正確さというものを、われわれは実例も用いて綿密に調査したから、次には、別の論題に移行する前に、かのことも調べてみることにしよう。一五五 わたしが言っているのは、彼らが文、および文の諸部分と呼んでいるものは何であるか、という問題である。

---

(1) ギリシア語の文法的性は生物学的性とは必ずしも一致しない。この点を問題にした発言としては、プロタゴラス「生涯と学説」二八（DK）、アリストパネス『雲』六六二－六六七を参照。なお文法家は、生物学的雌雄にかかわらず一定の文法的性をもつ名詞（例、*ἡ χελιδών*（ツバメ）、*ὁ ἀετός*（ワシ））を「エピコイノン（*ἐπίκοινον*）」、同一の名詞形を生物学的雌雄に応じて、定冠詞で男性と女性に使い分ける名詞（例、*ὁ ἄνθρωπος*（男）、*ἡ ἄνθρωπος*（女）、*ὁ ἵππος*（牡馬）、*ἡ ἵππος*（牝馬））を「コイノン（*κοινόν*）」と呼び、区別していた（ディオニュシオス・トラクス『文法術』第十二章（pp. 24-25（GG I/I））、『ディオニュシオス・トラクス「文法術」への古注』p. 218, 27-p. 219, 15, p. 363, 4-27（GG I/Ⅲ）を参照）。

(2) 共通の慣わしを観察することの重要性については、『論駁』第一巻一八九、一九〇、一九三、二〇九、二一四、二四〇、ホラティウス『詩論』七〇－七二などを参照。

(3) *-η* [-ē] は女性名詞単数形の語尾、*-αι* [-ai] は女性名詞複数形の語尾。

(4) 単数と複数に関する変則性については『論駁』第一巻二一五に短い言及があるのみで、詳細な議論は残っていない。しかし、言語使用一般に関する慣わしの変則性は、第一巻二三六－二四〇でも論じられている。

というのも、彼らが文、あるいは文の諸部分と呼ぶものは、物体的な音声そのものか、あるいは、音声とは異なる非物体的なレクトン［言表されうるもの］かのいずれかであるだろう。[1] しかし彼らがそう呼ぶのは音声ではないだろう。というのも、音声が発せられるとき、ギリシア人も、他国人も、素人も、教育を受けた者も、すべての人がその音声を耳にするのであるが、しかし文とその諸部分を聞き取るのは、ただギリシア人と、それに関する経験をもっている人だけだからである。[2] かくして文と文の諸部分は音声ではない。

一五六　しかし、それは非物体的なレクトンでもない。というのも、物体と空虚のほかに、何かそうした非物体的なものがどうしてなおありえようか――それについては、多数の、いつ果てるとも知れぬ論争が哲学者たちのあいだで生じているというのに。[3] というのも、もしもそれが動かされるとすれば、それは物体である。なぜなら、動かされるものは物体であるから。他方、もしもそれが静止しているとすれば、それが運動する諸物体を自らのうちに受け入れ、抵抗を示さないとするなら、それは空虚になるだろうし（なぜなら、抵抗を示さないことは空虚の固有性であるから）、自らのうちに運動して入ってくる諸物体に対して抵抗を示すなら、それは物体である（なぜなら、抵抗を示すことは物体の固有性であるから[4]）。

一五七　それにまた、何か非物体的なレクトンが存立すると言う人は、そのように語るに際して、主張だけで十分とするか、あるいは、証明をも行なうかのいずれかである。[5] しかし、もしも彼が主張だけで十分とするなら、彼は、反対の主張に直面して動きがとれなくなるであろう。他方、もしも彼が証明を行なうとすれば、証明それ自体も、異論のない諸前提を通して展開されねばならないが、(6)しかし、前提はレクトンであるから、彼は探求の対象を同意済みのこととして先取りすることになり、信用できないであろう。

一五八　さて、こういうわけで音声も文ではないし、音声によって意味される非物体的なレクトンも文ではなく、そしてこれら以外には何も思惟することができないとすれば、文なるものはまったく何もないのである。

しかし今のところは、文も、文の諸部分――文法家が存立を望むかぎりの諸部分――も存在するものとしておこう。だがしかし、彼らはどのように文を区分するというのか、われわれに教えてほしい。

(1) 音声とレクトンについては、補註Gを参照。

(2) ギリシア人が聞き取るもの、すなわち認識するものは、意味（レクトン）である。『論駁』第八巻一一－一二も参照。

(3) 『論駁』第一巻二八を参照。

(4) 『論駁』第三巻五六、『概要』第三巻三九、一二四、一二六、ルクレティウス『事物の本性について』第一巻四一九－四四八を参照。

(5) 『論駁』第一巻一五七と同様の批判は、『論駁』第八巻七五－七七、二五八－二六一、『概要』第二巻一〇七－一〇八にも見られる。

(6) 証明の定義については、『論駁』第八巻三一四、三八五、『概要』第二巻一三五、一四三、一七〇を参照。

区分について

一五九　韻文の区分（メリスモス）が行なわれるのは、二つの最も必要な領域、すなわち、韻脚分け――つまり諸々の詩脚への分解――と、文の諸部分への分割とにおいてであるから、[1] 文法家たちへの反論を完全に行なおうとするのであれば、そのいずれをも揺り動かして、韻脚分けの方式については、彼らがそれによって歩く［韻脚分けをする］彼らの足［詩脚］をすべて非存立的であるとして払い倒し、[2] またさらに、文の諸部分への分解の方式については、分割は不可能であるということを示すのが順当であるだろう。[3] 一六〇　しかしわれわれは、音楽家への反論の中でも詩脚を主たる探求対象とするはずであるから、[4] 音楽家への反論となるはずのことを先んじて取り上げることのないように、あるいは、同じことを二度繰り返して言うことのないように、こちらの行き詰まりの方はしかるべき時にそなえてわきへ除けておき、ここでは文の諸部分への分割について考察することにしよう。

一六一　ところで、ある一つの詩行を区分する人は、何かあるものを除去し、別のものを付加する。除去する場合は、例えば *μῆνιν* [mēnin　怒りを] を詩行全体から切り離したり、またさらに *ἄειδε* [aeide　歌え] やその他の諸部分を切り離したりし、[5] 他方、付加する場合は、省音して発音されるもの、例えば *αἷμ' ἐμέων* [haim' emeōn　血を吐いて][6] に α [a] を付加したり（というのも、十全な形は *αἷμα ἐμέων* [haima emeōn] であるから）、さらにまた *βῆ δ'ἀκέων* [bē d'akeōn　彼は黙々と歩いていった] に ε [e] を付加したりする（というのも、十

全な形にすると *βῆ δὲ ἀκέων* になるから[7]。しかし、自然本来的に、何かが何かから除去されることも、また何かが何かに付加されることもありえないとするならば、文法術が言うところの区分は不可能になるのである。

(1) ギリシア語文を現代のテクストに見られるようなかたちで——すなわち、小文字で単語ごとに区切り、気息記号、アクセント符号を付して——記すようになったのは、中世(おそらく九世紀)以降のことであって、それまでは例えばホメロス『イリアス』第一歌第一行(『論駁』第一巻一三二を参照)は、*ΜΗΝΙΝΑΕΙΔΕΘΕΑΠΗΛΗΙΑΔΕΩΑΧΙΛΗΟΣ* のように記されていた。したがって、これを正しく音読し、理解するためには、韻脚分けと、文の諸部分(単語)への分割の知識が必要であった。

(2)「歩く」を意味する *βαίνειν* には「韻脚分けをする」という意味、また「足」を意味する *πούς* には「詩脚」の意味もあった。

(3) EDς 写本に従って *ἂν* を省略する。

(4)『論駁』第六巻六〇—六七。

(5) ホメロス『イリアス』第一歌一(『論駁』第一巻一三二を参照)。

(6) ホメロス『イリアス』第十五歌一一。ギリシア語では母音連続(hiatus)を避けるために、文中の二語の間で母音連続が生じる場合には、二母音を一母音に融合させる(融音)、先行する語の語末短母音を省略する(省音)、後続する語の語頭短母音を除く(除音)、などの処置がとられた。ここで「省音」と訳した原語 *συναλοιφήν* は、これら母音連続回避のためのいずれの方法をも意味しうるが、セクストスが挙げている二例はともに、狭い意味での省音の例である。*αἷμ' ἐμέων* は、古くは *ΑΙΜΕΜΕΩΝ* と記されていたから、これを *ΑΙΜ* と *ΕΜΕΩΝ* に区分し、省音された *ΑΙΜ* に *Α* を付加して、この詩句が *αἷμα*(血を)*ἐμέων*(吐いて)であることを理解する必要があった。

(7) ホメロス『イリアス』第一歌三四。古代の表記 *ΒΗΔΑΚΕΩΝ* は、*βῆ*(彼は歩いていった)*δὲ*(そして)*ἀκέων*(黙々と)に区分される。

除去について

一六二　何かが何かから除去されるということはまったくないことを、われわれは次の仕方で学ぶことができる[1]。もしも何かが何かから除去されるとすれば、全体が全体から除去されるか、あるいは、部分が部分から除去されるか、あるいは、全体が部分から除去されるか、あるいは、部分が全体から除去されるかのいずれかである。

しかし、全体が全体から除去されることはない。というのも、ある一つの詩行が存在する場合、もしもそこから除去されるものが全体であるとすれば、われわれは全詩行を除去することになるだろう。その場合、一方で、もしも除去が行なわれた元の詩行がなお残っているとすれば、いかなる除去もそこからなされてはいなかったことになるだろう。というのも、もしも除去がなされていたとすれば、どうしてなお全体が残りえようか。他方しかし、もしももとの詩行が残っていないとすれば、明らかにこの場合も、存在しないものから除去はなされなかったのである[2]。したがって、全体が全体から除去されるということはない。

一六三　しかしまた、全体が部分から除去されることもない。なぜなら、例えば *μῆνιν ἄειδε θεὰ Πηληιάδεω Ἀχιλῆος* [mēnin aeide thea Pēleiadeō Achilēos] が *μῆνιν* [mēnin] のうちに含まれていないように、全体は部分のうちに含まれていないが、しかし、除去されるものは、除去を受けるもののうちに含まれていなければならないからである。

したがって、残る選択肢としては、部分が全体から除去されるか、あるいは、部分が部分から除去されるしかない。(3) しかしこれも行き詰まる。なぜなら、もしも *μῆνιν* が詩行全体から除去されるならば、*μῆνιν* は自分自身からも除去される——というのも、詩行全体は *μῆνιν* といっしょに思惟されていたからである。それにまた、もしも *μῆνιν* が全体から除去され、全体は *μῆνιν ἄειδε θεὰ Πηληιάδεω Ἀχιλῆος* であったとすれば、必然的に *ἄειδε θεὰ Πηληιάδεω Ἀχιλῆος* もより小さくなっていなければならず、同じ状態にとどまっていることはできないであろう——もしも除去を受けたものはすべて、同じ状態にとどまってはいないとするならば。一六四 それに *μῆνιν* それ自体も、もしもそれがかの全体から除去されるとすれば、全体のうちの各部分に由来する何ほどかをもっていなければならなかったはずであるが、これもまた偽である。

それゆえ、もしも詩行全体を詩行から区分することも、詩行の部分を部分から区分することも、全体を部分から区分することも、部分を全体から区分することも不可能であり、そしてこれら以外に行ないうることは何もないとすれば、文法家にとって区分は不可能なのである。

---

(1) 除去を否定する議論については、『論駁』第四巻二一—三〇、第九巻二九七—三三〇、『概要』第三巻八五—九三を参照。

(2) 変化が起こるためには、変化を通じてとどまるものが必要である。この一般原則については、アリストテレス『自然学』第一巻第七章一九〇a一四—b一〇、『天について』第一巻第三章二七〇a一四—一六などを参照。

(3) 『論駁』第一巻一六三—一六四の議論については『論駁』第九巻三一一—三一七、『概要』第三巻八九—九三を参照。

付加について

一六五　しかしまた、省音して発音される語（レクシス）に、何かが付加されることもないだろう。[1]　そしてこのことは、文法家たちが区分に際して主として付加する音節や字母をではなく、語全体を議論の的にすることによって明確になるだろう。そこで、ἄειδε θεὰ Πηληιάδεω Ἀχιλῆος [aeide thea Pēlēiadeō Achilēos] という半詩行が存在するとしてみよう——つまり、目下のところはこれが半詩行であり、これに μῆνιν を加えて、両者から英雄詩調が成立するものとされたい。[2]　われわれが探求するのは、付加は何に対してなされるのかという問題である。一六六　というのも、μῆνιν は、自分自身に付加されるか、あるいは、あらかじめ存在している半詩行に付加されるか、あるいは、両者から形成される英雄詩調に付加されるかのいずれかである。

そして、自分自身に付加されることはありえないだろう。というのも、自分自身と異なるもの、また自分自身を二倍にするものでなければ、自分自身に「付加される」と言われることはありえないだろうから。

また、あらかじめ存在している半詩行にどうして付加されえようか。というのも、半詩行の全体に付加されるとすれば、それ自身もまた半詩行と等しい大きさになるから、自身も半詩行になるであろうが、一六七　そこからしてまた、大きい半詩行は、短い μῆνιν と等しい大きさになるから短く、他方また短い方のものは、より大きい方の半詩行に対応する長さになるから大きい、と主張することになるだろう——もしも μῆνιν が半詩行全体に付加されるとするならば。他方、もしも μῆνιν が半詩行の一部分、例えば ἄειδε に付加されるとすれば、そして *ἄειδε* だけを増大させ、全体を増大させることにはならないとすれば、詩行を形成することはないであろう(3)。

そこで残る選択肢としては、*μῆνιν* そのものとあらかじめ存在している半詩行の両方から形成されるヘクサメトロスの英雄詩行に付加される、と言うしかない。一六八 しかしこれは完全に非説得的である。というのも、付加を受けるものは、付加に先んじて存在しているが、しかし付加から生じるものは、付加以前には存在していないからである。したがって、*μῆνιν* が、*μῆνιν* の付加によって生じるヘクサメトロス詩行に付加されることはない。なぜなら、付加が生じる時点ではまだヘクサメトロス詩行は存在していないし、ヘクサメトロス詩行が存在している時点ではもはや付加は生じないからである。

ともかく、われわれが課題としていたことはすでに導出された。そして、付加も除去も存在しないとすれば、先述の区分の方式は否認されるのである。しかしわれわれは、これらの事柄における文法家たちの正確さを今一度見きわめたことであるから、次には、書くことにおける彼らの能力をも調べてみることにしよう。

---

(1) 付加を否定する議論については『論駁』第四巻三二一－三三二、第九巻三二一－三二七、『概要』第三巻九四－九六も参照。

(2) 正しくは mēnin aeide thea と Pēlēiadeō Achilēos が、それぞれ半詩行で、両者を合わせて、ヘクサメトロス（六脚韻 —◡◡|—◡◡|—◡◡|—◡◡|—◡◡|—◡）の一詩行が成立する。ヘクサメトロス形式が「英雄詩調（ヘーローイコン・メトロン）」とも呼ばれるのは、この韻律がホメロスの英雄叙事詩などに用いられているためである。アリストテレス『詩学』第二十四章一四五九b三二－一四六〇a五を参照。

(3) 一部マウによらず、*〈εἰ δὲ μέρει αὐτοῦ,〉 οἷον τῷ ἄειδε, καὶ εἰ μὲν μόνον αὐξήσει τὸ ἄειδε, τὸ δ' ὅλον οὔ, 〈οὐ〉 ποιήσει στίχον* を読む。

正書法について

一六九　彼らは、正書法は三つの方式――量と性質と区分――において成立すると主張している。量においてというのは、与格に ι [i] を付加すべきかという問題や、εὐχάλινον [euchalinon　くつわをうまくはめた] や εὐώδινας [euōdinas　安産の] には ι [i] だけを記すべきか、あるいは、ει [ei] を記すべきかという問題を、われわれが探求する場合である(1)。また性質においてというのは、σμιλίον [smilion　小刀] や Σμύρνα [Smyrna　スミュルナ] は、ζ [z] から書き始めるべきか、それとも σ [s] から書き始めるべきかという問題を、われわれが考察する場合である(2)。さらに区分においてというのは、ὄβριμος [obrimos　力強い] という語（レクシス）では、はたして β [b] は第二音節の最初に位置するか、それとも先行する音節の最後に位置するかという問題や、また Ἀριστίων [Aristiōn　アリスティオン] という名前の場合は、σ [s] をどこに位置づけるべきかという問題について、われわれが行き詰まる場合である(3)。

一七〇　しかしこのような技術的理論は、それに対してわれわれがもっと大きな行き詰まりを何も持ち出すことがないとしても、やはりここでも空しいものとして現われる。それは第一には反目のゆえ、第二にはそこから生じてくる結果それ自体のゆえである。

反目のゆえ、というのは、技術所有者たちは同一の語を、ある人たちはこう書くべきだと主張し、別の人たちは別様に書くべきだと主張して争い合っており、また永遠に争い合うであろうからである。一七一　それゆえわれわれは、彼らに対して次のような議論も提起しなければならない――もしも正書法に関する技術的理論が生活に必要であるとすれば、正書法に関する反目はいまだ判定がついていないのであるから、何を書くべきであるかという問題について、われわれも、正書法に関して反目し合っている各文法家も、動きがとれなくなっているはずである。一七二　しかし、われわれにしても彼らにしても、だれ一人として動きがとれないわけではなく、むしろ皆一致して目指すところを達成している。それは、人々の出発点が技術的理論にはなく、何かもっと共通で一致した実際行動にあり、文法家と非文法家とを問わず、万人がそれを通して、名前の明示のために必ず採用されねばならない字母は採用し、必要でない字母については無差別［無頓着］の態度をとっているからである。したがって、文法家たちのもとにある正書法の指導は不必要である。

一七三　反目に基づく論駁は以上のようなものであるが、他方、結果に基づく論駁は次のように明らかである。[4] すなわち、与格を書く際に *ι* ［i］を添えようが添えまいが、また *σμιλίον* ［smilion　小刀］や *Σμύρνα* ［Smyrna　スミュルナ］の語頭に *σ* ［s］をもってこようが、*ζ* ［z］をもってこようが、またさらに、*Ἀριστίων* ［Aristiōn　アリスティオン］という名前を区分する際に、*σ* ［s］を先行する音節に配分しようが、後続する音節

（1）補註Pの（a）（b）を参照。

（2）補註Pの（c）を参照。

（3）単語を音節に分かつ際、一般的には、二個以上の子音が連続する場合は、それらを前後の音節に分けるが、語頭に立ちうる子音結合は単子音と同様に扱うという原則がある。ここの例では、*ὄ-βρι-μος* (cf. *βραχύς*)、*Ἀ-ρι-στί-ων* (cf. *στάδιον*) と分けられる。ヘロディアノス『字母の配置法について』八 (p. 393, 33-38 (GG Ⅲ/Ⅱ)) を参照。

（4）『論駁』第一巻二七六、三〇〇を参照。

に配置しようが、われわれはまったく何の害もこうむらない。一七四　というのも、もしも σμιλίον を ζ でなく σ で書き始めることによって、σμιλίον がもはや σμιλίον［小刀］ではなく、δρέπανον［鎌］になるというのであれば、そしてまた、Ἀριστίων［アリスティオン］という名前において、σ をどの音節に配置するかによって、気のきいたことを言う人たちのうちのだれかが言うように、Ἀριστίων［アリスティオン　朝食屋］が Δειπνίων［ディプニオン　正餐屋］になるというのであれば、無差別［無頓着］の態度をとらないことが確かに相応《ふさわ》しいことであろう。しかし、書き方がどうあれ――語頭に来るのが σ であろうが、ζ であろうが――、σμιλίον は σμιλίον［小刀］であり、またわれわれが、σ を ι に配分しようが、τ に配分しようが、Ἀριστίων はつねに Ἀριστίων［アリスティオン］であるとすれば、文法家たちのもとで行なわれているこうした主題に関する多くの空しい馬鹿話ははたして何の役に立つのであろうか？

一七五　われわれは正書法についても、どちらかと言えば要約的に論じてきたが、しかしここで、彼らの技術的な部分に対する反論を完全なものとするために、純粋ギリシア語を用いるための何か組織立った方法を彼らがもっているか、それともまったくもっていないか、という問題を見てみることにしよう。

純粋ギリシア語に関する技術が何か存在するか

一七六　言語を用いるについては、その純粋性に何らかの配慮をしなければならないということは、言うまでもなく明白である。というのも、たえず他国風の言葉遣いを用いたり、語法違反を犯したりする人は、教養を欠く者として嘲笑の的になるが、他方、純粋ギリシア語の使い手は、諸々の物事について思惟している内容を、明確かつ正確に示す能力を十分にもっているからである。(1) しかし今日、純粋ギリシア語には二つの異なる種類がある。(2) 一つは、われわれの共通の慣わしとは袂を分かち、文法術が駆使する類比（アナロギアー）(3)に基づいて進んでいるように思われるものであり、もう一つは、個々のギリシア人の慣わしに基づき、同化と通常の会話の観察から導かれるものである。(4) 一七七　例えば Ζεύς [*Zeus*　ゼウスは] という主格から、

(1)「他国風言葉遣い（βαρβαρισμός）」と「語法違反（σολοικισμός）」の区別、および「純粋ギリシア語（ἑλληνισμός）」については、『論駁』第一巻二一〇および補註Kを参照。嘲笑という論点については『論駁』第一巻一九五、二〇六、二三四、二六六、第二巻五八－五九、キケロ『弁論家について』第三巻一四-五二を参照。文章や話し方の明確さの重視については、『論駁』第一巻一九二、一九四－一九五、アリストテレス『弁論術』第三巻第十二章一四一四a二四－二六、ディオゲネス・ラエルティオス『哲学者列伝』第七巻五九（ストア派について）、第十巻一三（エピクロス派について）を参照。

(2)『論駁』第一巻四四－五六における文法術の二種類の区別を参照。

(3)「類比（アナロギアー）」とは文法術の一部門で、ある語の語形変化が問題となる場合に、形態の似通った多数の語において共通的に認められる変化の仕方を基準として、類比的にそれを決定する方法である。『ディオニュシオス・トラクス「文法術」への古注』p. 15, 12-25, p. 169, 23-29, p. 303, 20-26, p. 446, 18-25 (GG I/Ⅲ)、ウァロ『ラテン語考』第十巻一-一－二、三-三七－六-八四、クインティリアヌス『弁論家の教育』第一巻六-四－一七を参照。

(4) 慣わしや観察の重視については、『論駁』第一巻一七九、二〇七－二〇八、第五巻二、一〇五、第七巻四三六、第九巻四九、『概要』第一巻一七、二三－二四、二二六、二三一、二三七－二四〇、第二巻一〇二、二四六、二五四、第三巻二、一五一、二三五などを参照。

Ζεός [*Zeos*　ゼウスの]、*Ζεῖ* [*Zei*　ゼウスに]、*Ζέα* [*Zea*　ゼウスを] という斜格形を導く人は、純粋ギリシア語の前者の特徴に従った話し方をしているが、他方、*Ζηνός* [*Zēnos*　ゼウスの]、*Ζηνί* [*Zēni*　ゼウスに]、*Ζῆνα* [*Zēna*　ゼウスを] という単純素朴な言い方をする人は、第二の、よりわれわれの慣わしに合致する特徴に従った話し方をしている。[1] ところで、これら二つの純粋ギリシア語が存在するのであるが、われわれは、第二のものは上述の理由によって有用であるけれども、[2] 第一のものは以下に述べる理由によって無用であると主張する。

一七八　というのも、ある貨幣が一つの都市で地域的に流通しているとき、その貨幣を採用する人は、その都市で支障なく生活していくこともできるが、それを受け入れず、別に何か新しい貨幣を自分のために鋳造し、それが通用することを望む人は愚か者である。ちょうどそれと同じように、実生活においても、貨幣の場合と同様に、慣わしとして受け入れられている通常の会話に従おうとはせず、自分のために固有の語法を創出しようとする人は、狂気も同然なのである。[3] 一七九　それゆえ、もしも文法家たちが、いわゆる類比を、ある種の技術として伝授することを約束し、この技術を通して、第一の種類の純粋ギリシア語に従った話し方をするようわれわれを強制するのであれば、われわれが示すべきは、この技術は成立不可能であり、正しい話し方をしようとする者が拠り所とすべきは、実生活に即し、非技術的で単純素朴な、また多数の人々が用いる共通の慣わしに即した観察である、ということである。

一八〇　さてもしも純粋ギリシア語に関する何らかの技術が存在するとすれば、その技術は、それが成り立っている基礎となる諸原理をもっているか、あるいは、もっていないかのいずれかである。そして、もっていないという主張を文法家たちが行なうことはないだろう。というのも、技術はすべて何らかの原理を基礎として成り立っていなければならないからである。しかし、もしもそれが原理をもっているとすれば、技術的な原理をもっているか、あるいは、非技術的な原理をもっているかのいずれかである。そして、もしも技術的な原理をもっているとすれば、それらの原理は必ずや、それ自体に基づいて成り立っているか、あるいは、別の技術に基づいて成り立っていなければならず、そしてこの別の技術はまた第三の技術から成り立

（1） *Ζεύς*（主格）、*Ζεός*（属格）、*Ζεΐ*（与格）、*Ζέα*（対格）の変化形は、アレクサンドレイアのテオドシオスによる男性変化形の第十範型（カノーン）（例、*Πηλεύς, Πηλέος, Πηλέϊ, Πηλέα*）に対応している（『カノーン集』p. 12, 6-9 (GG IV/1) を参照）。しかし、実際にこの変化形を用いることを主張した文法家がいたかどうかは定かでない。*Ζεύς* の最も標準的な斜格形は、*Διός, Διΐ, Δία* であって、セクストス自身も通常この形を用いたが（例、『論駁』第一巻二九〇、第二巻一〇五、第三巻六）、*Ζηνός, Ζηνί, Ζῆνα* も口語として一般に用いられていた。

（2）『論駁』第一巻一七六を参照。

（3） 貨幣改鋳の失敗譚としては、シノペのディオゲネスに関する伝承（ディオゲネス・ラエルティオス『哲学者列伝』第六巻二〇、ユリアノス『犬儒派のヘラクレイオスに対して』七）を参照。慣用的語法はしばしば流通貨幣と比較される。クインティリアヌス『弁論家の教育』第一巻六-三、ホラティウス『詩論』五八b-七二などを参照。類比に固執する者への「狂気」の非難については、ウァロ『ラテン語考』第八巻一七-二三を参照。

ち、さらに第三の技術は第四の技術から成り立ち、こうして無限遡行に陥り[1]、その結果、純粋ギリシア語に関する技術は最初の原理を欠くこととなり、技術として存立することもないことになる。一八一　他方、もしも非技術的な原理をもっているとすれば、そのような原理としては慣わし以外に何も見出されないだろう。したがって、何が純粋ギリシア語であり、何が非ギリシア語であるかの規準となるのは、慣わしであって、純粋ギリシア語に関する何か別の技術ではないのである[2]。

一八二　それにまた、諸々の技術のうち、ある技術は、ちょうど彫像製作術や絵画術がそうであるように、本当に技術であるけれども、他の技術は、カルデア占星術や犠牲占い術がそうであるように、技術であると称してはいるが、全面的に、また真の意味で技術であるわけではない[3]。それゆえ、純粋ギリシア語に関するいわゆる技術なるものも、それがたんなる約束にすぎないのか、それともげんに存在する能力でもあるのかを学ぶためには、われわれは、その技術を評価するための何らかの規準をもたねばならないだろう。一八三　ところが、この規準がまた、何か技術的な規準——しかもそれが評価するのは、純粋ギリシア語について判断する技術が正当に判断しているかどうか、ということなのだから、純粋ギリシア語に関する規準——であるか、あるいは、非技術的な規準であるかのいずれかである[4]。しかし上述の無限遡行ゆえに[5]、純粋ギリシア語に関する技術的な規準は存在しないだろう。他方、もしもその規準が非技術的なものとみなされるとすれば、われわれがそのような規準として見出すものは、慣わし以外には何もないだろう。したがって慣わしこそが、純粋ギリシア語に関する技術それ自体をも判断するのであって、それが技術を必要とするということはないであろう[6]。

一八四　しかし、もしも純粋ギリシア語を使用することができる唯一の道は、われわれが文法術を通して純粋ギリシア語を学ぶことにあるとするならば、純粋ギリシア語は明瞭であって、それ自体に基づいて見てとられるものであるか、あるいは、より不明瞭なものであるかのいずれかである。しかし純粋ギリシア語は明瞭ではない。なぜなら、もしも明瞭であるとすれば(7)、その他の明瞭なものの場合と同じように、万人の意見が一致していることであろう。**一八五**　それにまた、明瞭なものの認識のためには、ちょうど白いものを見たり、甘いものを味わったり、温かいものに触れたりする場合がそうであるように、いかなる技術も必要とされない。しかし文法家たちによれば、純粋ギリシア語を使用するためには何らかの方法と技術が必要である。したがって、純粋ギリシア語を使用することは明瞭ではない。

---

(1) 無限遡行による議論は、判断保留を導く五つの方式および二つの方式の第二方式に当たる。『概要』第一巻一六四、一六六、一七九を参照。また同様の議論については『論駁』第一巻二四二―二四三、『概要』第一巻一二二、一七一―一七二、一七六、一八六、第二巻二〇、三六、四〇、七八、八五、八九―九〇、九二―九三、一一四、一二八、一八二、二〇七、第三巻八、二四、三六、五三、六七―六八、一六二、二四一などを参照。

(2) 『論駁』第一巻一七九、一八三を参照。

(3) 技術と自称技術の相違については『論駁』第十一巻一八八を参照。

(4) 規準の区別については『論駁』第七巻二九―三三、『概要』第二巻一四―一五を参照。また『論駁』第七巻五九も参照。

(5) 『論駁』第一巻一八〇を参照。

(6) 『論駁』第一巻一七九、一八一を参照。

(7) この選択肢については『論駁』第一巻一四、二三、二七、三六、『概要』第三巻二五四などを参照。

一八六　しかし、もしもそれが不明瞭であるとすれば、今度は、不明瞭なものは何か他のものに基づいて知られるのであるから、何らかの自然本来的な規準に従い、それに基づいて、何が純粋ギリシア語で、何が非ギリシア語であるかを識別すべきであるか、あるいは、そのことを把握するために、だれか一人の人を純粋ギリシア語の完璧な使用者とみなし、彼の慣わしを用いるべきであるか、あるいは、万人の慣わしを用いるべきであるかのいずれかである。

一八七　しかし、純粋ギリシア語とそうでないものを識別する自然本来的な規準を、われわれは何ももっていない[1]。なぜなら、アッティカ人は純粋ギリシア語として *τὸ τάριχος* [to tarichos　干し肉] と言うが、ペロポネソス人は、*ὁ τάριχος* [ho tarichos] が正確であるとしてそう発音するし、またアッティカ人は *ἡ στάμνος* [hē stamnos　広口壺] と言い、ペロポネソス人は *ὁ στάμνος* [ho stamnos] と言うのであるから、このように言うべきであって、あのように言うべきではないと主張するための、それ自体に基づいて信頼できる規準を文法家は――各人の慣わしを除いては――何ももっていない。そしてこの慣わしは、技術的でも自然本来的でもないのである。

一八八　他方、もしも彼らが、だれか一人の人の慣わしに従うべきであると言うとすれば[2]、彼らはたんにそう主張するだけであるか、あるいは、方法に適った証明を用いるかのいずれかである。しかしそう主張するだけの人々に対しては、われわれは、一人の人よりも多数の人に従うべきであるという主張を対置するであろう。また他方、彼らが、純粋ギリシア語の使用者はこの人であるということを方法に適った仕方で証明するとすれば、彼らは、それによってこの人が純粋ギリシア語の使用者であることが示されたかの方法が、純粋ギリシア語の規準なのであり、この人が規準なのではないと言わざるをえなくなるであろう。

一八九　かくして残された選択肢としては、万人の慣わしに留意することしかない。しかし、もしそうだとすれば、必要とされるのは類比ではなく、多数の人々がどのような話し方をし、何を純粋ギリシア語として受け入れ、何をそうでないとして斥けているか、ということの観察である。

実際のところ、純粋ギリシア語は、自然本来的なものであるか、あるいは、取り決めによるものであるかのいずれかである。そして自然本来的なものではない。というのも、自然本来的なものであるとすれば、同じものでありながら、ある人たちには純粋ギリシア語と思われ、別の人たちには純粋ギリシア語ではないと思われるということはけっしてなかったであろう。(3)　**一九〇**　他方、もしも純粋ギリシア語が、人間たちの取り決めと慣例によるものであるとすれば、純粋ギリシア語の使い手は、慣わしについて最大の訓練を受け、熟練に達した人であって、類比の知識をもっている人ではない。というのも、純粋ギリシア語を使用するために、われわれは文法術を必要としないということは、他の仕方によっても論じうるからである。

一九一　というのは、ふだんの会話の場においては、何らかの語（レクシス）について多数の人々がわれわれと衝突するか、あるいは、衝突しないかのいずれかであるだろう。そして、もしも衝突するとすれば、彼ら

(1) 同様の議論については『論駁』第一巻一四五－一五四、一八九を参照。

(2) 関連する議論については『論駁』第七巻三一五－三一九、三三七－三四一、『概要』第二巻三四－三八を参照。

(3) 同様の議論については『論駁』第一巻一四五－一五四、一八七を参照。

はまただちにわれわれを正すことであろう。したがって、われわれが純粋ギリシア語を使用する能力をもつのは、実生活に立脚する人々によるのであって、文法家たちによるのではないのである。一九二　他方、もしも彼らが反発することなく、むしろわれわれの話し方は明確で正しいとして[1]、それに同調するとすれば、われわれもそれを維持していくであろう。

また会話をするに際して、すべての人がかの類比に従った話し方をするか、あるいは、大多数の人がそうするか、あるいは、多数の人がそうするかのいずれかである。しかしすべての人も、大多数の人も、多数の人も、類比に従った話し方はしない。なぜなら、そのような話し方をする人は、せいぜい二人か三人見出されるだけであって、大多数の人はかの類比なるものを知りもしないからである。一九三　したがって、多数の人の慣わしに従うべきであって、二人の人の慣わしに従うべきではない以上、純粋ギリシア語を使用するために有用なのは共通の慣わしの観察であり、類比ではないと言わなければならない。

実際のところ、生活に有用であるほとんどすべてのものについて、その十分な尺度となるのは、諸々の必要の充足に支障がないということである。一九四　それゆえ、純粋ギリシア語についても、もしもそれが受け入れられてきた主たる理由が、なかんずく、示される事柄の明確さと平易さという二点にあるとすれば（というのも、比喩的に語ることであるとか、強調的に語ることであるとか、また他の諸々の方式[2]に従って語ることは、これらに随伴することとして外から付け加えられているものだから）、われわれの探求の的となるのは、これら二点はどちらから、よりいっそう結果してくるのか――はたして共通の慣わしからであるのか、それとも類比からであって、これにこそわれわれは与するべきなのか――ということであるだろう。

一九五　しかし、われわれが見てとるところ、類比からであるよりもむしろ共通の慣わしからである。したがって、類比ではなく、共通の慣わしをこそ利用すべきである。というのも、主格が Ζεύς [Zeus　ゼウスは] であるとき、その斜格は Ζηνός [Zēnos　ゼウスの]、Ζηνί [Zēni　ゼウスに]、Ζῆνα [Zēna　ゼウスを] と発音され[3]、また主格が κύων [kyōn　犬は] であるとき、斜格は κυνός [kynos　犬の]、κυνί [kyni　犬に]、κύνα [kyna　犬を] と発音されることは、ただたんに明確であるばかりでなく、また間違いのないこととして多数の人々に現われている。そしてそれは共通の慣わしに属することなのである。他方、Ζεύς [Zeus] という主格から出発して、Ζεός [Zeos　ゼウスの]、Ζεῖ [Zei　ゼウスに]、Ζέα [Zea　ゼウスを] という言い方をしたり、κύων [kyōn] という主格から出発して、κύωνος [kyōnos　犬の]、κύωνι [kyōni　犬に]、κύωνα [kyōna　犬を] を形成したり[4]、あるいは、κυνός [kynos　犬の] という属格に基づき、主格は κῦς [kys][5] でなければならないと主張したりすること、さらに動詞形についても、κυήσω [kyēsō] や θελήσω [thelēsō] にならって、φερήσω [pherēsō] と

(1) 話し方の明確さについては、九一頁註（1）を参照。
(2) 文法的諸方式については『論駁』第一巻二四九および一一三頁註（2）を参照。
(3) 『論駁』第一巻一七七を参照。
(4) ブランクは、この κύωνος - κύωνι - κύωνα の斜格形を、Ζηνός - Ζηνί - Ζῆνα との類比によるセクストスの発明であるとみなしているが、鋭アクセントを伴う短母音＋ ων の語末をもつ男性名詞変化の範型に従う変化形である。テオドシオス（アレクサンドレイアの）『カノーン集』p. 272, 29-36 (GG IV/I) を参照。
(5) (Ζεύς -) Ζηνός - Ζηνί - Ζῆνα と、κυνός - κυνί - κύνα の斜格形の類似からセクストスがおそらく戯れに類比的に導き出した主格形。なおテオドシオス（アレクサンドレイアの）『カノーン集』p. 270, 17-19 (GG IV/I) も参照。

か βλεπήσω [blepēsō] という言い方をすることは、(1) たんに不明確であるだけでなく、嘲笑、ひいては反感を招いて当然と思われる。(2) 一九六　そしてそれは類比に由来するのである。それゆえわたしが述べたように、類比ではなく慣わしを使用すべきである。

また、彼らはおそらく反転する［覆される］ことになり、(3) そして彼らが望もうと望むまいと、慣わしを使用し、類比を斥けざるをえないであろう。われわれはこの点から、すなわち、彼らにもたらされる結果から、彼らの主張を考察してみることにしよう。一九七　というのも、χρῆσθαι [chrēsthai] と χρᾶσθαι [chrasthai] のどちらの言い方をすべきかが探求の的になるとき、彼らは χρᾶσθαι [chrasthai] と言うべきだと主張する。(4) そして、それを確信させる根拠を要求されると、χρῆσις [chrēsis　使用] と κτῆσις [ktēsis　所有] とは類比的だから、と彼らは主張する。それゆえ、κτᾶσθαι [ktasthai　所有する] とは言われるが、κτῆσθαι [ktēsthai] とは言われないのと同様に、χρᾶσθαι [chrasthai] とは言われるが、χρῆσθαι [chrēsthai] とはどうしても言われないことになるであろう。一九八　しかし、もしもだれかが彼らをさらに追及して、「われわれが χρᾶσθαι [chrasthai] という言い方の正しさを証明する論拠となっている κτᾶσθαι [ktasthai] という言い方それ自体の正しさを、われわれはどこから知るのか？」と尋ねるとするならば、彼らは、慣わし上そう言われているからと答えるであろう。しかし、こう答えることによって彼らは、規準として留意すべきは慣わしであって類比ではない、ということを認めることになるだろう。一九九　というのも、もしも慣わし上 κτᾶσθαι [ktasthai] と言われているという理由で、χρᾶσθαι [chrasthai] という言い方もまた採用されるべきであるとすれば、われわれは類比の技術を捨てて、類比の技術もまた依拠している慣わしへと赴かねばならないからである。

それにまた、類比とは多数の似た名前の比較であり、そして、それらの名前は慣わしに由来するのであるから、(5) したがって類比の成り立ちもまた、慣わしから発しているのである。二〇〇 しかしそうであるなら、次の方式のように論じなければならない――あなたたちは、純粋ギリシア語を識別するために信用できるものとして、慣わしを容認するか、あるいは、放棄するかのいずれかである。もしもあなたたちが慣わしを容認するとすれば、目下の課題はただちに結論を得て、類比は必要でないことになる。他方、もしもあなたたちが慣わしを放棄するとすれば、類比もまたそれに基づいて成り立っている以上、あなたたちは類比をも放棄することになる。

さらにまた、同一のものを信用できるものとして受け入れるとともに、信用できないものとして斥けるのはおかしなことである。二〇一 しかるに、文法家たちがやろうとしているのは、慣わしを信用できないも

---

(1) κύω [kyō　懐妊する] または κυέω [kyeō] の未来形が κυήσω [kyēsō] であり、θέλω [thelō　欲する] の未来形が θελήσω [thelēsō] であるところから類比的に、φέρω [pherō　運ぶ]、βλέπω [blepō　見る] の未来形を φερήσω [pherēsō]、βλεπήσω [blepēsō] としたもの。慣用される未来形は、それぞれ οἴσω [oisō] と βλέψομαι [blepsomai] である。

(2) 嘲笑については九一頁註（1）を、反感については『論駁』第一巻二一〇、二四一、第二巻五四、五九などを参照。

(3) 反転（覆し）とは、ある主張Pを論駁するために、P自体を前提として、そこからPの否定を導出する論法を指す。『概要』邦訳補註I（四〇八頁）を参照。

(4) χρῆσθαι も χρᾶσθαι も「使用する」を意味する動詞の不定詞形。セクストス自身は直前の一九六節で、χρᾶσθαι ではなく χρῆσθαι を用いている。

(5)『論駁』第一巻二〇二―二〇三、二一九、二三六を参照。

のとして放棄する一方で、逆にまたそれを信用できるものとして採用することであるから、彼らは同一のものを、信用できると同時に信用できないものにすることになるだろう。というのも、慣わしに従った話し方をしてはならないということを示すために、彼らは類比を導入する。しかし類比は、それを確立してくれる慣わしをもたないなら、有効ではないのである。二〇二　それゆえ、彼らは慣わしを用いて慣わしを放棄するのであるから、同一のものを信用できると同時に信用できないものにすることになるだろう。

ただし彼らが次のように主張しようとするなら話は別である――自分たちは、同一の慣わしを放棄すると同時に容認するわけではなく、放棄する慣わしと、容認する慣わしは別ものである。これはピンダリオンの徒が主張しているところでもある。彼らは次のように言う――同意されているところでは、類比は慣わしから発している[1]。なぜなら類比とは、似ているものと似ていないものの考察であるが、二〇三　似ているものと似ていないものは、是認されている慣わしから把握されるからである[2]。そして、是認されている最も古い慣わしは、ホメロスの詩である。なぜなら、かの人の詩以上に歳月を経た詩は、何一つわれわれのもとに伝わっていないからである[3]。したがって、われわれはホメロスの慣わしに従った話し方をするであろう。

二〇四　しかしまず第一に、ホメロスが最も古い詩人であるということに、すべての人が同意しているわけではない。というのも、いく人かの人たちは、ヘシオドスの方が年代的に先であるとか、またリノス、オルペウス、ムサイオスや、ほかにも非常に多くの人たちの方が先であると述べているからである[4]。それに実際、ホメロス自身もどこかで

聞く人々に最も耳新しく響く歌こそ、

何より人々がほめそやすもの
と語っているのだから、[5] ホメロスより以前にも、また彼と同時代にも、詩人は何人か出たのであるが、彼らはホメロスの光輝の蔭に隠されてしまった、というのが説得的なところである。

二〇五　それに、たとえホメロスが最も古い詩人であると同意されるとしても、ピンダリオンは何一つ適切なことを語っていない。というのも、慣わしを利用すべきか、あるいは、類比を利用すべきかという問題について[6]われわれは先に行き詰まったのであるが、ちょうどそのように今もまた、慣わしを利用すべきか、あるいは類比を利用すべきかという問題にわれわれは行き詰まるであろうし、またもしも慣わしを利用すべきであるとすれば、ホメロスの慣わしを利用すべきであるか、あるいは、その他の人々の慣わしを利用すべきであるかという問題に行き詰まるであろう。ところが、これに対してピンダリオンは何も語っていないの

(1) ウァロ『ラテン語考』第九巻一-二―三、三九-六二、四二-七〇を参照。
(2)『論駁』第一巻一九九、二二九、二三六を参照。
(3)『ディオニュシオス・トラクス「文法術」への古注』p. 490, 7-13 (GG I/III)、ディオドロス（シケリアの）『世界史』第三巻二-三、第十六巻二三-五、五六-七、ディオン・クリュソストモス『弁論集』第十一弁論九二、第十二弁論七三などを参照。
(4) リノス、オルペウス、ムサイオスはいずれも伝説上の詩人。ホメロスとヘシオドスの年代的関係については、例えばアウルス・ゲリウス『アッティカの夜』第三巻一一-一五を参照。ヘロドトス『歴史』第二巻五三は、ホメロスとヘシオドスをともに最古の詩人とみなしている。
(5) ホメロス『オデュッセイア』第一歌三五一―三五二。
(6) *πότερόν τε τῇ συνηθείᾳ* (LED) ではなく、ビュリー、ブランクとともに *πότερόν ποτε τῇ συνηθείᾳ* (ς) を読む。

である。

二〇六　また第二に、慣わしの中でもとくに、それを利用することによってわれわれが嘲笑されることのない慣わしを追求しなければならない[1]。しかし、もしもホメロスの慣わしに従うなら、われわれは純粋ギリシア語を用いるにあたって、*μάρτυροι* [martyroi　証人たち] とか[2]、*σπάρτα λέλυνται* [sparta lelyntai　綱具は朽ち落ちた[3]] とか、またほかにもこれらよりもっとおかしな言い方をして笑いを招かずにはいないであろう[4]。

したがって上述の主張も正当ではない。それにこの主張は、われわれが立論しようとしていること、すなわち類比を利用すべきではないということを、すでに認めているのである。二〇七　というのも、多数の人々の慣わしに訴えることと、ホメロスの慣わしに訴えることのあいだに、いったい何の違いがあろうか。なぜなら、多数の人々の慣わしの場合に必要とされるのは観察であって、技術的な類比ではないのであるが、ちょうどそれと同じことが、ホメロスの慣わしの場合にも言えるからである。というのも、われわれ自身、彼がつねづねどのように語っていたかを観察して、またそれと同じ話し方をするであろうから。二〇八　また総じて、ホメロス自身が類比を利用せず、彼の時代の人々の慣わしに従ったように、われわれもまた、類比にはいっさい頼らず——たとえそれがホメロスを権威とするものであっても——、われわれ自身の時代の人々の慣わしとの同化を図るであろう。

二〇九　さてたった今、文法家たちに降りかかってくる結果から、類比は純粋ギリシア語のためには余計であり、有用なのは慣わしの観察であることが導出された。しかしこのことは、彼らが行なう諸々の発言から[5]もおそらく明らかであろう。二一〇　というのも、彼らは、他国風言葉遣い（バルバリスモス）と語法違反

（ソロイキスモス）を定義して、「他国風言葉遣いとは、単一の語（レクシス）における共通の慣わしからの逸脱である」と言い、また、「語法違反とは、構文全体における慣わしに反した不整合な逸脱である」と言っている。(6) 二二一 これに対しては、われわれはただちに次のように反論できる――もしも他国風言葉遣いは単一の語において成立し、また語法違反は諸々の語の結合において成立するのであり、そして単一の語も、諸々の語の結合も存在しないということが先に示されたとすれば、(7) 他国風言葉遣いも語法違反もまったく存在しないのである。二二二 さらにまた、もしも他国風言葉遣いが考えられるのは単一の語において、語法違反が考えられるのは諸々の語の結合においてであるけれども、いずれの場合も存在する事物においてではないとすれば、女性を指し示しながら οὗτος [houtos 彼] と言ったり、若い男を指し示しながら αὕτη [hautē

(1) 嘲笑については九一頁註（1）を参照。

(2) μάρτυρ（または μάρτυς）の複数主格形は一般的には μάρτυρες である。μάρτυροι は、単数主格形 μάρτυρος（ホメロス『オデュッセイア』第十六歌四二三が唯一の例）に基づく複数主格で、ホメロス『イリアス』第一歌三三八、第二歌三〇二、第三歌二八〇、第十四歌二七四、第二十二歌二五五、『オデュッセイア』第一歌二七三、第十四歌三九四に見られる。

(3) ホメロス『イリアス』第二歌一三五。主語が中性複数の場合、動詞は単数形をとるという文法上の規則からすると、動詞は λέλυνται（三人称複数形）ではなく、λέλυται（三人称単数形）が正しい。この文法規則については、アポロニオス・デュスコロス『構文論』第三巻五〇－五三（p. 315, 16-p. 319, 2 (GG II/II)）を参照。

(4) 日常会話での大時代的な物言いが嘲笑を招くことについては、ルキアノス『デモナクス』二六、『レクシパネス』二〇などを参照。

(5) 〈καὶ〉 ἐκ（ベッカーの推測）を読む。

(6) 補註Kを参照。

(7) 『論駁』第一巻一三一以下、および一六五以下を参照。

彼女」と言ったりするとき、どうしてわたしは間違いを犯していることになるだろうか。というのも、この場合わたしは語法違反を犯したわけでもないし――なぜなら、わたしが発音したのは、多数の非適合的な語の結合ではなく、οὗτος とか αὕτη という単一の語にすぎないのであるから(1)――、二二三　また他国風言葉遣いを犯したわけでもない――なぜなら、οὗτος という語には、アレクサンドレイア人たちのあいだで用いられている ἐλήλυθαν [elēlythan] とか ἀπελήλυθαν [apelēlythan] という語のような、慣わしに反した点は何もないのであるから(2)。

ただし、文法家たちへの反論としてこうしたことを多数語ることは可能であるが、二二四　われわれが万事について行き詰まり主義者(3)であると思われないように、ここで最初の目標に立ち返り、次のように言うことにしよう。もしも他国風言葉遣いが、単一の語において観取される共通の慣わしからの逸脱であり、同様にまた語法違反も多数の語において成立する逸脱であり、そして τράπεσα [trapesa](4) は、動詞が慣用形でないという理由で他国風言葉遣いであり、また πολλὰ περιπατήσας κοπιᾷ μου τὰ σκέλη [polla peripatēsas kopiai mou ta skelē　たくさん歩きまわって、わたしの脚は疲れている(5)」は、共通の慣わしに即した言い方ではないという理由で語法違反であるとすれば、そのことからして、類比の技術は他国風言葉遣いや語法違反に陥るのを防ぐ目的に対しては空疎な名前にすぎず、むしろ慣わしを観察し、それに従った話し方をしなければならないことが同意されているのである。

二二五　というのも、もしも彼らが立場を変え、「共通の慣わしからの」を付加しないで単純に、「他国風言葉遣いとは、単一の語における逸脱である」と言い、また「慣わしに反した」を加えずに、「語法違反とは、構文全体における不整合な逸脱である」と言うとすれば、彼らはもっとやっかいな事態を自らに招くことになるだろう。というのも、次のような言い方は、彼らにとって構文全体において不整合となるであろうから――「アテナイ［複数形］は美しい都市［単数形］である」、「オレステス［男性形］は美しい悲劇［女性形］である」、「評議会［女性単数形］は六〇〇人［男性複数形］である」。つまり、これらは語法違反と呼ばれなければならないことになるであろうが、しかし、慣用的であるがゆえに語法違反ではないのである。二二六　したがって、語法違反の判断は、たんなる整合性に基づいてなされるべきではなく、慣わしに基づいてなされなければならない。

（1）この論点については、アポロニオス・デュスコロス『構文論』第三巻八―一〇（p. 273, 9-p. 275, 9（GG II/II））を参照。なお、語とそれが指示する事物（事態）との文法的不一致に関わる語法違反に関しては、アリストテレス『詭弁論駁論』第十四章一七三b一七―一七四a一一、第三十二章一八二a七―b五、クインティリアヌス『弁論家の教育』第一巻五-三六―三八も参照。

（2）それぞれ *ἔρχομαι*［erchomai　行く］、*ἀπέρχομαι*［aperchomai　出発する、立ち去る］の現在完了三人称複数形。慣用形は、*ἐληλύθασι*（*ν*）［elēlythasi（n）］、*ἀπεληλύθασι*（*ν*）［apelēlythasi（n）］である。

（3）「行き詰まり主義」についてはセクストス『概要』第一巻一七を参照。

（4）写本の *τράπεζα* ではなく、ファブリキウス、ベッカー、ビュリーの *τράπεσα* を読む。*τρέπω*（向ける）、もしくは他の動詞のアオリスト一人称単数形と推測されるが不詳。ビュリーは、この語を動詞ととらず、*τράπεζα*（テーブル）に対する他国風言葉遣いの例と解する。

（5）*περιπατήσας*（アオリスト分詞男性単数主格形）は、正確には *μου*（わたしの）と一致して、*περιπατήσαντος*（男性単数属格形）となるべきところ。

さて、彼らに生じる結果と彼らの諸発言に基づいて反論を行なった後に、さらにまた類似性に基づく移行(1)から出発して、彼らの面目をつぶすというのも悪くはなかろう。二七　というのも、もしも彼らが、類似性の理論家をもって任じているとすれば、εἰς τὴν ῥῖνα τύπτεσθαι [eis tēn rina typtesthai　鼻を殴られる] や εἰς τὴν γαστέρα τύπτεσθαι [eis tēn gastera typtesthai　腹を殴られる] は、εἰς ἀντικνήμιον τύπτεσθαι [eis antiknēmion typtesthai　向こうずねを殴られる] と類比的であり、そして「向こうずねを殴られる」は ἀντικνημιάζειν [antiknēmiazein　向こうずねを殴る] によって言われるから、それと類比的に、先の二つも γαστρίζειν [gastrizein　腹いっぱい詰め込む] や μυκτηρίζειν [myktērizein　鼻であしらう] によって言われることになるだろう(2)。また同じことを ἱππάζεσθαι [hippazesthai　馬を駆る]、κατακρημνίζεσθαι [katakrēmnizesthai　崖から投げ落とされる]、ἡλιάζεσθαι [hēliazesthai　日光浴をする] についても指摘しなければならない(3)。しかし、われわれは、これらの用法は共通の慣わしに反しているから採用しない。したがってまた、λυήσω [lyēsō] とか、φερήσω [pherēsō] とか、その他、類比に基づけば用いられなければならないすべての表現にしても、慣わしに従った語り方ではないから、われわれは用いないのである(4)。

二八　いや実際、もしもわれわれが、トラキア語の場合であれば、トラキア人の慣わしどおりに語る人が最も優れた語り方をしており、ラテン語の場合であれば、ローマ人の慣わしどおりに語る人が最も美しい語り方をしていると主張するのであれば、ギリシア語についても、われわれが従うものは慣わしであって規則ではないかぎり、ギリシア人の慣わしどおりに語る人が正しい語り方をしているということになるだろう。したがって、われわれが純粋ギリシア語を用いるのは、慣わしに従うことによってであり、類比に従うことによってではないのである。

二二九　また一般的に言って、類比は、慣わしと合致しているか、あるいは、合致していないかのいずれかである。そしてもしも慣わしと合致しているとすれば、まず第一に、慣わしが技術的ではないように、類比も技術ではないことになるだろう。なぜなら、非技術と合致しているものは、確実にそれ自身もまた非技術的だからである。それにまた、類比は慣わしと合致しているのであるから、慣わしに従う純粋ギリシア語は類比に従う純粋ギリシア語でもあることになるであろうし、[5] また慣わしに従うことは類比に従うことであることになるであろう。二三〇　しかしその場合は、純粋ギリシア語の識別のためにわれわれはすでに慣わしをもっているのであるから、そのために類比は不必要であることになるであろう。他方しかし、もしも類

(1)「類似性に基づく移行」は、ドクマティストも経験主義者もともに用いていた、既知のものから類似性によって未知のものを判定する方法。ただし前者は、類似性を事物の自然本来的あり方に根差すものとしてその理論化をはかったが、後者はたんに観察的事実としてのみ捉えていた点で、両者の立場は根本的に異なる。ガレノス『経験派の概要』第九章（p. 69, 29-p. 74, 23 (Deichgräber)）を参照。

(2) これらの例については補註Qの（a）を参照。

(3) これらの例については補註Qの（b）を参照。

(4)『論駁』第一巻一九五および一〇一頁註（1）を参照。λύω（解く）と φέρω（運ぶ）の慣用される未来形はそれぞれ λύσω と οἴσω である。なお、この箇所をブランクは、マウの句読点に従って、「……その他、類比に基づくすべての表現も、慣わしに従った語り方ではないから、用いられる必要はないのである」と訳している。

(5) マウが補う〈εἰ〉を読まない。〈εἰ〉を読む場合には、「慣わしに従う純粋ギリシア語は類比に従う純粋ギリシア語でもあることになるであろうが、もしそうだとすれば、また慣わしに従うことは類比に従うことであることになるであろう」となる。

比が慣わしと合致していないとすれば、類比は、確実にその慣わしとは別の慣わし、いわば他国風言葉遣いのようなものを導入しているのであるから、是認されないことになるであろうし、また反感を生むのであるから、完全に無用のものとなるであろう(1)。

二二　また、彼らの技術の構成から出発する批判も行なわなければならない。というのも、彼らはいくつかの一般的な規則を構成し、それらから出発して、すべての個別的な名前についてそれが純粋ギリシア語であるか、そうでないかを判断しようと欲しているからである。しかし、彼らがそうすることは不可能である。なぜなら、彼らが立てる一般的な規則が一般的であると容認されることはないし、また、それが個別的に適用されるなら、その一般性は保持されないからである。二三　このことを示すため、文法家たち自身のもとからいくつかの例を取り上げてみよう。すなわち、個別的な名前のいずれか、例えば、εὐμενής [eumenēs　好意的な](2)について、その斜格は -ς [-s] を伴わずに εὐμενοῦ [eumenou] と発音すべきであるか、それとも -ς [-s] を伴って εὐμενοῦς [eumenous] と発音すべきであるかが探求の的になっているとき、文法家たちはその場で何か一般的な規則を持ち出し、それに基づいて探求されている論点を確証するのである。というのも、彼らは次のように言っている(3)。

> 単一的ではなく(4)、-ης [-ēs] に終わる鋭調語の名前はすべて、属格では必ず -ς [-s] を伴って発音される。例えば、εὐφυής [euphyēs　よい性質の] は εὐφυοῦς [euphyous] になり、εὐσεβής [eusebēs　敬虔な] は εὐσεβοῦς [eusebous] になり、εὐκλεής [eukleēs　著名な] は εὐκλεοῦς [eukleous] になる。したがって、εὐμενής [eumenēs] もこれらの名前と同じように鋭調語として発音されるから、属格では -ς [-s] を

伴い、εὐμενοῦς [eumenous] と発音されねばならない。

二三三　しかし、彼ら驚嘆すべき人たちは次のことを知らなかったのである。第一に、εὐμενοῦ [eumenou] と言うべきだと考える人は、上述の規則が一般的であると彼らに対して認めようとはしないであろう。げんにこの εὐμενής [eumenēs] という名前自体、単一的でない[5]鋭調語であるにもかかわらず、-ς [-s] を伴わずに発音されている、と彼は指摘し、かの人々は探求の的になっていることを同意済みのこととして先取りしている、と主張するであろう[6]。　二三四　さらにまた、もしも規則が一般的であるとすれば、彼らはその規則を構成するにあたって、個別的な名前をすべて調査し、それらのうちに成立する類比を見きわめたか、あるいは、すべてを調査することはなかったかのいずれかである。しかし、彼らはすべてを調査したわけではない。というのも、すべてのものは無限に多く、無限に多いものについての知は存在しないからである[7]。しかし他方、いくつかを調査したとすれば、どこからすべての名前がそのようなものであると知ることができるのか。

（1）反感については『論駁』第一巻一九五および一〇一頁註（1）を参照。

（2）今日「形容詞」として分類されるものも、「名前」のうちに含まれていた。補註Nを参照。

（3）単数主格形 -ης、属格形 -ους をとる男性変化形については、テオドシオス（アレクサンドレイアの）『カノーン集』p. 7, 7-16 (GG IV/I)、『テオドシオス「カノーン集」への古注』p. 153, 21-26, p. 167, 2-31 (GG IV/I) などを参照。

（4）〈οὐχ〉 ἁπλοῦν（ブランク）を読む。

（5）〈οὐχ〉 ἁπλοῦν（ブランク）を読む。

（6）論点先取の指摘については、ほかにも『論駁』第七巻二六六、第八巻三六四、『概要』第一巻九〇、第二巻三五、五七、六〇、六五、六七、一一一、第三巻五一、七四などを参照。

（7）『論駁』第一巻六六、八一－八三、八六を参照。

というのも、いくつかの名前に属する事柄がそのまますべての名前に当てはまるわけではないからである。

二三五　しかし、これに対して笑止な応答をなし、一般的な規則は大多数の事例に基づいて成り立っていると言う人たちがいる。というのも、彼らは次の点を見ていなかったのである。第一に、一般的なものと大体のところ成り立つものとは別物であり、一般的なものはけっしてわれわれを欺かないが、大体のところ成り立つものはまれにわれわれを欺くことがある。[1]　二三六　また第二に、たとえ一般的なものが多数の事例に基づいて成り立っているとしても、多数の名前に属する性質が、同一種類の名前のすべてに必然的に当てはまるというわけではけっしてない。むしろ自然は、他の多くのもののうちに孤立した種類のものを生み出しているのであるが――例えば無数にいる蛇にまじって角《つの》（ケラス）のあるケラステースを生み出し、[2]　四足動物にまじって長鼻をもつ象を生み出し、魚のうちに胎生のサメを生み出し、[3]　また石のうちに鉄を引きつける磁石を生み出している――、ちょうどそれと同様に、同一の格変化をする多数の名前にまじって、それら多数の名前とは異なる変化をする名前が何かあるということも、理に適ったことなのである。

二三七　それゆえわれわれは、それが多数の名前と類比的であるか否かという問題の探求は行なわないことにして、慣わしがそれをどのように用いているか、つまり、多数の名前と類比的に用いているか、あるいは、固有の型に従って用いているか――ということを考察することにしよう。そして、慣わしが用いているとおりの仕方で、われわれもまたそれを発音することにしよう。

このように、文法家たちは多様な仕方で四方から追及されているが、しかし彼らは、この行き詰まりをひっくり返そうと望んでいる。二三八　というのも、彼らは次のように言うのである――慣わしは数多くあるのであって、アテナイ人の慣わしもあれば、ラケダイモン人の慣わしもあり、[4] さらにアテナイ人のうちでも古い慣わしは異なっていて、今の慣わしは変化したものであり、[5] また田舎暮らしの人の慣わしと、町で暮らす人の慣わしは同一ではない。そこからまた喜劇詩人のアリストパネスも次のように言っている。

山の手風の柔弱な話し方でもなく、
粗野な田舎風の話し方でもなく、
都市の標準語を話す男。[6]

二三九　このように慣わしが多数あるなかで――と、文法家たちは主張する――どのような慣わしをわれわれは用いるべきなのだろうか。というのも、慣わしはしばしば抵触し合うから、すべての慣わしに従うことは不可能であるし、それらのいずれかに従うことも、だれかが技術を用いてあらかじめ判断してくれるのでなければ不可能なのである。

しかしこれに対してわれわれは次のように答えるであろう。まず第一に、どのような慣わしを用いるべきであるかを探求するということは、純粋ギリシア語に関する技術は何も存在しないということと同等である。

---

(1)『論駁』第一巻七二を参照。
(2) ケラステースについては、アイリアノス『動物の特性について』第一巻五七を参照。
(3) サメの生まれ方については、アリストテレス『動物誌』第六巻第十章を参照。
(4)『論駁』第一巻八七―八八を参照。
(5)『論駁』第一巻八二を参照。
(6) アリストパネス「断片」六八五（Kock）。

なぜなら、純粋ギリシア語に関する技術――つまり類比のことであるが――とは、似ているものと似ていないものの考察である。しかしきみたちが似ているものと似ていないものを獲得するのは、慣わしからである[1]。そして、つねに用いられているものであるなら、きみたちはそれを使用するけれども、そうでないなら、もはやそれを使用しないのである。二三〇　そこでわれわれの側からも尋ねよう。どのような慣わしから、きみたちは似ているものと似ていないものを獲得するのか。というのも、慣わしは数多く、またしばしば抵触し合っているからである[2]。そして、きみたちがこれに対して自らを弁護して言う答えが、そのままた、われわれからきみたちへの答えとなるだろう。

二三一　さらにまた、きみたちが「他国風言葉遣いとは、単一の語（レクシス）における共通の慣わしからの逸脱である[3]」と言うとき、われわれはそれに対して行き詰まりを提起し、慣わしが多数あるなかで、どの慣わしのことを言っているのかと尋ね、そして何であれきみたちが指摘するその慣わしにわれわれもまた従うと言うであろう[4]。

二三二　こうして行き詰まりは双方に共通であるが、それに対してわれわれが提出する解決は、行き詰まりに陥ることがない。というのも、諸々の慣わしのうち、ある慣わしは諸々の知識の領域における慣わしであり、別の慣わしは実生活の領域における慣わしである。なぜなら、哲学においても、またとくに医学においても、何らかの専門用語が受け入れられており、それは音楽や幾何学の領域でも同様であるが、他方また、普通の人々の単純素朴な実生活上の慣わしも、都市ごと、種族ごとに異なるものとして存在するのである[5]。

二三三　それゆえ、われわれは哲学においては哲学者たちの慣わしを、医学においてはより医学的な慣わし

を、そして実生活においては、より慣用的で、平明で、その土地特有の慣わしを採用するであろう。(6) 二三四
したがってまた、同一の事物が二通りの名前で呼ばれるときには、自然本来的にはどのようであるにせよ、(7) われわれは身近にいる人々に合わせて、笑われるようなことは口にしないよう試みるであろう。(8) 例えば、同じものが ἀρτοφόριον [artophorion] とも πανάριον [panarion] とも呼ばれ、(9) そしてまた同じものが σκάφιον

---

(1)『論駁』第一巻一九九、二〇二—二〇三、二三六を参照。
(2)『論駁』第一巻二〇五を参照。
(3)『論駁』第一巻二一〇を参照。
(4)『論駁』第一巻二一四—二一六前半を参照。
(5)『論駁』第一巻八七を参照。
(6)『概要』第二巻二三六—二四六を参照。
(7) 文法術が考察対象の自然本性に関する知を自認していることについては、『論駁』第一巻四九、五五を参照。
(8) 実生活での慣わしを重んじることについては、『論駁』第一巻一七九、一八九—一九六、二〇七—二〇八を参照。また嘲笑という点については九一頁註(1)を参照。
(9) いずれも「パンかご」を意味する。ἀρτοφόριον は ἄρτος(パン)と φέρειν(運ぶ)から合成されたギリシア語名詞であるが、用例はセクストスのこの箇所以外に認められず、アテナイオス(『食卓の賢人たち』第四巻一二九e)には ἀρτοφόρον、ポルクス(『語彙集』第六巻三二、第十巻九一)には κανοῦν ἀρτοφόρον いう形が見られる。πανάριον は、panis(パン)から派生するラテン語名詞 panarium がギリシア語に転じたもの。

[skaphion] とも *ἀμίδιον* [amidion] とも呼ばれ、(1) また *ἴγδις* [igdis] とも *θυῖα* [thyia] とも呼ばれている。(2) しかしわれわれは、適切で明確であることと、(3) 自分の家の若い召使たちや世間一般の人たちから(4)笑われないことを目指して、たとえ他国風言葉遣いであっても(5) *πανάριον* と言って *ἀρτοφορίς*(6) とは言わず、また *σκάφιον* と言って *ἀμίς* とは言わず、そして *ἴγδις* と言うよりはむしろ *θυῖα* という言い方をするであろう。二三五　そして逆に議論の中では、同座の人々に配慮して、ありふれた日常語は斥け、より洗練された言論通の慣わしに従おうとするであろう。というのも、言論通の慣わしが素人のあいだで嘲笑されるように、素人の慣わしは言論通のあいだでは嘲笑されるからである。かくしてわれわれは、それぞれの情況に相応しいものを巧みに提供することにより、非難の余地のない純粋ギリシア語を用いていると思われることであろう。

二三六　それにまた彼らは、慣わしは変則的で多様であるという理由で慣わしを告発するのであるから、(7) われわれもまた、同じ論拠で彼らを告発するであろう。というのも、もしも類比は似ているものの比較であり、似ているものは慣わしに由来し、(8) そして慣わしは変則的で定まっていないとすれば、必然的に類比もまた、定まった規則をもっていないことになるであろうからである。二三七　そしてこのことは、名前についても、動詞についても、分詞についても、また一般的に他のすべてのものについても教示することができる。例えば名前であれば、主格において類比的で似ているものが、斜格では似ていない非類比的な仕方で形成される場合がそうである。(9) 例えば、*Ἄρης* [Arēs　アレス]、*Χάρης* [Charēs　カレス]、*χάρτης* [chartēs　紙] の属格

(1) いずれも「おまる」を意味する。テクストはブランクに従い、二三四節の二箇所の *σταμνίον* を *σκάφιον*（小水盤、（女

性用）寝室用おまる）に読み替える。*σταμνίον* は *στάμνος*（広口壺）（一四八、一八七節に既出）の指小語であるが、*ἀμίς* およびその指小語 *ἀμίδιον*（寝室用おまる）と同じ意味ではなく、*στάμνος* とともに「酒壺」を意味したようである。なおブランクは、この節の *ἀμίδιον* と *ἀμίδα*（*ἀμίς* の対格）も、アッティカ方言主義者の好む *ἀμίς* と *ἀμίδα* に読み替えている。アリストパネス『女だけの祭』六三三、ポルクス『語彙集』第六巻一四、第十巻四四－四五、七一などを参照。

（2）いずれも「乳鉢」を意味する。*ἴγδις* よりも *θυΐα* の方が一般的であったことについては、アンティパネス「断片」一二七（Kock）、ポルクス『語彙集』第十巻一〇三を参照。

（3）明確さの重視については九一頁註（1）を参照。

（4）Harder が削除する *καὶ ἰδιωτῶν* を読む。

（5）panarion はラテン語起源である。

（6）一応マウに従い、写本の *ἀρτοφορίδα*（*ἀρτοφορίς* の対格）を読んだが、すぐ後の *ἀμίδα* に引かれて *ἀρτοφόριον* が *ἀρτοφορίδα* に変わった可能性もあり、Theiler、Liddell-Scott-Jones、ブランクは、*ἀρτοφόριον* を採っている。

（7）変則性の例については『論駁』第一巻一五四を参照。変則性はピュロン主義者が判断保留をする理由でもある（『論駁』第一巻六を参照）。

（8）『論駁』第一巻一九九、二〇二－二〇三、二一九を参照。

（9）クラテスによる同様の変則性の指摘に対して、論敵であるアリスタルコスは、主格のみならず呼格においても似ていなければ、似た名前とはみなせないと論じた（ウァロ『ラテン語考』第八巻二一－四一、三八－六八－六九、第九巻三一－四三、五二－九一を参照）。なお以下の例示については補註Rを参照。

は *Ἄρεως* [Areōs]、*Χάρητος* [Charētos]、*χάρτου* [chartou] であり、*Μέμνων* [Memnōn　メムノン]、*Θέων* [Theōn　テオン]、*λέων* [leōn　ライオン] の属格は *Μέμνονος* [Memnonos]、*Θέωνος* [Theōnos]、*λέοντος* [leontos] であり、*Σκόπας* [Skopas　スコパス]、*μέλας* [melas　黒い]、*Ἄβας* [Abas　アバス] の属格は *Σκόπα* [Skopa]、*μέλανος* [melanos]、*Ἄβαντος* [Abantos] である。二三八　動詞の場合では、現在時称において表現が似ている多くのものが、他時称では類比的に形成されない。例えば、*εὑρίσκει* [heuriskei　(彼は) 発見する]、*ἀρέσκει* [areskei　(それは) 喜ばせる] の現在完了形は *ηὕρηκεν* [hēurēken]、*ἀρήρεκεν* [arēreken] である。またいくつかの動詞では語形変化がいくつか欠落しており、*ἔκτονε* [ektone　(彼は) 殺した] とは言われるが、*ἔκταγκε* [ektanke] とは言われないし、また *ἀλήλιπται* [alēliptai　(彼は) 香油を塗った] と言う人はいるだろうが、*ἤλειπται* [ēleiptai] とはもはや言わない。分詞では、*βοῶν* [boōn　叫んでいる]、*σαρῶν* [sarōn　掃除している]、*νοῶν* [noōn　考えている] の属格は *βοῶντος* [boōntos]、*σαροῦντος* [sarountos]、*νοοῦντος* [noountos] であり、また普通名詞では、*ἄναξ* [anax　主人]、*ἄβαξ* [abax　厚板] の属格は *ἄνακτος* [anaktos]、*ἄβακος* [abakos] であり、*γραῦς* [graus　老婆]、*ναῦς* [naus　船] の属格は *γραός* [graos]、*νηός* [nēos] である。二三九　また次のようなものについても同様である。すなわち、*ἄρχων* [archōn　支配している] は、名前としても用いられるし、また *ἀρχή* [archē　支配] を行なっているという意味でも使われる。しかし斜格を見ると、名前の場合は [属格が] *Ἄρχωνος* [Archōnos] になるのに対して、分詞の方は *ἄρχοντος* [archontos] になる。また同様にして、分詞も名前も *μένων* [menōn　留まっている]、*θέων* [theōn　走っている]、*νέων* [neōn　泳いでいる] であるけれども、それぞれの語形変化は異なる。なぜなら名前は [属格が] *Μένωνος* [Menōnos] になるが分詞は *μένοντος* [menontos] になり、また名前は

θέωνος [Theōnos] であるが分詞は θέοντος [theontos] だからである。二四〇　しかし以上のことから次のことは明白である。すなわち、慣わしは変則的であるから、類比の諸規則は定まっていないのであって、必然的に彼らはそれらから離れ、類比は捨て去って、慣わしに即した語形に留意しなければならないのである。

語源論について

二四一　彼らが語源論によって純粋ギリシア語を判断しようとするときにも、彼らに対して同じ反論を加えなければならない。すなわち、この場合もまた、語源論は慣わしと合致しているか、あるいは、合致していないかのいずれかである。そして、もしも合致しているとすれば、語源論は余計なものであるし、他方、もしも合致していないとすれば、他国風言葉遣いをしたり語法違反を犯したりする以上に反感を生むものとして、それは用いられるべきではない[1]。また一般的に、われわれが先に提示した諸反論と同様の反論を行なわなければならない。

二四二　しかし、より固有の反論としては次のことを言わなければならない。語源論によって純粋ギリシア語であると判断される名前は、それに先行する諸々の名前を、どの場合にも原義としてもつのでなければならないか、あるいは、自然本来的に発せられた名前のうちのどれかに行き着くのでなければならないかの

（1）反感については『論駁』第一巻一九五および一〇一頁註（2）を参照。

いずれかである。[1] そして、もしもどの場合も原義に由来していなければならないとすれば、その点で無限遡行に陥って、語源論は始まりがないことになり、われわれは、語源の系列の最初に位置する名前がどのようなものであったかを知りえないのであるから、その最後に語られる名前が純粋ギリシア語であるかどうかを知ることはないであろう。二四三　例えば、λύχνος [lychnos　ランプ] は λύειν τὸ νύχος [lyein to nychos　夜を散らす] からそう呼ばれているのだとすれば、われわれは νύχος [nychos　夜] についても、それが何らかの純粋ギリシア語からそう呼ばれているのかどうかを学ばねばならないし、さらに後者もまた別の名前に由来するのかどうかを学ばねばならない。そしてこのようにして遡行は無限に至り、最初に発せられた名前は発見不可能であることになるから、λύχνος が純粋ギリシア語としてそう呼ばれているかどうかということもまた、それとともに把握されえないこととなるのである。

二四四　他方しかし、もしもその語源が問われている名前が、原義不明の何らかの名前に行き着くとすれば、行き着いた先の名前をわれわれが受け入れるのは、それらが原義であるからではなく、それらが慣わしに従って常用されているからであるのとちょうど同じようにして、語源論によって判断される名前をわれわれが受け入れるのも、語源論のゆえではなく、慣用のゆえということになるであろう。例えば、προσκεφάλαιον [proskephalaion　枕] は、τῇ κεφαλῇ προστίθεσθαι [tēi kephalēi prostithesthai　頭に当てる] からそう呼ばれているが、しかし、κεφαλή [kephalē　頭] と前置詞 πρός [pros　……に] は、原義不明でそう呼ばれている。二四五　それゆえ、これらが純粋ギリシア語であると信用されているのは、語源論とは関係なく、慣わしがそれらを用いているからなのであるが、ちょうどそれと同様に、προσκεφάλαιον もまた語源論とは無関係に信用できることになるであろう。

それにまた、時として同じ物事が、語源論を受け入れる名前と、語源論を欠く名前の二つの名前で呼ばれることがあるが、しかしだからといって、原義の方は純粋ギリシア語であるが、原義不明の方は他国風言葉遣いだとは言われず、むしろ前者が純粋ギリシア語であるのと同じように、後者もまた純粋ギリシア語なのである。(2) 二四六　例えば、われわれが ὑποπόδιον [hypopodion　足載せ台] と呼ぶものを、アテナイ人やコス人は χελωνίς [chelōnis] と呼んでいる。(3) しかし、ὑποπόδιον は原義であるのに対して、χελωνίς は原義不明であるけれども、だからといってアテナイ人は他国風言葉遣いを用いており、われわれは純粋ギリシア語を用いている、と言われはしない。むしろどちらも純粋ギリシア語を用いていると言われるのである。

二四七　したがって、アテナイ人が純粋ギリシア語を用いていると言われるのは、慣わしゆえであって、名前の語源的正しさのゆえではないように、われわれが純粋ギリシア語を用いていることになるのも、そうした名前をわれわれ自身の慣わしの中で常用語としてもっているからであって、語源論の信憑性ゆえではな

（1）ストア派は、最初の音声（表現）は名前が適用される事物を模しているから、名前は自然本来的なものと考え、事物の本性探求のために語源研究を行なった。オリゲネス『ケルソス駁論』第一巻二四（*SVF* II. 146, *FDS* 643, LS 32J）、ディオゲネス・ラエルティオス『哲学者列伝』第七巻八三も参照。

（2）『論駁』第一巻二三四―二三五を参照。

（3）ὑποπόδιον は、ὑπό（……の下に）と πόδιον（πούς（足）の指小語）から成る語。χελωνίς が「足載せ台」の意味で言及されるのはこの箇所のみ。「敷居」（『ユディト記（七十人訳）』第十四章一五）、あるいは「亀の甲（リュラー）」（ポセイドニオス「断片」六二一a（Edelstein-Kidd））の意味でも用いられる。

いであろう。

しかしともかく、文法術の技術的な部分が非成立的であることは、以上述べてきたところから十分に示された。そこで次には、順序に従って歴史的な部分に移行することにしよう。

歴史的な部分は構成可能か

二四八　歴史的な部分が全体として、文法術の部分とみなされていることは明白である。げんにクラテスの弟子のタウリスコスは、他の批評家たちと同じように、文法術を批評術の下位に配して[1]次のように言っている――批評術のうちの一部分は言論的［理論的］であり、一部分は熟練的であり、一部分は歴史的である。**二四九**　言論的［理論的］な部分は、言葉［語（レクシス）］と文法的諸方式を扱い[2]、熟練的な部分は、諸方言[3]、および文体や作風の相違を扱い[4]、歴史的な部分は、手近にある方法的秩序を欠いた素材を扱う[5]。**二五〇**　またトラキアのディオニュシオスは、先にわれわれが全体として三つの部分として言及したものは[6]、文法術の六つの部分であると述べ、それらのうちに歴史的部分をも含めている。というのも彼は、文法術の部分は、発音法に適った熟練した朗読と、含まれている詩的方式に即した解釈と[7]、諸々の語（レクシス）と歴史の説明と、語源論の発見と、類比の推論と、詩の批評であると言っているからである[8]。しかしこれは奇妙な分け方である。おそらく彼は、文法術の何らかの結果であって下位部分にすぎないものを文法術の部分としているのであり[9]、**二五一**　また容易に同意されるように、詩人と作家に関する考察から熟練した朗読と詩の解釈と

批評とを引き出し、技術的な部分から語源論と類比を引き出し、そして歴史的な部分を、歴史と語の説明に

（1）『論駁』第一巻七九を参照。

（2）『論駁』第一巻一九四を参照。方式は、隠喩、提喩、換喩、メタレプシス（代替用法）、風喩、換称、語意反用その他、単語の本来の意味・語法の転換による修辞法を指す。『ディオニュシオス・トラクス「文法術」への古注』p. 456, 27-p. 462, 33 (GG I/Ⅲ)、クインティリアヌス『弁論家の教育』第八巻六-一―第九巻一-九、擬プルタルコス『ホメロスについて』二-一五―二六などを参照。

（3）『論駁』第一巻七八、一七六を参照。

（4）文体（*πλάσμα*）、作風（*χαρακτήρ*）は通例、荘重な文体、平明な文体、中間の文体に三分類された。擬キケロ『ヘレンニウスに与える修辞学書』第四巻八-一一―一一-一六、キケロ『弁論家』五-二〇―六-二一、二一-六九―七〇、二三-七五―二八-九九、『弁論家について』第三巻四五-一七七、五二-一九九、ディオニュシオス（ハリカルナッソスの）『デモステネスの語り方について』三四、クインティリアヌス『弁論家の教育』第十二巻一〇-五八―六五、擬プルタルコス『ホメロスについて』二-七二などを参照

（5）文学作品の題材となる登場人物、場所、物語の筋、出来事などを指す。これらは、作家自身の発明によるのではなく、無秩序な素材として伝統的に与えられており、作家はそこから作品を形成するものと考えられた。

（6）「歴史的な部分と、技術的な部分と、詩人や作家に関わる問題を方法的に論じる比較的特殊な部分」（『論駁』第一巻九一）。

（7）方式については前註（2）を、「詩的方式」の呼称については『ディオニュシオス・トラクス「文法術」への古注』p. 457, 4-6 (GG I/Ⅲ) を参照。

（8）ディオニュシオス・トラクス『文法術』第一章では「文法術の部分は六つある。第一に発音法に適った熟練した朗読、第二に含まれている詩的方式に即した解釈、第三に稀語と歴史の手近な説明、第四に語源論の発見、第五に類比の推論、第六に詩の批評であり、これが文法術に属するすべてのもののうちで最も美しいものである」(p. 5, 4-p. 6, 3 (GG I/I)) と語られている。

（9）文法術の何らかの結果であるにすぎないとされるのは、発音法に適った熟練した朗読である。

関わるものとして、それらに対置しているのである。[1]　二五二　アスクレピアデスは『文法術について』の中で、文法術の第一の部分は三つ、技術的な部分と、歴史的な部分と、両方――両方とは、技術的な部分と歴史的な部分のことである――に接している文法術的な部分であると述べた上で、[2]　歴史的な部分をさらに三つに分割している。というのも彼は、歴史のうちのあるものは真であるが、あるものは偽であり、さらに別のものは真であるかのようなものであると述べ、現実の出来事に関わる歴史は真であり、神話に関わる歴史は偽であり、喜劇やミーモス劇のように作り事に関わる歴史は真であるかのようなものであるとしているからである。[3]

二五三　そして真なる歴史には、さらに三つの部分がある。すなわち、ある部分は神々や英雄や著名人などの登場人物に関わり、別の部分は諸々の場所と時代に関わり、第三の部分は諸行為に関わる。[4]　またアスクレピアデスの言うところでは、偽なる歴史（すなわち神話に関わる歴史）には、ただ一種類――系譜学――のみが存立する。[5]　また彼は、ディオニュシオスと同じように、稀語に関わる部分も一般に歴史的部分のもとに配されると言っている。[6]　なぜならそれは、κρήγυον [krēgyon] とは「真なる」という意味であるか、「善なる」という意味であるかを調査し、報告するからである。[7]　また俚諺《りげん》や定義に関わる部分も同様である。[8]

しかしとにかく、彼らが文法術の部分のうちに歴史的な部分を含めようとしていることは、上述のことから明白である。二五四　そこで、彼らの大多数が、歴史的部分は非技術的であり、方法的秩序を欠いた素材から成り立っていることを認めているのであるから、[9]　われわれとしては彼らに対してさらに反論する必要はないのである。しかしなお、何の言及もなくこの主題をやり過ごすことのないように、われわれは次のように尋ねなければならない——文法術は技術であるのか、それとも技術ではないのか。もしも技術でないとすれば、課題はただちに解決されたことになる。他方、もしも技術であるとすれば、技術の諸部分は必然的に

(1) この批判を行なったのは、文法術を三つの部分に分割したアスクレピアデス(『論駁』第一巻二五二)であると推測される。

(2) セクストスの「歴史的な部分と、技術的な部分と、詩人や作家に関わる問題を方法的に論じる比較的特殊な部分」(『論駁』第一巻九一)に対応する。アスクレピアデスの「技術的な部分と歴史的な部分の両方に接している文法術的な部分」が、セクストスの「詩人や作家に関わる問題を方法的に論じる比較的特殊な部分」に相当することについては、第一巻四七、七四を参照。

(3) Kaibel、Mette、ブランクに従い、*ψευδῆ δὲ τὴν περὶ [πλάσματα καὶ] μύθους, ὡς ἀληθῆ δὲ ⟨τὴν περὶ πλάσματα⟩ οἷά* を読む(『論駁』第一巻二六三―二六四を参照)。歴史的部分の同様の三区分については、『論駁』第一巻九二、二六三―二六四、またクインティリアヌス『弁論家の教育』第二巻四‐二、擬キケロ『ヘレンニウスに与える修辞学書』第一巻八‐一三も参照。なお「ミーモス劇」は主に日常生活に題材をとった通俗的な散文による笑劇である。

(4) 「誰が」「どこで」「いつ」「何を」に相当。『論駁』第一巻九一、二五七を参照。

(5) 系譜学が取り上げる事例については『論駁』第一巻二六四を参照。

(6) 歴史的な部分は歴史と語(レクシス)の説明に関わるとされていた。『論駁』第一巻二五〇―二五一を参照。

(7) 予言者カルカスに対するアガメムノンの言葉「おまえはいまだかつて、わたしに *κρήγυον* なことを言ったためしがない」(ホメロス『イリアス』第一歌一〇六)の解釈の問題。ホメロスでこの語が用いられているのは、ただこの一箇所のみである。

(8) なぜここで俚諺や定義の場合が付加されたのかは、はっきりしない。しかしおそらく、稀語の場合と同様、俚諺や定義についても、その「歴史と語の説明に関わる」部分が歴史的な部分のもとに従属するとして付言されたのであろう。

(9) アスクレピアデスの一派を指しているのであろう(『論駁』第一巻二五二を参照)。

技術的であるけれども、歴史的な部分は方法的秩序を欠いているということに同意が与えられているから、歴史的部分は文法術の部分ではないことになるだろう。

二五五　そして、歴史的部分がげんに方法的秩序を欠いているということは、ただちに感取されるところであろう。というのも、医者が個別的なことについて、これは健康的であり、あれは病的であると言い、また音楽家がこれは協和音であり、あれは不協和音であると言い、そして協和音であるのはこの協和関係によるのであって、あの協和関係によるのではないと言うとき、それは何らかの一般的な方法と技術的な能力に基づいているが、他方、文法家は、それと同じように何らかの学術的で一般的な考察に基づいて、次のような報告をすることはできないのである――「ペロプスの肩は、アレスあるいはデメテルに食べられてしまってからは、象牙製であった[1]」、「ヘシオネを襲った海獣に飲み込まれたとき、ヘラクレスの毛髪が抜け落ちて、彼の頭は禿頭になってしまった[2]」。二五六　否、これらのことについて陳述するためには、それらについて個別に歴史的叙述を行なっている人々すべてにあたらねばならない。しかし、それら個別的な人々自身にあたって個別的な事柄すべてを取り上げることは、技術に属することではない。したがって、文法家たちにとって歴史的な部分は、何らかの技術に基づき方法的に追究されているものではない。

二五七　それにまた、歴史のうち、あるものは場所に関わり、あるものは時代に関わり、あるものは人物に関わり、あるものは行為に関わるから[3]、明らかに、もしも場所や時代の説明が技術的でないとすれば、人物や行為の説明もまた技術的でないことになるだろう。というのも、後者を記憶することと前者を記憶することのあいだに、何の違いがあろうか。そしてげんに、例えばブリレソスとアラキュントスはアッティカの山であり、アカマスはキュプロスの岬であると言うように、場所的な歴史を説明したり、あるいはコロポンのクセノパネスは第四〇回オリンピック大会期に生まれたというような時代的な歴史を陳述したりすること[4]には、なんら技術的な点は含まれないのである。なぜならそんな説明は、なにも文法家などでなく、つまらない穿鑿好きの人間でもなしうるだろうからである。**二五八**　したがってまた、人物や行為について、例えば、哲学者のプラトンはもとはアリストクレスと呼ばれていて、若い頃は耳に孔を開け耳飾りをつけていた[5]とか、アリストテレスの娘ピュティアスは、三人の男と結婚した――最初はスタゲイラの人で、アリストテレスの身内のニカノルに嫁ぎ、二番目に、ラケダイモン王デマラトスの末裔のプロクレスに嫁いだが、この人は彼女によって二人の息子、プロクレスとデマラトスをもうけ、彼らはテオプラストスのもとで哲学を学んだ、そして第三に、クニドスのクリュシッポスの弟子で、エラシストラトスの師である医者のメトロドロスに嫁いで、この人には息子のアリストテレスが生まれた――というようなことを報告することも、技術に属することではないことになるだろう。**二五九**　なぜなら、これらのことやそれに類したことは、完全に無用であるだけではなく、技術的能力の片鱗も示さないことだからである。したがって、歴史家たちの説明も

（1）「固有名詞索引」「ペロプス」の項を参照。
（2）ヘラクレスはトロイア王ラオメドンの娘ヘシオネを救うため、海獣の口の中に飛び込み、体内に三日間とどまり、海獣を殺して出てきたところ毛髪が抜け落ちていたという。
（3）『論駁』第一巻二五三を参照。
（4）前六二〇―六一七年。ディオゲネス・ラエルティオス『哲学者列伝』第九巻二〇は、クセノパネスの盛年を第六〇回オリンピック大会期（前五四〇―五三七年）としている。
（5）『概要』第三巻二〇三を参照。

また技術に属するものではない。

それにまた、先にわれわれが示したように、無限なものや、時とともに変わりゆくものについては、技術的知はまったく存在しない(1)。二六〇　ところが、個別的な歴史は、その多数性ゆえに無限であり、また、同一の人物について(2)すべての人が同一のことを叙述しているわけではないがゆえに定まってはいない。例えば――数ある事柄の中から、われわれの同族で身内の例を用いることにしよう（そうすることは場違いなことではないから）――、すなわち、歴史家たちは自らのために偽なる仮設を採用し、われわれの知識(3)の創始者であるアスクレピオスは雷に打たれたと言っているが、しかしその嘘で満足することなく、嘘をつくなかで(4)さらに多様な仕方でそれを改変している。二六一　例えばステシコロスは『エリピュレ』の中で、アスクレピオスが雷に打たれたのは、テーバイにおける戦死者のいく人かを生き返らせたからであると語り(5)、キュレネのポリュアントスは『アスクレピアダイの起源』の中で、ヘラの怒りによって狂気に陥ったプロイトスの娘たちを癒したのが原因であると語り(6)、パニュアシスは、テュンダレオスの死体を生き返らせたためであると語り(7)、スタピュロスは『アルカディアの人々』の中で(8)、悲劇作品で伝えられる伝承どおりにヒッポリュトスがトロイゼンから逃げようとしたとき、彼を癒してやったためだと語り、二六二　ピュラルコスは第九巻において、盲目になったピネウスの息子たちの目を、エレクテウスの娘である彼らの母クレオパトラへの好意から、元どおりにしてやったからであると語り(9)、さらにテレサルコスは『アルゴリコン〔アルゴリス地方史〕』の中で(10)、オリオンを生き返らせようとしたからだと語っている。したがって、このように偽なる仮設から出発し、数において無際限であり、各人の好みに応じて改変される歴史については、技術的な考察はけっして成り立たないであろう。

二六三　その上また、歴史的に叙述されるもののうち、あるものは歴史であり、あるものは神話であり、またあるものは作り事であるから、[11]——これらのうち歴史は、例えば、アレクサンドロスはバビュロンにおいて陰謀者たちの手により毒殺されたというような、何か真実で実際に起こった事柄の陳述であり、また作

（1）『論駁』第一巻八一－八二を参照。
（2）あるいは「同一の事柄について」と読むことも可能である。
（3）医術のこと。なお、二六〇－二六二についてはアスクレピオス「証言」六九（Edelstein）を参照。
（4）*τῷ ψεύσματι* の後の *ἐν ᾧ* をそのまま読む。
（5）ステシコロス「断片」一七（*PMG*）。擬アポロドロス『ビブリオテーケー（ギリシア神話）』第三巻一〇-三-四（アスクレピオス「証言」七〇（Edelstein））では、アスクレピオスが生き返らせた者として、カパネウスとリュクルゴスを、ステシコロスは『エリピュレ』で、『ナウパクティカ』の著者はヒッポリュトスを、パニュアシスはテュンダレオスを、オルペウス教徒はヒュメナイオスを、メレサゴラス（またはアメレサゴラス）は、ミノスの息子グラウコスを挙げていた、と言われている。ほかにもピロデモス『敬虔について』（ヘルクラネウム・パピルス一六〇九「断片」五 p. 99（Schober）、アスクレピオス「証言」七三（Edelstein））、『ピンダロス「ピュティア祝勝歌」への古注』第三歌九六（アスクレピオス「証言」七二（Edelstein））、『エウリピデス「アルケスティス」への古注』第一行（ii. 216（Schwartz）、アスクレピオス「証言」七一（Edelstein））などを参照。
（6）ポリュアルコス（またはポリュアントス）（キュレネの）「断片」一（*FGrH* 37F1）。
（7）パニュアッシス（またはパニュアシス）「断片」一九C（*EGF*）。『ディオメデスの馬（ヘラクレスの一二の難行）』の断片と推測される。
（8）スタピュロス「断片」三（*FGrH* 269F3）。
（9）ピュラルコス「断片」一八（*FGrH* 81F18）。『歴史』第九巻の断片と推測される。
（10）テレサルコス「断片」二（*FGrH* 309F2）。
（11）『論駁』第一巻二五二を参照。

り事は、例えば喜劇の筋書き[1]やミーモス劇のように、実際に起こったわけではないが、起こったことに似たように語られる事柄の陳述であり[2]、二六四　そして神話は、実際に起こらなかった偽なる事柄の陳述である。例えば、毒蜘蛛や蛇の種族はティタン神族の血から生まれ出てきたとか[3]、ゴルゴンの首が切り落とされたとき、ペガソスがその頭から飛び立ったとか[4]、また、ディオメデスの仲間たちは海鳥に、オデュッセウスは馬に、ヘカベは犬に変えられたと、人々が詩に歌っているようなのがそれである[5]。

二六五　諸々の歴史の相違はかくのごときものであるが、偽であって非存立的である事柄についてはまったく技術は存在せず、そして、文法術が歴史的な部分の中で主として取り扱う神話や作り事に関わる事柄は、偽であって非存立的であるのだから、文法術の歴史的な部分についてはまったく技術は存在しないことになるであろう。

二六六　それゆえ、たとえ歴史の素材は方法的秩序を欠いているとしても、それに対する判断――われわれがそれを通して、何が偽なる歴史叙述であり、何が真なる歴史叙述であるかを知る判断――は技術的なものとなるだろう、と主張する人たちは[6]、嘲笑されてしかるべきである。二六七　なぜなら、まず第一に、文法家たちは、いつ歴史が真であり、いつ偽であるかをわれわれが調べるための規準――真なる歴史の規準――をわれわれに与えてくれていない。そして第二に、文法家たちのもとに真なる歴史が何も存在しないのであるから、真なるものの規準もまた成立的ではない。というのも、ある人は、オデュッセウスをそれとは知らずに殺したのは彼の子テレゴノスであったと語り[7]、ある人は、彼が死んだのはカモメがエイの棘《とげ》をその頭の上に落としたからであると語り[8]、また別の人は、彼は馬に姿を変えたのだ、と語っているのであるから、かくも支離滅裂な事柄の中で真実を発見しようとするのは、まさに至難の業だからである。なぜなら、第一に、意見が反目し合っている人たちのあいだで、真実を語っている人がいるとしなければならず、また次には、その真実が何であるかを探求しなければならない。二六八　しかし、だれもが非説得的で偽なる事柄を語っている状況では、いかなる技術的な規準も登場する余地はないのである。

それにまた文法家たちは、歴史が美しく［正しく］記述されうるための諸法則——われわれがそうしたものを参照することによって、歴史的な部分が彼らのもとで一つの技術的な部分として存立していると述べうる

（1）「喜劇の筋書き」と訳した *κωμικὴ ὑπόθεσις* については、プルタルコス『モラリア』七一二E、アテナイオス『食卓の賢人たち』第十四巻六二一dを参照。

（2）例えばクインティリアヌス『弁論家の教育』第四巻二-五二-五三を参照。

（3）ニカンドロス『有害動物誌』八-一〇を参照。

（4）ヘシオドス『神統記』二八〇-二八一を参照。

（5）ディオメデスの仲間については、ウェルギリウス『アエネーイス』第十一歌二七一-二七四、ストラボン『地誌』第六巻三-九、プリニウス『博物誌』第十巻六一-一二七、オウィディウス『変身物語』第十四歌四九六-五一一などを、オデュッセウスについては、セルウィウス『ウェルギリウス「アエネーイス」注釈』第二歌四四への注釈などを、ヘカベについては、オウィディウス『変身物語』第十三歌五六五-五七五、エウリピデス『ヘカベ』一二六五などを参照。

（6）おそらくタウリスコス。『論駁』第一巻二四八-二四九を参照。

（7）例えば、擬アポロドロス『ビブリオテーケー（ギリシア神話）摘要』七-三六、ディクテュス「断片」一〇-六-一二（*FGrH* 49F10. 6-12）などを参照。なお、オデュッセウスの死因については「固有名詞索引」「テレゴノス」の項を参照。

（8）アイスキュロス『霊魂を呼び出す人々』断片二七五（Radt）を参照。

ような諸法則――を、われわれに教えてくれてもいない。というのも、それは弁論家たちの仕事だからである。

二六九　それゆえ、彼ら自身も、歴史は方法的秩序を欠いた一種の記録であることに同意しているし、われわれもそのように推論したし、その上また彼らは、歴史を知り、あるいは構成するための技術的な法則をなんら伝授してくれていないのであるから、歴史的な部分においてもまた、文法術は非構成的であると言わなければならない。

文法術のうちの詩人たちと作家たちに関する部分は非構成的であること

二七〇　われわれは、技術的諸理論に関わる部分、および歴史的な部分の不可能性を示したのであるから、文法術のうちの詩人たちと作家たちに関する部分も、すでに実質的に否認したことになる。なぜなら、先の諸部分を離れては、詩の解釈が正しく行なわれることはまったくないからである。しかしそれでもなお、この部分で比較的共通に語られうる事柄をも、われわれは考察することを試みることにしよう[1]。それはとくに、文法家たちがこの部分に格別の信頼を寄せており、この部分に基づくことにより、文法術が生活のために有用であり、幸福のために必要であると、あえて信じさせようとしているほどだからである。とにかく彼らは次のように主張している――詩の技術は、知恵と幸福な生活に通じる出発点を多数提供するけれども、しかし文法術の光なくしては、詩人たちのもとで語られている事柄がどのようなことであるのか、はっきりと見分けることはできない。それゆえ文法術は必要である。二七一　ところで、詩の技術が幸福への多くの出発点を提供することは、真の意味で最高のものであり、また性格を形成するものである哲学の始まりが、詩人たちの格言的な言葉[2]にその根をもっていたことから明らかであり、そしてそれゆえに、哲学者たちが何かを勧告して語る場合には、彼らは自らの発言に、詩人たちの表現をいわば確証の印として押印するのである。かくして、徳の勧めをなす者は、

　たとえ人は死んでも、徳は滅びない[3]

と語り、金銭欲を回避するよう命じる者は、

　プルートス（富）のことをおっしゃいますな。どんなに卑しい者によってさえ、
　簡単にわがものとされる神など、わたしは崇めはしない[4]

という言葉を持ち出す。また自足を勧める者は、その教説（ドグマ）をエウリピデスが次のように語っていることから確認する。

（1）『論駁』第一巻二九—四〇を参照。

（2）格言（グノーメー）とは、行為の上で選択すべきこと、あるいは回避すべきことに関する普遍的な言明である（アリストテレス『弁論術』第二巻第二十一章一三九四a二一—二五を参照）。

（3）エウリピデス『テメノスの息子たち』断片七三四（Nauck^{2}）。

（4）エウリピデス『アイオロス』断片二〇（Nauck^{2}）。アテナイオス『食卓の賢人たち』第四巻一五九c、プルタルコス『モラリア』三四D—Eも参照。

死すべき者たちにとって、二つのもののほかに何が必要であろうか、
デメテルの穀物と注がれる飲み水のほかに。
これらこそ手近にあって、本来われわれを養うためのもの(1)。

二七二　それも、他の哲学者たちがそうしたことをするのは、意外ではない。ところがわれわれは、ピュロンとエピクロスという文法術の告発者たち自身が文法術の必要性に同意を与えているのを見出すであろう(2)。彼らのうちピュロンは、いつでもホメロスの詩を朗読していたと報告されているが(3)、ホメロスの詩は有用であり、またそれゆえ文法術は必要であるとの認識がなければ、彼はとてもそんなことはしなかったであろう。

二七三　またエピクロスについては、彼の最も力強いドグマが詩人たちから盗用されたものであることが突き止められている。というのも、「快楽の大きさの限界は、苦痛を与えるものすべての除去である(4)」というドグマを、彼は、

さて彼らが、飲み物と食べ物への欲求を追いやってしまったとき(5)

という一詩行から得たということが示されているからである。また「死はわれわれにとって何ものでもない(6)」というドグマは、すでにエピカルモスが彼のために語っているところである。いわく——

死ぬ、あるいは死んでいるということは、わたしにとって何の違いもないこと(7)。

同じくまた彼は、死んだ身体は無感覚であるという考え(8)を、ホメロスから盗んでいる。その詩句とは、

感覚のない土くれとなったものを、彼は怒りにまかせて辱めている(9)。

二七四　それにまた、これらのことに限らず、神々に関することも詩人たちは適切に語っているように思われる。エウリピデスが『プリクソス』の中で語っている言葉のように——

日ごとに悪事を犯しても、神々の目を逃れおおせると、
死すべき者のうちで考える者は
よこしまな思いを抱くけれども、抱く思いを見破られる、
たまたま正義の手が空いたときに[10]。

(1) エウリピデス「作品名不詳断片」八九二（Nauck²）。アテナイオス『食卓の賢人たち』第四巻一五八e、アウルス・ゲリウス『アッティカの夜』第六巻一六-六－七、プルタルコス『モラリア』三六F、一〇四三E、一〇四四B、Fも参照。

(2)『論駁』第一巻四九－五五を参照。

(3) ディオゲネス・ラエルティオス『哲学者列伝』第九巻六七を参照。

(4) ディオゲネス・ラエルティオス『哲学者列伝』第十巻一三九（エピクロス『主要教説』二）。セクストス『論駁』第一巻二八三を参照。

(5) ホメロス『イリアス』第一歌四六九。セクストス『論駁』第一巻二八三を参照。

(6) ディオゲネス・ラエルティオス『哲学者列伝』第十巻一三九（エピクロス『主要教説』一）、第十巻一二四－一二五（エピクロス『メノイケウス宛書簡』）。キケロ『善悪の究極について』第二巻三一-一〇〇、アウルス・ゲリウス『アッティカの夜』第二巻八、セクストス『論駁』第一巻二八四－二八五、『概要』第三巻二一九も参照。

(7) エピカルモス「断片」二四七（Kaibel）（＝一一（DK））。

(8) ディオゲネス・ラエルティオス『哲学者列伝』第十巻一二四（『メノイケウス宛書簡』）を参照。

(9) ホメロス『イリアス』第二十四歌五四。

(10) エウリピデス『プリクソス』断片八三五（Nauck²）。

しかし、もしもこれらの言葉やそれに類した言葉が必要であって、そしてそれらは文法術を離れては理解されないとすれば、文法術もまた、生活に有益なものに属することになるであろう。

二七五　彼らは言う――文法術はとりわけまた、それを学ぶ人たちの祖国にとって必要なことどもを含むであろう(1)。げんに、レベドス人がカマンドドスをめぐって近隣の者たちと争ったとき、文法家(2)は、ヒッポナクスの言葉を引用して勝利を収めた――

　　わたしに向かって、
カマンドドス産のレベドス無花果のことをムニャムニャつぶやかないでくれたまえ(3)。

また文法術は、それに留意する者たちを人当たりのよい者となし、そういう仕方でも、隣人たちに、多くの情況でただちに利益をもたらすことになるのである。二七六　この主張の正当性は、もたらされた結果それ自体から考察することができる(4)。なぜなら、彼らが言うには、ソストラトスがプトレマイオス王のもとから、王のある要求をたずさえてアンティゴノス王のもとに派遣され、そしてアンティゴノス王がいささか無考えな返答を与えたとき、彼は次のように言ってその使命を果たしたのであるから――

ではそのようにお命じなのですか、大地を揺るがす黒髪の神よ。
その険しく厳しいお言葉をゼウスに伝えてよろしいのですか。
それとも何とか考え直してくださるでしょうか。
　優れた人の心はしなやかなものです(5)。

アンティゴノスはこの言葉を聞いて考え直したのである。

二七七　文法術のうちの詩人や作家に関わる部分がこの上なく有用であることを示すために、こうしたことが数多く語られているが、例示としては、われわれは今提出したもので満足することにして、これからその一つ一つに反論を加えていくことにしよう。まず、詩の格言的な言葉は生活に有益であって、哲学の始まりであること、そして文法術は、それを説明しうるものとして存立しているということは、まことに文法術らしきことである。二七八　というのもまず第一に、彼らと歩調を合わせ、詩の技術をなんらとがめないとしても、次のことは自明である[6]――一方では、格言の言葉や勧めの言葉のように、詩人たちのもとに見出される生活に有用で必要である言葉はすべて、詩人たちによって明確なかたちで語られており、文法術を必要としない。ところが他方、他国の歴史的記述に含まれている言葉や、謎めいた仕方で発せられている言葉のように、明確には語られておらず、文法術を必要とする言葉はすべて無用であり、したがって前者の言葉が

(1)『論駁』第二巻二六を参照。

(2) 文法家の固有名がテクストから脱落していると推測されている。

(3) ヒッポナクス「断片」一二四(West^{2})。West は「カマンドロス」と記しており、ブランクもそれを採用している。領土争いの際に詩を援用した例については、アリストテレス『弁論術』第一巻第十五章一三七五b二八―三一、ディオゲネス・ラエルティオス『哲学者列伝』第一巻四六―四八を参照。

(4) 結果に基づく議論については『論駁』第一巻一七〇、一七三、三〇〇を参照。

(5) ホメロス『イリアス』第十五歌二〇一―二〇三。「大地を揺るがす黒髪の神」とはポセイドン、使いに立ったのは、虹の神イリスである。

(6) 二七八の議論は、ピュロン主義者によるものと考えられる。『論駁』第一巻二九九後半を参照。

有益であるからといって、それとともにそれらの言葉を扱う文法術の必要性が導入されるわけではないし、他方また後者が空疎であるのに伴って、文法術の必要性は空回りするのである。

二七九　第二に、格言はたんなる主張にすぎない[1]。例えば次の言葉がそれである。

　なぜなら、ただ一つの知恵ある慮りが、多数の手に打ち勝つのに対して、
群集とともなる無知は最大の災悪であるのだから[2]。

しかし、たんなる主張が美しく〔正しく〕語られているか否かということについては、思惟はただ主張に従うのではなく、証明を要求するのである。しかし、相応しい仕方で語られているか否かの証明は、文法術の仕事ではなく、哲学の仕事である。したがってこの点でもまた、文法術は余計で空疎なものであるということになる。

それに実際、もしも詩人たちが多くのことを美しく〔正しく〕、また生活に有益な仕方で語っているという理由で、彼らの解釈者である文法術が必要であるというのであれば、彼らはそれらの何倍も多くのことを、捻じれた、また生活に有害な仕方で語っているのであるから、文法術は無用なものとなるであろう。というのも、

　プルートス（富）のことをおっしゃいますな。どんなに卑しい者によってさえ、
簡単にわがものとされる神など、わたしは崇めはしない[3]

と言う人がいるのと同様、次のようにそれと反対のことを表明する人もいるのである。

黄金よ、死すべき者たちの心に適う最も美しきものよ、
母親も、子どもらも、大事な父親も、
おまえと、おまえを自分の家に蓄えている者たちがもたらすような快楽を、
人々に与えはしない[4]。

また、

幸運であれ。人がいったん不運に陥れば、親しい者たちの交わりなどまったくの無なのです[5]。

さらに、

富者の声は、最も美しく響く音楽[6]。

二八〇　ところが、このように反対の事柄が証明なしで語られる場合には、人々はより悪しきものを選択しがちであり、それゆえ、詩の技術は害悪をもたらす[7]ことが判明する。他方、それらが判別されて、あるものが斥けられ別のものが優先される場合には、必要になるのは文法術ではなく、判別をなしうる哲学なので

（1）二七九―二九八の議論は、主としてエピクロス派に由来する。『論駁』第一巻二九九前半を参照。
（2）エウリピデス『アンティオペ』断片二〇〇（Nauck^{2}）。
（3）『論駁』第一巻二七一、および一三三頁註（4）を参照。
（4）エウリピデス『ダナエ』断片三二四（Nauck^{2}）。アテナイオス『食卓の賢人たち』第四巻一五九b―cも参照。
（5）エウリピデス『ポイニッサイ（フェニキアの女たち）』四〇三。
（6）作者不詳悲劇断片四六四（Nauck^{2}）。
（7）『論駁』第六巻四を参照。

ある。それにまた、詩人の証言を利用するのは、正しい仕方で哲学に従事している者たちではなく——というのも彼らの場合は、議論だけで説得には十分であるから——、広場の大衆をペテンにかける者たちである。

二八一　というのも、詩人たちが互いに抵触することを言い合い、どんなふうにでもペテン師たちの望むとおりに歌っているということを示すのは、困難なことではないのである——指導的な哲学者たちでさえ、抵触し合う発言を数多く行なっているのであるから。

　文法術の告発者たちのうちで、ピュロンはいつでもホメロスの詩巻を繙《ひもと》いていたが、しかしそれは、上述の理由(1)によるものではまったくなく、おそらく一つには、あたかも喜劇の上演に耳を傾けるように娯楽のためであったのだろうし、またおそらくは、詩の諸方式と作風を観察するためでもあったのであろう。

二八二　というのも、彼自身、マケドニア王アレクサンドロスのための詩作も手がけ、褒美として一万枚の金貨を与えられたとも伝えられているからである(2)。それにまた、われわれが『ピュロン主義』(3)の中で詳論した他の諸々の理由もあったというのは、ありそうなことである。

二八三　他方、エピクロスについては、彼は快楽の大きさの限界の着想をホメロスの詩から得てきたわけではない。なぜなら、「ある人々が飲み食いをやめ、自らの欲求を満たすのをやめた」と語ること（というのもこれが、

　　さて彼らが、飲み物と食べ物への欲求を追いやってしまったとき(4)

の意味するところであるから）は、「苦痛を与えるものの除去が快楽の大きさの限界である(5)」と主張するこ

ととは大きく隔たっているからである。なぜなら、苦痛を与えるものの除去は、必ずしも肉やブドウ酒によるばかりではなく、最も質素な飲食物によっても、本来起こるものだからである。[6] **二八四**　それにまた、詩人がかの表明をなしたのは、たんに飲食物に関してだけであったが、エピクロスは、性愛の交わり――これに関するホメロスの見解については万人の周知するところである[7]――も含め、およそ享受されうるものについて表明しているのである。さらに、「死はわれわれにとって何ものでもない[8]」ということは、おそらくソプロンがすでに語っていたところではあろうが、エピクロスはそれを証明したのであり、そして、語ることではなく証明することこそが驚嘆に値するのである。[9] **二八五**　それにまたエピクロスは、生きているか、生きていないかは無差別のことであるという観点から、死はわれわれにとって何ものでもないと主張したので

---

(1)『論駁』第一巻二七二を参照。
(2)プルタルコス『モラリア』一三三一Eを参照。
(3)『ピュロン主義』については補註Sを参照。
(4)『論駁』第一巻二七三、および一三五頁註(5)を参照。
(5)『論駁』第一巻二七三、および一三五頁註(4)を参照。
(6)引用された『イリアス』第一歌四六九には「肉やブドウ酒」への直接の言及はないが、エピクロスの快楽主義は、パンと肉とブドウ酒に満ち足りたパイエケス人の宴を愉楽の極致と歌うホメロスの詩句(『オデュッセイア』第九歌五―一〇)から引き出されたという主張が古来なされていた。アテナイオス『食卓の賢人たち』第十二巻五一三a―b、擬プルタルコス『ホメロスについて』二-一五〇、ヘラクレイトス『ホメロスのアレゴリー』七九、セネカ『書簡』八八-五などを参照。
(7)『論駁』第一巻二九一のホメロスからの引用を参照。
(8)『論駁』第一巻二七三、および一三五頁註(6)を参照。
(9)『論駁』第一巻二七九を参照。

もない。というのも、善は感覚する者に属するのであって、無感覚のうちには、悪しきものも善きものもないのであるから、生きていることの方がはるかに選択されるべきなのである。(1)

なぜなら、死んだ身体が無感覚であることは、かの詩人だけが知っていることではなく、実生活に携わる者はだれでも知っていることだからである。げんに母親はしばしば息子を悼んで、「おまえはこれらのことを感じはしないけれども、わたしは悲嘆にくれている」と語り、そしてひたと見つめながら「でも、これらのことが、なおおまえに何の益となるのでしょう」と嘆きの声をあげるのである。(2) 二八六 しかし、子細に調べてみるなら、かの詩人が反対の思いなしをもっていることを、人は見出すであろう。なぜなら、魂は総じて血に飢え渇いているからである。

　どうか穴から離れ、鋭き剣を血から遠ざけたまえ。
わたしが飲んで、誤りなき真実をあなたに告げることができるように。(3)

またティテュオスはその欲望ゆえに、禿鷹どもによって肝臓を喰われ、(4) タンタロスは湖の中に立ち、

　その波は顎を洗い、
彼は渇きのうちに力をふりしぼるものの、水を捉えて飲むことはできなかった。(5)

二八七 その上また、神々についてエウリピデスが語っていることに関するかぎり、素人の者たちも同じ思いなしをもっている。なぜなら、

　日ごとに悪事を犯しても、神々の目を逃れおおせると、
死すべき者のうちで考える者は

よこしまな思いを抱くけれども、抱く思いを見破られる、
たまたま正義の手が空いたときに(6)

と同じことは、次のように多くの人々が語っていることでもあるからである。

神々の碾き臼はゆっくりと碾くが、その碾き方は細かい。(7)

そこにはただ韻律の相違があるのみである。(8)

二八八　しかしまた人は、もしも子細に調べてみるなら、詩人たちの言っていることは、素人の想定よりずっと悪いということを見出すであろう。実際、自分がだれに祈っているのか知らないと述べている「舞台の哲学者」と呼ばれた人(9)でさえ、節度の点でまだましな者として現われるのである。

---

(1) ディオゲネス・ラエルティオス『哲学者列伝』第十巻一二四—一二五（エピクロス『メノイケウス宛書簡』）を参照。
(2) 告別の辞の一類型と推測される。ルクレティウス『事物の本性について』第三巻九〇四—九〇八、および八九四—八九九を参照。
(3) ホメロス『オデュッセイア』第十一歌九五—九六。
(4) ホメロス『オデュッセイア』第十一歌五七六—五八一。ブランクは、この例を文脈に合致しないとして削除する。セクストス『論駁』第九巻六七—六八も参照。
(5) ホメロス『オデュッセイア』第十一歌五八三—五八四。セクストス『論駁』第九巻六九—七〇も参照。
(6)『論駁』第一巻二七四、および一三五頁註(10)を参照。
(7) プルタルコス『モラリア』五四九Dを参照。
(8) 前者はイアンボス・トリメトロス、後者はダクテュロス・ヘクサメトロスの韻律をもつ。
(9) エウリピデスのこと。例えばアテナイオス『食卓の賢人たち』第四巻一五八e、第十三巻五六一aを参照。

おお、大地の支え手にして、また、大地の上に御座をもつお方。
あなたがいったいどなたなのか、見きわめようにも推測のかなわぬこと。
ゼウス、自然の必然なのか、それとも死すべき者たちの知性なのか、
いずれにてもあれ、わたしはあなたに祈りを捧げます(1)。

二八九　しかし、コロポンのクセノパネスによれば、ホメロスとヘシオドスとは、

掟にそむく神々の所業を数限りなく語った、
盗みや姦淫やお互い同士の欺き合いを(2)。

というのも、クロノス――その治世には幸いな生活が営まれていたと彼らは言うのであるが――は、父親(3)の男根を断ち切り、また子どもたちを飲み込んだし、その子ゼウスは、父親から支配権を剝奪し、彼を

大地と稔りなき海の下へと突き落とした、
はるかかなた、地底の最も深い坑《あな》のあるところへと(4)。

二九〇　またゼウスに対しては、身内の者たちが陰謀を企み、それゆえ彼は、

他のオリュンポスの神々、ヘレ、ポセイダオン、パラス・アテネが
彼を縛りあげようとしたとき(5)、

テティスに助けられさえしている。というのも、ゼウスはこの上なく残酷であり、姉妹にして妻なる女神を、神殿荒らしの流儀で宙吊りにしたことでは満足せず、彼女に非難の言葉を浴びせ、次のように言っているからである。

そなたは覚えていないのか、高みから宙吊りにされたときのことを。
両足からは鉄敷《かなしき》を二つぶら下げ、手の回りには
黄金の不壊なる鎖をかけてやった。そなたは高天の雲間で宙吊りにされ、
高くそびえるオリュンポスでは神々が憤慨していた。(6)

二九一　また彼はヘパイストスに立腹して天から放り落とし、ヘパイストスは、
レムノス島に落ち、もはや息も絶え絶えとなっていた。(7)

彼はまた、その兄弟を

神々すら忌み嫌う
おぞましく、陰鬱な館の主(8)

として見下している。さらに冷酷さに加えて、自制心の無さも彼の性格であり、イデ山頂で化粧姿のヘラを

---

(1) エウリピデス『トロアデス』八八四―八八七。セクストス『論駁』第七巻二一八も参照。

(2) クセノパネス「断片」一二(DK)。セクストス『論駁』第九巻一九三(クセノパネス「断片」一一(DK))も参照。なお、二八九―二九一については、セクストス『概要』第一巻一五四、一五九、一六一、第三巻二一〇も参照。

(3) ウラノスを指す。

(4) ホメロス『イリアス』第十四歌二〇四および第八歌一四。またヘシオドス『神統記』一五八―一八二、四五三―四九一も参照。

(5) ホメロス『イリアス』第一歌三九九―四〇〇。

(6) ホメロス『イリアス』第十五歌一八―二一。

(7) ホメロス『イリアス』第一歌五九三。

(8) ホメロス『イリアス』第二十歌六四―六五。

目にとめると、彼らのためにこしらえられた寝間にたどり着くまで自制することができず、山頂で地面にわが身を投げ出して、妻と転げまわり、

> 彼らの下には、聖い大地は瑞々しく萌える若草を生え出させた、
> また露にぬれたクローバー、サフラン、ヒヤシンスを(1)。

二九二　かくして、詩は多様なものであることが突き止められたのであるから、どの詩を真として信用すべきであり、どの詩を神話的な偽りとして信用すべきでないかを証明できないとすれば、文法術は無益なのである(2)

二九三　しかし彼らは、レベドス人にとっても詩の技術に基づく証言が勝利の原因になったのであるから、文法術は国家にとって有用であると言っている(3)。しかしわれわれは、そのためであれば舞踏術でさえ必要であると答える(4)。というのも、アンティオコス王の宮廷舞踏家ソストラトスは、王が彼の祖国であるプリエネを支配下に収めたとき(5)、饗宴の席で「自由の舞踏(6)」を踊るよう迫られ、自分の祖国が奴隷になっているときに自分が自由の舞踏を踊るのは美しい振る舞いではないと語ったのであった。そして、それによって彼の国は解放されたのである。

二九四　さらにまた、国家にとって有用であることと、われわれ自身にとって有用であることとは異なる。げんに、靴作り術や鍛冶の技術は国家にとっては必要であるが、われわれが幸福であるためには、靴作りになったり鍛冶屋になったりする必要はない。したがって文法術も、国家にとって有用であるからといって、われわれにとっても有用であることには必ずしもならない。なぜなら、交際術は本来、文法術からではなく、

ある種の一般的な俊敏さから結果してくるものだからである。二九五　それとも、弁論家のデマデスは文法家だったとでもいうのだろうか。この人は、カイロネイアの敗戦[7]ののち、多くのアテナイ人たちといっしょに捕虜となり、ピリッポス[8]が饗宴に列席するよう迫ったとき、彼に向かって、

　心ばせ正しい男なら、
いったいだれが、食べ物や飲み物にあえて手を出す気になれるだろうか、
仲間たちを解放して、その姿をこの目で見るまでは[9]

（1）ホメロス『イリアス』第十四歌三四七－三四八。プラトン『国家』第三巻三九〇B－Cも参照。
（2）『論駁』第一巻二七九－二八〇を参照。
（3）『論駁』第一巻二七五を参照。
（4）舞踏家は卑しい職業とみなされていた。
（5）プリエネはカリア地方（小アジア）の都市国家。ここで言及されているのは、シリアの王、アンティオコス三世（大王）がこの地方一帯を支配下に収めた時（前一九六－一九二年頃）のことと推定される。
（6）プラタイアの戦い（前四七九年）でギリシア軍がペルシア軍を破った記念として四年ごとに行なわれたゼウス・エレウテリオス（解放者ゼウス）の祭り「エレウテリア（自由の祭）」で踊られた舞踏。
（7）前三三八年、アテナイとテーバイの連合軍がマケドニア軍に敗れた。
（8）マケドニア王ピリッポス二世（「固有名詞索引」を参照）。
（9）ホメロス『オデュッセイア』第十歌三八三－三八五。ディオゲネス・ラエルティオス『哲学者列伝』第四巻九では、同じ詩句を哲学者のクセノクラテスがアンティパトロス王に向かって引用して、ラミア戦争（前三二三－三二二年）で捕虜となったアテナイ人たちを救った逸話が記されている。またディオドロス（シケリアの）『世界史』第十六巻八七－一－三も参照。

と言ったのである。

二九六　以上の議論を、文法家たちの主張への反論とされたい。しかし何よりもまず、次のように言わねばならない。仮にもし、生活に有益であるのはただ詩人だけであるとすれば、詩人たちを苦労して扱う文法術は、おそらく生活のために有益になるであろう。しかし実際のところは、詩人は無益であるか、あるいは、わずかの益しかもたらさないのであって、有益な物事を教えるのは、哲学者やその他の作家たちなのであるから、われわれは文法術を必要としないのである。二九七　そして、詩人よりも作家の方が生活にとって有用なものを明示してくれるということは、容易に推論できる。なぜなら、作家は真実を目指し求めるが、詩人は何とかして魂を魅了しようとし、そして魂を魅了するのは、真実よりも虚偽だからである[1]。それゆえわれわれは、ことさら虚偽を追い求める後者よりも、むしろ前者に心を向けなければならない。

二九八　また一般的に言って、詩人たちに関するかぎり、その技術は、生活に無益というようなものであるよりもむしろ、この上なく有害でさえある。なぜなら詩の技術は、人間的な諸情態の要塞となっているからである。そして、ちょうど

　老人にとっては、老人の弁舌が最も快い[2]

ように、色狂いや大酒飲みはアルカイオスやアナクレオンの詩を朗読することによってますます焚きつけられ、癇癪持ちは、彼らに悪徳を塗り込むマッサージ師として、ヒッポナクスやアルキロコスを得ているのである。

二九九　さて、この主題について他の人々、とりわけエピクロス派の人々によって語られていることは、以上述べてきたような事柄である。他方、われわれは、詩の技術を非難することはしないで、詩人や作家が語っている事柄を識別しうる文法術の技術をもっていると自認する人たちに対して、別の仕方で反論することにしよう。

三〇〇　ところで、散文にしても詩にしても、それらはすべて、表示する語（レクシス）と表示される物事から成り立っているから、[3] もしも文法家が、作家や詩人によって語られている事柄を弁別しうる技術をもっているとすれば、彼は、語だけを知っているか、あるいは、存在する物事だけを知っているか、あるいは、両方を知っているかでなければならないであろう。しかし、物事については、われわれが指摘するまでもなく、彼は知っていないものとして現われる。なぜなら、物事のうち、あるものは自然学的であり、あるものは数

(1) プルタルコス『モラリア』一六A―C、『両論』三-一七 (DK)、ディオニュシオス（ハリカルナッソスの）『リュシアス』一四、ストラボン『地誌』第一巻一-一〇、二-三、二-九、ピロデモス『詩について』cols. 23, 159-166 (Janko)、エウセビオス『福音の準備』第六巻八-七、クインティリアヌス『弁論家の教育』第十巻一-二八、ディオン・クリュソストモス『弁論集』第十一弁論一―二などを参照。

(2) 作者不詳悲劇断片三六四 (Nauck^2)。プルタルコス『モラリア』五一Eも参照。

(3) 文が、表示する語（レクシス）と表示される物事（プラーグマ）から成立することについては、ディオゲネス・ラエルティオス『哲学者列伝』第七巻一九〇、一九二（ストア派のクリュシッポス著作目録中、論理学的部門の分割）、ディオニュシオス（ハリカルナッソスの）『名前の結合について』一-一八―五四などを参照。

学的であり、あるものは医学的であり、あるものは音楽的であるが、自然学的な物事を理解する者は当然ながら自然学者でなければならないし、音楽的な物事を理解する者は音楽家でなければならないし、数学的な物事を理解する者は当然数学者でなければならず、また他の物事についても同様だからである[1]。しかし、文法家が全知であると同時に、あらゆる知識に通じているというわけではないことは[2]、ただちに感取されるところでもあるが、そればかりでなく、また実際の結果からも証明されるのである[3]。

三〇一　というのも、得意顔をしている文法家たちの中で、ヘラクレイトスを理解できる人がどこにいるだろうか[4]。また、プラトンが「不可分でつねに同一を保つ有と、諸物体に関わる可分的な有の両方から、第三の有の形相を混ぜ合わせて作り、また同の自然本性と異の自然本性からも[5]」云々と語るとき、彼についていける人がどこにいるだろうか――この言葉を前にしてプラトンの解釈者はだれでも沈黙してしまうのである[6]。あるいは、クリュシッポスの問答法の諸規則[7]や、アルキメデスやエウドクソスの数学の諸規則を理解しうる文法家がどこにいるだろうか。三〇二　それにまた、文法家はこれらのことにおいて盲目であるように、それらについて書かれた詩においても盲目である。例えば、エンペドクレスは次のように語っている。

　ご機嫌よう。このわたしは不死なる神として、もはや死すべき者としてではなく、
あなたがたのあいだを進みゆく、すべての人から崇められながら[8]。

さらにまた、

　しかし、なぜわたしはこうしたことにこだわるのだろうか、

まるで滅び多き死すべき人間たちに立ちまさっていれば、それが何か大した偉業でもあるかのように(9)。文法家や素人の者は、この哲学者がこうしたことを声高に語ったのは、慢心して他の人間たちを見下していたからであると想定するであろう(10)。しかしそのような態度は、哲学の素養をほどほどにもっている者にさえ当てはまるものではなく、ましてやあれほどの偉大な人物に当てはまるわけがないのである。三〇三　他方、自然学の考察から出発する人は、「似たものは似たものによって知られる」というドグマはじつに古いものであって、ピュタゴラスに由来するように思われるのであるが、それはまたプラトンの『ティマイオス』に

(1)『概要』第二巻二三六を参照。

(2) 文法術はあらゆる知識に通じているという主張については、『論駁』第一巻四一―四三、またクインティリアヌス『弁論家の教育』第一巻四・一―四、『ディオニュシオス・トラクス「文法術」への古注』p. 115, 15-19 (GG I/III) を参照。

(3)『論駁』第一巻一七〇、一七三、二七六を参照。

(4) ヘラクレイトスの書物は難解なことで有名であった。ディオゲネス・ラエルティオス『哲学者列伝』第九巻六、一六、ルクレティウス『事物の本性について』第一巻六三九などを参照。

(5) プラトン『ティマイオス』における宇宙霊魂構成の記述(三五A)。わずかにテクストは異なる。

(6) 最後の挿入節はテクストに疑義があり、修正ないし削除が提案されているが、ここでは一応マウに従って読んでおく。実際には『ティマイオス』のこの箇所に対してさまざまな解釈が提出されていたことについては、プルタルコス『モラリア』一〇一二Dを参照。

(7) クリュシッポスの問答法の卓越性と理解しにくさについては、ディオゲネス・ラエルティオス『哲学者列伝』第七巻一八〇を参照。

(8) エンペドクレス「断片」一一二 (DK)。

(9) エンペドクレス「断片」一一三 (DK)。

(10) ディオゲネス・ラエルティオス『哲学者列伝』第八巻六六を参照。

も記されており[1]、さらにずっと古くはエンペドクレスその人によって、

なぜなら、われわれは土によって土を、水によって水を、
空気によって神的なる空気を、火によって、滅ぼしつくす火を、
また愛は愛によって、憎しみは陰鬱な憎しみによって見るのだから[2]

と語られていることを明確に知るのである。それゆえ彼は、エンペドクレスが自らを神と呼んだのは、ただ彼のみが思惟を悪徳によって汚されぬ浄らかなものとして守り、自らのうちなる神によって外なる神を把握したからであるということを理解するであろう[3]。

三〇四　またアラトスが、

投げかけた眼差しから光線が発出して届く距離、
それだけの距離の光線が六度、それを切り分けるだろう。そして等しく
測り分けられたそれぞれは、二つの星座をめぐりゆく[4]

と記すとき、それが、われわれの目から上昇点[5]へと引かれた直線の長さが取られるとき、この長さは獣帯の円を六回に測り分けて、獣帯上の二宮ずつを切り取るであろう、という意味であることは、文法家に思惟しうることではなく、獣帯の円を六等分した部分は、上昇点まで引かれた直線から成り立っているということを幾何学的に証明する数学者にしてはじめて思惟可能なことなのである[6]。

三〇五　また、プレイウスのティモンが、ピュロンを太陽に譬えて、

ただ一人あなただけが、神のように人間たちを導かれる、

均斉のとれた球体の、燃えあがる円を示しつつ、
戦車を駆って大地全体の周囲をめぐられる神のように(7)

と語るとき、ティモンは尊敬の思いから、またこの哲学者を取り巻く光彩のゆえにこの言葉を語っていると、
文法家たちには思われることであろう。しかし別の人は、このプレイウスの人がピュロンについて語った譬
えの言葉は(8)、ひょっとして懐疑主義の企図と抵触するのではないかと考えるかもしれない――ともかく太陽
は、先には見られていなかったものを、光によって照らし出し、はっきりと示すけれども、ピュロンの方は、
われわれがすでに明瞭に捉えていた物事をさえ、強いて不明瞭さのうちへ引き戻すのであるから。 三〇六
しかし、より哲学的に考察する人に立ち現われるところはこれと異なる。むしろ、太陽なる神が、自分をま

(1) プラトン『ティマイオス』四五B―D、アリストテレス『魂について』第一巻第二章四〇四b八―一八、『形而上学』第三巻第四章一〇〇〇b五―八、セクストス『論駁』第七巻一一六、一一九を参照。

(2) エンペドクレス「断片」一〇九（DK）。セクストス『論駁』第七巻九二、一二一も参照。

(3) 同様の解釈については、プロティノス『エンネアデス』第四エンネアス七―一〇を参照。

(4) アラトス『星辰譜（天文現象）』五四一―五四三。テクストはわずかに異なる。

(5) 東の地平線が黄道（獣帯の円）と交わる点。「獣帯の円」については補註cを参照。

(6) 与えられた円に、等辺で等角の六角形を内接させるとき、六角形の辺は円の半径に等しい（エウクレイデス（ユークリッド）『原論』第四巻命題一五）。

(7) ティモン「断片」八四一（Lloyd-Jones/Parsons）。ディオゲネス・ラエルティオス『哲学者列伝』第九巻六五、セクストス『論駁』第十一巻一も参照。

(8) ハインツとマウが削除する *τὰ παραδείγματα* を、Giusta、ブランクとともに読む。

っすぐに凝視する者の視覚を鈍くするのとちょうど同じように、懐疑主義の議論も、より注意深くそれに留意する者の思考の目を混乱させ、その結果、ドグマティストの大胆さで措定される事柄のそれぞれについて無把握の状態に至らせるかぎりにおいて、ピュロンは太陽の流儀で判断を保留する、とティモンは言っているのである。

三〇七　また、もしも医学的な考察について詳述しなければならないとすれば、詩人が差し挟む形容句は、しばしば意味深長で学術的な思惟を示しているということを論じることができる(1)——例えば、ホメロスにおける「藺草《いぐさ》深々と、寝床の草茂る(2)」がそうである。というのも、文法家の思惟の及ばぬところであるが、これは、藺草の種子が性交を促すことを意味しているのである。というのも、この詩人は交合のことを指して「寝床」と呼んでいるのだから。三〇八　あるいは、エウリピデスがリュコメデスの娘のデイダメイアについて語っているところでは、

　あなたの娘御はご病気で、危険な状態です。
何が原因なのだろう。どんな災いが娘を押しひしいでいるのだろう。
胆汁による悪寒が娘の側胸部を苦しめているのではなかろうな(3)。

というのも、肋膜炎の患者は、咳をすると胆汁様のものを吐き出すから、娘が肋膜炎にかかっているのではないかと、リュコメデスは尋ねているのである。しかし、文法家はこれらについて何も知ってはいない。

三〇九　しかしながら、文法術を事とする人たちを顔色なからしめるのに、どちらかと言えば古風で、おそらくは学術的な詩句を用いることは、たぶん余計なことであろう。彼らは、カリマコスがディオドロス・

クロノスを指して作った次の詩のような、何でもないエピグラムさえ思惟のうちに捉えることができないのだから(4)。

ほら、どっかの屋根にとまってカラスが鳴かぁー
「仮言命題、何からなっかぁー」、「これからおれたちゃどうなっかぁー」(5)。

三〇　というのも、クロノスは問答法にきわめて優れた人物で、正当な仮言命題の判断法を教えたが(6)、その結果、彼の教えの支配力ゆえに、屋根の上のカラスでさえ、何度も繰り返し耳にしたものだから、彼が教える仮言命題の判断法を鳴きたてるようになったということは、文法家も語ることができるだろうし、そしてそこまでならば、子どもたちでも知っている事柄だから文法家も理解するであろう(7)。三一　しかし、「これからおれたちゃどうなっかぁー」となると、彼は示されている事柄を発見しえず、沈黙することであろう。なぜなら、何ものも動かないというのがディオドロスの立場であるということは、哲学者の語りうる

(1) ビュリー、ブランクと同様、*παριστᾶν* ⟨*ἔστιν*⟩ *ὡς* と読む (Hervetus)。

(2) ホメロス『イリアス』第四歌三八三。アソポス河に付される形容句。

(3) エウリピデス『スキュロスの人々』断片六八一 (Nauck^{2})。

(4) ディオドロス・クロノスに関するカリマコスのエピグラムについては、ディオゲネス・ラエルティオス『哲学者列伝』第二巻一一一を参照。

(5) カラスたちは、ディオドロスの出身地イオニア地方の方言 (*κοῖα, κῶς*) で鳴いている。

(6)『論駁』第八巻一一二―一一七、『概要』第二巻一一〇を参照。

(7) 文法術の歴史的部分による理解。

ことだからである。というのも、動くものは、それが存在する場所の中で動くか、あるいは、それが存在しない場所の中で動くかのいずれかである。しかるに、第一でもないし、第二でもない。したがって、何ものも動くものはない。(1) しかし、何ものも動くものはないということには、何ものも消滅しないということが随伴する。三一二　なぜなら、ちょうど、ものはそれが存在する場所の中でも動かないし、存在しない場所の中でも動かないのであるから、何ものも動くことはないのと同じように、生き物は、それが生きている時間の中でも死ぬことはないし、生きていない時間の中でも死ぬことはないから、したがって、けっして死ぬことはない。そして、もしそうだとすれば、ディオドロスに従えば、われわれはいつまでも永遠に生きるのであって、それで「これからおれたちゃどうなっかぁー」なのである。

三一三　それゆえ文法家たちは、諸々の物事を思惟のうちに捉えることはない。かくして残るところは、彼らが思惟のうちに捉えるものは名前である、(2) ということになる。しかしこれもまた馬鹿げている。なぜなら、第一に彼らは、語を知るための技術的な手段を何ももってはいない。というのも、ソポクレスの作品中で羊飼いたちが *ἰὼ βαλλήν* [iō ballēn] と言っているのは、(3) プリュギア方言で、*ἰὼ βασιλεῦ* [iō basileu　ああ、王よ] と言っているのだということを文法家たちが学んだのは、何らかの技術からではなく、他の人々から聞くことによってなのである。そして、彼らが解釈するのが、他国の語であっても、稀語として語られた語であっても、なんら違いはない。なぜなら、どちらも等しくわれわれにはなじみのない語であるのだから。

三一四　第二に、語の数は無限に多く、また人が異なれば名前も別様に造られていたり、われわれが知らない物事に名前が当てられたりしているから、人々から聞き知るということさえ不可能なのである。例えば、

ἐβαρβάριζε τὸ ὅλον, ἕλκη ἔχον ἐν τῇ χειρί
ebarbarize to holon, helkē echon en tēi cheiri
全体が他国語を話していた、手には傷をこしらえて

において、*ἐβαρβάριζε*［ebarbarize　他国語を話していた］は*ἐσύριζε*［esyrize　シリア語を話していた］の代わりに用いられており——シリア人は他国人であるから——、また、*ὅλον*［holon　全体］は*πᾶν*［pan　すべて］の代わりに用いられており——*ὅλον*［holon］と*πᾶν*［pan］は同義語だから——、そして、*ἕλκος*［helkos　傷］は*σῦριγξ*［syrinx　シューリンクス（瘻孔）］の代わりに用いられている——*σῦριγξ*［syrinx］は*ἕλκος*［helkos］の一種であるから——とすれば、結果として、全体は次のようになる。

ἐσύριζεν ὁ Πάν, σύριγγας ἔχων ἐν τῇ χειρί
esyrizen ho Pan, syringas echōn en tēi cheiri
パンがシューリンクス（牧笛）を吹いていた、手にはシューリンクスをもって。(4)

（1）『論駁』第十巻四八、八七—九〇、『概要』第二巻二四二、二四五、第三巻七一を参照。
（2）ここで「名前」と呼ばれているものは、『論駁』第一巻三〇〇の「語（レクシス）」に相当する。第一巻三一八も参照。
（3）ソポクレス『ポイメネス（牧人たち）』断片五一五（Radt）。アイスキュロス『ペルサイ』六五七—六五八も参照。
（4）文法的諸方式のうちの「メタレプシス（*μετάληψις* 代替用法）」の例。「メタレプシスとは、同義語によって、もとの語の同音異義語を示す語法である」と定義される（『ディオニュシオス・トラクス「文法術」への古注』p. 459, 8-12 (GG I/III）を参照）。文法的諸方式については、一二三頁註（2）を参照。

三一五　それにまた、例えばアリストテレスの ἐντελέχεια [entelecheia] や、τὸ τί ἦν εἶναι [to ti ēn einai](1) のような学術的な語のいくつかを、文法家たちはいかにして知るのだろうか。あるいは、οὐδὲν μᾶλλον [ouden mallon よりいっそう多くは、まったくない] という表現が(2)、懐疑派においていかなる効力をもつのか、すなわち、それは疑問表現であるのか、それとも命題表現であるのかということ、また、それは何について用いられるのか、すなわち、外部に存在する事物について用いられるのか、それともわれわれがこうむる情態について用いられるのかということを、彼らはいかにして理解することになるのであろうか。

三一六　さらに、ある種の語 [稀語](3) から一つの詩が構成されるなら、彼らは何と言うのであろうか(4)。

もし仮に、きみの二つの山々の下で一対の恋人が衰え滅び、
その部位を最も低きものとするならば、
盾形の関節の中、洞にて動く肢体は
転子に至るまで歪み捻じれ、
下部では見るも恐ろしい狐たちが、緩き調和の
永遠の容器に至るまで集まりくることであろう。

三一七　というのも、ἐρασταί [erastai　恋人たち] とはだれのことなのか、また ὄρη [orē　山々] や、ἀσπιδόεν ἄρθρον [aspidoen arthron　盾形の関節]、τροχαντῆρες [trochantēres　転子]、さらには ὅλμος [holmos　洞] や、ἀλώπεκες [alōpekes　狐たち]、δοχαίη [dochaiē　容器]、αἰών [aiōn　永遠]、ἁρμονία [harmonia　調和] ——これらは、比喩的に語られているのでも、歴史的な意味で語られているのでもなく、固有の意味で語られている名

前なのであるが――、これらを彼らは、たとえ何万回調べたとしても、理解することはないであろう。三一八　ところで、もしも彼らが諸々の物事も語も知らず、そしてこれらを離れては、詩も散文もまったく何ものでもないとするならば、詩人や作家によって語られている事柄を解説する技術を彼らはもっていないことになるであろう。

さらにまた、もしもわれわれが文法術を必要とするとすれば、最も優れた詩のために必要とするのであり、劣った詩のために必要とするのではないだろう。しかし、彼らによれば、明確な詩こそが最も優れた詩なのである。三一九　なぜなら、明確さが詩の徳なのであり、文法術にとって、不明確であることは劣っていることだからである。したがって、最も優れた詩のためにも、それが明確であって解説を必要としないがゆえに文法術は必要ではないし、また他方、劣った詩のためにも、それがまさに劣っているがゆえに文法術は必要ではないのである(5)。

三二〇　また、判定がつけられず反目の的になっているものは把握不可能であるが(6)、文法家たちは、作家

（1）ἐντελέχεια（「完全現実態」などと訳される）も τὸ τί ἦν εἶναι（文字どおりには「（何かにとって）『ある』とはいったい何であるのか」を意味し、「本質」などと訳される）も、アリストテレス形而上学の重要かつ難解な概念である。

（2）この表現については、『概要』第一巻一四―一五、一八八―一九一、二一三を参照。

（3）原語は λέξις。ここでは γλῶσσα（稀語）の意味で用いられていると思われる。「稀語」については四五頁註（5）を参照。

（4）この詩については補註Tを参照。

（5）『論駁』第一巻二七八を参照。

（6）「反目」については九頁註（7）を、「把握不可能」については『概要』第一巻二〇〇を参照。

の思考に関する解説において、判定をつけられず今なお意見が反目したままである。したがって、作家の思考は把握不可能であり、またそれゆえ、文法術は無用なのである。

さて、この学問を事としている者たちに対しては、これだけのことを語っておくことにしよう。そして今度は別の出発点から、弁論家たちに対してもまた、何を語らねばならないかを考察することにしよう。

第二巻

弁論家たちへの論駁

一　われわれは文法術について十分に調べたから、次には弁論術——もとより、より男らしくて、たいていの場合、民会や裁判所の演壇で吟味されているものであるが——についても語るべきであろう。しかし、概念は、それに対応する事物の存立と非存立に関係なく共通であり、また存立と非存立はいずれも、探求対象が何であるかということをあらかじめ捉えることなしには探求不可能であるから、さあそれでは第一に、弁論術とは何であろうかという問題を、哲学者たちがそれについて与えた最も注目に値する説明を互いに比較しながら考察することにしよう。

二　まずプラトンは[1]『ゴルギアス』の中で、区分的定義法にしたがって弁論術について次のような複合的定義を与えているように思われる、「弁論術は諸々の言論を通して説得を作り出すものであり[2]、諸言論そのもののうちにその効力をもち[3]、説得の技術であって、教示の技術ではない[4]」。ここで彼が「諸々の言論を通して」を付け加えたのは、おそらくは、富や名声や快楽や美など、言論抜きで人々のうちに説得を生み出すものが数多くあるからであろう[5]。三　げんに、かの詩人が描く長老たちは、ヘレネによって戦争に引き込まれ、彼らの災いの種となった女として彼女を完全に疎んじていたのであるが、しかしなおその美によって説得され、彼女が近づいてくると、互いのあいだで何か次のような述懐を交わしたのである。

かくのごとき女子のためなら、トロイエ勢と脛当よろしきアカイア勢とが、
長い歳月苦難をこうむるのも無理からぬこと。(6)

四　また伝えられるところによると、プリュネは、ヒュペリデスが彼女のために弁じたおりに有罪判決を受けそうになったとき、肌着を引き裂き、胸を露わにして審判人たちの前に身を投げ出し、その美しさによって、かの弁護人の弁論以上に審判人たちを説得することができたのである。(7) 同じことは金銭や快楽や名声についても言える。というのも、これらのそれぞれは非常に大きな説得力をもっており、しばしば人が自分に相応《ふさわ》しい責務のいくつかに違反してしまうほどであるのをわれわれは見出すであろう。それゆえプラトンが、そうしたものを通して生じる説得に注目して、弁論術は、どんな仕方によってでも構わないのではなく、

---

(1)『論駁』第二巻二一―五についてはクインティリアヌス『弁論家の教育』第二巻一五‐五―一〇を参照。

(2) プラトン『ゴルギアス』四五二E―四五三A、四五四A。『論駁』第二巻六一、キケロ『発想論』第一巻五‐六、クインティリアヌス『弁論家の教育』第二巻一五‐一〇も参照。

(3) プラトン『ゴルギアス』四五〇B―四五一A。

(4) プラトン『ゴルギアス』四五四E―四五五A。

(5) ピロデモス『弁論術について』Suppl. p. 11 (Sudhaus)、クインティリアヌス『弁論家の教育』第二巻一五‐六―八を参照。

(6) ホメロス『イリアス』第三歌一五六―一五七。

(7) ピロデモス『弁論術について』I. p. 20, Suppl. p. 12 (Sudhaus)、クインティリアヌス『弁論家の教育』第二巻一五‐九、アテナイオス『食卓の賢人たち』第十三巻五九〇eを参照。

「諸々の言論を通して」説得を作り出すものであると言ったのは的を射た発言である。五　しかし、諸言論を用いて説得するからといって、必ずしも弁論術であることにはならない。というのも、医術も、また医術と同類の諸技術も、言論を通して説得するからである。否むしろ、何らかの技術が、もっぱら諸言論そのもののうちに存する説得の力をもつ場合がそうなのである。[1] そしてそれも、他の技術と共通の仕方においてではない――なぜなら、幾何学も数論も、またすべて理論的技術の部類に属するものも、その効力をもっぱら言論のうちにもっているからである。[2] むしろ以上述べたことに加えて、それが行なう説得が、幾何学の場合のように教示を目指すものではなく、説得そのものを目指すものであるときに、弁論術であることになる。[3] というのも、それこそが弁論術の固有性であるからである。

六　他方、プラトンの弟子のクセノクラテスやストア派の哲学者たちは、弁論術はよく語ることの知識であると主張していた。[4] ただし「知識」の理解は互いに異なり、クセノクラテスは古い慣例に従い、「技術」の意味で受け取っていたが、他方ストア派は、ただ知者のうちにのみ生じるものとして、「確実な把握をもつこと」という意味で理解していた。しかし「語る」の意味については、両者ともそれを「問答する」とは異なることと解している。なぜなら「問答する」ことは、簡潔と、言論をやりとりすることに基づき、問答法の仕事なのであるが、七　他方「語る」ことは、長さと詳説のうちに観取され、弁論術に固有のことだからである。実際それゆえに、キティオンのゼノンも、問答法はどの点で弁論術と異なるかと尋ねられたときに、こぶしを握った上でもう一度開いてみせ、「この点で」と答えた。つまり、握ることによって、問答法がもつ簡潔で短いという固有性を示し、また手を開き、指を伸ばすことによって、弁論術の能力がもつ広がりを暗示したわけである。[5]

八　アリストテレスは『弁論術』の第一巻において、より単純に、弁論術を諸言論の技術として提示している。[6] そして彼に対しては、医術もまた医学的な諸言論の技術であるという問題提起がなされ、ある人々は彼を擁護して、医術はその諸言論を、健康のような何か別の目的に関係づけているのに対して、弁論術は端的に諸言論の技術である、と主張している。九　アリストテレスはまた他の諸定義をも提出しているが、[7] わ

（1）プラトン『ゴルギアス』四四九E—四五〇C。医術と同類の技術の例としては、体育術などがある。

（2）プラトン『ゴルギアス』四五〇D—E。

（3）プラトン『ゴルギアス』四五四E—四五五A。

（4）キケロ『弁論家について』第一巻一八-八三、クインティリアヌス『弁論家の教育』第二巻一五-三四—三五、三八、ディオゲネス・ラエルティオス『哲学者列伝』第七巻四二を参照。

（5）キケロ『善悪の究極について』第二巻六-一七、『弁論家』三二-一一三、クインティリアヌス『弁論家の教育』第二巻二〇-七（*SVF* I. 75）を参照。しかしストア派は、こうした方法・様式上の区別とは別に、弁論術も問答法も本来は知者にのみ属するとする立場から、「よく語ることの知識」という弁論術と同じ定義を、「真実としかるべき事柄を語ることの知識」という意味で、問答法についても与えていた（アレクサンドロス（アプロディシアスの）『アリストテレス「トピカ」注釈』p. 1, 8-14 (CAG)（*SVF* II. 124, LS 31D)）。キケロ『弁論家について』第一巻一八-八三、第三巻一八-六五も参照。このような立場はプラトンにまで遡るものである（『パイドロス』二五九E、二六〇C—D、二六二A—C、二六六B—Dを参照）。

（6）アリストテレス『弁論術』第一巻第一章一三五四a一—二、第四章一三五九b一六。

（7）例えば、アリストテレス『弁論術』第一巻第二章一三五五b二五—二六。クインティリアヌス『弁論家の教育』第二巻一五-一三、一六も参照。

れわれの主たる課題は、弁論術の定義について詳しく調べ上げることではないから、それらについてはわれわれが言及する必要はないのであって、むしろ、われわれが着手しようとしている反論のために弁論術の固有性を理解するのに間に合うだけの言及をすれば、それで十分なのである。

この反論の出発点は、提出されている概念からただちに得られるであろう。すなわち、弁論術の概念を提示している人たちは、弁論術は技術ないしは知識であって、諸言論ないしは語ることに関わり、そして説得を作り出すものである、と言っているのであるから、われわれもまたこれら三つの点を取り上げて、弁論術の非成立を教示することを試みることにしよう。(1)

一〇　さて、(2)技術はすべて、統一的に訓練され、そして実生活に有益な目的に関係づけられた諸々の把握から成る体系である。(3)しかし、われわれがこれから論じるように、弁論術は諸々の把握から成る体系ではない。したがって、弁論術は存在しない。(4)　一一　というのも、偽なる事柄については把握は存在しないのであるが、(5)弁論術の諸規則と呼ばれているものは、偽なるものである(6)――そうした諸規則とは、例えば「審判人たちをかくかくの説得で丸め込むべし」とか、「憤激や憐憫を掻き立てるべし」とか、「姦夫や神殿荒らしを弁護すべし」といった類のものである。これらは、審判人たちをかくかくの説得で丸め込むこと、また、憤激や憐憫を掻き立てることは相応しいことであると告げている。(7)しかしこれらは真ではない。そしてそれゆえ把握不可能である。したがって、それらについては把握は存在しない。またそれに伴って、弁論術もまた存立しないということが結果する。一二　かくして押し込み強盗は、「かくかくの方法で押し込むべし」と勧める一つの技術であり、また窃盗は、「かくかくの方法で盗み、掏摸をはたらくのが相応しいことである」と勧める一つの技術であるなどと、われわれが主張することはありえないであろうが——というのも、それらは偽であって、相応しいことでもなければ、規則でもないのであるから——、ちょうどそれと同じよ

(1)『論駁』第二巻一〇—四七で技術について、四八—五九で言論について、六〇—七八で説得について論じられる。

(2)『論駁』第二巻一〇—一二の批判については、ピロデモス『弁論術について』I. p. 22, Suppl. p. 12 (Sudhaus)、クインティリアヌス『弁論家の教育』第二巻一七-一八、二六—二九、四一を参照。なおセクストスによる弁論術批判の情報源の問題については、補註Uを参照。

(3) *εὔχρηστον* [*τῶν ἐν*] *τῷ βίῳ λαμβανουσῶν*（ビュリー）を読む。この定義はストア派のゼノンの定義であるが、元来は問答学派の定義であったと思われる（補註Iを参照）。より簡単なかたちでは、この定義は『論駁』第七巻三七三、『概要』第三巻一八八、二四一、二五一、また弁論術との関連で、クインティリアヌス『弁論家の教育』第二巻一七-四一にも現われる。問答学派については、『概要』邦訳補注Q（四一四頁）、U、V（四一六—四一八頁）を参照。なお *λαμβανουσῶν* の代わりに *λαμβάνον* を読む提案（Barnes）を採用すれば、「統一的に訓練された諸々の把握から成り、実生活に有益な目的に関係づけられた体系」と訳せる（『論駁』第二巻六〇を参照）。

(4) マウが補う〈*τέχνη*〉は読まない。

(5) ストア派によれば、「把握する」とは「把握的表象を承認する」ということであり、また「把握的表象」とは「存立するものに由来し、存立するものそのもののとおりに刻印、押印され、存立しないものからは生じえないような表象」のことである（セクストス『概要』第二巻四）から、偽なる事柄については、把握は存在しない。「把握的表象（*καταληπτικὴ φαντασία*）」、および「把握（*κατάληψις*）」については、キケロ『アカデミカ』第一巻一一-四〇—四二（*SVF* I. 55, 60, 61, *FDS* 256, LS 40B, 41B）、第二巻一四-七七—七八（*FDS* 337, LS 40D）、第二巻四七-一四五（*SVF* I. 66, *FDS* 369, LS 41A）、ディオゲネス・ラエルティオス『哲学者列伝』第七巻四六、セクストス『論駁』第七巻一五一—一五二、二四七—二五二、二五七、四〇二、四二六などを参照。

(6) ピロデモス『弁論術について』I. p. 22 (Sudhaus) を参照。

(7)『論駁』第二巻七八を参照。

うに弁論術もまた、そうした性質の勧めに基づくものであるから、技術として成立するものではないと想定すべきである。げんに、ペリパトス派のクリトラオスの一派も、また彼らよりずっと以前にプラトンの一派も、そのことに注目して、弁論術は技術であるよりはむしろ似非《えせ》技術であるとして、これを非難したのである(1)。

一三　それにまた(2)、あらゆる技術は、例えば哲学や文法術のように、定まった確固たる目的をもっているか、あるいは、ちょうど医術や航海術のように、「たいていの場合」に当てはまる目的をもっているかのいずれかであるから、いやしくも弁論術が技術であるとするならば、弁論術もまた、これらの目的のいずれかを掲げていなければならないだろう。一四　しかし、弁論術は、完全に定まった目的をもっているのでもないし（というのも、訴訟相手の勝利をいつでも凌ぐわけでもなく、また時として、弁論家が一つの目的を提示しておきながら、結果的には別の目的をもつこともあるからである）(3)、一五　また、「たいていの場合」を目指す目的をもっているのでもない。というのも、いずれの弁論家も自ら相互比較をしてみるなら、他の弁論家が彼の議論をたえず打ち砕いているのであるから、勝利を得るよりもむしろ敗北を喫することの方がしばしばであったのである。したがって、弁論術は技術ではない。

一六　それにまた(4)、たとえ弁論術の技術を分けもっていなくても、弁論家になることは可能であるとするならば、弁論術という技術はなんら存在することがないであろう。しかしながら、デマデスについても確認したように(5)、弁論術に与からなくても、十分に、また流儀に適った仕方で弁論を行なうことは可能である。というのも、彼はオールの漕ぎ手であったが、弁論の達人になったと認められているし、彼のほかにもそうした人々は非常に数多くいる。それゆえ、弁論術は技術ではない。

一七　とくに、われわれは、それらの人々がそうした者となって、その素養（ヘクシス）[6]をもち、何かそのような熟練（トリベー）[7]に基づいて弁論活動をするに至ったとは信じない。否むしろ、われわれの実生活にお

（1）「似非技術」と訳した*κακοτεχνία*（文字どおりには「悪しき技術」）を、クインティリアヌス『弁論家の教育』第二巻一五-二は、「技術の歪曲（pravitas quaedam artis）」と説明している。*κακοτεχνία* は、エピクロスが法廷弁論的な弁論術を指して用いた言葉であった（エピクロス「断片」五一（Usener））。

（2）『論駁』第二巻一三―一五についてはピロデモス『弁論術について』II. pp. 105, 125-126 (Sudhaus)、クインティリアヌス『弁論家の教育』第二巻一七-二三―二五を参照。

（3）弁論家たちが掲げる弁論術の目的に関しては、『論駁』第二巻六一、七九を参照。最初は説得や勝利を目的として掲げているが（第二巻六一）、勝利できないと、目的を別のところ（例えば「よく語ること」）に変更するということを言っているのかもしれない。弁論術を「よく語ることの知識」と定義するクインティリアヌスは、たとえ弁論家が勝利を得られなくても、よく語っているかぎりは弁論術が目的とするところは実現されている、と述べている（『弁論家の教育』第二巻一五-三八、一七-二三、二五を参照）。

（4）『論駁』第二巻一六についてはピロデモス『弁論術について』II. pp. 71-72, 97-98 (Sudhaus)、キケロ『弁論家について』第一巻二〇-九一、クインティリアヌス『弁論家の教育』第二巻一七-一一―一二を参照。

（5）『論駁』第一巻二九五を参照。「オールから演壇へ」というギリシアの諺はデマデスの経歴に由来するのかもしれない。なおピロデモス『弁論術について』II. pp. 97-8 (Sudhaus)とクインティリアヌス『弁論家の教育』第二巻一七-一二は、デマデスに加えて、俳優のアイスキネスの名を挙げている。

（6）「素養（ヘクシス）」については補註Iを参照。

（7）「熟練（トリベー）」については『論駁』第一巻六一を参照。弁論術を熟練とみなす立場についてはプラトン『ゴルギアス』四六三B、『パイドロス』二六〇Eを参照。

いては、裁判所や集会において生来の雄弁を発揮しながら、弁論術の技術的な勧めのことは何も知らない人たちを、数多く見出すことができるのである。一八　また逆に、もしも弁論術の技術論を精緻なものにして、さらにこれを完成した人たちが、裁判所や民会で弁論をなしえていないとすれば、弁論術は技術的な方法であると言ってはならない。しかるに、実生活では周知のことであるが、その道の教師たちは、弁論術の技術的理論を最高度に修練している反面、公の場では、魚以上に物言わぬものであることが観取されるのである。したがって、人が弁論家であるのは技術によるものではないのである。

一九　それゆえまた、弁論家たちが以上の論駁に対して弁明しようとして、砥石は切断するという性質を元々もつものではなく、短剣を鋭利に砥いでよく切れるようにするものであるが、ちょうどそのように彼らもまた、不慣れのために自分では語ることができないけれども、技術を通して他の人々を教導し、彼らに語らしめるのであると主張するときには、[1]彼らに向かって嘲笑を浴びせかけることができる。というのも、元来砥石は、自分がもっていた能力を鉄の中に植えつけるような性質のものではないのであるが、彼らは自ら、自分がもっている技術を隣人に授けることを主たる仕事として公言しているのであるから、彼ら驚嘆すべき人たちは、この譬えの非類似性が分かっていなかったのである。

二〇　他方、[2]クリトラオス一派と、クレイトマコスとカルミダスを含むアカデメイア派もまた、何か次のような主張をするのを常としていた。ちょうどわれわれが有能な家令を家から追い出したり、牛飼いを牛の群から放逐したりしないように、諸都市は、諸々の技術が生活に非常に有益であることを知っているから、それらを放擲しようとはしないが、しかし弁論術については、すべての人が、最も害悪を撒き散らすものとみなして、あらゆる所からこれを追い出したのである。例えば、クレタの立法家[3]は言論を鼻にかける者たちが島に足を踏み入れるのを禁止したし、二一　スパルタのリュクルゴスは、クレタのタレスの称賛者になったところから、この同じ法をスパルタ人たちのために導入した[4]。それゆえにずっと後になって、他国で弁論術を労苦して修めた若者が帰国したときには、監督官たちは彼を罰して、懲罰の理由として、スパルタを誤らせるために欺きの言論を修得してきたと申し立てたのである。そしてスパルタ人たち自身も、ずっと弁論術を嫌悪しつづけ、単純素朴な短い言論を用いていた。二二　このことからまた、彼らがアテナイ人に対抗するために選出したティッサペルネスへの使節は、アテナイ人たちが長くて多彩な演説を繰り広げたとき、杖で地面に二本の線――まっすぐで短い線と、長くて歪んだ線――を描いて、「王よ、これらのうちどちらでもお好きな方をお選びください」と語ったのであるが、そのとき彼は、長くて歪んだ線によって弁論術の衒学趣味を、他方、短くて同時にまっすぐな線によって単純素朴で簡潔な直截的語り方を暗示していたので

（1）プルタルコス『モラリア』八三八Eを参照。

（2）『論駁』第二巻二〇―二四についてはピロデモス『弁論術について』I. pp. 14-17, 359-360, II. p. 100 (Sudhaus)、クインティリアヌス『弁論家の教育』第二巻一六-四を参照。弁論術を排斥した都市の例として、セクストスはスパルタとクレタを挙げているが、ピロデモスではスパルタとアテナイとローマ、クインティリアヌスではスパルタとアテナイが挙げられている。また国家からの弁論家の追放については、プラトン『ゴルギアス』四五七B―Cも参照。

（3）次節のタレスのこと。

（4）ストラボン『地誌』第十巻四-一九、ヘロドトス『歴史』第一巻六五、プルタルコス『リュクルゴス』四-一―二を参照。

ある。二三　彼らが同国人のあいだだけでなく他国人のあいだでも、言論の無駄の無さを追求するのは、この直截的な語り方を求めるゆえである。げんに彼らは、小麦の輸出を求めてきたキオスの使節についても、彼が要請の次第を長々と説明したからというので、何の成果も挙げさせずに追い払ってしまったのであるが、しかし、（キオス人たちは必要に迫られていたから）より簡潔な話し方をする別の使節が送られ、その際には彼らは要求を認めた。なぜなら、この使節は彼らの前に空の袋を差し出し、これはひきわり麦を必要としている、と語ったのである。しかしなお、彼らはこの男でさえもおしゃべりだとして非難した。というのも、袋は空のまま差し出されただけで十分にキオス人の要求を表わしたからである。[1]二四　悲劇詩人のイオンは、このことに心動かされ、彼らについて次のように語った。

　ラコニアの都市を守る塔は、言論にはあらず、
むしろ、新手のアレスが軍勢に襲いかかるときには、
熟慮が支配し、手が事を成し遂げるのだ。[2]

なぜなら、彼らは熟慮において最も優れ、そして弁論術を忌み嫌っているからである。かくして、諸々の都市は諸技術を追い払わないでいて、他方、弁論術は追い払ってきたのだとすれば、弁論術は諸技術の一つではないであろう。

二五　というのも、議論を逆手にとって、ギリシア諸都市のいくつかは哲学者たちをも追放処分にしたではないかと主張するのは、馬鹿げたことである。なぜならまず第一に、弁論術の場合に反対論を導出した人たちが提出したような証拠を、彼らが自分たちの主張のために提出することは不可能であろう。また第二に、

たとえ諸都市のうちのいくつかが哲学を追放したとしても、彼らは類として哲学全体を追放したわけではなく、そのいくつかの学派を――例えば、エピクロス哲学を快楽の教師であるとして、またソクラテス哲学を神的なものを蔑《なみ》するものであるとして――追放したのである。しかしながら、先に言及した諸都市は、ある弁論術を斥け、別の弁論術を容認したわけではなく、すべての弁論術を共通に避けたのである。

二六　また、以上語ってきたことに加えて(3)、とりわけもしも弁論術が技術であるとするなら、それは、他の諸技術もそうであるように、その所有者にとって必要なものであるか、あるいは諸都市にとって必要なものであるかのいずれかであろう。しかし、これからわれわれが論じるように、それは所有者にとっても、諸都市にとっても有益なものではない。したがって、それは技術ではない。

二七　実際、弁論術はその所有者にとって有益ではない(4)。なぜなら第一に、彼は広場や文書保管所をうろつかねばならず、また欲しようが欲しまいが、劣悪で信用できず、他人を中傷する者たちが出入りするのと同じ場所に足を踏み入れて、彼らといっしょに時を過ごさねばならなくなる。それにまた、より狡猾な者たちには侮りやすい人間であると思われないように、恥というものへの配慮を控えなければならないし、二八

(1) ヘロドトス『歴史』第三巻四六は、同様の逸話をサモス人について伝えている。

(2) イオン「断片」六三（Nauck²）。

(3)『論駁』第二巻二六―四三についてはピロデモス『弁論術について』II. pp. 107-108 (Sudhaus)、クインティリアヌス『弁論家の教育』第二巻一六・一一―一四を参照。

(4)『論駁』第二巻二七―三〇についてはピロデモス『弁論術について』II. pp. 133-134, 139-140, 166-167 (Sudhaus) を参照。

他方、訴訟相手たちに対しては恐るべき者となるように、不敵な語り方をして、大胆さをあたかも武器のように掲げなければならず、そしてごまかして人の目を欺く者となり、姦通や盗みや両親への忘恩といった最も低劣な諸行為の中で訓育されて、必要とあらばそれらを効果的に曝露したり、また逆に晦《くら》ませたりすることができるようにならねばならず、二九　必然的に、多くの人々を敵とし、あらゆる人から憎しみを買うことになる。すなわち、ある人たちは、仕返しを受けたという理由で憎み、別の人たちは、彼が雇い主の意のままになる者であって、他の人々になしたことを、もっと大きな報酬にひかれて、いつか自分たちにもなすであろうことを知っているから憎むのである。三〇　加えてまた、彼は始終休むことなく争い、海賊のように、ある時は逃走し、ある時は追跡して、結果的に、悶着に巻き込まれている者たちによって夜も昼も疲弊させられ、煩わされて、その生は悲嘆と涙に満ちたものとなり、そして、ある者たちは牢獄へと、また別の者たちは仕置き棒のもとへと引き立てられていくことになるのである。それゆえ弁論術は、その所有者にとって有害なものである。

三一　それにまた弁論術は、諸都市にとっても有益ではない。なぜなら、法は都市を結びつける絆であり、そして、ちょうど身体が消滅するときには魂が消滅するように(1)、法が否定されるときには都市もまた滅びるのである。それゆえに、倫理論者のオルペウスも、法の必要性を示唆して次のように語っている。

　かつて、人間たちが互いの肉を喰らい合う生活を送り、
強者が弱者を引き裂いていた時代があった(2)。

三二　というのも、いかなる法の支配もなく、各人が正義を手中に握っていたのであって、それはちょうど、

魚や獣や空飛ぶ猛禽のあいだには、正義が存在しないから、
これらのものには互いに喰らい合うことが(3)許されているようなものである。しかしそれも、神が人間たちの苦難のさまを憐れみ、掟を授ける女神たちを遣わされる(4)までのことであった。そして人々が女神たちを崇めたのは、彼女たちが諸々の実りによって生活を開化したことによるよりはむしろ、互いに喰らい合う無法状態に終止符を打ったことによるのである。

三三　ペルシア人のうちの賢明な者たちが、彼らの王の没したときには、それに続く五日間を無法状態のうちに過ごすべしという法をもっているのも、これによるのであって、その目的は、不幸に見舞われることに

(1) マウの [ψυχὴ] σῶμ⟨α πνεύμα⟩τος ではなく、諸写本の ψυχὴ σώματος を読む。

(2) オルペウス「断片」二九二（Kern）。同じ断片が、セクストス『論駁』第九巻一五でも用いられている。なお弁論家の側からは、未開の無法状態からの解放者として言論の技術（弁論術）を賛美する議論も行なわれていた（イソクラテス『ニコクレス』五—七、『民族祭典演説』二八—五〇、キケロ『発想論』第一巻二—三、またプラトン『プロタゴラス』三二二B—三二八Cも参照）。

(3) ヘシオドス『仕事と日』二七七—二七八。

(4) ゼウスが女神テミスとのあいだに、ホーライ（季節たち）、すなわち、エウノミエー（秩序）、ディケー（正義）、エイレーネー（平和）をもうけたこと（ヘシオドス『神統記』九〇一—九〇三）を指すと考えられるが、別に、デメテルとその娘コレー（＝ペルセポネ）——両者は「テスモポロス（掟を授けるもの）」と呼ばれていた——のことを指しているとする解釈もある。

あるのではなくして、むしろ無法状態が、殺人や略奪や、また何かもっと悪いものがあるならそうしたものをも引き起こす、どれほど大きな悪であるかということを、彼らが現実から学びとり、それによって、王の守護者として、いっそう信頼しうる者となるということにあるのである(1)。

三四　しかし確かに弁論術は、法に対して敵対して導入されている。そのことの何よりの証拠は、弁論術がまったく存在していない、あるいはほとんど存在していない他国人のもとでは、諸々の法が揺るぎないものとして留まっているのに対して、弁論術を受け入れている(2)人々のあいだでは、それらが毎日のように改変されているという事実である――三五　そうしたことは、古喜劇詩人のプラトンも語っているように(3)、ちょうどまたアテナイ人のもとで起こっていることなのである。というのも、彼が語るには、人が三ヵ月も国を留守にしていると、法に関するかぎり故国は同一の国家ではなくなっているので、彼はもはや自分の国をそれと認めることができず、帰国する際には、ちょうど他国からの急使にそういう者がいるように、夜間、市壁に沿ってうろうろ歩きまわるようなことになるのである。

三六　また、弁論術が法に敵対するものとして存立しているということは、似非《えせ》技術(4)である彼らの技術において前提とされている原則からも自明である。というのも彼らは、ある時には、立法家が語る文言と表現は明確であり、解釈をまったく必要としないものであるとして、それらに留意するように勧めるかと思えば、また別の時には、立場を逆転させて、文言にも表現にも従うべきではなく、むしろその意図に従うようにと勧告するのである。三七　というのも、人に向かって鉄器を差し出す者は罰するべきであると主張した人にしても、差し出し方のいかんにかかわらず――例えば、認め印を差し出す場合でも――、また差し出す物のいかんにかかわらず――例えば、針を差し出す場合でも――、鉄器を差し出す人は罰するべきであると主張したわけではなく、彼の意図をわれわれが穿鑿してみるなら、殺人を犯そうとした者が報復を受けることを欲していたのである。三八　また時として彼らは、法律を切れ切れに読み、残った部分から何か別の考えを組み立てるようにとも命じる。またしばしば、曖昧な語の区別立てを行ない、自分に都合のよい意味を構築する。そしてほかにも数限りなく、法律をひっくり返すための操作を行なっている。それゆえまた、ビュザンティオンの弁論家は、ビュザンティオンの法律はどのようになっているかと尋ねられたとき、「わたしの望むとおりに」と答えたのである。三九　というのも、ちょうど手品師が観客の目を素早い手の捌《さば》きで欺くように、弁論家たちもまた、狡猾さによって、法に対する審判人たちの思考を鈍らせ、その票を掠め取るのである。

四〇　その上、法に反した法令のたぐいをあえて提案した者は、弁論家たちを除いてほかにはだれもいない。げんにデモステネスは、多くの叫び声と荒唐無稽の話によって、クテシポン弾劾案をひねりつぶしてし

（1）ストバイオス『抜粋集』第四巻二-二六（II. p. 162, 12-14 (Wachsmuth/Hense)）における、セレノスからの抜粋を参照。

（2）マウが採用する προιεμένοις ではなく、諸校訂が採用する προσιεμένοις（ς写本）を読む。

（3）プラトン（古喜劇作家）「断片」一二〇（Kock）。

（4）似非技術については『論駁』第二巻一二および一六九頁註（1）を参照。

まった[1]。それゆえアイスキネスも、「裁判所に悪しき習慣が入り込んだ。なぜなら、告発人が弁明し、被告が告発状を提出して、審判人たちは自分たちが審判の任にはない事柄について票決を投じるよう強いられているからである」と述べているのである[2]。**四一**　しかし、もしも弁論術が法に敵対するものであるとすれば、それはたんに何の役にも立たないというだけでなく、また有害でもあるのである。

さらにまた、民衆を煽動する弁論家たちも、諸国にとっての善を目指して進み出てきているわけではないのであって、民衆煽動家と政治家との関係というものは、ちょうど薬売りと医者との関係[3]に等しいのである。**四二**　というのも、彼は心地よい言葉を語ることによって、大衆に悪しき教育を施し[4]、中傷によって、彼らを最も優れた人たちから遠ざけている。言葉と思われの上では、彼はいっさいのことを公共の利益のために行なうと約束しているけれども、しかし真実のところは、なんら健全なものから栄養を提供しているのではなく、そのありさまは、赤ん坊にはほんの一口だけ与えておいて、あとは全部自分が飲み込んでしまう乳母たちに似ているのである[5]。

四三　さて以上述べてきただけのことが、アカデメイア派によっても[6]、弁論術に対する論難の部分で語られており、結果として、弁論術はその所有者にとっても彼の隣人たちにとっても有益ではないとすれば、それは技術ではないことになるであろう。しかし、ある人たちはこれに対して弁明を試みて、弁論術には二種類あって、一方は洗練された弁論術で、知者たちの手のうちにあるが[7]、他方は並みの人間たちの手のうちにあり、そして非難されているのは洗練された弁論術の方ではなくて、劣悪な者たちの弁論術であると主張している[8]。**四四**　また、ある人たちは例をも用いている。すなわち、自分の父親を殴打するパンクラティオン[9]

の競技者は、パンクラティオンの技術ゆえに父親叩きになるわけではなく、その性格の悪さゆえにそうなるのであるが、それと同様にして、弁論術の修練を積んだ上で、祖国と法に敵対してそれを用いる者は、弁論

(1) マケドニアとのカイロネイアの戦いにおける敗戦（前三三八年）の後、クテシポンは、国難に直面するアテナイへの貢献を理由に、反マケドニア派のデモステネスに対する顕彰動議を提出したが（前三三六年）、デモステネスの宿敵で、親マケドニア派のアイスキネスは、この動議を違法として訴えた。前三三〇年に至って裁判が開かれたが、アテナイのかつての自由と栄光への懐旧の情に訴える演説によって、圧倒的多数でデモステネスが勝利した。この時のデモステネスの弁論は現存する『冠について』に収められている（なおセクストス『論駁』第一巻五九にもこの弁論への言及がある）。

(2) アイスキネス『クテシポン弾劾』一九三。テクストはセクストスの引用と少々異なり、また悪弊の元凶としてデモクリトスに言及している。

(3) 医術の切れ端を聞きかじっただけでそれを恣意的に用いる者と真の医者の比較については、プラトン『パイドロス』二六八A－Cを参照。

(4) プラトン『ゴルギアス』五〇二Eを参照。

(5) アリストパネス『騎士』七一五－七一八を参照。

(6) 『論駁』第一巻二〇では、アカデメイア派（クレイトマコスとカルミダス）と並んで、ペリパトス派のクリトラオスの名も挙げられていた。補註Uを参照。

(7) 「洗練された（ἀστεῖος）」という語は、ストア派においては国家社会の法を遵守するという意味合いをもつが、彼らにとってとくに守るべき法とは理性の命じる法であり、したがって洗練された人は知者、有徳者と一致する。

(8) 二種類の弁論術を区別する立場についてはプラトン『ゴルギアス』五〇二E－五〇三B、『パイドロス』二六〇D－E、二六九A－二七四Bを参照。また一六五頁註（5）も参照。

(9) パンクラティオンはボクシングとレスリングを合わせたような格闘技で、噛みついたり引っ掻いたりすること以外はほとんどあらゆる行為が許されていた。

術ゆえにそうした者であるわけではなく、自らに固有の悪徳のゆえにそうなのである。[1]

四五　しかし、まず前者の人々は、自らの意図に反して弁論術の非存立を認める結果になっていることに気づいていない。というのも、知者は一人も発見されないのだから、あるいは、少なくとも稀にしか発見されないから、[2]知者たちの手のうちにある弁論術も、非存立的であるか、あるいは、稀にしか存在しないということにならざるをえないであろう。**四六**　また他方、第二の人たちに対しては、彼らが挙げる例は、目下探求されている事柄とは似ていないと言わなければならない。というのも、運動競技は、例えば「父親叩き」といった、運動競技自体の悪用を教唆しないが、弁論術が主たる仕事として教えるのはまさにそのことであって、それは例えば、どのようにすればわれわれは小事を大事に、大事を小事になしうるか、[3]あるいはまた、どのようにすれば正しいことは不正なこととして、不正なことは正しいこととして現われうるか、[4]といったことなのである。

四七　また一般的に言って、弁論術は正反対の諸言論から成り立っているのであるから、[5]洗練された人は弁論家であるが、洗練されていない人は弁論家ではないと主張することはできない。というのも、弁論家がどのような人間であるにせよ、ともかく彼は正反対の諸言論に習熟しなければならず、そして正反対の諸言論のうちには不正もまた含まれている。したがって、あらゆる弁論家はまた不正の擁護者であって、不正な者である。

四八　さて、弁論術を技術と呼ぶべきでないことは、以上述べたことから明らかである。そこで次には、弁論術の非成立を、それが扱う素材の点からも考察することにしよう。[6]とはいえ、その肝腎の点は、『文法家たちに対する覚え書』の中ですでにわれわれによって示されている。[7] というのも、もしも弁論術[8]は言論(文)に携わるものであり、そしてわれわれが示したように、語(レクシス)[9]も、諸々の語から構成される言論(文)もまったく存在しないとするならば、それの諸部分が存在しない当のものは非存立的であるから、したがって、弁論術の存立もまた非成立的であるということが帰結するであろう。

---

(1) 同様の議論については、プラトン『ゴルギアス』四五六C－四五七C、イソクラテス『ニコクレス』一－五、『アンティドシス(財産交換)』二五一－二五二を参照。

(2) ストア派にとって、知者(σοφός)とは、誤りを犯すことのない有徳者(σπουδαῖος)であって、徳に従い自然と一致調和して生きる点において、最高に幸福で自由な存在である。しかし、このような完全な人間は現実には見出されえず、あくまで哲学活動の目標となる理想の存在にとどまる。*SVF* III. 544-684を参照。

(3)「小事を大事に、大事を小事に」することを弁論術の仕事としていた弁論家としては、テイシアスとゴルギアス(プラトン『パイドロス』二六七A)、およびイソクラテス(プルタルコス『モラリア』八三八F、イソクラテス「断片」二)の名が挙げられる。

(4) プラトン『パイドロス』二六一C－Dを参照。また四六節についてはアリストパネス『雲』一一二－一一五、一〇三八－一〇四二、一三二一－一三四五、一三九七－一四三九を参照。

(5) 弁論術が反対の言論に関わるという点については『論駁』第二巻六八、七〇、九四、九六－九九、クインティリアヌス『弁論家の教育』第二巻一七-三〇－三一、キケロ『弁論家について』第二巻七-三〇を参照。

(6) 以下、『論駁』第二巻四八－五九においては、弁論術の素材である言論(文)の点から、弁論術が批判される。『論駁』第二巻九および一六七頁註(1)を参照。またピロデモス『弁論術について』II. pp. 123-124 (Sudhaus)も参照。

(7)『論駁』第一巻一三一－一四一。

(8) 諸写本の γραμματική ではなく、ῥητορική(ベッカー)を読む。

(9)「語(レクシス)」については補註Bを参照。

四九　しかしそのことは措くとして、まず第一には、次のように語らねばならない。たとえ弁論術が言論を駆使できたとしても、それが有益な言論でないかぎりは、技術を具えていることにはならない。というのも、種々の薬剤があって、いくつかの薬剤は致死薬であるが、別の薬剤は救命薬である場合に、致死薬にかまける素養（ヘクシス）[1]はいかなる技術でもなく、また医術でもないが、他方、救命薬に関わる素養は技術であるし、また生活に有用でもある。ちょうどそのように、言論のうちにも有益な諸言論と有害な諸言論があるのであって、もしも弁論術が有益な諸言論には関与せず、有害な諸言論に関与するものであるなら、それは技術ではないというだけでなく、さらに似非《えせ》技術にさえなるであろう。しかし、われわれが先に論じたところでは、弁論術はこの上なく有害な諸言論の中に潜り込んでいる。[2]それゆえ、弁論術は技術でもないのである。

五〇　それにまた、もしも讒言《ざんげん》術や大衆籠絡術が、語ることに関する修練を積んでいながら、しかも技術ではないとするならば、弁論術もまた明らかに、ただたんに語る能力を修得しているという点に限って調べられるときには、技術にもならないであろう。しかるに、讒言術や大衆籠絡術は、語ることに関する修練を積んでおり、しかも技術ではない。したがって、弁論術もまた技術ではない。

五一　また以上述べてきたことに加えて、語ることは、弁論術に固有のことでもなく、むしろ言論的な学問のすべてに共通することなのである。なぜなら、医術もまた、それ自身の諸規則についてよく語るのだし、音楽術も音楽の諸規則についてよく語るのである。[3]それゆえ、それらの各々が、語るからといって弁論術であるわけではないように、今探求対象となっているものも、語るからといって弁論術であるわけではないのである。

五二　また一言で述べるとすれば、弁論術は、美しい語り方を授けるものでもない。というのも、弁論術は、そのための技術的理論をわれわれに示すこともないからである。技術的理論というのは、例えば、美しい語り方をするのは、第一に、われわれが『文法家たちに対する覚え書』において示したように[4]、慣わしに従った話し方を歪めない人であり、また第二に、思惟の対象となる物事を誤りなく把捉している人である、といったことである。すなわち、それらの物事が知られていないなら、語り方はあやふやなものとなるのであり、それゆえ、各人が自分に固有の仕事については優れた弁論家であるとわれわれが言うのも、この点に着目してのことなのである。五三　またこれに加えて、諸々の語り方のうちで、どれが慣わしに従って用いられているものであり、どれが思いなしによるものであるかということを注意深く考察した人も、それぞれの物事に相応しい言葉を語る人である。というのも、浴場は男たちを洗うところから、慣わしによって「アンドレイオン[5]」と呼ばれているのであるが、他方、富める人が「幸福な人」と呼ばれ、死が「悪しきもの」と呼ばれるのは思いなしの対象に属することだからである。なぜなら、死は悪しきものであるとか富は善き

（1）「素養（ヘクシス）」については補註Iを参照。
（2）『論駁』第二巻四一－四二。
（3）「よく語ることの知識」という弁論術の定義（『論駁』第二巻六）を参照。また医術については『論駁』第一巻八を参照。
（4）『論駁』第一巻一八九－二四〇。
（5）「アンドレイオン（ἀνδρεῖον）」は、形容詞 ἀνδρεῖος（「男の（ための）」「男らしい」）の中性形。

ものであるといったことは、不明瞭で、思いなしの対象となる事柄だからである。**五四**　さらにまた、われわれが言葉の言い換えを行なうのは何のためであるか——直截的な物言いは反感を生むから、直截的な言葉遣いを避けるために言い換える[1]のか、あるいは、例えば「原因」を「作用を及ぼすもの」に言い換えたり、「徴証」を「表わすもの」に言い換えたりする場合のように、何かを明瞭に表明するために言い換える[2]のか——を把握している人も、美しい語り方をする人であるだろう。

五五　そこで、わたしが述べたように、仮にもし弁論家たちがこれらの点について何らかの技術的理論を立てているのであれば、おそらくはまた、弁論術から美しく語ることや美的な語り方を引き出したことであろう。しかし実際には、彼らはこの考察を手がけてはいないし、あるいはたとえ手がけているとしても、とにかく弁論術に即してのことではまったくないから、美しい言葉遣いをすることは弁論術に固有のことではないと言わなければならない。

五六　それにまた、語り方それ自体は、美しいわけでも劣悪なわけでもない。その証拠に、同じ語り方でも、教養のある謹厳な人が用いるとわれわれの感情を害するけれども、冗談を言って笑わせる道化の口から出れば、まったくそのようなことはないのである。

　したがって、弁論家が美しい語り方を授ける者であると言われる場合、それは彼が諸々の有益な物事を示す語り方を授けるからであるか、あるいは、純粋ギリシア語の語り方どおりの語り方を授けるからであるか、あるいは、諸々の物事を明瞭に、簡潔に、かつ彫琢をかけて示す語り方を授けるからであるかのいずれかである[3]。**五七**　しかし、諸々の有益な物事を開示する語り方を授けるからではない。というのも、弁論家たちは有益な物事については何も知っていないからである。また、純粋ギリシア語の語り方どおりの語り方を授けるからでもない。というのも、それは、慣わしや自由な諸技術に留意する人々にも共通することだからである。さらにまた、諸々の物事を明瞭に、簡潔に、かつ彫琢をかけて開示する語り方を授けるからでもない。というのも、むしろ反対に弁論家たちは、完結文（ペリオドス）や締め括り的付言（エピポーネーマ）を語ろうとしたり、母音と母音が衝突しないようにしたり、また、文章を同音語尾反復（ホモイオテレウトン）(4)の形で終えようとして、諸々の物事を明瞭かつ簡潔に説明する道から自らを締め出してしまうのである。五八　したがって、美しい語り方を授け、よく語るということは、弁論術の仕事ではないのである。

そして、このことがいったん認められるなら、そのような話法を選び取る人はだれもいないであろう。な

（1）言論の徳としての「適切さ（*πρέπον*）」を指す。アリストテレス『弁論術』第三巻第七章一四〇八a一〇—b二〇、第十二章一四一三b一—一四一四a二八、キケロ『弁論家について』第三巻五五‐二一〇—二一二、ディオゲネス・ラエルティオス『哲学者列伝』第七巻五九を参照。

（2）言論の徳としての「明瞭さ（*σαφήνεια*）」を指す。アリストテレス『弁論術』第三巻第二章一四〇四b一—一三、ディオゲネス・ラエルティオス『哲学者列伝』第七巻五九を参照。なお「作用を及ぼすもの」という意味での「原因」については『概要』第三巻一四—一七を、「徴証」については『概要』第二巻九七—一〇二を参照。

（3）ディオゲネス・ラエルティオス『哲学者列伝』第七巻五九では、ストア派が掲げる言論・弁論の徳として、「純粋ギリシア語であること（*ἑλληνισμός*）」「明瞭さ（*σαφήνεια*）」「簡潔さ（*συντομία*）」「適切さ（*πρέπον*）」「彫琢（*κατασκευή*）」の五つが挙げられている。

（4）「完結文（ペリオドス）」「締め括り的付言（エピポーネーマ）」「母音連続（hiatus）の回避」「同音語尾反復（ホモイオテレウトン）」については補註Vを参照。

ぜならまず第一に、それは実生活上で共通に用いられる用法に属するものではない。というのも、われわれのだれ一人として、弁論家たちが法廷で行なうような仕方で問答することはないのである――そんなことをすれば嘲笑されるであろうから。また弁論家たち自身にしても、その教育研究活動と法廷弁論活動を離れたところではいつでも、隣人たちに対して別の表現法を用いているのである。五九 そして第二に、上述したように[1]、用意周到な、弁論家風な仕方で話すことは反感を招くもとである。否われわれは、先に文法家のうちの類比主義者たちに対して行なった反論[2]を応用して、よく語ろうとする者は何か余計な技術よりもむしろ、慣わしにこそ留意すべきであるということを教えるべきである。

六〇 しかし今ここでは論題を変えて、弁論術の目的からも反論を行なうことにしよう[3]。そこでもう一度、次のように言わなければならない――もしも弁論術の目的が何も存在しないとすれば、技術的な素養（ヘクシス）[4]はすべて、何らかの目的に関係づけられているから[5]、弁論術は何ものでもないということになる。しかしながら、われわれがこれから示すように、弁論術の目的なるものは何も存在しない。したがって、弁論術は技術ではない。

六一 ところで、大多数の賢明な人たちは、説得することが弁論術の最終的な仕事であると考えている[6]。というのも、プラトンの一派はこの点に着目して、弁論術は諸言論を通して説得する能力であると語っていたし[7]、またクセノクラテスの一派は、弁論術は説得を作り出すものであると言い[8]、アリストテレスは、説得的でありうることを考察する能力であると言っていたのである[9]。また、クリトラオスの弟子のアリストンは、弁論術が目指すべき目標として提出されているのは説得であり、説得に到達することが弁論術の目的であると言っている。[10] 六二 そしてヘルマゴラスは、持ち出された政治的問題を可能なかぎり説得的に処理することが、完全な弁論家の仕事であると主張していた。[11] 他方、アテナイオスは、弁論術を、聴衆の説得を目指す

(1)『論駁』第二巻一－五八には適切な該当箇所は見当たらない。強いて挙げるとすれば第二巻五八であろうか。『論駁』第一巻一九五、二二〇、二四一では、慣わしに反した言葉遣いが引き起こす反感に言及されている。なお弁論家風な話し方が生み出す反感については、第二巻七四、七六も参照。

(2)『論駁』第一巻一七九－二四〇。

(3)以下、『論駁』第二巻六〇－七八においては、弁論術の目的とされる説得に関して、また七九－八七においては、他の目的候補に関して、弁論術が批判される。『論駁』第二巻九および一六七頁註(1)を参照。またピロデモス『弁論術について』II. p. 105 (Sudhaus)も参照。

(4)「素養(ヘクシス)」については補註Iを参照。

(5)『論駁』第二巻一〇、一三を参照。

(6)クインティリアヌス『弁論家の教育』第二巻一五－三を参照。

(7)『論駁』第二巻二を参照。またクインティリアヌス『弁論家の教育』第二巻一五－一〇も参照。

(8)クインティリアヌス『弁論家の教育』第二巻一五－四では、この規定はイソクラテスに帰せられており、またセクストス『論駁』第二巻二のプラトンによる定義のうちにも含まれている。この定義はしばしばコラクスの弟子テイシアスに遡ると考えられている。『論駁』第二巻六では、別の定義がクセノクラテスのものとされている。

(9)アリストテレス『弁論術』第一巻第二章一三五五b二五－二六、クインティリアヌス『弁論家の教育』第二巻一五－一三、一六を参照。

(10)アリストンのものとされる別の定義については、クインティリアヌス『弁論家の教育』第二巻一五－一九を参照。

(11)ヘルマゴラスのものとされる別の定義については、クインティリアヌス『弁論家の教育』第二巻一五－一四を参照。擬キケロ『ヘレンニウスに与える修辞学書』第一巻二－二も参照。

言論の能力と呼び[1]、またイソクラテスは、弁論家たちが従事しているのは、ほかならぬ説得の知識であると言っている[2]。

六三　それゆえ、われわれも彼らの動向に歩調を合わせて、直截に次のように語ることにする——「説得的」ということは三つの仕方で言われており[3]、一つの用法では、明瞭に真なるものであり、かつ真なるものの表象を生み出すことによってわれわれを承認へと引っ張るものが説得的と言われ、また別の用法では、偽なるものであり、かつ真なるものの表象を生み出すことによってわれわれを承認へと引っ張るものが説得的と言われ（弁論家たちはこれを、真なるものに似ている（エオイコス）ところから、「ありそうなもの（エイコス）[4]」とも呼び慣わしている）、そして第三の用法では、真なるものと偽なるものとに共通に与かるものが説得的と言われる[5]。六四　そこで、「説得的」ということはこれだけの仕方で言われているのであるから、弁論家たちに対しては、これら説得的なことのいずれの意味で、弁論術は「説得すること」を追求していると彼らは考えているのか、また、これらのうちのどのようなものについて弁論術はその技術を行使すると彼らは主張しているのか——明瞭に真なるものについてか、あるいは、真なるものに似ている偽なるものについてか、あるいは、両方を共に含むものについてか——ということを尋ねてみるべきである。

六五　しかし、明瞭に真なるものについて、ということはありえない。というのも、明瞭に真なるものはおのずから説得し、われわれを承認へと引っ張るものであり、それゆえ、それについて弁論術に基づいて構成される説得は余計なものとなるからである。そして「今は昼である」とか「今わたしは問答している」ということは明瞭であり、おのずから顕示される事柄であるから、それらについて説得されるためにわれわれはいかなる技術も必要としないのであるが、ちょうどそれと同じように、現行犯で捕まえられた人殺しが人殺しであることを承認するためにも、弁論術は必要ではないのである。

六六　それにまた、もしも弁論術は、自明的に真であるものをそれが説得的であるかぎりにおいて考察するものであるとするならば、弁論術は必ずやまた、非説得的なものをも考察するものであることになるだろう。というのも、これら二つのものは、その時々の相対的な関係に即して捉えられるものであり、そして、左のものを把握する人は必然的に、左のものがそれに対して左であるものをも捉えるのと同じ理由で、説得的である真なるものをそうでないものから判別する人も同様に、真なる非説得的なものの知をももつからである。六七　かくして、すべて真なるものは、それがどのようなものであるにせよ、説得的なものであるか、あるいは、非説得的なものであるかのいずれかであるから、弁論術は、真なるものすべてを考察するものであるということになるだろう。しかし、弁論術が真なるものすべてを考察するものであるとすれば、そこか

(1) クインティリアヌスは、アテナイオスによる弁論術の別の定義として「欺くことの技術」を挙げているが（『弁論家の教育』第二巻一五‐二三）、この定義を別人のアテナイオスによる定義とみなす解釈もある。

(2) クインティリアヌス『弁論家の教育』第二巻一五‐四は、イソクラテスの定義として「説得を作り出すもの」（セクストス『論駁』第二巻六一を参照）を挙げている。

(3) 『論駁』第七巻一七四を参照。

(4) 「ありそうなもの（εἰκός）」については、アリストテレス『弁論術』第二巻第二十四章一四〇二a三－二八を参照。

(5) 「真なるものと偽なるものとに共通に与かるもの」とは、「真なるものとして現われるけれども、実際には真であることもあれば、また偽であることもあるもの」のことである（『論駁』第七巻一七四を参照）。

らして、それは偽なるものすべてを考察するものでもあるということになるであろう。というのも、説得的なものを判別する人は、必然的に、非説得的なものを判別する人でもあることになるのと同じ理由で、真なるものすべての知をもつ人もまた、それといっしょに、対立［矛盾］するもの――すなわち、偽なるもの――すべてをも捉えるからである。しかしもしそうだとすれば、弁論術は真なるものと偽なるものの知であるということになるであろう。しかしそんなことはまったくない。したがって、弁論術は、おのずから真であるものを考察するものでもないのである。

六八　それにまた、弁論術は諸々の対立［矛盾］する事柄を擁護すると公言しているけれども[1]、しかし、対立［矛盾］するものは真ではない[2]。したがって、弁論術は真なるものを目指すものではない。

しかしまた、偽なるものを目指すものでもない。なぜなら、偽なるものについては、いかなる技術も成り立たないのであって、もしも弁論術が偽なるものを追求するとすれば、それは技術ではないか、あるいは、似非《えせ》技術として存立するかでなければならないからである。しかも、ここでもまた同じ行き詰まりに遭遇することになる。六九　というのも、もしも弁論術が説得的である偽なるものに関わるとすれば、必ずやそれは、非説得的な偽なるものをも知るであろう。かくして、すべて偽なるものは説得的なものであるか、あるいは、非説得的なものであるかのいずれかであるから、弁論術は偽なるものすべての知識となるであろうし、またそれゆえ、真なるものすべての知識ともなるのであって、その結果、弁論術は問答法と異ならないということになるであろう[3]。しかし、これは多くの点でおかしなことである。七〇　他方、もしも弁論術が諸々の対立［矛盾］する事柄を擁護するものであって、対立［矛盾］するものは偽ではないのであれば[4]、弁論術は偽なるものを考察するものではないことになるだろう。

さらにまた、もしも「ありそうなもの」とは、真であると考えさせる根拠を最も数多く提供するものであり、そして「ありそうもないもの」――「ありそうなもの」と対立［矛盾］するもの――とは、真であると考えさせる根拠を数少なく、稀にしかもたないものであるとすれば、反対方向に向かう議論を行なう(5)弁論術は確かに、「ありそうなもの」の方を、それと対立［矛盾］するものよりも、よりいっそう多く目指すというわけではないのである。

七一　それにまた、弁論術は、真なるものと偽なるものとに共通に与かるもの(6)を追求するのでもない。というのも、それのうちには偽なるものも含まれているけれども、技術が偽なるものを利用するというのはおかしなことだからである。その上また、先に示された方式に従えば(7)、弁論術は真なるものと偽なるものの知識にもなるという帰結になるが、しかし事実はそうではないのである。

---

(1) 弁論術が対立する事柄を擁護するという論点については、『論駁』第一巻四七および一八一頁註(5)を参照。

(2) すなわち、対立（矛盾）するものは、その両方が真であることはない。

(3) ストア派による問答法の定義「問答法とは、諸々の偽なるものと、真なるものと、そのどちらでもないものの知識である」（『概要』第二巻九四、二四七など）を参照。なお『概要』邦訳補註Q（四一四頁）も参照。

(4) すなわち、対立（矛盾）するものは、その両方が偽であることはない。

(5)『論駁』第一巻四七および一八一頁註(5)を参照。

(6)『論駁』第一巻六三および一八九頁註(5)を参照。

(7)『論駁』第一巻六六―六七、六九を参照。

しかしながら、もしも弁論術には真なるものも偽なるものも、また両者に共通に与かるものも考察することはできず、そして、これらのほかに説得的なものは何も存在しないとすれば、説得することは弁論術の仕事ではないということになるだろう。

七二　ところで、われわれは、弁論家たちに対して以上の反論を用いるべきであると考えているけれども、他の人々は、これから述べるところの諸反論も常日頃採用しており、お望みならそれらを用いることも可能であろう。すなわち、彼らは次のように言っているのである――弁論術は技術であるか、あるいは、技術でないかのいずれかである。そして、もしも技術ではないのであれば、それの目的をも、われわれは探求の俎上に乗せないでおこう。しかし、もしもそれが技術であるとすれば、いかにしてそれは非弁論家と共通の目的をもちうるのであろうか。というのも、先にわれわれが示したように、説得するということは、多数の人々が富や美や名声に基づいてなしうることなのである[1]。

七三　またしばしば、弁論が行なわれ、審判人たちがそれらによって説得された後で、なおも弁論家たちが、何か別の目的の達成を期待してその場に留まり、そして留まるあいだに懇請を行なうことがある。それゆえ、説得することが弁論術の目的なのではなく、もし何か目的があるとすれば、それは説得の後に続いてくるものなのである[2]。

七四　とりわけまた、弁論術の弁論は説得と反対のものである。なぜなら、第一に、それは凝り過ぎているのであるが、多くの人々は、凝り過ぎた弁論には反感を覚えるのである。**七五**　それにまた、不明瞭な弁論は説得力をもたないが、弁論家たちの弁論は完結文（ペリオドス）やエンテューメーマ[3]の形を用いているために、明瞭さにおいて劣っている。それゆえ、弁論術に基づく弁論は説得力をもってはいない。

七六　また、審判人たちのうちに好意を生み出す弁論が、説得力をもつ言論である。しかし、好意を生み出すのは弁論術的な弁論ではなく、単純素朴で、素人的な特徴を垣間見せる弁論である。というのも、もったいぶった態度に嫌悪を覚える人たちはだれでも、弁論家の弁論には対立するのである。なぜなら、たとえ弁論家が正しいことを立論していても、彼らは、物事の自然本来のあり方のゆえにではなく弁論家のごまかしのために、正しくないことが(4)正しいこととして自分たちに現われているのではないかと思うからである。

七七　他方、素人の弁論に対しては、人はだれでもそれを弱いものとみなして味方するのであって、たとえそれが正しさにおいて劣るものであっても、単純素朴な素人によって立論されているために、もっと正しいものであるかのように思いなすのである。(5)そして、まさにこの理由で、かつてアテナイ人たちには、アレイオス・パゴスの政務審議会で裁かれる者のために弁護人を立てることは許されておらず、各人がその能力に応じて、まっすぐに、ごまかしなしで自分のために弁論を行なったのである。

七八　それにまた、もしも弁論家たちが自分自身を信じて、自分たちは説得の能力をもっていると考えて

---

(1)『論駁』第二巻二一－四を参照。

(2)『論駁』第二巻八二を参照。「説得の後に続いてくるもの」が具体的に何であるかをセクストスは特定していない。

(3)「完結文（ペリオドス）」と「エンテューメーマ」については、補註Vを参照。

(4) マウが Westerink に従って削除する τὰ [μὴ] δίκαια の μὴ を読む。『論駁』第二巻四六を参照。

(5) 同様の議論についてはアリストテレス『弁論術』第三巻第一章一四〇四b一八－二一、ピロデモス『弁論術について』II. pp. 136-137 (Sudhaus) を参照。

いるのであれば、彼らは、憐憫だの愁嘆だの憤激だの、あるいはその他同様の感情――説得するのではまったくなく、審判人たちの判断を誤らせ、正義を曇らせるもの――を掻き立てる[1]べきではないのである。

さて、以上述べてきたことによって、説得することは弁論術の目的ではありえないということは示されたのであるが、七九　しかしある人々は、説得することが弁論術の目的であるとは言わないで、むしろ、可能的な諸弁論を発見することがそれであると主張している[2]。また別の人々は、諸案件について審判人たちのうちに語り手が望むような思いなしを植えつけること、さらに別の人々は、有益なこと、またある人たちは、勝つことが目的であると主張している。

八〇　彼らのうちの第一の人々に対しては、次のように言わなければならない。もしも弁論術が、限定的問題（ヒュポテシス[3]）に関わる可能的な諸弁論を発見すると公言しているとすれば、それは、真なる諸弁論を発見すると公言しているか、あるいは、語られうる諸弁論を発見すると公言しているかのいずれかである。しかし、真なる諸弁論を発見することではない。なぜなら、そのためには、彼らは諸々の真なるものと偽なるものを識別するための物差しと規準をもっていなければならないが、しかし、彼らはそれをもっていないからである[4]。また、語られうる諸弁論を発見することでもない。なぜなら、彼らは真なる諸弁論を知っていないのであるから、語られうる諸弁論をも認知することはできないであろうから。八一　それゆえ、可能的な語られうる諸弁論を発見することは、弁論術の目的ではないし、また弁論術そのものが、可能的な諸弁論を発見すること以外の何物でもない。それゆえ、上述の目的を挙げる人は、実質的に、弁論術が弁論術の目的であると言っていることになるのである。

八二　それにまた、弁論家がそのためにすべてのことを行なうと主張するところのもの、それが目的なのであろう。しかし弁論家は、可能的な諸議論のためではなく、諸議論から結果するもののためにすべてのことを行なう。したがって、前者は目的とはなりえないであろう。

八三　さらに、弁論家が到達する必要のある目的は、彼を雇った素人もまた到達することを必要としているものである。ところが、この素人が到達しようと熱心に求めているのは、可能的な諸弁論を発見することではなくて、何か別のものなのである。したがって、目的となるのはこの別のものの方であって、可能的な諸弁論を発見することではないであろう。

八四　それにまた、諸案件について審判人たちのうちに語り手が望むような思いなしを植えつけることが目的であるわけでもない。というのも、これは説得することにほかならないからである。なぜなら、説得しおおせた人は、諸案件について審判人たちのうちに彼が望むような思いなしを植えつけているからである。しかし、われわれがすでに示したところでは、(5) 説得することは弁論術の目的ではない。それゆえ、思いなしを植えつけることもまた弁論術の目的ではない。

---

(1)『論駁』第二巻一一を参照。
(2) ピロデモス『弁論術について』I. p. 204 (Sudhaus) を参照。
(3)「限定的問題（ヒュポテシス）」については補註Vを参照。
(4) 規準に対する論駁については、『論駁』第七巻二七―四四六、『概要』第二巻一四―七九を参照。
(5)『論駁』第二巻六二―七八。

八五　しかし、いく人かの人々が主張しているように[1]有益なことが目的であるというわけでもない。というのも、部分にとって目的であるものは、全体にとっては目的ではないだろう。[2]しかし、弁論家たちが述べているところでは、有益なものは、弁論術の議会演説的な部分にとっての目的である。[3]したがって、それは弁論術全体にとっての目的ではない。また、あらゆる技術にとって共通に目的であるものは、ひとり弁論術のみの目的ではないだろう。しかるに、有益なものは、実生活の上ですべての技術の目的である。[4]したがって、それは弁論術に固有の目的ではない。

八六　そこで残る選択肢は、勝つことが弁論術の目的であるというものである。しかし、これもまた不可能である。というのも、文法術の目的にしばしば到達しそこなう人は、文法家ではないだろうし、また音楽術の目的にしばしば到達しそこなう人は、音楽家ではないだろう。したがって、弁論術の目的にしばしば到達しそこなう人もまた、弁論家ではないだろう。八七　しかるに、弁論家は、勝つよりも、より頻繁に負かされ、それも能力が優れていればいるほど、それだけより多く負かされる。それは、不正な案件を抱えた人たちが彼のもとに押し寄せるからである。それゆえ、弁論家は弁論家ではない。さらに、弁論術の目的に到達しない人は称賛されないであろうが、われわれは時として、負かされた方の弁論家を称賛する。それゆえ、勝つことは弁論術の目的ではないのである。

八八　かくして、もしも弁論術が、その技術を行使する素材ももっていないし、[5]またそこへと向かう目的ももっていないとすれば、[6]弁論術は存立しないことになるであろう。しかしわれわれが論じたように、弁論術は素材ももっていないし、目的ももっていない。したがって、弁論術は存立しないのである。

八九　また人は弁論家たちに対して、弁論術の諸部分に基づく行き詰まり〔難問〕を提起する(7)こともできるだろう。弁論家たちは、弁論術には法廷弁論的な部分と、議会演説的な部分と、称賛演説的な部分とがあり、これらのうち、法廷弁論的な部分の目的は正しいことであり、議会演説的な部分の目的は有益なことであり、称賛演説的な部分の目的は美しいことであると言っている(8)。しかし、この主張はただちに行き詰まりに陥ることになる。九〇　というのも、法廷弁論的な限定的問題（ヒュポテシス）(9)と議会演説的な限定的問題とは異なるものとして成立しており、またそれらは、称賛演説的な限定的問題とも同一ではないとすれば、必ずや、法廷弁論術の目的はまた議会演説術の目的でもあるということにはならず、また、議会演説術の目的は称賛演説術の目的にはならず、そして残りの関係についても同じことになるだろう。かくして、議会演説術の目的は有益なことであるから、有益なことは法廷弁論術の目的ではないことになるだろう。しかるに、法廷弁論術の目的は正しいことであった。したがって、正しいことは有益なことではないのである。九一　その上

(1)『論駁』第二巻七九を参照。
(2)同じ原則に基づく同様の議論については『論駁』第二巻九一を参照。
(3)アリストテレス『弁論術』第一巻第三章一三五八b二一―二二、第六章一三六二a一七―一八を参照。
(4)『論駁』第二巻一〇における技術の定義を参照。
(5)『論駁』第二巻四八―五九。
(6)『論駁』第二巻六〇―八七。
(7)写本、マウの ἐναπορήσειε でなく、ベッカーの推測する ἐπαπορήσειε を採る。
(8)アリストテレス『弁論術』第一巻第三章一三五八b二〇―二九、キケロ『発想論』第一巻五-七、擬キケロ『ヘレンニウスに与える修辞学書』第一巻二-二などを参照。
(9)「限定的問題（ヒュポテシス）」については補註Vを参照。

また、ちょうどそれらの諸部分が相互に異なるのと同じように、目的同士もまた異なるであろうから、称賛演説術の目的は美しいことであり、法廷弁論術の目的は正しいことであるかぎり、美しいことは正しいことであり、また正しいことは美しいことである、ということはありえないことになるであろう。しかし、これはおかしなことである。九二　それにまた、もしも弁論術全体の目的は説得することであるが、法廷弁論的な部分の目的は正しいこと、議会演説的な部分の目的は有益なこと、称賛演説的な部分の目的は美しいことであるとすれば、必ずや、正しいことは説得的なことではなく、また有益なことも説得的なことではなく、美しいことも説得的なことではないことになるであろう。[1]しかしこれは、弁論術が説得することをつねに目指しているということと抵触する。

九三　とりわけまた、法廷弁論的な部分において、弁論術は正しい諸弁論のみを用いて審判人たちを目的へと導いていくか、あるいは、不正な諸弁論のみを用いて導いていくか、あるいは、正しい弁論と不正な弁論を同時に用いて導いていくかのいずれかであるだろう。しかし、もしも正しい弁論のみを用いて導いていくとすれば、弁論術は徳になるであろう。しかるに、大衆目当ての説得を目標に据えるようなものは徳ではない。[2]というのもそのうちには、場当たり的で欺瞞的なものが多量に含まれているからである。それゆえ弁論術は、正しい弁論のみを用いて聴衆を目的へと導いていくような自然本来的あり方はもっていない。九四　さらにまた、もしも弁論術がつねに正しいことを追求するとすれば、反対の立場に立つ弁論が成立することはないであろうが、しかし反対の弁論が存在しないとすれば、そもそも弁論術が生じるということもないだろう。[3]したがって、この点でもまた、弁論術は正しい弁論のみを用いるものではないことになるだろう。

しかしまた、不正な諸弁論を用いるということもない。なぜなら、その場合には、弁論術は不正なものとなるであろうし、さらにまた、もしも反対の弁論が存在しないとすれば、弁論術は成立しないことになるであろう。

したがって、残る選択肢は、弁論術は両方の弁論を用いて歩を進めるというものである。しかしこれは、先の二つの選択肢よりもはるかにおかしい。というのも、その場合には、弁論術は同時に徳でも悪徳でもあるということになるであろうが、それは不可能なことだからである。それゆえ、弁論術のうちに、正しいことを目的とする法廷弁論的な部分があると語ってはならないのである。

九五　さらに以上述べたことに加えて、もしも弁論家が弁論術のうちの法廷弁論的な部分において、審判人たちに対して正しいことを示すことを自分の務めとしているとすれば、彼らが示す正しいこととは、端的な現われであって、同意されていることであるか、あるいは、異論のあることであるかのいずれかである。しかし彼らがそれを現われと呼ぶことはないだろう。なぜなら、現われは異論を受けつけないものであり、それについて弁論術の弁論が成り立つことはないからである。九六　そこで残るところは、異論のあること、ということになる。しかし、これもまた行き詰まりを招く。なぜなら、反対の議論をなす人たちは、論争を解決するには程遠く、反対の立場から論争を激化させさえして、審判人たちの判断を混乱させるほどだから

（1）同様の議論については『論駁』第二巻八五を参照。
（2）『論駁』第二巻一一―一二、三六―四二、四九を参照。
（3）弁論術が正反対の言論に関わるという論点については、『論駁』第二巻四七および一八一頁註（5）を参照。

である。そしてこのことを確信させる証拠となるのが、多くの人々がコラクスについて伝えている話である。[1] **九七** すなわち、ある若者[2]が弁論術への欲求にとりつかれてコラクスのもとに赴き、もしも最初の裁判で勝ちを収めたなら、コラクスが請求する額の授業料を支払おうと約束した。ところが、契約が成立し、そして若者が今や十分な素養（ヘクシス）[3]を示すようになったので、コラクスが授業料を請求したところ、若者は支払いを拒絶した。そこで、両名は裁判所に赴いて審判を仰ごうとしたが、伝えられるところでは、そのときまずコラクスは何か次のような議論を用いて弁じたのである。自分は、裁判に勝とうが勝つまいが授業料を受け取るべきである。勝った場合は、勝ったのであるから。負けた場合は、契約の文言によって。というのも、彼の訴訟相手は、もしも最初の裁判に勝ったなら授業料を支払おうと彼に同意したのであるから、その最初の裁判に今この場で勝ったなら、その約束を履行しなければならないからである。**九八** そこで審判人たちは、彼の発言は正しいとして喝采を送ったのであるが、今度は若者が弁論に立ち、何の変更も加えずに、同じ論法を用いて次のように論じた、「わたしが勝とうが負けようが、わたしにはコラクスに授業料を支払う義務はありません。勝った場合は、勝ったのですから。他方、負けた場合は、契約の文言によって。というのも、わたしは、もしも最初の裁判に勝ったなら授業料を支払おうと約束しましたが、しかし負けたのであれば、支払うことはないでありましょう」。**九九** そこで審判人たちは、弁論術による諸弁論の力の拮抗ゆえに判断保留と行き詰まりに陥り、彼らを二人とも裁判所から追い出して叫んだのである、「食えないコラクス（カラス）からは食えない卵！[4]」

一〇〇 また、話を長びかせないように言うとすれば、議会演説的な部分に関する議論もまた、法廷弁論的な部分に関する議論と同様のものとなるであろう。他方、称賛演説的な部分は、先の二つの部分と同じ諸々の行き詰まりに陥るだけでなく、さらにまた方法を欠いたものでもある。一〇一　というのも、人々がみな例外なく称賛されたいと思うわけではないし、また同じ理由で称賛を受けたいと思うわけでもないから、美しい仕方で称賛しようとする人は、称賛の対象となる人の心の状態を知っていなければならない。しかし、人の心の動きはそのすべてが他人によって捉えられうるわけではない。それにまた、弁論家たちは、いつだれを称賛すべきであるかということをわれわれが知るためのいかなる方法も伝授してくれない。それゆえ、弁論術によっては正当な仕方で称賛することは不可能である。

一〇二　さらにまた、弁論家は、実際には善くないが善いように思われる諸点に基づいて称賛するか、あるいは、真実に善い諸点に基づいて称賛するかのいずれかであろう。しかし、実際には善くない諸点に基づいて、ということはないし――というのも、彼はそれによって、称賛される者たちをさらに堕落させることになるから――、また、実際に善い諸点に基づいて、ということもない。なぜなら、彼はそれらを知っていないからである。というのも、それらに関する判定のつかない争いのゆえに、哲学者たちにとってさえそれ

(1) 類似の話が、ディオゲネス・ラエルティオス『哲学者列伝』第九巻五六ではプロタゴラスについて伝えられている。
(2) コラクスの弟子テイシアスであったとも伝えられる。
(3)「素養（ヘクシス）」については補註Iを参照。
(4)「コラクス」は、普通名詞としてはカラスを意味する。この諺（直訳は「悪いカラスからは悪い卵」）の由来は、ここに引用されている逸話のほかに、カラスという鳥はその肉も、また卵も食べられないことからとも言われる。なお、キケロ『弁論家について』第三巻二一-八一も参照。

らは把握不可能だからである。したがって、弁論家はだれをも称賛することはできない。

一〇三　また、何に基づいて称賛すべきであるかを知っていない人たちは、称賛することもできない。ところが弁論家たちは、われわれがこれから論じるように、何に基づいて称賛しなければならないかということを知ってはいない。したがって、彼らは称賛することもできないであろう。というのも、彼らは、生まれや美しさや富や子どもの多さや、それと同類のものに基づいて称賛すべきであり(1)、また逆に、生まれの卑しさや醜さや貧しさに基づいて非難すべきであると主張している。一〇四　しかし、これは馬鹿げた主張である。というのも、われわれに起因して生じるもの(2)に基づいて、われわれは称賛や非難を受けるのでなければならないが、しかし、生まれの良さや幸運、また美しさや子どもの多さやそうしたものは、われわれに起因して生じるものではない。それゆえ、それらに基づいて称賛すべきではないのである。というのも実際、もしも生まれの良さや子どもの多さや、すべてそうした種類のものを無条件的に称賛すべきであるとすれば、他国からの来訪者たちを殺害したブシリス(3)や、アミュコス(4)や、アンタイオス(5)も、ポセイドンの息子たちであったのだから称賛すべきであるし、ニオベ(6)もまた、子だくさんであったから称賛すべきなのである。一〇五　また反対に、もしも醜さや貧しさが非難されるべきものであるとすれば、オデュッセウスは貧民の姿に身をやつして

　敵の都城に潜入した(7)

ことで、非難されるべきであるし、ゼウスの息子のペルセウスは、革袋をぶら下げて水のないリビュエを旅

したから、またヘラクレスは、獅子皮と棍棒を携えて難行に赴いたから、非難されるべきである。(8)

一〇六 また一言で述べるなら、これらが弁論術の諸部分であることは認められたものとしよう。しかし、正しいことが実際に正しいということや、有益なことが実際に有益であるということ、また美しいことが実際に美しいということは、証明によって論証されるのであり、そして、証明はまったく存在しないのである

(1) アリストテレス『弁論術』第一巻第五章一三六〇b一九―一三六二a一二を参照。

(2)「われわれに起因して生じるもの」については、『論駁』第五巻四六、四八、またディオゲネス・ラエルティオス『哲学者列伝』第十巻一三三も参照。

(3) ブシリスはエジプトの王で、凶作を免れるため、他国人を毎年ゼウスの祭壇で犠牲に供していたが、この地を訪れたヘラクレスによって殺された(イソクラテス『ブシリス』五、一〇、擬アポロドロス『ビブリオテーケー(ギリシア神話)』第二巻五-一一、またヘロドトス『歴史』第二巻四五も参照)。

(4) アミュコスはビテュニア地方ベブリュキア人の王。怪力の持主で、訪れる他国人すべてに拳闘を強要しては殺していたが、アルゴ船の英雄の一人ポリュデウケスに倒された(アポロニオス(ロドスの)『アルゴナウティカ』第二歌一―九七を参照)。

(5) アンタイオスはリビュエの王。すべての他国人にレスリングを強要して相手が負けると殺していたが、最後にヘラクレスに殺された(ピンダロス『イストミア』第四歌五六―六一、擬アポロドロス『ビブリオテーケー(ギリシア神話)』第二巻五-一一を参照)。

(6) タンタロスの娘ニオベは、子どもを二人しか産まなかった女神レトに対して自分の子だくさんを誇ったので、罰としてすべての子どもを殺された(ホメロス『イリアス』第二十四歌六〇二―六一二、擬アポロドロス『ビブリオテーケー(ギリシア神話)』第三巻五-六、オウィディウス『変身物語』第六歌一八二―三一二などを参照)。

(7) ホメロス『オデュッセイア』第四歌二四六。

(8) ベッカーの推測する ψεκτέος を読む。

から、これらの諸部分の上に成り立つ弁論術もまた、まったく存在しないことになるだろう。ところで、証明がまったく存在しないということは、『懐疑主義の覚え書』[1]において、より正確に示されるけれども、しかし、より覚え書的な仕方で、今ここでも論じておくことにしよう。

一〇七　すなわち、もしも言論［文、議論］がまったく存在しないとすれば、証明も一種の言論であるから、証明もまた存在しない。しかるに、われわれが論じたように[2]、言論は音声のうちでも成立しないし、また非物体的なレクトン［言表されうるもの］のうちでも成立しないから、言論はまったく存在しない。したがって、証明もまた存在しない。

一〇八　それにまた、もしも証明が存在するとすれば、それは明瞭であるか、あるいは、不明瞭であるかのいずれかである[3]。しかし、明瞭ではない。なぜなら、それは何か不明瞭なもの[4]を含んでおり、そしてそれゆえに反目の的となっているのであるが、反目の的になっている物事は、すべて不明瞭なのである[5]。一〇九　したがって[6]、残るところは、証明は不明瞭であるということしかない。しかし、もしそうであるなら、証明は、ただちにそれ自体で捉えられるか、あるいは、証明によって捉えられるかのいずれかであることになるだろう。しかし、ただちにそれ自体で捉えられるわけでもないし（なぜなら、証明は不明瞭であったが、不明瞭なものは、それがただちにそれ自体で捉えられる場合は信用できないからである）、また無限遡行のゆえに、証明によって捉えられるわけでもない[7]。それゆえ、証明はまったく存在しない。

一一〇　また、類的な証明が存在しないとすれば、個別的な証明も存在しないだろう。それはちょうど、動物が存在しないなら、人間も存在しないようなものである[8]。しかるに、われわれがこれから論じるように、類的な証明は存在しない。したがって、それとは別に何らかの個別的な証明が存在するということもないだろう。というのも、先にわれわれが推論したように、類的な証明は不明瞭であるから、それは何かを通して確立されねばならない。では、何を通して確立されるのだろうか。類的な証明を通してであるか、あるいは、個別的な証明を通してであるかのいずれかである。一一　しかし、類的な証明の存立はまだ確実ではないのであるから、個別的な証明を通して、ということもないし、また、類的な証明を通して、ということもない。なぜなら、類的な証明はちょうど論争の的になっている証明なのであるから。したがって、類的な証明はまったく存在しない。そしてこれに伴って、個別的な証明も存立しないことになる。

---

(1)『論駁』第八巻二九九—四八一を指すと思われる。『懐疑主義の覚え書』の書名については補註Hを参照。証明への批判は、ほかにも『概要』第二巻一三四—一九二を参照。

(2)ビュリーは、『論駁』第一巻一三五以下を参照箇所としているが、そこでは、レクトンと音声に関係する議論は展開されていない。レクトンと音声に関する議論は、真なるものに対する個別的な諸論駁のうち、『論駁』第八巻六九—一三六に認められる。レクトンについては補註Gを参照。

(3)明瞭か不明瞭かの二者択一に基づく議論については、『概要』第二巻一一六、一六一—一六五、一六七—一六八などを参照。

(4)証明の帰結を指す。『概要』第二巻一七四を参照。

(5)『論駁』第八巻三二七、『概要』第二巻一八二を参照。

(6)『論駁』第二巻一〇九—一一一前半については、『論駁』第八巻三四〇—三四三を参照。

(7)『概要』第一巻一六六、第二巻一八二を参照。

(8)同様の例示による議論については、『論駁』第三巻九四、第八巻三三八、三四一、『概要』第二巻一二二を参照。また類的な証明と個別的な証明の区別に基づく証明批判については、『論駁』第八巻三三八—三四六、『概要』第二巻一七一—一七六を参照。

さらにまた、類的な証明は、(1)もしもそれがいくつかの前提と一つの帰結をもつとすれば、類的でさえないのであるし、また他方、前提と帰結をもたないとすれば、何ごとかを立論することはなく、ましてや、自らの存立を立論することもないであろう。

一二二　また、(2)証明を信用できるものにする証明は、探求の的になっているか、あるいは、探求の的になっていないかのいずれかである。しかし、先述の諸理由によって、(3)探求の的になっていないということはないだろうし、他方、探求の的になっているとすれば、それは別の証明によって立論されねばならず、そしてこの証明は、さらに別の証明によって立論されねばならず、そしてこの過程は無限に続くであろう。したがって、証明はまったく存在しない。

一二三　しかしともかく、弁論術を成り立たせている諸規則に対してもわれわれは反論を加えたのであるから、今度は別の原理から出発して、幾何学者たち、および数論者たちに対する諸々の行き詰まり［難問］をも取り上げることにしよう。

---

(1) 同様の議論については『論駁』第八巻三四五、『概要』第二巻一七二を参照。

(2) 同様の議論については『論駁』第八巻三四七、『概要』第二巻一八二を参照。

(3) 『論駁』第二巻一〇七－一一一。

第三巻

幾何学者たちへの論駁

一　幾何学者たちは、彼らに結果してくる多数の行き詰まり(1)を総観し、危険がなく安全であると思われる事柄──すなわち、仮設（ヒュポテシス）に基づいて幾何学の諸原理［出発点］(2)を要請すること──へと逃れているから、われわれもまた、彼らに対する反論の原理［出発点］として、仮設に関する議論から始めるのがよいだろう(3)。二　というのも、ティモンもまた、『自然学者たちへの論駁』において、このこと──すなわち、何ごとかを仮設に基づいて採用すべきかどうかという問題をわたしは言っているのであるが──を最初に探求しなければならないと想定していたのである(4)。それゆえ、われわれもまたティモンと歩調を合わせて、学問を事とする人々に対する詳論の中で同様の策をとるのが相応《ふさわ》しいことである。

三　しかるべき順序として、まずは「ヒュポテシス」という語が多数の異なる意味で用いられているということを前提しなければならないが、さしあたって今は、三つの意味を挙げれば十分であろう(5)。一つの用法では、劇の梗概(6)がそれであって、われわれが、悲劇のヒュポテシスや喜劇のヒュポテシスが存在すると言ったり、また、ディカイアルコスの著作には、エウリピデスとソポクレスの創作になる物語に対するいくつかの『ヒュポテシス』(7)が存在すると言ったりするような場合であるが、われわれはその際、ほかならぬ劇の梗概のことを指して「ヒュポテシス」と呼んでいるのである。四 また別の意味では、弁論術における個別的な諸問題の探求が(8)「ヒュポテシス」と呼ばれており、(9)ソフィストたちが彼らの談論の中でしばしば「ヒュポテシスを立てねばならない」と言い慣わしているのは、この意味においてである。しかしまた、第三の適用

(1) ἀποριῶν ではなく、ベッカーが推測する ἀπόρων を読む(『論駁』第八巻七七を参照)。

(2) 原語「アルケー(ἀρχή)」は、「原理」と「出発点」の両方を意味する。仮設に基づく考察方法については、補註Wを参照。

(3)『論駁』第一巻八を参照。

(4) ティモン「断片」七五(Diels)。

(5)『論駁』第三巻三—四における「ヒュポテシス」の三つの意味の説明は、ヘロン(紀元一世紀)『定義集』一三八-八と酷似しており、後者を下敷きにしていると考えられる。なお、反論の的になる語の意味を区分することによって批判対象を限定する同様の方法については、『論駁』第一巻四九、および三一頁註(4)を参照。

(6) 原語は「ペリペテイア(περιπέτεια)」。この語はしばしば、劇の中で行為(の結果)がその意図とは正反対の方向に転じる「逆転」の意味で用いられるが(アリストテレス『詩学』第十一章一四五二a二二—二九を参照)、ここでは、劇の「梗概」(『論駁』第三巻六では劇の「構成(διάταξις)」と呼ばれている)の意味で用いられている。「ヒュポテシス(古伝梗概)」とは、後代の学者たちが悲劇や喜劇の各作品に添えた簡単な説明のことで、劇のあらすじ、設定場所、登場人物、コロスの構成、上演年、競演での順位等の情報を含んでいた。

(7) 現存しないが、エウリピデスとソポクレスが、神話的題材にどのような独自の変更を加えて、各悲劇を創作したかを主題としていたと推測される。

(8) ἐν ῥητορικῇ ⟨ἢ⟩ τῶν(ベッカー、マウ)ではなく、ヘロン『定義集』一三八-八と同じく、⟨ἢ⟩ ἐν ῥητορικῇ τῶν(Kassel, フライターク)を読む。

(9)『論駁』第三巻八〇、また補註Vを参照。

法として、われわれは証明の原理［出発点］を「ヒュポテシス」と呼んでおり、これは、何かあることを立論するために何ごとかを要請することである。五　実際この意味において、アスクレピアデスは熱病を引き起こす閉塞[1]を立論するために三つのヒュポテシス［仮設］を用いている、とわれわれは言うのである。その一つは、われわれの内部には、思惟によって捉えられ相互に大きさの異なるいくつかの細孔[2]があるということ、第二は、理性によって観取され永遠に静止することのない諸粒子があらゆる方向から集まって、それらから液体と気息の諸部分[3]が形成されているということ、そして第三は、われわれの内部から外部に向かって絶えざる発出が生じており、それは、成立している情況[4]に応じて量的に多かったり少なかったりするということである。

六　さて、ヒュポテシスは以上述べた三つの意味で思惟されるのであるが、目下の探求の的になるのは、神かけて劇の構成ではないし、また弁論家たちが行なっている探求でもなく、むしろ、最後に言及したヒュポテシス――証明の原理［出発点］となるもの――である[5]。というのも、幾何学者たちが何ごとかを幾何学的に証明しようとするときに、彼らが援用するのもこの意味でのヒュポテシスなのであるから。

七　そこでただちに、次のように語らなければならない[6]。仮設に基づき、証明なしに何かを採用する人たちは、その仮設を信用するために、たんなる主張だけで[7]満足していることでもあるから、人は何か次のような推論を用いて、彼らに尋ねてみることができるだろう。八　何ごとかを仮設に基づいて採用することは[8]、確信を得るために強力で確実なことであるか、あるいは、信用できず弱いことであるかのいずれかである。しかし、もしも強力なことであるとすれば、それと対立［矛盾］する事柄[9]も、仮設に基づいて採用されたならば、信用できる確実なことになるであろうから、結果としてわれわれは、抵触する事柄のいずれをも立てることになるであろう。他方、もしも仮設に基づき証明なしに反対の事柄を採用する人の場合には、その採

(1) 脳炎を引き起こす脳膜における閉塞のこと（カエリウス・アウレリアヌス『急性病について』第一巻序六、八、一五―一二三―一二四、ガレノス『医学的経験について』第二十八章三を参照）。

(2) 思惟によって捉えられる細孔については『論駁』第八巻一四六、三〇六、三〇九、『概要』第二巻九八、一四〇、一四二などを参照。

(3) 身体の細孔を通過する血液やその他の体液のことを指すと考えられる。血液等の体液は、感覚されず、思惟によってのみ捉えられる諸粒子が集まって――血液は比較的大きな粒子から、気息は比較的小さな粒子から――できていると考えられていた。

(4)「成立している情況」と訳した語は、「閉塞情況」と訳すことも可能である（J. T. Vallance, *The Lost Theory of Asclepiades of Bithynia*, Oxford, 1990, p. 28 n. 68を参照）。

(5) 証明の原理（出発点）としてのヒュポテシスについては、補註Wを参照。

(6)『論駁』第三巻七―一七については『論駁』第八巻三六九―三七八、『概要』第一巻一六八、一七三―一七四（アグリッパの五つの方式のうちの仮設による方式）を参照。

(7)「たんなる主張」については『論駁』第一巻一五七、一八八、二七九、第七巻三一五、三三七、三三九、第八巻一五、二六、六一、七六、一七九、二五九、二八一、三六〇、三六八、四三五―四三六、四四四、四六三―四六四、『概要』第二巻一〇七、一二一、一五三、第三巻二三などを参照。

(8)『論駁』第三巻八については『論駁』第八巻三七〇、『概要』第一巻一七三を参照。

(9)「対立（矛盾）」する事柄については『概要』第一巻一〇、一九〇、二〇三を参照。たんなる主張に対して「対立（矛盾）」する主張を突きつける論法については、『論駁』第一巻一五七、一八八、第七巻三一五、三三七、第八巻一五、二六、二八、六一、七六、七八、一二〇、二八一、三六〇、四三六、四四四、四六四、『概要』第二巻一〇七、一五三、第三巻二三などを参照。

用は信用できないとすれば[1]、他方の人[2]の場合にも仮設は信用できないことになり、結果としてわれわれは、抵触する事柄のいずれをも立てないことになるであろう。したがって、何ごとも仮設に基づいて採用してはならないのである。

九　それにまた[3]、仮設される事柄は真であって、われわれが仮設するとおりのあり方をしているか、あるいは、偽であるかのいずれかである。しかし、もしも真であるとすれば、われわれは、「仮設」という疑わしさに満ちたものに逃れるという仕方でそれを要請することなどせずに、ただちにそれを採用することにしよう。というのも、「今は昼である」とか「わたしは問答しており、呼吸している」というように[4]、真であって、げんに存在している事柄を仮設する人はだれもいないからである。なぜなら、これらの事柄の自明性は、主張をそれだけで確実なものとし、仮設を疑う余地のないものとするからである。したがって、もしも問題の事柄が真であるとすれば、われわれはそれを、それがあたかも真でないかのように要請するということもしないことにしよう。**一〇**　他方、もしもそれが真ではなく偽であるとすれば、仮設からはどんな利益も出てこないであろう。というのも、たとえ一万回われわれがそれを仮設として立てようとも、探求は非存立的な諸原理〔出発点〕から出発しているので、その結論は、人々が言うところの「ひびの入った土台」[5]に随伴することになるだろうからである。

一一　しかしなかには[6]、仮設として立てられるものが何であれ、それに随伴する事柄は信用できるとみなされるべきである、と主張する人がいるかもしれない。その場合には、おそらくその人はあらゆる探求を否認することになるだろう。例えば、われわれは各自、三は四であるという仮設を立て、そしてこれが認めれたなら、また六は八であるということを導出するであろう。なぜなら、もしも三が四であるとすれば、六は八になるであろう。しかるに、仮設が認めるところでは、三は四である。したがって、六は八である。

一二　われわれはまた、動いているものはとどまっているということを要請し、そしてこのことが容認されたなら、炎は静止しているということを導出するであろう。なぜなら、もしも動いているものはとどまっているとすれば、炎は静止している。しかるに、仮設が認めるところでは、動いているものはとどまっている。したがって、炎は静止している。しかし幾何学者たちは、これらの仮設はおかしいと主張するであろうが（なぜなら、随伴する事柄もいっしょに同意されるためには、土台は確実でなければならないから）、われわれもまたそれと同じようにして、彼らが仮設的に採用することすべてを証明なしに受け入れたりはしないであろう。

（1）マウの *ἄπιστόν ἐστιν ἡ ὑπόθεσις, ἄπιστος* ではなく、*ἄπιστόν ἐστιν, ἡ ὑπόθεσις ἄπιστος*（ファブリキウス、フライタータ）を読む。前者の読み方によれば、「人が仮設に基づき証明なしに反対の立場を採用する場合には、その仮設は信用できないものであるとすれば」となる。

（2）すなわち、反対の事柄のもう一方を、仮設に基づき証明なしに採用する人。

（3）『論駁』第三巻九－一〇については『論駁』第八巻三七一、『概要』第一巻一七三を参照。

（4）『論駁』第二巻六五、第七巻二四二、第八巻一四四を参照。

（5）ルキアノス『ヘルモティモス』七四では、幾何学が「要請」する「部分のない徴《しるし》（点）や幅のない線」（『論駁』第三巻二〇を参照）が「ひびの入った土台」と呼ばれている。

（6）『論駁』第三巻一一－一二については『論駁』第八巻三七二－三七三を参照。

一三　さらにまた[1]、もしも仮設として立てられる事柄が、仮設として立てられるかぎりにおいて確実であって信用できるとすれば、彼らが仮設として立てるべきは、何ごとかを証明する出発点ではなく、証明される事柄それ自体――すなわち証明の諸前提ではなく、帰結そのもの――であろう。なぜなら、顕示する[2]事柄の場合に彼らの確信のために仮設が及ぼしうる力、その力を、仮設はまた証明に基づいて顕示される事柄の場合にも及ぼしうるであろうから。他方しかし、たとえ何度仮設が立てられたとしても、証明の結論は証明なしには信用できないとすれば、結論を立論するために採用される事柄もまた、証明を通して教示されるのでなければ信用できないことになるであろう。

一四　しかし神かけて――と彼らは言う[3]――もしも諸仮設に随伴する事柄が真であると発見されるなら、必ずやまた仮設されている事柄、すなわち、随伴する事柄がそれらから随伴してきた元のものも真なるものとなるであろう。しかしこれも馬鹿げた主張である。というのも、証明において何ごとかに随伴するものが必ず真であるということは、どこから得られるのか。なぜなら、彼らがそのように言うのは、随伴する事柄それ自体から学んでのことであるか、あるいは、それがそこから随伴してきた元の諸前提から学んでのことであるかのいずれかであるだろう。一五　しかし彼らは、随伴する事柄それ自体から、とは言わないであろう。なぜなら、それは不明瞭なものであり、不明瞭なものはそれ自体に基づいて信用できるものではないからである。げんに彼らがそれを証明しようと企てるのは、それ自体のうちに信憑性をもっていないとみなしてのことなのである。しかしまた、諸前提から、ということもない。なぜなら、それらをめぐってすべての論争は生じているのであり、それらがまだ信用されていないあいだは、それらに基づいて証明されるものもまた、確実ではありえないからである。一六　さらにまた、後件が真であるからといって、前件もただちに真であるわけではない。なぜなら、真なることには真なることが随伴し、偽なることには偽なることが随伴するのが自然本来のあり方であるが、ちょうどそのように、偽なることから真なることが導かれるということもまた正当とみなされているからである。例えば「大地が飛ぶ」という偽なることに、「大地は存在する」という真として存立することが随伴する場合のように。(4)　一七　それゆえ、後件が真であれば必ず前件もまた真であるということにはならず、後件が真である場合に前件が偽として存立するということがありうるのである。

さて、学問を事とする人たちが証明と各規則の諸原理〔出発点〕を仮設に基づいて採用し、「認められたも

---

(1)『論駁』第三巻一三については『論駁』第八巻三七四、『概要』第一巻一七四を参照。また『論駁』第八巻三四三も参照。

(2)「顕示する（ἐκκαλύπτειν）」については『論駁』第八巻二四五―二五六、『概要』第二巻一〇四―一〇六、一一六―一二〇、一三一―一三三などを参照。

(3)『論駁』第三巻一四―一七については『論駁』第八巻三七五―三七八を参照。

(4)問答学派のピロンは、〈真で始まり偽で終わる〉のではない仮言命題はすべて正当な（真なる）仮言命題であると考えた（『論駁』第八巻一一三―一一四、『概要』第二巻一〇五、一一〇を参照）。

のとせよ[1]」と唱えているのが適切なやり方ではないということは、以上の議論により十分に立論された。

一八　そこでわれわれは次に進み、彼らの技術の諸原理[2]が偽であり、また非説得的であるということを教示することにしよう。そして、われわれが概略的説明を始めるにあたって述べたように、そのために語りうることは数多くあるけれども、しかし、それが否認されるなら残りのものもいっしょに否認されることになるような事柄に対して、行き詰まりの諸議論は向けられるであろう[3]。そこで、諸原理が疑問に付されるなら、彼らにとって諸々の個別的な証明もまた進展しえないのであるから、諸原理に対して当てはまる諸批判をわれわれは述べることにしよう。

一九　それではまず最初に[4]、彼らが第一の最も構成要素的なこととしてわれわれに教えているのは、物体[5]とは三つの広がり、長さと幅と深さをもつものであって、このうち第一の、長さにおける広がりは上から下への広がりであり、第二の、幅における広がりは右から左への広がりであり、第三の、深さにおける広がりは前から後への広がりである、ということである。したがって、これら三つの広がりには六つの延長[6]、すなわち広がりごとに二つずつの延長——第一の広がりには上と下、第二の広がりには左と右、第三の広がりには前と後——が、生じることになる。

すなわち[7]、彼らの主張によれば、点が流動することによって線が生じ、線が流動することによって面が生じ、そして、面が流動することによって立体が生じるのである[8]。二〇　それゆえまた彼らはその概略的説明において[9]、点とは、部分がなく広がりのない徴《しるし》[10]、あるいは、線の限界であり、また線とは、幅のない長さ、あるいは、面の限界であり、そして面とは、物体の限界、あるいは、深さのない幅である、と語っているの

である。二一　そこで、われわれはこれらを順番に取り上げ、第一に点について、第二に線について、そし

(1) 原語は δεδόσθω。ストア派が「仮設的言表」と呼んでいる同様の言表――「前提されたものとせよ (ὑποκείσθω)」、「あるとせよ (ἔστω)」――については、アンモニオス『アリストテレス「命題論」注釈』p. 2, 31-32 (CAG)、エピクテトス『語録』第一巻二五-一一-一三を参照。「『…である』ことが認められたものとせよ」と言われる場合の、「…である」が仮設に相当する。

(2) 幾何学の原理としての仮設とは、具体的には、『論駁』第三巻一九-二〇で示される点、線、面、および立体の定義を指す。

(3)『論駁』第一巻三九-四〇、および二五頁註(2)を参照。

(4)『論駁』第三巻一九前半については『論駁』第九巻三六六-三六七、ヘロン『定義集』一三五-二を参照。

(5) 数学者の物体概念については補註Xを参照。

(6) 底本の〈ὄν〉των ではなく、諸写本の τῶν を読む。

(7)『論駁』第三巻一九後半については『論駁』第九巻三七六、三八〇、『概要』第三巻一五四を参照。

(8) 流動による線、面、立体等の説明については『論駁』第三巻二八-二九、第七巻九九、第九巻三七六、四三〇、第十巻二八一-二八二、テオン(スミュルナの)『プラトンを読むための数学的事項に関する解説』p. 83, 15-p. 84, 6 (Hiller)、『エウクレイデス「原論」への古注』Euclides V, 1, p. 45, 5-8 (Stamatis) などを参照。

(9)『論駁』第三巻二〇における点、線、面の定義については、『論駁』第九巻三七六、三九〇、『概要』第三巻三九、エウクレイデス『原論』第一巻定義一、二、三、五、第十一巻定義二、テオン(スミュルナの)『プラトンを読むための数学的事項に関する解説』p. 111, 14-22 (Hiller)、『エウクレイデス「原論」への古注』Euclides V, 1, pp. 42-49 (Stamatis) を参照。

(10)「点」と訳したのは「スティグメー(στιγμή)」、「徴《しるし》」と訳したのは「セーメイオン(σημεῖον)」であるが、しばしばセクストスは両方の語を区別せずに用いており(『論駁』第三巻二九など)、本訳でも場合によりセーメイオンを「徴(点)」と訳す。『概要』では「スティグメー」の語は用いられず、そこで「点」の訳語を当てているのは「セーメイオン」である(『概要』第三巻三九、一五四など)。なお、エウクレイデス『原論』、ヘロン『定義集』が「点」の意味で用いる語も「セーメイオン」である。

てその次に面と物体について語ることにしよう。というのも、これらが否認されるなら、また幾何学も技術ではないことになるであろう——幾何学の構成がそれに基づいて進展するように思われるものをもたないことになるのであるから。

二二　まず、点——これは広がりのない徴として存立する、と彼らは主張しているのであるが——[1]は、物体として思惟されるか、あるいは、非物体として思惟されるかのいずれかである。そして彼らに従うなら、それは物体ではないであろう。なぜなら、広がりをもたないものは、物体ではないからである。そこで残る選択肢は、それは非物体として存立するということであるが、しかしこれもまた非説得的である。というのも、非物体はいわば触れることのできないものであるから、何も生み出しえないものとして思惟されるが[2]、しかし点は、線を生み出しうるものとして思惟される。したがって、点は広がりのない徴ではない。

二三　それにまた、もしも「現われは不明瞭なものの垣間見《かいまみ》」[3]であるとすれば、何かあるものの広がりのない徴なり限界なりを、諸々の現われの中で捉えることができない場合には、そのような何かは、明らかに思惟の諸対象の中でも捉えられないことになるだろう。しかるに、わたしがこれから論じるように、感覚的諸対象の中では、広がりのないものは何も捉えることができない。したがって、それは思惟の諸対象の中でも捉えることができないのである。

二四　ところで、諸々の感覚的対象の中で何ものかの限界また徴として感取されるものはすべて、それに伴い何ものかの端として把握され、さらに加えて、かのもの——すなわち、それがその端となっているもの——の部分としても存立する。げんにわれわれがそれを除去するなら、そこから除去が行なわれるその当のものは減少するであろう。しかし、何ものかの部分として存立するものは、ただちにまた、そのものの内実を満たす[4]ものでもあり、そして何ものかの内実を満たすものは、必ずやそのものの長さを増大させることであろうし、また大きさを増大させうるものは、必然的に大きさをもっているのである。二五　したがって、諸々の感覚的対象の中で何ものかの徴であり端であるものはすべて、大きさをもつものなのであって、広がりのないものではない。それゆえ、たとえわれわれが思惟の対象を感覚的対象からの移行という仕方で思惟するとしても[5]、それに伴い、われわれはそれを、線の徴また限界として成立しているものとして思惟するであろうし、さらに加えて、それは線の内実を満たすものとしても存立することになり、結果的にまた、少なくとも広がりを作り出しうるものであるからには、必ずやまたそれ自体も広がりをもつことになるだろう。

二六　さらにまた、彼らが主張するところでは、中心から引かれた直線は、平面上をぐるっと一回りさせ

(1)『論駁』第三巻二二については『論駁』第九巻三七七―三七八を参照。

(2)非物体が触れることのできないものであるという点については、『論駁』第一巻二五、第九巻二八一、二九六、三七八等を参照。また、触れることのできないものは何も生み出すことができないという点については、『論駁』第九巻三七八、第十巻三一五を参照。

(3)アナクサゴラス「断片」一二 a (DK)。『論駁』第三巻五八、第七巻一四〇、『概要』第一巻一二八も参照。

(4)「内実を満たす (*συμπληροῦν, συμπληρωτικόν*)」は、『論駁』第三巻七五―七六では「構成する (*συνιστάναι*)」と同義的に用いられている。

(5)感覚的対象からの移行については『論駁』第一巻二五、および一七頁註(3)を参照。

られると、それ自体の限界によって円を描き出す。[1]ところが、この直線の端は徴〔点〕であり、そしてこの徴は、ぐるっと一回りすることによって円周を測定しつくすのであるから、徴は円周の内実を満たすものであることになるだろう。しかるに、円周は広がりをもっている。したがって、円周の内実を満たす徴もまた、何らかの広がりをもつことになるだろう。

二七　また、球は一つの徴〔点〕において平面に接しており、そして転がっていくことにより線を描くとみなされているが、明らかにそれは、次々に接していく徴が線全体を構成するからである。[2]したがって、もしも徴が線の大きさの内実を満たすものであるとすれば、徴はそれ自体としても大きさをもつことになるだろう。しかし、徴が線の大きさの内実を満たすものであることは、すでに認められている。[3]したがって、徴はそれ自体としても大きさをもつことになり、広がりのないものではないことになるだろう。

二八　しかし、エラトステネスの一派はこのような諸議論に対抗して、徴〔点〕は、何らかの場所を占めるのでもなければ、線の隔たりを測定しつくすのでもなく、むしろ流動することによって線を描くのである、[4]とつねづね主張している。しかし、これは思考不可能なことである。というのも、ちょうど水の場合にそうであるように、流動することとして思惟されるのは、ある場所から別の場所へ伸張していくことだからである。そこで、もしもわれわれが徴をそのようなものとして表象するとすれば、それは部分のないようなものではなく、むしろ反対に、多数の部分をもつものであるということが結果してくるであろう。

二九　点については、以上述べただけで十分としよう。[5]そこで次には、線について語られるべき事柄も見ていくことにしよう。というのも、点の次には線が置かれていたからである。そこで次のように言わねばならない——たとえ点が何か存立すると認められたとしても、線は存在しないだろう。というのも、もしも線が徴［点］の流動であり、また幅のない長さであるとすれば、それは、長さにおいて伸張していった一つの徴であるか、あるいは、一列に並んでいる多数の広がりのない徴であるかのいずれかである。三〇　しかし、われわれがこれから論じるように、それは、長さにおいて伸張していった一つの徴でもないし、また、これも後に指摘することであるが、[6] 一列に並んでいる多数の徴でもない。したがって、線は存在しないのである。

というのも、もしも線が一つの徴［点］であるとすれば、その徴は、ただ一つの場所しか占有していないか、あるいは、次々に場所を変えていくか、あるいは、ある場所から別の場所へと伸張していくかのいずれかである。三一　しかし、もしも一つの場所に含まれているとすれば、それは線ではなく、点であることになるだろう。というのも、流動した結果として、それは線として思惟されたのであるから。他方、もしも場所から場所へ移動するとすれば、それは、上に述べたように一つの場所を退去し、別の場所を占拠することによって移動するか、あるいは、一つの場所を離れることなく、別の場所へと伸張することによって移動するかのいずれかである。しかし、もしも一つの場所を退去し、別の場所を占拠することによって移動すると

(1)『論駁』第三巻六五、第九巻四二〇を参照。またこの箇所の議論については補註Yを参照。
(2)『論駁』第三巻二七と平行的な、直線に対する批判については『論駁』第三巻七五、第九巻四二九を参照。
(3)『論駁』第三巻二四を参照。
(4)『論駁』第三巻一九、および二一七頁註(8)を参照。
(5)『論駁』第三巻二九—三六については『論駁』第九巻三八〇—三八九を参照。
(6)『論駁』第三巻三四—三六。

すれば、その場合にもやはり、それは線ではなく、点であることになるだろう。三二　というのも、最初の場所を占有していたときには、それは一つの点として思惟されていたのであって、線として思惟されていたのではなかったが、ちょうどそれと同じ理由で、第二の場所を占拠するときにも、それは点として思惟されるであろうから。他方、もしも一つの場所を離れることなく、別の場所へと伸張することによって移動するとすれば、それは、分割可能な場所に行き渡るか、あるいは、分割不可能な場所に行き渡るかのいずれかである。三三　そして、もしも分割不可能な場所に行き渡るとすれば、その場合にもやはり、それは線ではなく、点であり徴であることになるだろう。というのも、部分のない場所[1]を占有しているものは、部分のないものであるが、しかし、部分のないものは、点であって、線ではないからである。他方、もしも分割可能な場所に行き渡るとすれば、分割可能な場所に行き渡るものは、ともかくその場所全体に行き渡っているとすれば諸部分をもつのであるが[2]、しかし、場所の諸部分に行き渡るような諸部分をもつものは物体であるから、必ずや徴は分割可能でもあるし、また物体でもあることになるだろう。しかしこれはおかしなことである。

三四　したがって、線は一つの徴ではない。

しかしまた、線は、一列に並んでいる多数の徴［点］でもない。なぜなら、それらの徴は、相互に触れ合っているものとして思惟されるか、あるいは、触れ合っていないものとして思惟されるかのいずれかである。そして、もしも相互に触れ合っていないものとして思惟されるとすれば、それらはいくつかの場所であいだを分かたれ、区分けされるであろうし、そしていくつかの場所で区分けされるとすれば、それらが一本の線を形成することはもはやないであろう。三五　他方、もしもそれらが相互に触れ合っているものとして思惟されるとすれば、全体が全体と接触するか、あるいは、部分によって部分と接触するかのいずれかであろう。そして、もしも部分によって部分と接触するとすれば、それら自体がもはや広がりをもたず部分をもたないものであることはなくなるであろう。というのも、議論のために、ある徴を二つの徴の中間に位置するものとして思惟してみるなら、その徴は、ある部分において前方の徴と接触し、別の部分において背後の徴と接触し、また別の部分で平面と接触し、さらに異なる部分で他の場所と接触するであろうから、結果として、真実のところはそれはもはや部分のないものではなく、多くの部分をもつものとなるだろう。三六　他方、もしも諸々の徴の全体が全体と接触するとすれば、明らかに、諸々の徴のうちに諸々の徴が含まれることになり、それらは同じ場所を占有することになるだろう。そしてそこからして、それらは線になるように一列に並んでいるものではないことになり、もしも同じ場所を占有しているのであれば、一つの点であることになるだろう。

かくして、もしも線が思考されるためには、線がそれに基づいて思惟される徴［点］が、あらかじめ思考されねばならず、しかるに、示されたところでは線は徴でもなく、また、諸々の徴から構成されるものでもないとするなら、線はまったく存在しないことになるであろう。

（1）すなわち、分割不可能な場所。

（2）τὸ ⟨μεριστῷ ἀντιπαρεκτεινόμενον τόπῳ ὀφεῖλον καὶ αὐτὸ εἶναι⟩ μεριστὸν, μέρη ἔχει（ハインツ、マウ）ではなく、τὸ μεριστῷ ⟨παρεκτεινόμενον⟩ μέρη ἔχει（ビュリー）を読む。

三七　それにまた[1]、徴［点］の思惟から離れて、線を直接に否認し、線の思考不可能性を教示することも可能である。というのも、幾何学者たち自身から聞きうるところでは、線とは幅のない長さであるが[2]、しかし正確に考察するなら、幅のない長さというようなものは、思惟の対象のうちでも感覚的対象のうちでもまったく捉えることができないということを、われわれは発見することであろう。三八　まず感覚的対象のうちでは、われわれはどんな感覚的長さを捉えようとも、つねに必ず、ある量の幅をもつものとして捉えるであろうから。三九　他方、思惟の対象のうちでは、われわれはある長さを別の長さより幅の狭いものとして思惟することができるが[3]、その際、同一の長さを等しく保持しつつ、思考の上でその幅を削《そ》いでいき、ある点まで同じことを繰り返していくときには、われわれはその幅がだんだんと狭くなっていくのを思惟するであろうが、しかし、ひとたびその長さから幅を奪い去る点にまで達するや、われわれはもはや長さを表象することさえなく、長さの思考もまた否認されるからである。

四〇　また一般的に言って、思惟の対象はすべて、二つの主要な方法で思考される[4]。というのも、明瞭な遭遇によってか、あるいは、明瞭な物事からの移行によって思考されるからである。そして移行には三種類ある。すなわち、類似性によってか、結合によってか、あるいは、類比によって、移行は行なわれる[5]。遭遇的な明瞭性によって思惟されるのは、白、黒、甘さ、苦さであり、他方、明瞭な物事からの移行による場合のうち、類似性によって思惟されるのは、ちょうどソクラテスの肖像からソクラテスその人が思惟されるような場合、四一　また結合によって思惟されるのは、ちょうど馬と人間からケンタウロスが思惟されるような場合である。というのも、われわれは、馬の肢体と人間の肢体を混ぜ合わせて、人間でも馬でもなく両者の結合したものであるケンタウロスを表象したのである。**四二**　また、何かが類比によって思惟される場合も二通りの方法があり、ある時には拡大する方法、ある時には縮小する方法が用いられる。例えば、

　今の時代の人間並みの(6)
普通の人々から、われわれはこれを拡大することによって、
　パンを食べて生きる人間ではなく、樹木の茂る峯にも似た(7)

キュクロプスを思惟したわけであるし、また、縮小することによって、われわれが遭遇によって感取したことのないピュグマイオス人を思惟したのである。

四三　さて、思惟の方法には(8)、これだけの数のものがあるのであるが、もしも何か幅のない長さが思惟されるとすれば、それは必然的に、遭遇的な明瞭性によって思惟されるか、あるいは、明瞭な物事からの移行

(1)『論駁』第三巻三七－三八については『論駁』第九巻三九〇－三九一を参照。
(2)『論駁』第三巻二〇を参照。
(3)『論駁』第三巻三九については『論駁』第九巻三九二、四〇七－四〇九を参照。
(4)『論駁』第三巻四〇－四二については『論駁』第九巻三九三－三九五を参照。
(5)明瞭な遭遇、および明瞭な物事からの移行については『論駁』第一巻二五、および一七頁註(3)を参照。
(6)ホメロス『イリアス』第五歌三〇四、第十二歌三八三、四四九、第二十歌二八七。『オデュッセイア』第八歌二二二も参照。
(7)ホメロス『オデュッセイア』第九歌一九〇－一九一。セクストス『論駁』第九巻四五、三九五も参照。
(8)『論駁』第三巻四三については『論駁』第九巻三九六－三九七を参照。

によって思惟されるかのいずれかでなければならない。しかし、遭遇的な明瞭性によっては思惟されないだろう。というのも、われわれは幅なしにはどんな長さにも遭遇したことがないからである。

四四　そこで残る選択肢としては[1]、幅のない長さは明瞭な物事からの移行によって思惟されたと言うしかない。しかしこれもまた、不可能の極みであろう。というのも、もしもそのような仕方で思惟されたとすれば、必ずやそれは類似性によって思惟されたか、あるいは、結合によって思惟されたか、あるいは、類比によって思惟されたかのいずれかでなければならない。しかし、われわれがこれから論じるように、それはそれらのどの方法によっても思考に捉えられるような自然本来のあり方をもってはいない。したがって、幅のない長さというようなものはまったく思惟されないのである。

四五　というのもまず、類似性によっては、何か幅のない長さを思惟するということはありえない。なぜなら、われわれは現われのうちでは幅なしの長さというようなものをまったくもつことがないから、それに類似した幅のない長さを何か思惟しようにも思惟しようがないのである。**四六**　すなわち、何かに類似したものは、必ずや、既知のものに類似しているのであって、未知のものには類似しているということさえ発見することができない。それゆえわれわれは、幅なしの長さをわれわれに明瞭に感取されるものとしてもつことはないから、それに類似した何ものをも思惟することはできないであろう。

四七　しかしまた、結合によっても、幾何学者たちには幅なしの長さの思考を得ることはできない。というのも、われわれは先に、人間と馬からケンタウロスを形作り、表象したのであるが、ちょうどそのように、遭遇によって明瞭に知られるもののうちの何と何を結合すれば、われわれは幅のない長さを思惟することになるのか、われわれに答えてもらおうではないか。

四八　そこで残る選択肢としては、彼らは類比的な拡大もしくは縮小による思惟の方法に逃れるしかない。しかし、これもまた行き詰まりに陥ることが観取される。**四九**　というのも、類比によって思惟されるものは、それに基づいてそれらが思惟される元のものと何らかの共通性をもっている。例えば、われわれは人間の普通の大きさに基づいて、拡大によってキュクロプスを思惟し、縮小によってピュグマイオス人を思惟したのであるから、したがって、類比によって思惟されるものには、それに基づいてそれらが思惟される元のものとの何らかの共通性が存在するのである。しかし、幅のない長さと、幅を伴って思惟される長さのあいだには、後者から出発して幅のない長さを思惟しうるような共通性を、われわれはまったく認めない。**五〇**　しかし、それらのあいだに共通性をまったく認めないとすれば、われわれは類比によってもまた、幅のない長さの思惟を形作ることはできないだろう。それゆえ、もしも思惟されるもののそれぞれは、上述の諸方法によって思惟されるけれども、しかし幅のない長さは、それらのいずれによっても思惟されないということが示されたとするなら、幅のない長さは思考不可能である。

五一　しかしながら、[2]このように明瞭な論駁に対しても、幾何学者たちはなしうるかぎり勇敢に振る舞い、幅のない長さは強化によって思惟される、と主張しようと試みる。**五二**　そこで彼らの主張するところによ

---

(1)『論駁』第三巻四四－五〇については『論駁』第九巻三九八－四〇二を参照。

(2)『論駁』第三巻五一－五二については『論駁』第九巻四〇三を参照。

れば、どのような長さであれ、ある量の幅を伴った長さをわれわれが取り上げた場合、狭さを強化するという仕方で、その幅を強化によってたえず漸進的に縮小していくなら、ついには、そのようにして強化によって思惟されるものは幅のない長さであるとわれわれは言うことになる、というのである。というのも、その幅が強化によって狭められ、少しずつ減少していくならば、いつかは、それは幅のない長さにまで至り、思惟はそこにおいて終結するであろうから。

五三　しかし確かに(1)——と、ある人は言うだろう——、幅の完全な欠如は、また長さの否認でもあるということを、われわれはすでに示した(2)。それにまた、何かの強化によって思惟されるものは、はじめに思考されていたものと別のものではなく、強化されたものそれ自体である。**五四**　したがって、われわれは、ある量の幅をもつものから、狭さの強化によって何ものかを思惟しようと欲しているのであるから、まったく完全に幅のない長さを思考することになるのではなく（なぜなら、それは類を異にするのであるから）、むしろ何らかの狭い幅を捉えることになるのであり、したがって、思惟は最小の幅——ただし幅ではある——において終結し、しかるのちには思考は、類を異にするもの、すなわち長さでも幅でもないものへと向けられるのである。

五五　それにまた(3)、もしも人がある量の幅といっしょに何らかの長さを思惟したとき、幅の欠如によって幅のない長さを捉えることが可能であるとするならば、同じようにして、傷つきうる固有性といっしょに肉体を思惟したなら、傷つきうる固有性の欠如によって、傷つかず何の情態もこうむらない肉体を思惟することも可能であろうし、**五六**　また、抵抗を示す固有性とともに物体(4)を思惟したなら、抵抗性の欠如によって、抵抗を示さない何らかの物体を捉えることも可能になるだろう。しかし、これは完全に不可能なことであって、人々の共通の概念に反している。なぜなら、本来肉体は、傷つきうる固有性といっしょに肉体として思惟されるのであるから、傷つかないものとしてわれわれに思惟されるものは、もはや肉体ではないし、また抵抗を示さない物体は、もはや物体として思惟されることはないのである。というのも、物体は、物体であるかぎりにおいて、抵抗を示す固有性といっしょに本来思惟されるものだからである。それゆえ、幅なしに思惟される長さもまた長さではないだろう。なぜなら、ある量の幅をもつということといっしょに、長さは長さとして思惟されるからである。

五七　しかし、[5]問題の物事の思考不可能性が多様な仕方で立論されて、幾何学者たちは少なからぬ混乱のうちにあるにもかかわらず、少なくともアリストテレスは、彼らによって語られる幅のない長さは思考不可能ではなく、われわれは何の困難もなくその概念をもちうると主張している。[6]彼は、比較的明瞭で、また明確な一つの例を用いて議論を行なっている。**五八**　彼は言う。げんにわれわれは、壁の幅をいっしょに思考

(1)『論駁』第三巻五三－五四については『論駁』第九巻四〇四－四〇六を参照。
(2)『論駁』第三巻三九。
(3)『論駁』第三巻五五－五六については『論駁』第九巻四一〇－四一一を参照。
(4)抵抗性を伴う物体概念については、『論駁』第十巻二五七、第十一巻二二六、『概要』第三巻三九、一二六、一五二、および補註Xなどを参照。
(5)『論駁』第三巻五七－五九については『論駁』第九巻四一一－四一三を参照。
(6)アリストテレス『善について』断片三（Ross）。

することなしに壁の長さを捉えており、それゆえ、幾何学者たちが語っている何の幅もない長さを思考することも可能であろう――なぜなら、「現われは不明瞭なものの垣間見《かいまみ》」(1)なのだから。しかし彼は、間違っているか、さもなくばおそらくは、われわれを詭弁で欺こうとしているのであろう。というのも、われわれが幅なしに壁の長さを思惟するときには、われわれは、いっさい幅なしにそれを思惟しているわけではなく、壁に属している幅なしにそれを思惟しているのである。**五九**　それゆえまたわれわれは、壁の長さを何らかの幅――どんな幅であってもよいが――と結合することによって、その思惟を形成することができるのである。したがって、今の場合、長さは、数学者たちが当然とみなしているように、いっさい幅なしに捉えられているわけではなく、この特定の幅なしに捉えられているのである。そして、アリストテレスが論じることを求められていたのは、幾何学者たちの語る長さが、ある特定の幅を欠いているということではなく、幅を完全に欠如している、ということであった。しかし彼はそれを証明してはいない。

六〇　これらの問題については以上述べたとおりである。しかし(2)、幾何学者たちは、線――すなわち、幅のない長さ――は面の限界であるとも語っているから(3)、そこで次には、線と面の両方について、より共通する仕方で行き詰まり［難問］を提示することにしよう。なぜなら、そうすることによって、物体に関する説もまた排斥しやすくなるであろうから。

六一　すなわち、もしも幅のない長さであるところの線が面の限界であるとすれば、明らかに、面と面が並置されるときには、二本の線は平行的に隣り合っているか、あるいは、両方の線が一本になるかのいずれかであろう(4)。そして、もしも二本の線が一本になるとすれば、線は面の限界であり、面は物体の限界であるから、二本の線が一本になるとき、それと同時に二つの面は一つの面になるだろうし、二つの面が一つの面になるときには、必然的にまた二つの物体は一つの物体になり、そして二つの物体が一つの物体になるときには、並置は並置ではなく、一体化であることになろう。しかし、これは不可能なことである。六二 なぜなら、ちょうど水やそれに似たもののようないくつかの物体の場合には、並置が一体化になるということが可能であるが、いくつかの物体の場合には、それはまったくありえないことだからである。というのも、石が石と、鉄が鉄と、また金剛石が金剛石と並置されても、それらは線のところで一体化されはしない。したがって、二本の線は一本の線になることはないであろう。

それにまた、もしも二本の線が一本になることによって一体化と、また諸物体の合体が成立するとすれば、諸物体が引き離されるときには、分離はそれらの物体の同一限界において生じるのではなくて、その都度異なる部分において生じなければならず、結果として、消滅も起こることになるだろう。しかし、そうした事態の生起は観取されないのであって、むしろ諸物体の限界は、並置される前も、分離された後も、並置される過程で現われていたとおりのものとしてあるのである。それゆえ、二本の線は一本になることはない。

(1) アナクサゴラス「断片」二一a(DK)。『論駁』第三巻二三、第七巻一四〇、『概要』第一巻一三八も参照。

(2)『論駁』第三巻六〇―六四については『論駁』第九巻四一四―四一七を参照。

(3)『論駁』第三巻二〇。

(4) 接触に由来する行き詰まりについては、『論駁』第三巻三五―三六、第九巻二五九―二六六、『概要』第三巻四二―四三をも参照。

六三　しかしそれにもかかわらず、もしも二本の線が一本になるとするならば、互いに並置された物体は、物体の端一つ分だけ小さくならねばならないだろう。なぜなら、二本の線が一本になったのであるが、この一本の線は、限界にして端なるものを一つだけもたねばならないからである。しかるに、互いに並置された物体が、端一つ分だけ小さくなるということはなく、したがって、二本の線が一本の線になることはないであろう。

六四　他方、もしも二つの物体の並置によって、二本の線が平行的に隣り合うことになるとすれば、二本の線から成るものは、一本の線よりも、より大きいであろう。しかし、もしも二本の線から成るものが、一本の線よりも、より大きいとすれば、二本の線のそれぞれは、他方の線といっしょになって広がりをより大きくするような幅をもつことになり、またそうすると、線は幅のない長さではないのである。

そこで二つに一つ、明瞭な事実を否認するか、あるいは、明瞭な事実は揺るがないとすれば、線は幅のない長さとして存立すると考える幾何学者たちの概念を斥けるかしなければならない。

六五　以上のことを[1]、われわれは幾何学の諸原理に対する直接的な反論として語らねばならない。しかし次には、彼ら自身の諸仮設に従っても探求は前進しえないということを教示することにしよう。さて彼らの見解によれば、先述したように[2]、直線は回転することにより、それ自体の部分すべてによって諸々の円を描き出す。しかし、この最も総轄的な規則[3]に対して、線は幅のない長さとして存立するということが抵触するのである。六六　そのことを、われわれは次の方法で探求することにしよう。すなわち、もしも彼らの言うとおり、線のあらゆる部分が徴《しるし》［点］をもっており、徴は回転するときに円を描き出すとすれば、直線が回転して、それ自体の部分すべてによって円を描き出しつつ、中心から発して最も外側の円周に至る平面の隔たりを測定しつくすときには、彼らによれば、描かれたいくつもの円は、相互に連続したものとして存立するか、あるいは、相互に隔たったものとして存立するかのいずれかでなければならないだろう。

六七　しかし、もしもそれらが相互に隔たっているとすれば、平面のうちには円の描かれていない部分があり、そして直線のうちには、この隔たりの上を運動するけれども、円を描き出さない部分があるということになるだろう。しかし、これはおかしなことである。というのも、直線はその部分に微［点］をもっていないか、あるいは、もっているけれども円を描き出さないかのいずれかである。しかし、いずれの選択肢も幾何学の理論から逸脱している。というのも、線のあらゆる部分は微をもっていると彼らは主張しているし、また、あらゆる微は回転することによって円を描き出すとも主張しているからである。

六八　他方、もしも彼らが、円同士は互いに連続して存立していると考えているとすれば、それらは同じ場所を占有するような仕方で連続しているか、あるいは、隣同士に置かれ、あいだに微［点］が一つも入り

---

(1)『論駁』第三巻六五—七〇については『論駁』第九巻四一八—四二五を参照。

(2)『論駁』第三巻二六。

(3) セクストスは、この規則を含めて計三つの規則——「直線は回転することにより、それ自体の部分すべてによって諸々の円を描き出す」(第三巻六五)、「四角形の縦の辺は、引っ張っていかれることによって、平行する線によって区切られる平面を測定しつくす」(同七四)、「円筒は、直線において平面と接触しており、回転するときに次々に別の直線を置いていくことによって平面を測定しつくす」(同七五)——を検討する。

込まないような仕方で連続しているかのいずれかである――なぜなら、あいだに入ってくると考えられる微はすべて、それ自体また、円を描き出さねばならないからである。そして、もしもすべての円が同じ場所を占有しているとすれば、それらは一つの円になり、またそれゆえ、最も外側にあってすべての円を包含する、より大きな円が、最小で中心に位置する円と等しいことになるだろう。六九　というのも、もしも最も外側にあって円周それ自体の上に位置する円は、より大きな隔たりを占有し、また最も内側にあって中心に位置する円は、小さな隔たりを占有するが、しかしすべての円が同じ場所を占有しているのだとすれば、より大きな隔たりを占有している円は、最小の隔たりを占有している円と等しいことになるだろう。しかし、これはつじつまの合わないことである。それゆえ、諸々の円は、同じ場所を占有するような仕方で連続しているのではない。

七〇　他方、もしも円同士が、それらのあいだに部分のない微〔点〕が一つも入り込まないような仕方で平行的に隣り合っているとすれば、それらは、中心から円周までの幅の内実を満たすであろう。しかし、もしも内実を満たすとすれば、それらはある幅を占有している。しかるに、それらは線であった。したがって、線は、ある幅をもっており、幅のないものではないのである。

七一　またわれわれは(1)、同じ理論(2)から出発して、上述の批判と類似した批判を構築するであろう。すなわち、彼らは、円を描き出す直線はそれ自体を通して円を描き出すと主張しているから、われわれは彼らに質問して次のように言うであろう。もしも円を描き出す直線が、それ自体を通して円を描き出すような自然本来のあり方をしているとすれば、線は幅のない長さではない。しかし実際、彼らが主張するところでは、円を描き出す直線は、それ自体を通して円を描き出す。したがって、線は幅のない長さではない。このことをこれからわれわれは、彼らに結果することとして教示しよう。七二　すなわち、中心から引かれた直線が回転し、それ自体を通して円を描き出すときには、この直線は、円周内部の幅のすべての部分上を運動するか、あるいは、すべてではなくいくつかの部分上を運動するかのいずれかである。そして、もしもいくつかの部分上を運動するとすれば、それは、いくつかの部分上を運動するが、別の部分上は運動しないことになるから、円を描き出すこともない。他方、もしもすべての部分上を運動するとすれば、それは円周の幅全体を測定しつくすことになり、七三　そして幅を測定しつくすからには、幅をもつことになるだろう。なぜなら、幅を測定しつくすことのできるものは、測定しつくすための尺度となる幅をもっていなければならないからである。したがって、直線は、円を描き出すことによって(3)幅全体を測定しつくし、そして線は、幅のない長さではないのである。

七四　同じことは、(4)幾何学者たちが、四角形の縦の辺は、引っ張っていかれることによって、平行する線によって区切られる平面を測定しつくすと言うときにも、より明瞭に示されるであろう。というのも、もし

(1)『論駁』第三巻七一―七三については『論駁』第九巻四二一六―四二八を参照。
(2)『論駁』第三巻六五の総轄的な規則を指す。
(3)テクストは諸写本の *κυκλοφοροῦσα* ではなく、ハインツ、ビュリーが採用する *κυκλογραφοῦσα* を読む。
(4)『論駁』第三巻七四については『論駁』第九巻四二八を参照。

も引っ張っていかれる四角形の縦の辺が幅のない長さであるとすれば、それは四角形の平行する線によって区切られる平面を、それ自体を通して測定しつくすことはないであろう。なぜなら、幅を測定しつくしうるものは、幅をもっていなければならないからである。他方、もしも測定しつくすとすれば、それは必ずや幅をもつのである。したがって、この場合もまた、幾何学者たちのこの規則が偽であるか、あるいは、幅のない長さという思惟対象はまったく存立しないかのいずれかであることになる。

七五　彼らはまた[1]、円筒は、直線において平面と接触しており、回転するときに次々に別の直線を置いていくことによって平面を測定しつくすと主張している。しかし、もしも円筒が直線において平面と接触し、また、回転するときに次々に別の直線を置いていくことによって平面を測定しつくすとすれば、必ずやまた平面は諸々の直線から構成されており、また円筒の表面も諸々の直線によって満たされているのである。

七六　かくして、平面も幅をもっており、円筒の表面もまた同様に幅のないものではなく、しかるに、幅を作り出しうるものはそれ自体また幅をもっていなければならないから、すると明らかに直線もまた、幅の内実を満たすものであるから、必然的に幅をもっていなければならず、したがって、幅のない長さというものはまったく存在せず、それゆえ線もまた存在しないということになる。

七七　また、たとえわれわれが譲歩して[2]、線は幅のない長さであると認めたとしても、以上述べたことよりもっとおかしなことが、彼らに帰結することになる。というのも、ちょうど徴《しるし》［点］が流動することによって線を形成するように、彼らによれば、線もまた流動することによって面を形成するのであるが[3]、面とは、彼らの主張するところでは、物体の限界であって、長さと幅という二つの広がりをもつものである。七八そこで、もしも面が物体の限界であるとすれば、物体は必ずや限界づけられていることになる。そして、もしそうであるならば、二つの物体が互いに並置されるとき、限界と限界が接触するか、あるいは、限界づけられたものと限界づけられたものが接触するか、あるいは、限界づけられたものは限界づけられたものと、そして限界は限界と接触するか、のいずれかであるだろう。ちょうど酒壺の場合であれば、われわれが外側の器を限界と考え、その中のブドウ酒を限界づけられたものと考えてみるなら、それに当たるだろう。七九 その場合、二つの酒壺が並べて置かれたとき、器と器が接触するか、あるいは、ブドウ酒とブドウ酒が接触するか、あるいは、器は器と、そしてブドウ酒はブドウ酒と接触するかのいずれかである。そしてもしも限界と限界が接触するとすれば、限界づけられたもの同士、すなわち物体同士は接触しないことになるだろう。しかし、これはつじつまの合わないことである。他方、限界づけられたもの同士、すなわち物体同士が接触し、限界同士は接触しないとすれば、物体は自らの限界の外にあることになるだろう。八〇 しかしまた、限界は限界と、限界づけられたものは限界づけられたものと接触するとすれば、われわれは行き詰まりをさらに増し加えるであろう。なぜなら、限界同士が接触するかぎりにおいては、限界づけられたもの同士は接触しないことになるし、限界づけられたもの同士が接触するかぎりにおいては、物体は自らの限界の外にあ

（1）『論駁』第三巻七五－七六については『論駁』第九巻四二九を参照。『論駁』第三巻二七では、球と平面の接触の場合が論じられている。

（2）『論駁』第三巻七七－八〇については『論駁』第九巻四三〇－四三三を参照。

（3）『論駁』第三巻一九、および二一七頁註（8）を参照。

ることになるだろうから。というのも、限界とは表面のことであり、限界づけられたものとは物体のことだからである。

八一　また、[1]限界は物体であるか、あるいは、非物体であるかのいずれかである。そしてもしも物体であるとすれば、面は深さをもたないというのは、幾何学者たちにとって偽であることになるであろう。というのも、もしも物体であるとすれば、必然的に、深さもまたもつことになるだろう。なぜなら、物体はすべて深さをもっていなければならないからである。それにまた、それは何ものにも接触しないことになり、すべて限界は無限の大きさのものになるであろう。というのも、もしもそれが物体であるとすれば、物体はすべて限界をもっているから、その限界もまた、物体であるからには限界をもつことであろうし、この限界もまた同様にして限界をもつであろうし、こうしてこの過程は無限に続くことになるだろう。[2]　八二　他方、もしも限界が非物体であるとすれば、非物体は何ものかに触れることも、また触れられることもありえないから、限界同士が接触することはないだろうし、限界同士が接触することがなければ、限界づけられたもの同士が接触することもないだろう。かくして、たとえわれわれが譲歩して、線は幅のない長さであると認めたとしても、面に関する説は行き詰まりに陥るのである。そして、それらのものが行き詰まりに陥るならば、われわれがとくに口に出して言わなくても、立体もまた、それらが結合して成立しているものであるからには、それらといっしょに行き詰まりに陥るのである。

八三　また、次のようにも考察してみよう。[3]もしも幾何学者たちが主張するように、長さと幅と深さの三つの広がりをもつものが物体であるとすれば、[4]物体はそれらの広がりから分離可能であって、その結果、一方には物体があり、他方にはそれとは別に物体の長さと幅と深さがあるのか、あるいは、それらの集積が物体であるのかのいずれかである。しかし、物体がそれらから分離されるということは説得的ではない。なぜなら、長さも幅も深さもないところでは、物体を思惟することは不可能だからである。**八四**　他方、もしもそれらの集積が物体として思惟されるのであり、それらのほかには何も存立しないとすれば、それらのそれぞれは非物体であるから、必然的に、非物体の共通的な結合もまた非物体になるであろう。なぜなら、諸々の点から成る構成や諸々の線の結合は、それら点や線が自然本来的に非物体である以上、立体的で抵抗を示す物体を形作ることはないのであるが、ちょうどそれと同じように、幅と長さとさらには深さの集まりもまた、非物体的な集まりである以上は、立体的で抵抗を示す物体を作ることはないだろうからである。しかし、もしも物体はそれらを離れても存在しないし、またそれらでもないとすれば、幾何学者たちに基づくかぎり、物体は思考不可能となるのである。

八五　またそれに加えて、[5]もしも長さと幅と深さの結合が物体を作るとすれば、それらのそれぞれは、結合以前に自らのうちに物体性と、物体的説明原理のようなものを含んでいるものとして思惟されるか、ある

（1）『論駁』第三巻八一－八二については『論駁』第九巻四三四－四三五を参照。
（2）『概要』第三巻四四を参照。
（3）『論駁』第三巻八三－八四については『論駁』第九巻三六八－三七〇、『概要』第三巻四〇を参照。
（4）『論駁』第三巻一九および補註Xを参照。
（5）『論駁』第三巻八五－九〇については『論駁』第九巻三七一－三七五を参照。

いは、それらが集まった後に物体が付加的に構成されたかのいずれかである。そして、もしもそれらのそれぞれが、結合以前に物体性を含んでいるものとして思惟されるとすれば、それらのそれぞれは物体であって、それらの結合の後で物体が生成するわけではないだろう。八六　さらにまた、物体は長さだけなのではなく、幅それ自体でもなく、さらには深さ単独でもなく、長さと幅と深さの三つが合一したものであり、そしてそれらのそれぞれが物体性を含んでいるのであるから、それらのそれぞれは、それら三つをもっており、長さは、たんに長さであるのみならず幅と深さでもあり、また幅も、たんに幅であるだけでなく長さと深さでもあり、そして深さも同じように、長さと幅でもあることになるだろう。しかし、それはまったく不合理の極みである。八七　他方、もしもそれらが集まることによってはじめて物体の構成が思惟されるとすれば、長さが長さであるかぎりにおいて、幅が幅であるかぎりにおいて、そして深さが深さであるかぎりにおいて元々もっていた自然本性は、それらが集まった後でもそのままとどまるか、あるいは、物体性へと変化したかのいずれかである。八八　そして、もしもそれらの元々の自然本性がとどまるとすれば、それらは非物体なのであるから、それらが別の物体を作るということもなく、結合の後でも非物体のままとどまるであろう――それらは自然本性において非物体であるのだから。八九　他方、もしもそれらが集まることによって物体性へと変化するとすれば、変化を受け入れるものは、まさしく物体なのであるから、それらのそれぞれは、結合して同じ一つのものになる以前にも物体であることになるであろうし、それゆえまた、非物体が物体であることになるであろう。

　また物体が変化するときには、ある性質に代えて別の性質をもつのであるが、しかもなお物体のままとどまる。例えば、白いものが黒くなり、甘いものが苦くなり、ブドウ酒が酢になり、鉛が鉛白になり、また青銅が錆になるためには、一つの性質に代えて別の性質を受け取るのであるが、しかし物体であることをやめるのではなく、九〇　黒いものが白いものから黒いものになったときも、苦いものが甘いものから苦いものになったときも、酢がブドウ酒から酢になったときも、それぞれ物体のままとどまっている。ちょうどそのように、かの長さと幅と深さもまた、もしもそれらが物体へと変化するのであれば、一つの物体の代わりに別の物体になるけれども、しかもなお物体ではあるだろう。というのも、それらが固有の自然本性を捨て去ることはないであろうから。

したがって、もしもそれらが集まる以前にも、またそれらが集まった後でも、物体を思惟することは不可能であり、しかし、それらを別にしてほかには物体を思考しようがないとすれば、物体はまったく存在しないのである。

九一　さらに、以上述べてきたことに加えて、[1] もしも長さも幅も深さもまったく存在しないとすれば、それらを分有するものとして思惟されるものもまた物体ではないだろう。しかるに、先述の諸議論を通してわれわれが説明したように、長さも幅も深さも存在しないのである。したがって、それらを分有するものとして思惟されるものもまた物体ではないであろう。

(1)『論駁』第三巻九一については『論駁』第九巻三七五—三七六を参照。

九二　このようにして、幾何学の諸原理は非成立的であるということが帰結する。[1] そして、それらが否認されるなら、他のいかなる幾何学的規則も成立しえない。というのも、どのような幾何学的規則であるにせよ、それは線を用いて[2]証明されなければならないのであるが、しかしわれわれが示したところでは[3]、類的な線はまったく存在しないのであって、その結果、種的な線もまた――人が種的な線として直線を仮定するのであれ、折れ線を仮定するのであれ、あるいは他のどんな線を仮定するのであれ――まったく存立しないということになるからである。

九三　それゆえ、おそらく以上述べたことで、幾何学者たちに対する反論の締め括りとするには十分であっただろう。しかしながら、われわれはさらに論戦を続けて、たとえわれわれが幾何学の諸原理を度外視したとしても、なお幾何学者たちは諸規則を構築することも、また証明することもできないということを教示することを試みよう。

九四　しかし、諸規則を取り上げる前に、それらの基礎となる諸原理[4]に対しても――例えば、彼らが「直線とは、それ自体の諸部分と等しく位置づけられている線である」[5]と言う場合に――、少なからず反論を行なうことができる。というのも、他の諸点は取り上げないことにするとしても、類的な線が存在しないならば直線もまた成立しないであろう、ということは明白である。なぜなら、ちょうど動物が存在しないなら人間も存在せず、そして人間が存在しないならソクラテスも存在しないように、類的な線が否認されるなら、平面上の直線もまたそれといっしょに否認されているからである。[6]　九五　それにまた、「等しい（イソン）」ということは二つの意味で語られる。一つの意味では、等しい大きさであって、それと等しいと言われる相手のものを超過することもなければ、超過されることもないものが、等しいものである――例えば、われわれが一ペーキュス[7]の木材は一ペーキュスの木材と等しいと言う場合はこれに当たる。しかし、また別の意味では、等しく位置づけられている諸部分をもつもの、すなわち、均一な（ホマロン）ものが、等しいものである。げんにこの意味でわれわれは、「均一な（ホマロン）」床《ゆか》と言う代わりに「等しい（イソン）」床という言い方をするのである。**九六**　そこで、「等しい」ということは二つの意味で語られるのであるから、幾何学者たちが直線を概略的に説明して、「直線とは、それ自体の諸部分と等しく位置づけられている線である」と言う

(1)『論駁』第三巻一八を参照。

(2) *γραμμικῶς*. ʻper lineasʼ（線を用いて）というファブリキウスの訳に従ったが、より一般的に「幾何学的に」ととる解釈もある（フライターク pp. 87-88）。

(3)『論駁』第三巻二九−五九、七六を参照。

(4)『論駁』第三巻九二−九三において「幾何学の諸原理」と呼ばれている点、線、面、立体が、類としての点、線、面、立体であるのに対して、ここで「諸規則の基礎となる諸原理」と言われているのは、それらの類に対して種となるようなもの、すなわち、直線（九四−九九）、角（一〇〇−一〇六）、円（一〇七）などである。諸規則への反論は、『論駁』第三巻一〇八において着手される。

(5) あるいは、「直線とは、それ自体の諸部分によって等しく（均等に）位置づけられている線である」とも読みうる。これと類似しているのが、エウクレイデス（『原論』第一巻定義四）、ヘロン（『定義集』四）の直線の定義であるが、読み方、解釈ともに様々に論じられている。これらの問題、また直線の他の諸定義については、Th. L. Heath, *The Thirteen Books of Euclid's Elements*, 2nd ed., vol. 1, pp. 165-169, New York, 1956 を参照。

(6) 同様の議論については『論駁』第二巻一一〇、第八巻三三八−三三九、『概要』第二巻一二一を参照。

(7) 肘頭から中指の先までに相当する長さの単位で、一ペーキュスは約四四センチメートル。

とき、彼らは「等しい」ということを、第一の意味で受け取っているか、あるいは、第二の意味で受け取っているかのいずれかである。しかし、もしも第一の意味で受け取っているとすれば、彼らには思惟というものが完全に欠落している。なぜなら、直線とは、それ自体の諸部分と等しい大きさをもち、諸部分を超過することもなければ、諸部分によって超過されることもない線であるということには、思惟のかけらも含まれないからである。九七　他方、もしも第二の意味で受け取っているとすれば、彼らは探求されているものそれ自体を通して教示を行なうことになるだろう――とにかく、彼らは、その諸部分が均一かつ直線的に位置づけられているということから、それが直線であるということを論じているのであるが、しかし他方、何かが直線的に位置づけられているということを学ぶことは、直線を捉えることなしには不可能であるのだから。

九八　また、彼らが次のような定義まで持ち出すとき、彼らの行なっていることは、さらにおかしなことの極みである――「直線とは、それ自体の諸限界と等しく回転する線である」[1]、あるいは、「直線とは、それ自体の諸限界を中心にして回転するとき、それ自体のすべての部分によって平面と接触する線である」[2]。というのも、まず第一に、これらの規定もまた、われわれが先に挙げた諸々の行き詰まりに遭遇する[3]。また第二に、エピクロス派も言っているように、空虚に属する直線は[4]、確かに直線ではあるが、しかし、空虚それ自体が全体としても部分的にも動を受け入れるものではないから、回転することはないのである。九九　それにまた、最後に挙げた規定は、相互依存の方式というこの上なく厄介な方式にも陥る[5]。というのも、彼らは平面を教示するのに直線を用い、また、直線を教示するのに平面を用いているからである。すなわち彼らは一方では、直線とは、そのすべての部分において平面と接触する線であると言いつつ、また他方では、平面とは、その上に引かれる直線が、そのすべての部分によって接触するものである[6]と言っており、したがってわれわれは、直線を学ぶためには、最初に平面を学ばねばならないし、また平面を学ぶためには、直線をあらかじめ知っていなければならないことになる。しかし、これはおかしなことである。また一般的に言って、平面を通して直線を教示する人は、直線を通して直線を論じているにほかならないのである。なぜなら、彼らによれば、平面とは多数の直線だからである。

一〇〇　角に関する議論もまた、直線に関する議論と同じようなものになるだろう。というのも、この場合にも、彼らが概略的な説明において、「角とは、平行でない二本の直線の傾きのもとにある最小のものである[7]」と言うとき、彼らが「最小のもの」と言っているのは、部分をもたない物体のことであるか、あるいは、彼らの言うところの徴《しるし》にして点のことであるかのいずれかである。一〇一　しかし、部分をもたない物

---

(1) あるいは、「直線とは、それ自体の諸限界によって等しく(均等に)回転する線である」とも訳しうる。

(2) ヘロンは、直線の規定の中で、「(直線の)諸限界がとどまるとき、直線自体もとどまる――あたかも、同一平面内で、同一の諸限界を中心にして、つねに同一の場所を占めつつ、回転するときのように」(『定義集』四)と説明している。

(3)『論駁』第三巻九四を参照。

(4)『論駁』第一巻二一を参照。

(5) 相互依存の方式については、『論駁』第七巻三四一―三四二、『概要』第一巻一一七、一六九を参照。

(6) ヘロンは、平面の規定の中で、「直線が平面内の二点と接触するときには、直線全体もまた、すべての場所において完全に平面と一致する、すなわち、平面とは、直線の全体と一致する面である」(『定義集』九)と述べている。

(7) この角の定義については補註Zを参照。

体であるとは、彼らは言わないだろう。なぜなら、部分をもたない物体は二つの部分に分割することさえできないが、しかし角は、彼らによれば無限に分けられるからである。それにまた、角には、より大きい角もあれば、より小さい角もあると彼らは言っている。しかし、最小の物体よりもより小さいものは何もない――もしあるとすれば、前者ではなくそのものの方が、最小のものとなるであろう。一〇二　したがって残る選択肢としては、最小のものとは、彼らの言うところの徴［点］であると言うしかない。しかし、これもまたそれ自体行き詰まりに陥る。というのも、もしも徴がまったく完全に広がりのないものであるとすれば、角は分割されないことになるであろう。それにまた、より大きな角や、より小さな角というものも存在しなくなるであろう。なぜなら、いかなる広がりももたないものにおいては、大きさの差異は存在しないだろうから。一〇三　さらにまた、もしもこの徴が直線と直線のあいだに位置するとすれば、それはそれらの直線を分けるのであり、そして分けるものであるからには、広がりのないものではないことになるであろう。一〇四　しかし神かけて、幾何学者のうちのいく人かはつねづね、「角とは、傾きのもとにある第一の広がりである」[1]と言っている。しかし、彼らに対しては、

> 真実の言葉は本来、単純なものなのです。[2]

というのも、この広がりは部分のないものであるか、あるいは、部分へと分割可能なものであるかのいずれかである。しかし、もしも部分のないものであるとすれば、彼らには先述の諸々の行き詰まりが結果するだろう[3]。他方、もしも分割可能なものであるとすれば、「第一の」ものは何も存在しないだろう。というのも、

彼らの教説である存在する諸事物の無限分割ゆえに、成立しているとされる「第一の」ものとは別の、より先なるものが発見されるであろうから。(4)

一〇五　角に関するこうした思惟は何か別の技術的理論とも抵触するということについては、わたしは議論することなしに済ませることにしよう。というのも、彼らは分割の手続きによって、角には直角と鈍角と鋭角とがあり、そして鈍角には、ある鈍角は別の鈍角よりもより鈍いという差異があり、また鋭角にも同様の差異があると言っている。(5)一〇六　そこで、もしもわれわれが「角とは、傾きのもとにある最小の広がりである」と言うのであれば、角同士が互いに超過し超過されるかぎりでのそうした角のあいだの相違は保持されないことになるだろう。あるいは、もしも保持されるとすれば、角は、それによって角が識別されるための定まった尺度をもたないのであるから、否認されることになる。

直線と角については、以上のようなことを、彼らへの反論として語らなければならない。一〇七　しかし、彼らはまた円の定義をも提示し、「円とは、一つの線によって囲まれ、その線に向けて中心から引かれた直線が互いに等しい平面図形である」(6)と主張しているが、しかしこれは空疎な発言である。というのも、徴

（1）角を「第一の広がり」とする定義については補註Zを参照。
（2）エウリピデス『ポイニッサイ（フェニキアの女たち）』四六九。
（3）『論駁』第三巻一〇一―一〇二を参照。
（4）同様の批判については、プロクロス『エウクレイデス「原論」第一巻注解』p. 125, 20-22 (Friedlein) を参照。
（5）ヘロン『定義集』一六―二一を参照。
（6）この定義については『論駁』第九巻二八四、エウクレイデス『原論』第一巻定義一五、ヘロン『定義集』二七を参照。

［点］と線と直線と、さらには平面も否認されたからには、円もまた思考不可能であるからである。

一〇八　しかし、われわれが詭弁の輩であって、もっぱら幾何学の諸原理だけで反論のための備えをすべて使いつくしていると思われないように、先に約束したとおり(1)、ここで話題を変更し、彼らの諸原理の後に来る諸規則についても考察を加えることにしよう。

一〇九　さて(2)、彼らが与えられた直線［線分］を二分割［二等分］することと言うとき(3)、彼らは、書き板の上に与えられた直線を二分割することを言っているか、あるいは、それからの移行によって思惟される直線を二分割することを言っているかのいずれかである。しかし彼らは、書き板の上に与えられた直線を二分割せよと言うのではないだろう。なぜなら、それは感覚されうる長さと幅をもつものとして現われるが、しかし彼らが言うところの直線は幅のない長さであり、したがって書き板の上の線は、彼らによれば線ではないから、また線のように二分割されることもないであろう。一一〇　しかしまた、それからの移行によって思惟される直線も(4)、二分割されることはないだろう。というのも、議論のために、その直線を九つの点から構成されているものと仮定し、両端からそれぞれ四点ずつ数え、二組の四点の中間に一つの点が位置するものとしてみよう。その場合、もしも線全体が二分割されるとすれば、分け目は、この第五の点と、いずれかの四点のあいだに来るか、あるいは、第五の点それ自体のうちに来て、この第五の点それ自体も二分割されることになるかのいずれかであろう。一一一　ところで、分け目が、第五の点と、いずれかの四点のあいだに来るというのは不合理である。なぜならその場合には、分けられた双方が等しくはなくなり、一方は四つの点から構成され、他方は五つの点から構成されていることになるであろう。しかし他方、点それ自体を二分割するということは、先の場合よりもさらにいっそう不合理である。なぜならこの場合には、彼らはもはや微[点]を広がりのないものとしておくわけにはいかなくなるだろう(5)——とにかくそれは、分け目のところで二分割されているのである。

一一二　同じ議論はまた、(6)円を等しい部分に二分割すると彼らが主張するときにも成り立つ。というのも、もしも円が等しい部分に分割されるとすれば、それ自体また微[点]である円の中心は最中央にあるから、必ずやそれは、こちらかあちらの部分に組み込まれるか、あるいは、それ自体も二つに分割されるかのいずれかであろう。しかし、どちらかの部分に組み込まれるということは、二分割[二等分]を不等な分割にするし、他方、それ自体も二分割されるということは、微は広がりなく部分のないものとして存立するということと抵触するのである。(7)

一一三　また、(8)線の分け目は物体であるか、あるいは、非物体であるかのいずれかである。しかし、分け

(1)『論駁』第三巻九三。

(2)『論駁』第三巻一〇九―一一一については『論駁』第九巻二八二―二八三を参照。

(3)エウクレイデス『原論』第一巻命題一〇を参照。

(4)移行による思惟については『論駁』第一巻二一五、および一七頁註(3)を参照。

(5)『論駁』第三巻二一〇を参照。

(6)『論駁』第三巻一一二については『論駁』第九巻二八四―二八五を参照。

(7)『論駁』第三巻二一〇を参照。

(8)『論駁』第三巻一一三については『論駁』第九巻二八六―二八九を参照。

目は物体ではありえない。というのも、もし物体であれば、分け目は、部分がなく[1]非物体的で分け目自体にぶつかることのないものを、分割することはありえないだろう。しかしまた、分け目は非物体でもありえない。というのもこの場合にも、もしも分け目が点であるとすれば、それ自体部分のないものであり、またぶつかる相手も部分のないものであるから、相手を分割しないであろうし、また、もしも分け目が線であるとすれば、それはそれ自体の限界によって分割しなければならないのであるが、しかし線の限界は部分のないものであるから、この場合もまた、分割することはない。

一一四　さらにまた[2]、分け目となる限界は、二つの点のあいだに位置して線を二分割するか、あるいは、徴〔点〕の真ん中に来て線を二分割するかのいずれかである。しかし、それが徴の真ん中に来るのは不可能である。というのも、先にわれわれが語ったように[3]、分け目がそこに来るものは可分的なものでなければならず、もはや広がりのないものであってはならないだろう。一一五　しかし、分け目が二つの点のあいだに来るというのは、それよりもはるかに不合理である。なぜなら第一に、いかなる限界も連続体の真ん中に位置することはできない。第二に、たとえそうしたことが可能であると認められたとしても、限界がそのあいだに配置される相手のものが連続的であるとすれば、限界はその相手のものを移動させねばならないが、しかし、それらは不動のものである。したがって、分け目に関する議論もまた、行き詰まりに陥るのである。

一一六　それにまた[4]、たとえわれわれが彼らに譲歩して、除去は、かの感覚的な線においては行なわれると認めるとしても、彼らはそのようにしてもなおうまくやって行くことはできないであろう。なぜなら、除去は線全体から行なわれるか、あるいは、部分から行なわれるかのいずれかであり、また、除去されるものは、等しいものから等しいものが除去されるか、あるいは、等しくないものから等しくないものが除去されるかのいずれかになるであろう。しかし、われわれが『文法家たちに対する覚え書』と、『自然学者たちに対する覚え書』において論じたように(5)、これらのうちのどれもうまく行かない。したがって、幾何学者たちにとって、線から何かを除去し、また分割するということは不可能である。

(1) マウはハインツに従って ἀθιγές に変更するが、諸写本の ἀμερές をそのまま読む。『論駁』第九巻二八六との対応から ἀθιγές を読むとすれば、「触れることができず」という意味になる。

(2) 『論駁』第三巻一一四―一一五については『論駁』第九巻二九〇―二九三を参照。

(3) 『論駁』第三巻一一一―一一二。

(4) 『論駁』第三巻一一六については『論駁』第九巻二九四を参照。

(5) 除去不可能の議論は、前者では『論駁』第一巻一六二―一六四を、後者では『論駁』第九巻二八〇―三一〇を参照。また『論駁』第四巻二四―三〇、『概要』第三巻八五―九三も参照。

第四巻

数論者たちへの論駁

一　量のうち、ある量は連続的な諸物体に属するもので、「大きさ」と呼ばれ、とりわけ幾何学が扱う対象であるが、別の量は非連続的な諸物体に属するもので、数であり、数論が関わる対象であるから、われわれは幾何学の諸原理と諸規則から移行して、数に関する諸々の事柄をも考察の対象とすることにしよう。というのも、数が否認されるなら、数に関して成立する技術もまた生じることはないであろうから。

二　さて一般的に言って、[1]数学的諸学問を事とするピュタゴラス派の人々は、[2]万物の自然は諸々の数に従って管轄されているとして、それらの数に大きな力を配分している。それゆえまた、彼らはいつでも、

　万物はまた数に似ている[3]

と宣言していたし、また、数によって誓うだけでなく、彼らに数を示したピュタゴラスを数論におけるその能力ゆえに神とみなして、彼によっても誓い、次のように言っていた。

　誓って否、永続せる自然の諸々の根を宿す源泉なるテトラクテュスを、

われらが魂に授けたもうた方にかけて。(4)

三　彼らのあいだで「テトラクテュス」と呼ばれていたのは、最初の四つの数から構成される「第四の数」である。というのも、一と二と三と四で一〇になり、これは最も完全な数だからである。なぜならわれわれ

(1)『論駁』第四巻二一−二二については、『論駁』第七巻九四−九八を参照。

(2) ピュタゴラス派には、学問的・哲学的側面を重視した人々——「マテーマティコイ（学究派）」——と、宗教的側面を強調し、要約的訓戒（アクースマタ）への聴従を重んじた人々——「アクースマティコイ（聴従派）」——の二派があり（ヒッパソス「生涯」二（DK））、ここで「数学的諸学問を事とするピュタゴラス派」と呼ばれているのは前者に相当すると考えられる。ピロラオスやアルキュタスがこの派の代表的人物である。

(3) この発言については、『論駁』第七巻九四、一〇九、ヘロン『定義集』一三八−九、テオン（スミュルナの）『プラトンを読むための数学的事項に関する解説』p. 99, 16 (Hiller)、プルタルコス『モラリア』一〇二九F、イアンブリコス『ピュタゴラス伝』一二九−一六二、シンプリキオス『アリストテレス「自然学」注釈』p. 1102, 22 (CAG) などを参照。

(4) セクストス『論駁』第七巻九四、ピュタゴラス派「ピュタゴラス派一般」一五（DK）、テオン（スミュルナの）『プラトンを読むための数学的事項に関する解説』p. 94, 6-7 (Hiller) でも挙げられている。なおセクストスのテクストは *ῥιζώματ' ἔχουσαν* と読んでいるが、ピュタゴラス派の元来のテクストは *ῥίζωμα τ' ἔχουσαν*（「永続せる自然の源泉と根を宿せるテトラクテュス」）であった可能性が高い。テトラクテュスについては補註aを参照。

は、そこに到達したとき、もう一度、一[1]に戻って、最初から数えなおすからである。[2]彼らがこの数を「永続せる自然の諸々の根を宿す源泉」と呼んだのは、彼らによれば、そのうちには万物——例えば物体や魂のごとき——の構成の説明原理が存しているからである。こう言うのは、それらについては例示的に触れれば十分であろうからである。

四　さて一は、他の諸々の数の構成を生み出す一つの原理として存在し、他方、二は、長さを生み出す原理である。[3]というのも、われわれは幾何学の諸原理の場合に、まず第一に点とは何であるかを示し、次にそれに続いて、幅のない長さであるところの線とは何であるかを示したのであるが、[4]それと同じ仕方で、目下の主題の場合も、一は点の説明原理を提供し、そして二は線と長さの説明原理を提供するのである。なぜなら、思考は二の概念をもつとき、どこかからどこかへと動いており、そしてそれは長さだからである。**五**　また、三は、幅と面に対応している。なぜなら、思惟はどこかからどこかへと動き、そして再度どこかへと動いており、そして、長さの広がりに幅の広がりが加えられるとき、面が思惟されるからである。しかしまた、もしもだれかが三の上に第四の一、すなわち、第四の「徴《しるし》［点］」[5]を浮かべるなら、[6]三角錐——立体的な物体また図形——が生じる。というのも、これは長さと幅と深さをもっているからである。したがって、四という数[7]のうちには、物体の説明原理が含まれていることになる。

六　さらにまた、そこには魂の説明原理も含まれている。[8]というのも、彼らが主張しているところでは、ちょうど全宇宙が調和［音階］に従って管轄されているように、動物もまた調和［音階］に従って魂をもっている。そして、完全な調和［音階］は、三つの協和（シュンポーニアー）[9]、すなわち、四度の協和と五度の協和

と八度［オクターヴ］の協和において成立しているように思われる。ところで、四度の協和は「エピトリト

（1）この箇所の「一」に対応するギリシア語は μονάς（モナス）であって、すぐ前で「一と二と三と四で一〇になる」と言われていた「一」の ἕν（ヘン）とは異なり、「単位」とも訳しうる語であるが、セクストス自身はしばしば両者をまったく区別せずに用いている（例えば、『論駁』第一巻六九など）。本訳でも、原則的に「一」という訳語で統一する。テオン（スミュルナの）『プラトンを読むための数学的事項に関する解説』p. 20, 19-20 (Hiller) における「アルキュタスとピロラオスは、無差別に ἕν を μονάς とも呼び、また μονάς を ἕν と呼んでいる」（ピロラオス「学説」一〇 (DK) ＝アルキュタス「学説」二〇 (DK)）との証言を参照。

（2）ピュタゴラス派「ピュタゴラス派一般」一五 (DK)、擬アリストテレス『問題集』第十五巻九一〇b二三－九一一a四、擬イアンブリコス『数理神学』p. 83, 5-9 (de Falco) などを参照。

（3）『論駁』第四巻四－五については『論駁』第七巻九九－一〇〇、『概要』第三巻一五四を参照。

（4）『論駁』第三巻一九－二〇を参照。

（5）「一（単位）」と「徴（点）」の関係については、ヘロン『定義集』一、テオン（スミュルナの）『プラトンを読むための数学的事項に関する解説』p. 111, 14-16 (Hiller) などを参照。また二一七頁註（10）も参照。

（6）写本の ἐπιθεωρήσῃ ではなく、『論駁』第七巻一〇〇の対応箇所より、ἐπαιωρήσῃ を読む（W. Burkert, *Lore and Science in Ancient Pythagoreanism*, tr. by E. L. Minar, Jr., Cambridge, Massachusetts, 1972, p. 55 n. 12 を参照）。

（7）τετάρτῳ（写本、マウ）ではなく、τέσσαρα（ベッカー）を読む。

（8）『論駁』第四巻六－九については『論駁』第七巻九五－九八、第十巻二八三－二八四、『概要』第三巻一五五、テオン（スミュルナの）『プラトンを読むための数学的事項に関する解説』p. 93, 17-p. 94, 9 (Hiller) などを参照。調和（音階）的比例関係に基づく宇宙の魂の構成については、プラトン『ティマイオス』三五B－三六Bを参照。

（9）「協和（συμφωνία）」は、楽音についても（協和音）、楽音同士の隔たりについても（協和音程）適用される概念であるが、ここでは後者の意味で用いられている。詳しくは『論駁』第六巻四三－四七を参照。

ス」の比、五度の協和は「ヘーミオリオス」の比、また八度〔オクターヴ〕の協和は「ディプラシオーン」の比から成る。七　そして「エピトリトス」と呼ばれるのは、八が六との関係でそうであるように、一つの数全体とそれの三分の一の部分から構成されている数である。[1] なぜなら、八は、六それ自体とそれの三分の一――すなわち、二――を含んでいるからである。また「ヘーミオリオス」と呼ばれるのは、九が六との関係でそうであるように、ある数が一つの数とそれの半分を含んでいる場合である。というのも、九は、六とそれの半分――すなわち、三――から構成されているからである。また「ディプラシオーン」と呼ばれるのは、二に対する四のように、数二つ分に[2]等しい数である。なぜなら、四は同じ数を二つ含んでいるからである。

八　そこで、これらの関係は以上述べたとおりであり、また最初の仮設にしたがって、四つの数、すなわち一と二と三と四――これらの数のうちに、魂の形相（イデア）もまた調和〔音階〕的な比例関係に従って含まれているとわれわれは言っていたのであるが――が存在するとするならば、四は二の、また二は一の「ディプラシオーン」であって、八度の協和はこれから成っており、また、三は二の「ヘーミオリオス」であり――というのも、三は二それ自体とそれの半分を含んでおり、またそれゆえ五度の協和を作り出す――、九さらに、四は三の「エピトリトス」であり、四度の協和はこのエピトリトスにおいて成立する。したがって、「第四の数」[3]がピュタゴラス派のあいだで「永続せる自然の諸々の根を宿す源泉」と呼ばれていたのももっともなことである。

一〇　しかし、彼らが諸々の数に大きな力を配分していたということは、以上かなり例示的な仕方で述べてきたところから明らかである。このように言うのも、数に関して彼らが展開している議論は膨大なものであるから、目下のところは彼らの議論を長々と示すのは差し控えて、むしろ反論に着手することにしよう。その際に議論の出発点としては、一――あらゆる数の原理〔出発点〕であり、それが否認されるなら、数もまた存在しなくなるもの――を取り上げることにしよう。

一一　さてプラトンは、[4] どちらかと言えばピュタゴラス派的な仕方で、一についての思惟をわれわれに表明し、「一とは、それを離れては何ものも一つと呼ばれないものである」とか、「一とは、それを分有することによって、それぞれのものが一つと呼ばれ、また多と呼ばれるものである」[5] と述べている。なぜなら、例えば植物や動物や石は、一つと呼ばれるが、しかし、それに固有の説明原理によって一つであるわけではなく、むしろ一を分有することによって一つとして思惟されるのであり、そしてそれらはいずれも一そのものではないからである。一二　というのも、真の意味で一であるものは、植物でも動物でも石でもなく、また数えうる他のいかなるものでもない。なぜなら、もしも一が植物あるいは動物であるとすれば、必ずや植物でないものや動物でないものは一つとは呼ばれないことになるであろう。しかし、植物も動物も一つと呼ば

（1）「エピトリトス（ἐπίτριτος）」、「ヘーミオリオス（ἡμιόλιος）」、「ディプラシオーン（διπλασίων）」は、それぞれ文字どおりには「三分の一だけ（トリトス）追加した（エピ）」、「全体（ホロス）と半分の（ヘーミ）」、「二倍の」を意味する。

（2）マウがビュリーに従って補足する〈ἴσοις〉は読まない。

（3）マウが Mette に従って採用する τέταρτον を読んだが、諸写本の τέσσαρα を読むなら「四の数」となる。

（4）『論駁』第四巻一一―一三については、『論駁』第十巻二八五―二八七、『概要』第三巻一五六を参照。

（5）一と多の分有によるイデア論的説明に関しては、プラトン『パルメニデス』一二九Ｂ―Ｅを参照。

れているし、またほかにも無数のものが一つと呼ばれている。したがって、一は数えうるもののいずれでもなく、一三　むしろ数えうるもののそれぞれがそれを分有することによって一つとなり多となるものが、一なのである。その際、個物のそれぞれは、それ自体だけでは一つであり、集積すれば多である。しかしこの場合も、まさに多であるものは、多くのもの、例えば、多くの植物や、多くの動物や、多くの石のいずれでもない。なぜならそれらは、かの多を分有することによって多と呼ばれるのであって、多それ自体は、それらのうちには存在しないからである。

一四　ともかく、一のイデア［形相］は、プラトンの一派によって以上のようなものとして思惟されている。そこでわれわれとしては、次のような議論をここに付け加えて語ることにしよう。一のイデアは、個々の数えうるものとは別のものであるか、あるいは、一のイデアを分有するそれらのものといっしょに思惟されるかのいずれかである。しかし、一のイデアはそれ自体で成立しているわけではない――個々の数えられうるものとは別に、存在する一として思惟されるものは何もないのであるから。それゆえ残る選択肢は、一は、一を分有する諸々のもののあいだで思惟されるということになるが、しかしこれもまた行き詰まりに陥る。

一五　なぜなら、もしも数えられうる木材が、一を分有することによって一つであるとすれば、木材でないものは、一つと呼ばれることはないであろう。[1] しかし、先に示されたように、[2] 木材でないものも一つと呼ばれている。したがって、個々の数えられうるもののそれぞれが、それを分有することによって一つと呼ばれるような一は存在しない。

一六　さらにまた、多くのものによって分有されるものは、多であって、一ではないのであるが、しかるに数えられうるものは、多であって、無限に数の多いものである。それゆえ、数えられうるもののそれぞれは、一を分有することによって一つであるわけではないのである。

一七　かくして、[3]類的な人間（ある人たちが、「可死的で理性的な動物」[4]として思惟しているもの）は、ソクラテスでもなければプラトンでもなく――なぜなら、もしそうならば、他の人はだれも人間と呼ばれないであろう――、また、それ自身で成立しているのでもなければ、プラトンやソクラテスといっしょに成立しているのでもないのであるが――なぜなら、もしそうならば、類的な人間は、ある一人の人間として観察されていたことであろう――、ちょうどそのように、一もまた、個々の数えられうるものといっしょに成立するものとして思惟されることも、またそれ自体で成立するものとして思惟されることもないのであるから、そこからただちに、一は思考不可能であることになる。一八　そしてこれと同じことは、二についても、三についても、また長々と述べることはやめにして、一般的にすべての数についても語られなければならない。

また次のような議論を提起することも可能である。[5]それを分有することによって何かが一つと呼ばれる一のイデアは、一つのイデアであるか、あるいは、複数の一のイデアが存在するかのいずれかである。しかし、

(1) なぜなら、木材が一を分有することによって、他のものが分有しうる一はもはや存在しないことになるから（『論駁』第四巻一八を参照）。

(2) 『論駁』第四巻一一―一二。

(3) 『論駁』第四巻一七については『論駁』第十巻二八八―二九二を参照。

(4) この定義については『概要』第二巻二六を参照。

(5) 『論駁』第四巻一八―二〇については、『論駁』第十巻二九三―二九八、『概要』第三巻一五八―一六二、またプラトン『パルメニデス』一三一A―一三一Bも参照。

もしも一つのイデアであるとすれば、それは部分をもたないか、あるいは、多数の部分をもつかのいずれかである。しかし、もしも部分をもたないとすれば、それが多数のものによって分有されるということはない。というのも、分かりやすく教示するために、Aが一のイデア全体をもつとしてみよう。その場合には、Bは一のイデアを分有しないから、もはや一ではないであろう。一九　しかしまた、一のイデアは多数の部分をもち、したがって一のイデアを分有するものは多数ある、ということにもならない。というのも、その場合には第一に、それぞれのものは一のイデアを分有しているのではなく、それの部分を分有していることになるであろうし、また第二に、彼らによれば、一は不可分で、部分をもたないものとして思惟されているのである。

　他方、もしも複数の一のイデアが存在するとすれば、一つとして位置づけられる数えられうるもののそれぞれが、何か固有のイデアを分有しているように、Aが分有するイデアとBが分有するイデアも、そのいずれもがそれゆえに一と呼ばれるところの何か共通のイデアを分有しているか、あるいは、分有していないかのいずれかである[1]。二〇　そして、もしも共通のイデアを分有していないとすれば、またすべてのものが、イデアを分有することなしにそれぞれ一として位置づけられなくてはならなくなるだろう。しかしこれは彼らが望んでいるところではない。他方、もしも共通的なイデアを分有しているとすれば、最初の行き詰まりが持ち込まれることになるだろう[2]。というのも、どのようにして二つのものが一なるイデアを分有するのであろうか。

　さて、一についてはは以上のとおりであって、一が否認されたならば、すべての数が否認されたことになるのである。二二　しかしなお、われわれは、二に関する議論をも付け加えて語ることにしよう。というのも、ちょうどプラトンもまた、かつて『魂について』[3]の中で行き詰まり［難問］を表明していたように、一と一がいっしょになることによって二が成立するということも、行き詰まりを抱えているからである。というのも、ある一が別の一に並置されるとき、その並置によって何かが付け加わるか、あるいは、何かが取り除かれるか、あるいは、何かが付け加わることも取り除かれることもないかのいずれかである。二三　しかし、もしも何かが付け加わることも取り除かれることもないとすれば、ある一の別の一への並置によって二が存在することにはならないであろう。またもしも並置によって何かが取り除かれるとすれば、一と一からの減少が起こることになって、二は生じないであろう。他方、もしも何かが付け加わるとすれば、二つのものは、二にはならず、四になるであろう。なぜなら、付加的に生じる二と、一と、別の一とは、四つのものから成る数を構成するからである。したがって、二はまったく存在しないであろう。そして、同じ行き詰まりは、す

(1) マウが採用するハインツのテクスト修復に従って読んだが、諸写本（ビュリー採用）どおりに読むとすれば、一九節後半は、「他方、もしも複数の一のイデアが存在するとすれば、一つとして位置づけられる数えられうるもののそれぞれが——それが一つのものであれ、あるいは二つのものであって、その両方がそれぞれ一つとして位置づけられるのであれ——何か共通のイデアを分有しているか、あるいは、分有していないかのいずれかである」となる。

(2) 『論駁』第四巻一八を参照。

(3) 「魂について」は『パイドン』の副題で、セクストスは同書をつねにこの名で呼んでいる。具体的に指されているのは『パイドン』九六Ｅ－九七Ａの議論。『論駁』第四巻二一－二二については『論駁』第十巻三〇二－三〇四、三〇八－三〇九、『概要』第三巻一六四－一六六も参照。

べての数についても生じるであろうから、その結果この観点では、数はまったく存在しないということになる。

二三　しかしまた、数は、一の付加と除去によって思惟されるのであるから、明らかに、それらはいずれも不可能であるということをわれわれが論じるなら、数の成立もまた消失してしまうことであろう。そこで、まず手始めに除去について、例による教示を行ないながら論じることにしよう。二四　さて、存在すると想定された一〇から除去される一は、一〇全体から除去されるか、あるいは、残りの九から除去されるかのいずれかである。[1] しかし、われわれがこれから論じるように、一〇全体から除去されることもなければ、また次に教示するように、九から除去されることもない。したがって、何ものも、存在すると想定された一〇から除去されることはない。

というのも、もしもこの一〇全体から一が除去されるとすれば、一〇は、その部分をなす個々の一と別のものであるか、あるいは、それらの集積が一〇と呼ばれているかのいずれかである。二五　しかし、一〇は、個々の一と別のものではない。なぜなら、それら個々の一が否認されるなら、一〇もまた存在しないし、また一〇が否認されるなら、同様にして諸々の一ももはや存立しないからである。他方、もしも一〇が諸々の一と同じものであるとすれば、すなわち、もしも個々の一が一〇であるとすれば、明らかに、一〇から一の除去が行なわれる場合には、一は、それぞれの一から除去されることになり（なぜなら、個々の一が一〇であったのだから）、かくして、もはや一を取り除くのではなく、一〇を取り除くことになるであろう。したがって、一は一〇の全体から取り除かれることはない。

二六　しかしまた、一が残りの九から取り除かれるということも起こらない。というのも、どうして一が取り除かれた後でもなお、残りの九が完全なままであるということがあろうか[2]。しかし、もしも一は一〇全体からも取り除かれないし、また、残りの九からも取り除かれないとすれば、除去によってはいかなる数も成立しないのである。

二七　それにまた、もしも一が九から取り除かれるとすれば、それは九全体から取り除かれるか、あるいは、九の最後の一から取り除かれるかのいずれかである。そして、もしも一が九全体から除去されるとすれば、取り除かれるのは九であることになるだろう。なぜなら、それぞれの一から除去されるものは、個々の一が九つある以上、九という数を構成するからである。二八　他方、もしも除去が最後の一からなされるとすれば、まず第一に、最後の一は、部分のないものであるのに、可分的であるということが示されるであろう。しかしこれはおかしなことである。また第二に、もしも一が最後の一から取り除かれるとすれば、九はもはや完全なままでは残りえないであろう[3]。

二九　さらにまた[4]、もしも一が一〇から取り除かれるということが起こるとすれば、それが起こるのは、

(1)『論駁』第四巻二四—二八については『論駁』第九巻三一二—三一七、『概要』第三巻八九—九三を参照。除去一般の不可能については『論駁』第一巻一六二—一六四も参照。
(2)ところが実際には、一〇から一を取り除いた残りの九は完全なまま残っている。それゆえ、残りの九から一が除去されるということはない（『論駁』第九巻三一五、『概要』第三巻九二を参照）。
(3)しかし一〇から一が除去された後、九はなお完全なまま残っている（『論駁』第九巻三一七を参照）。
(4)『論駁』第四巻二九—三〇については『論駁』第九巻三一八—三一九を参照。

存在している一〇からであるか、あるいは、存在していない一〇からであるかのいずれかである。しかし、存在している一〇から起こることないであろう。というのも、一〇がそのままとどまっているあいだは、一〇としてのそれからは何ものも除去されえないからである――なぜなら、除去されるならもはや一〇ではなくなるであろうから。また、存在していない一〇から起こることもないであろう。三〇　というのも、自然本来のあり方として、存在しないものからは何ものも取り除かれることはないからである。そして、存在するか、存在しないかのほかには、何も思惟することはできない。したがって、何ものも一〇から取り除かれることはない。

さて、除去によってはいかなる数を思惟することも不可能であるということは、以上の議論から示された。三一　他方、付加によってもそれが不可能であるということは、除去の場合と類比的な行き詰まりを続いて取り上げることによって、容易に示すことができる[1]。というのも、この場合も、もしも一が一〇に付加されるとすれば、付加は一〇の全体に起こると言うべきであるか、あるいは、一〇の最後の部分に起こると言うべきであるかのいずれかである。しかし、もしも一が一〇の全体に付加されるとすれば、一〇全体は、その部分をなす個々の一のすべてといっしょに思惟されるのであるから、一の付加は個々の一のすべてに起こるのであって、それは一〇の付加であることにならなければならないであろう。しかしこれはおかしなことである。三二　なぜなら、一の付加に伴って、一〇が二〇になるということが結果してくることになるが、それはありえないことだからである。したがって、一は一〇の全体に付加されると言うべきではない。しかしまた、一〇の最後の部分に付加されると言うべきでもない。なぜならその場合には、一〇は増大することに

郵便はがき

料金受取人払

左京局
承認

9100

差出有効期限
平成17年
12月31日まで

606-8790

（受取人）

京都市左京区吉田河原町15-9 京大会館内

京都大学学術出版会

読者カード係 行

■ご購読ありがとうございます。このカードは図書目録・新刊
ご案内のほか、編集上の資料とさせていただきます。お手数
ですが裏面にご記入の上、切手を貼らずにご投函ください。

手数ですがお買い上げいただいた本のタイトルをお書き下さい。

書についてのご感想・ご質問、その他のご意見など、ご自由にお書きください。

名前

（　　　歳）

自宅住所

職業

■ご勤務先・学校名

属学会・研究団体

購入の動機

店頭で現物をみて　B. 新聞広告（紙名　　　）

雑誌広告（誌名　　　）　D. 小会図書目録

小会からの新刊案内（DM）　F. 書評（　　　）

人にすすめられた　H. テキスト　I. その他

購入書店名　都道府県　市区町　書店

京都大学学術出版会 TEL (075)761-6182
FAX (075)761-6190

ならないであろう。というのも、一つの部分の増大が、ただちにまた一〇全体の増大にもなるというわけではないからである。

三三　また最後に、一般的に言って、一は、とどまっている一〇に付加されるか、あるいは、とどまっていない一〇に付加されるかのいずれかである。しかし、とどまっている一〇に付加されることはけっしてないだろう。なぜなら、その場合にはもはや一〇にとどまってはいないであろうから。(2) また、とどまっていない一〇に付加されることもないだろう。というのも、そもそもとどまっていないなら、それに付加が起こるということもまた、まったくありえないからである。

三四　しかし、もしもわたしが語ったように、(3) 数は付加および除去によって成立するものとして思惟されるのであれば、そしてわれわれは、それらがいずれも存在しないことを教示したとすれば、数はまったく存在しないと言わなければならない。そこで、幾何学者たちと数論者たちに対しても、われわれはこれだけの量の行き詰まりの諸議論を詳述してきたのであるから、次にはまた別の出発点から、学者たちへの反論に取りかかることにしよう。

(1)『論駁』第九巻三二一―三二七、『概要』第三巻九四―九六では、『論駁』第四巻二一―三二と若干異なる仕方で、付加に対する反論が展開されている。

(2) 底本の μένει ではなく、μενεῖ (Blomqvist) を読む。

(3)『論駁』第四巻二三。

第五巻

星学者たちへの論駁

一　星学（アストロロギアー）、あるいは数学（マテーマティケー）[1]について探求することが、目下の課題である。ただし数学といっても、数論と幾何学から構成されている完全な数学のことではなく（というのも、これらの諸学問を事とする人たちに対しては、われわれはすでに反論を行なったのであるから）、またエウドクソス[2]やヒッパルコス、および同類の人たちの一派が従事している予言的な能力――ある人たちが「天文学（アストロノミアー）」とも呼んでいるもの――のことでもなく　二　（というのも天文学は、農業や航海術のように[3]、諸々の現われの観察であって、それに基づいて、旱魃や大雨、疫病や地震、また天の穹窿における他の同種の諸変化を予言することができるからである）、むしろ誕生占星術（ゲネトリアーロギアー）[4]、すなわち、カルデア人たちがより荘厳な名前で美化し、自分たちは「数学者（マテーマティコス）」であり「星学者（アストロロゴス）」であると宣言している学問のことである[5]。彼らは、実生活をさまざまの仕方で横柄に見下し、われわれに向かって大きな迷信の防壁を築き、われわれが正しい理性に従って活動するのをまったく許さないのである[6]。三　そしてこのことは、われわれが少しばかり遡って、彼らの考察方法に寄与している諸要素をあらかじめ取り上げてみれば知られるところであろう。ただし、われわれの説明は、どちらかと言えばざっと目を通すだけの概略的なものとなるだろう。というのも、正確なところは、この学問を専門としている人たちに任せておくこととして、われわれとしては、それなしではカルデア人たちへの反論に乗り出すことのできない諸点を指摘すれば十分だからである。

四　さて、地上の出来事は天界の出来事と共感しており(7)、地上の出来事は天界の出来事からの諸々の流出

(1)「アストロロギアー」「マテーマティケー」という呼び方については補註bを参照。また『論駁』第一巻七七および四五頁註（1）も参照。

(2) エウドクソスは、誕生時の星の配置に基づいてその人の未来を予見できるとする占星術の主張を斥けた（キケロ『占いについて』第二巻四二－八七）。

(3) 農業や航海術がもつ予言の力については、『論駁』第八巻二六九－二七〇、キケロ『占いについて』第一巻五〇－一一二、アラトス『星辰譜（天文現象）』七四〇－七七七などを参照。

(4)「誕生占星術」と訳した「ゲネトリアーロギアー」については『論駁』第五巻二七－二八、プトレマイオス『アポテレスマティカ（テトラビブロス）』第三巻一－四 pp. 166-179 (Hübner)、また補註bを参照。占星術師たちに対する批判については、キケロ『占いについて』第二巻四二－八七－八八、タキトゥス『同時代史』第一巻二二などを参照。

(5) 技術を区分して反論の対象を限定する論法については、『論駁』第一巻四九および三一頁註（4）を参照。

(6) 実生活での観察に従う活動については、『概要』第一巻二三－二四を参照。

(7)「共感（*συμπάθεια*）」とはストア派の思想で、宇宙内のすべての存在は、宇宙全体に行き渡っているプネウマ（気息）によって相互に関係づけられており、何ものも他のものと切り離されて単独に、ある属性をもつことはありえないとする考え方である。

に従って、その都度新たにされていく――

　　なぜなら、地上に生を享けた人間たちの思いは、
　人々と神々の父なる方がもたらす日々のようなものであるから[1]――

という前提に立って、**五**　天の穹窿へと余計な穿鑿の目を向けてきたカルデア人たちは[2]、実生活において生じてくる一つ一つの事象が実現するための作用的な諸原因については、七つの星が[3]その原理を保持し、他方、補助的原因の働きは、獣帯の諸部分が果たしていると主張している。ところで、われわれが教えられているように、彼らはこの獣帯の円を一二の宮（ゾーディオン）[4]に分け、そして各宮を三〇の部分［度］に分け（さしあたっては、これで彼らの見解に合致しているものとされたい）、また各部分を六〇のレプトン［分］に分けている。というのもこのように、部分をもたない最小のものを彼らは呼んでいるのである。

六　彼らは[5]、諸宮のうち、いくつかの宮を「男性宮」、他の宮を「女性宮」と呼び、またいくつかの宮を「双体宮」、他の宮を「非双体宮」と呼び、また、いくつかの宮を「変動宮」、他の宮を「不動宮」と呼んでいる[6]。**七**　このうち、「男性宮」、「女性宮」というのは、それぞれ、男児の誕生と女児の誕生に対して補助原因的な自然本性をもつ宮である。すなわち、「白羊」は男性宮であり、「金牛《きんぎゅう》」は彼らの主張によれば女性宮、「双子《そうし》」は男性宮であり、また残りの宮も同様の類比関係によって交互に、ある宮は男性宮、別の宮は女性宮に配される。**八**　わたしが思うに、ピュタゴラス派もここから触発されて、一を「男性」と呼び、二を「女性」と呼び、そして三をふたたび「男性」と呼び、また偶数と奇数の残りのものも類比的な仕方で呼んでいるのであろう。**九**　またある人たちは、それぞれの宮を「一二分の一部分（ドーデカテーモリオン）[7]」

に分けた上で、ほとんど同じ方法を採用して、例えば、白羊の場合には、それの最初の一二分の一部分を「白羊」で「男性」と呼び、第二の部分を「金牛」で「女性」と呼び、第三の部分を「双子」で「男性」と呼んでいる。また他の諸部分についても同じことが言える。

（1）ホメロス『オデュッセイア』第十八歌一三六－一三七。セクストス『概要』第三巻二四四、またアウグスティヌス『神の国』第五巻八（＝キケロ『運命について』断片三）も参照。

（2）『論駁』第五巻五＝ヒッポリュトス『全異端派論駁』第五巻一三-三－四。『論駁』第五巻を通じて、ヒッポリュトス『全異端派論駁』第四巻および第五巻一三と酷似した議論が認められ、ヒッポリュトスがセクストスに依拠していると考えられる。以下「＝ヒッポリュトス『全異端派論駁』」として註記する。

（3）太陽、月、火星、水星、木星、金星、土星の七曜星。

（4）「獣帯の諸部分（一二の宮 ζῴδιον）」については、補註cを参照。

（5）『論駁』第五巻六－九＝ヒッポリュトス『全異端派論駁』第五巻一三-五－七。

（6）宮の種類については補註dを参照。

（7）「一二分の一部分（δωδεκατημόριον）」については、プトレマイオス『アポテレスマティカ（テトラビブロス）』第一巻二二 pp. 81-82 (Hübner)、マニリウス『天文誌』第二巻六九三－七二一を参照。「一二分の一部分」の導入により、同じ宮のもとに誕生した子どもでも、さまざまに異なる性格をもつことが説明される。各宮の一二分の一部分をプトレマイオスは「場（τόπος）」とも呼んでいるが、しかし「場（τόπος, locus）」は、占星術ではむしろ「家」を指すのに用いられていた。「家」については補註eを参照。また各宮それ自体も、獣帯の一二分の一部分に相当するところから「一二分の一部分」と呼ばれていた（『論駁』第五巻二六、八三、ゲミノス『天文現象入門』第一章一を参照）。

一〇　また彼らが「双体宮」と呼んでいるのは[1]、「双子」と、その衝[2]にあたる「人馬」、および「処女」と「双魚《そうぎょ》」であり、「非双体宮」と呼んでいるのは残りの諸宮である。一一　また「変動宮（トロピコン）」というのは、太陽がその位置に達したときに方向を転換して、天の穹窿の諸々の変動（トロペー）を引き起こす宮であり、そのような宮としては、例えば「白羊」と、その衝にあたる宮である「天秤」、および「磨羯《まかつ》」と「巨蟹《きょかい》」がある。なぜなら、白羊において春の変動が、磨羯において冬の変動が、巨蟹において夏の変動が、そして天秤において秋の変動が生じるからである。[3]また「不動宮（ステレオン）」としては、「金牛」とその衝にあたる宮——すなわち「天蠍《てんかつ》」——、および「獅子」と「宝瓶《ほうへい》」を彼らは想定している。

一二　しかしながら[4]、これらすべてのうちで、諸々の巡り合わせの実現に向けていずれの誕生をも支配し、またとりわけそれに基づいて彼らが予言を行なうところの宮は、彼らの主張では数にして四つある。彼らはその四つを、共通の名前としては「中心（ケントロン）」[5]と呼び、またより固有の名前としては、それぞれ「時の見張り（ホーロスコポス）」、「天頂（メスーラネーマ）」[6]、「入没するもの（デューノン）」、「地の下（ヒュポ・ゲーン）」で「天底（アンティメスーラネーマ）」[7]と呼んでいる。このうち最後のものは、それ自体がまた「天頂」でもある。一三　ところで、「時の見張り」とは、誕生が完結したその時にちょうど昇ってくる宮であり、「天頂」とは、「時の見張り」自体も含めてそこから四番目の宮であり、「入没するもの」とは、「時の見張り」の衝にあたる宮であり、そして「地の下」で「天底」とは、「天頂」の衝にあたる宮である。例えば（例を挙げれば明らかになるであろう）、巨蟹が「時の見張り」にあたるときには、白羊が「天頂」に位置し、磨羯は「入没」し、天秤は「地の下」にある。

一四　そしてまた彼らは、[8]それら「中心」のそれぞれに先行する宮を「離傾（アポクリマ）」と呼び、後続する宮を「次昇（エパナポラー）」と呼んでいる。[9]　一五　さらにまた彼らは、「時の見張り」にあたる宮のすぐ前に昇り、げんに現われているものは「悪しき神霊（カコス・ダイモーン）」の宮であると言い、その次のもの、すなわち、「天頂」の後に続くものは「善き神霊（アガトス・ダイモーン）」の宮と呼び、また、「天頂」に

（1）『論駁』第五巻一〇－一一＝ヒッポリュトス『全異端派論駁』第五巻一三－八－九。「双体宮」は「共通宮」とも呼ばれるもの。ここではギリシア語原語「ディソーモン（*δίσωμον*）」――「二つの身体の」を意味する――に近い「双体宮」を採用する。

（2）「衝（*διάμετρον*）」は「星相（アスペクト）」の一つ。「星相」については補註f（v）と別表Ⅶを参照。

（3）それぞれ春分、冬至、夏至、秋分に相当する。補註dを参照。

（4）『論駁』第五巻一二－一九で説明される四つの「中心」を含む一二の「家」と、それらの位置関係については、補註eおよび別表Ⅳを参照。

（5）「中心」は「角の家」とも呼ばれるもの。「ホーロスコポス（*ὡροσκόπος* 時の見張り）」は、今日の「ホロスコープ」の語源。古代ギリシアにおいては、占星術におけるいわゆる「第一の家」を指していた。残りの「中心」は第四、第七、第十の家に相当する。補註eを参照。

（6）「天頂」と訳した「メスーラネーマ（*μεσουράνημα*）」は、文字どおりには「中天」の意。本訳では「天頂」に統一する。

（7）「天底」と訳した「アンティメスーラネーマ（*ἀντιμεσουράνημα*）」は、文字どおりには「対（アンティ）中天（メスーラネーマ）」を意味し、天頂の対極に位置する天球上の点。

（8）『論駁』第五巻一四－一九については別表Ⅳを参照。

（9）「離傾」と訳した「アポクリマ（*ἀπόκλιμα*）」は、「下降の家」あるいは「終わりの家」と呼ばれる家（補註eにおける第三、第六、第九、第十二の家）、また「次昇」と訳した「エパナポラー（*ἐπαναφορά*）」は、「中央の家」あるいは「後続の家」とも呼ばれる家にあたる（第二、第五、第八、第十一の家）。

先行するものは「下方部分（カトー・メリス）」で「単一部分（モノモイリアー）」で「男神（テオス）」であると言い、また、「入没」に向かって進むものは「不活動（アルゴン）」の宮、また「死の始まり（アルケー・タナトゥー）」と呼び、一六 「入没」の次に位置していて、現われていないものは、「報復（ポイネー）」で「悪しき運（カケー・テュケー）」と呼び（これは「悪しき神霊」の衝にあたる）、また「地の下」に向かって進むものは「善き運（アガテー・テュケー）」と呼び（「善き神霊」の衝である）、一七 また、上昇点に向かって「天底」から離れていくものは「女神（テアー）」と呼び（「男神」の衝）、そして「時の見張り」へと昇っていくものは「不活動」と呼んでいる（これはまた「不活動」の衝である）。

一八 あるいは、より簡潔な言い方をするとすれば、「時の見張り」にあたる宮の「離傾」は「悪しき神霊」と呼ばれ、そして「次昇」は「不活動」と呼ばれる。同様にして、「天頂」の「離傾」は「男神」、そして「次昇」は「善き神霊」、一九 また同じ仕方で「天底」の「離傾」は「女神」、そして「次昇」は「善き運」、同じく「入没するもの」の「離傾」は「悪しき運」、そして「次昇」は「不活動」と呼ばれる。

二〇 そして彼らは、自分たちがこうしたことを綿密に調べるのは余計な穿鑿ではないと考えている。というのも彼らは、星々は「中心」において観察される場合と、「次昇」あるいは「離傾」において観察される場合とでは、災いをもたらす、あるいはもたらさないという点で同一の力をもつのではなく、ある場所ではその力はより強く働き、別の場所ではより無力になると考えているからである。[1]

二一 またカルデア人の中には、人体の各部分を獣帯一二宮の各々に、それと共感するものとして帰属させる人たちがいた。[2] というのも、彼らは頭を「白羊」、首を「金牛」、両肩を「双子」、胸を「巨蟹」、側胸部を「獅子」、臂部を「処女」、二二　わき腹を「天秤」、陰部と子宮を「天蠍」、太腿を「人馬」、膝を「磨羯」、脛を「宝瓶」、足を「双魚」と呼んでいるからである。ただしこの場合も、何の目的もなしにこのように呼んでいるわけではなく、誕生に際して災いをもたらす星々［凶星《きょうせい》］のいずれかがこれらの宮のいずれかのうちにやってくる場合には、その宮と名前を同じくする身体部位に損傷をもたらすという理由によるのである。

さて、獣帯の円のうちにあるものの自然本性については、以上のこと(3)が、かなり要約的な仕方であるが示されたものとされたい。二三　そこで次に、それらのものの分割についても説明しておくことは場違いなことではない。すなわち、獣帯の諸星座（ゾーディオン）の観測は、それらに固有の形態に則して行なわれるのではなく、むしろ散在する七つの星の観察によって行なわれるために、彼らは問題にぶつかり、円の全体を

---

(1) 七曜星がもつ力については、『論駁』第五巻二九―四〇、プトレマイオス『アポテレスマティカ（テトラビブロス）』第一巻四 pp. 22-25 (Hübner)、ウェッティウス・ヴァレンス『アントロギアエ』第一巻一 p. 1, 4-p. 5, 2 (Pingree) などを参照。またこうした考えに対する批判としては、プロティノス『エンネアデス』第二エンネアス三―一―六を参照。

(2) いわゆる占星医術の立場。『論駁』第五巻二一―二二については、マニリウス『天文誌』第二巻四五三―四六五、第四巻七〇一―七〇九、ウェッティウス・ヴァレンス『アントロギアエ』第二巻三七 pp. 104-105 (Pingree)、フィルミクス・マテルヌス『マテーシス』第二巻二四、パウロス（アレクサンドレイアの）『エイサゴーギカ』二 p. 10 (Boer) などを参照。獣帯一二宮の先頭の白羊宮は必ず頭に、最後の双魚宮は足に割り当てられるが、胴体部分の位置づけは人によって少々異なっている。こうした獣帯一二宮と人体部位の関係づけの背後に存していた宇宙的共感（シュンパテイア）の思想については、『論駁』第五巻四および二七一頁註（7）を参照。

(3) 『論駁』第五巻六―一二。

一二の部分に分割することに思い至ったのである。[1]二四　というのも、彼らはその方法を示して次のように語っているからである——古の人たちは、[2]獣帯の円のうちにある星々のうち、どれか一つ明るい星が昇ってくるのを観察すると、次には、孔を開けた甕を水で満たし、同じ星がふたたび昇ってくるまで、水が甕の下に置かれた別の容器の中に流れ落ちるにまかせた。[3]そして彼らは、同じ星座から同じ星座までのあいだに円は一回転していると推定した上で、二五　もう一度今度は、流れ落ちた水の一二分の一をとって、その水が流れ落ちるのに要した時間を調べた。というのも彼らの主張によれば、円の一二分の一の部分が昇ってくるのに要した時間もちょうどそれと同じであり、そして、「円のうちの上昇した部分」対「円全体」の比は、「流れた水の部分」対「水の全量」の比に等しいからである。[4]二六　この上昇比——わたしが意味しているのは、「一二分の一部分（ドーデカテーモリオン）[5]」のことである——に基づいて、彼らは最終的な境界を引いたが、その際に彼らが起点としたのは、ちょうどその時刻に観測される、よく見える一つの星か、あるいは、同じ時刻に昇ってくる北寄りあるいは南寄りに位置する星々のうちのいずれかであった。そして彼らは同じことを、その他の「一二分の一部分」についても行なった。

　彼らが獣帯の円をこれだけの数の部分に分ける方法は、以上のようなものである。二七　そして、それぞれの誕生時における「時の見張り」を最初に観察するために用いてきた方法であると彼らが言っているのも、これと類比的な方法であると思われる。というのも彼らが言うには、夜間であれば、カルデア人はどこか山の高い尾根に腰掛けて天体観察を行ない、一方、別のカルデア人が、陣痛の女が出産を終えるまで彼女に付き添い、二八　そして彼女が生み終えるやいなや、彼はドラを叩いて尾根にいる者に合図を送った。すると尾根にいる者はそれを聞いて、自分の方でも、昇りつつある宮を「時の見張り」にあたる宮として記録した。また昼間であれば、時計[6]と太陽の動きに注目したのである。

二九　獣帯の諸宮については以上述べたとおりである。他方、諸々の星に関しては[7]、彼らは、そのいくつ

（1）『論駁』第五巻五で言及されていた一二宮への等分割。一二の星座はそれぞれ形も大きさも異なるため、正確な天体観測のためには獣帯の円を三〇度ずつの一二宮に分割する必要があった。原語「ゾーディオン（ζῴδιον）」は「星座」をも「宮」をも意味しうる。補註cを参照。

（2）セクストスではほかに用例のない *οἱ πάλαι* ではなく、S写本の *οἱ παλαιοί*（Blomqvist）を読む。ここで「古の人たち」と呼ばれているのはカルデア人のことである（『論駁』第五巻五を参照）。『論駁』第五巻二四—二六で説明されている方法については、プロクロス『天文学諸仮説の概要』第四章七三—七七、マクロビウス『スキピオの夢への注釈』第一巻二一-九—一二を参照。後者は、その創案をエジプト人に帰している。

（3）水時計の装置。

（4）水の流れの一定性の問題については『論駁』第五巻七五を参照。またプトレマイオス『アポテレスマティカ（テトラビブロス）』第三巻三-二 p. 173, 130-132（Hübner）も参照。

（5）「一二分の一部分（ドーデカテーモリオン）」は、ここでは獣帯の各部分を指す。『論駁』第五巻九および二七三頁註（7）を参照。

（6）原語「ホーロスコピオン（*ὡροσκόπιον*）」は日時計も水時計も意味する。この場合はおそらく前者であろう。プトレマイオス『アポテレスマティカ（テトラビブロス）』第三巻三-一—二 p. 173, 126-132（Hübner）を参照。

（7）『論駁』第五巻五で言及された七つの星。なお『論駁』第五巻二九については、プトレマイオス『アポテレスマティカ（テトラビブロス）』第一巻五 p. 26、第二巻九-五—一八 pp. 136-142（Hübner）、ウェッティウス・ヴァレンス『アントロギアエ』第二巻一 pp. 54-55（Pingree）、パウロス（アレクサンドレイアの）『エイサゴーギカ』六 p. 18, 12-p. 19, 20（Boer）などを参照。

かは福をもたらす吉星《きっせい》であり、いくつかは災いをもたらす凶星であり、またいくつかは共通的な星であると主張している。例えば、ゼウスの星［木星］とアプロディテの星［金星］は吉星であり、アレスの星［火星］とクロノスの星［土星］は凶星であり、ヘルメスの星［水星］は共通的な星である。というのも、ヘルメスの星は、吉星と共にあるときには吉星であり、凶星と共にあるときには凶星であるからである。三〇　しかし別の人たちは、同じ星でも位置関係の変化によって、ある時には吉星として、別の時には凶星として存立すると考えている。[1] というのも、宮との関係や、他の星々に対する星相[2]との関係によって、凶星必ずしも凶星ではないし、吉星必ずしも吉星ではないからである。

三一　もっとも彼らは[3]、七つの星のうちで、太陽と月は統轄するものであり、他方、諸々の巡り合わせの実現に対して残り五つの星がもつ力は、これら二つがもつ力よりも小さいと考えている。それゆえにエジプト人は、太陽を王と右目に、月を女王と左目に譬え[4]、また五つの星を役人たちに、その他の諸恒星を残りの民衆に譬えたのである。三二　また彼らは、五つの星のうち、クロノス［土星］とゼウス［木星］とヘルメス［水星］は太陽と協和し、それを補佐するものであって「昼の星」とも呼ばれており——なぜなら、それらが補助する太陽は、昼に生まれた者たちを支配しているから——、他方、アレス［火星］とアプロディテ［金星］は月と協和し、それを補佐するものである[5]、と主張している。

三三　さらに彼らの主張によれば、同じ星でも、その力がより大きくなることがあるが、それは、自分に固有の「宿《しゅく》」[6]、あるいは「昂揚《こうよう》」[7]、あるいは「区界」[8]のうちに位置している場合であるか、あるいは、ある星々が他の星々によって「護衛されている」[9]場合であるか、あるいは、互いに「眺め合い」[10]、また互いにある「星相」に立っている場合であるか、あるいは、「中心」に位置する場合である。

(1)『論駁』第五巻三〇については、セクストス『論駁』第五巻三二―四〇、プトレマイオス『アポテレスマティカ（テトラビブロス）』第一巻七―八 pp. 28-30、第二巻九-一九―二三 pp. 142-144 (Hübner)、ウェッティウス・ヴァレンス『アントロギアエ』第一巻一 p. 5, 3-8 (Pingree)、フィルミクス・マテルヌス『マテーシス』第二巻二〇-三―一三を参照。プトレマイオスは、こうした要素の複雑な結びつきを数えつくすことは不可能であるから、このような問題は「数学者」に任せるべきであると言っている。この場合の「数学者」とは占星術の専門家のことである（『論駁』第五巻一および補註bを参照）。

(2)「星相（σχηματισμός アスペクト）」については補註f(v)と別表VIIを参照。

(3)『論駁』第五巻三一―三二については、プトレマイオス『アポテレスマティカ（テトラビブロス）』第一巻七-一一―一二 pp. 28-29、第二巻九-一―二 p. 134, 677-p. 135, 689 (Hübner)、ウェッティウス・ヴァレンス『アントロギアエ』第二巻一 pp. 54-55 (Pingree)、パウロス（アレクサンドレイアの）『エイサゴーギカ』六 p. 18, 12-p. 19, 20 (Boer) を参照。これらの中ではセクストスと異なり、ヘルメスは昼と夜という点でも「共通的な星」とされている。

(4)この譬えについては、ウェッティウス・ヴァレンス『アントロギアエ』第一巻一 p. 1 (Pingree) を参照。

(5)「アレス[火星]とアプロディテ[金星]は月と協和し、それを補佐するものである」の部分は、ベッカーによるテクストの補足である。

(6)「宿」については補註f(i)および別表Vを参照。

(7)「昂揚」と三五節の「失墜」については補註f(ii)および別表VIを参照。

(8)「区界」については補註f(iii)を参照。

(9)「護衛」については補註f(iv)を参照。

(10)星同士の「眺め合う（ἐπιβλέπειν）」関係については、『論駁』第五巻三九、プロティノス『エンネアデス』第二エンネアス三-一を参照。また「眺め合う」関係は、宮同士の位置関係についても語られていた（プトレマイオス『アポテレスマティカ（テトラビブロス）』第一巻一六 pp. 55-56 (Hübner)、パウロス（アレクサンドレイアの）『エイサゴーギカ』八 pp. 21-22 (Boer) を参照）。

三四　また彼らによると、太陽の宿は獅子であり、月の宿は巨蟹であり、クロノス〔土星〕の宿は磨羯と宝瓶であり、ゼウス〔木星〕の宿は人馬と双魚であり、アレス〔火星〕の宿は白羊と天蠍であり、アプロディテ〔金星〕の宿は金牛と天秤であり、ヘルメス〔水星〕の宿は双子と処女である。

三五　他方、彼らが星々の「昂揚」と呼び、また同じく「失墜」と呼んでいるのは、星がその中にあるときには歓喜し、あるいは、わずかの力しかもたない宮のことである。すなわち、星は「昂揚」の中では歓喜し、「失墜」の中ではわずかの力しかもたないのである。三六　例えば、太陽の昂揚は白羊――正確には白羊の第十九度[1]――、失墜はその衝にあたる宮であり、また月の昂揚は金牛、失墜はその衝にあたる宮であり、クロノスの昂揚は天秤、ゼウスの昂揚は巨蟹、アレスの昂揚は磨羯、アプロディテの昂揚は双魚、ヘルメスの昂揚は処女である。そしてそれらの失墜は、わたしが述べたように、それぞれの昂揚の衝にあたる宮である。

三七　彼らが各宮の中で星々の「区界」と呼んでいるのは、それぞれの星が何度から何度までのあいだで最大の力をもつかという、その範囲のことである。これらの区界については、彼らのあいだでも、また表相互のあいだでもささいでない食い違いが生じている[2]。

三八　星が「護衛されている」と彼らが言うのは、諸々の宮との繋がりの中で、ある星が他の星々の中間にある場合である。例えば、もしも同じ宮の中で、一つの星が最初のいくつかの部分〔度〕を占め、別の星が最後のいくつかの部分を占め、また別の星が中間のいくつかの部分を占めるならば、中間にある星は、両端の部分を占める星によって「護衛されている」と言われる。

三九　星々が、互いに「眺め合い」、互いに「協和している」と言われるのは、三分《さんぶん》や矩《く》の現われ方をするような場合である(3)。星と星が、三分の星相に立って互いを眺めやるのは、それらの中間の隔たりを三つの宮にわたってもつ場合であり、矩の星相に立つのは、二つの宮にわたってもつ場合である。四〇　そして、凶星が吉星と三分の星相に立つときには、よい働きをもたらすものとなり、また非常な大吉星になるけれども、好意的な星が吉星と三分の星相に立つときにはたんに好意的なままであり、また凶星が凶星と三分の星相に立つときにも凶星のままであると思われ、他方、矩の星相の場合には、これと反対であると思われている。

また、「中心上の星（エピケントロス）」と呼ばれるのは、いずれかの「中心（ケントロン）(4)」、すなわち「時の見張り」あるいは「天頂」あるいは「入没」あるいは「天底」上にあるのが観測される星である。

四一　しかしとにかく、以上の事柄が、このようにわれわれによって大雑把で概略的な仕方で説明されたところで(5)、まずもって認識しておかねばならないことは、カルデア人たちはそれらから出発して、諸々の巡

(1) 宮をさらに細かく分けた「部分（度）」については、『論駁』第五巻五を参照。
(2) 『論駁』第五巻二七後半―三九＝ヒッポリュトス『全異端派論駁』第四巻一・一―二。「表」については補註f(iii)を参照。
(3) それぞれ「星相」の一種である。「星相」については補註f(v)および別表Ⅶを参照。
(4) 「中心（ケントロン）」については補註eを参照。
(5) セクストスの説明の概略的性格については『論駁』第一巻九三、第五巻二、第九巻一九五、『概要』第一巻二一などを参照。

り合わせの予言を行なっているということである。しかし、こうした巡り合わせのあいだには違いが存在する。というのも、あるものは比較的単純であるが、別のものはより精密なものだからである。比較的単純な巡り合わせというのは、一つの宮によって、あるいは一つの星の単純な力によって生起してくること――例えば、この星がこの宮のうちにいるときには、人々をかくかくの性格の者にするといったこと――である。

四二 他方、より精密な巡り合わせというのは、同時発生によって、すなわち彼ら自身の言うところによれば、複数の要因の混合によって、生起してくること――例えば、「もしもこの星が時の見張りに立ち、この星が天頂にあり、この星が天底にあり、またその他の星がかくかくの位置にあるとすれば、こういう結果が起こってくるであろう」といったこと――である。

四三 カルデア人たちの考究方法の特徴は、以上のようなものであると思われる。そこで、この与えられた説明に基づいて、提示される諸反論をたどることは簡単である。

実際、ある人たちは、(1) 比較的荒っぽい仕方で、地上の出来事は天界の出来事とまったく共感していないということを教示しようと試みている。**四四** すなわち、天の穹窿は、人間の身体のような仕方で統一されているのではない。それゆえ、身体の下方部分が頭と共感し、(2) 頭が下方部分と共感しているようには、地上の出来事は天上の出来事と共感していないのであり、むしろそれらのあいだには、何らかの相違と非共感性が存している。というのも、それらは同じ一つの統一性をもっているわけではないからである。

四五 また別の人たちは、運命に関する議論をも持ち出している。すなわち、もしもすべての物事が運命に従って生起するわけではないとすれば、運命に従って生起することを主張するカルデア人の考究方法は存

在しないのである。(3)

また少なからぬ人々が次の問題をも提起してきた。**四六**　生起してくる諸々の物事のうちにあって、あるものは必然的に生じ、あるものは偶然的に生じ、またあるものはわれわれに起因して生じてくるのであるから、(4)もしもカルデア人たちが目指している予言が成立可能なものであるとすれば、必ずや彼らは、必然的に生じる物事について予言を行なうか、あるいは、偶然的に実現する物事について行なうか、あるいは、われわれに起因する物事について行なうかのいずれかであるだろう。**四七**　そして、もしも必然的に生じる物事について予言を行なうとすれば、彼らの予言は実生活において無益なものである。なぜなら、必然的に結果してくるものは回避することができず、われわれがそれを欲しようが欲しまいが、そうしたことは実現しな

---

(1) 具体的に誰であるかは不明。共感については『論駁』第五巻四および二七一頁註(7)を参照。

(2) 『論駁』第五巻四四後半＝ヒッポリュトス『全異端派論駁』第四巻一-二。

(3) 運命論・決定論の立場に立つストア派は、パナイティオスを例外として(キケロ『占いについて』第二巻四二-八八)、占星術を信じていた。これに対して、エピクロスや同派のルクレティウスは、運命論・決定論を斥け、自由意志の存在を擁護する立場から、原子の「逸れ」の理論を展開した(ディオゲネス・ラエルティオス『哲学者列伝』第十巻一三四、ルクレティウス『事物の本性について』第二巻二五一―二九三、キケロ『運命について』一〇-二二―二三)。ストア派の運命論に対しては、また懐疑派のアカデメイアからの批判も行なわれていた。ストア派の運命理論についてはキケロ『運命について』一〇-二〇―二一を、アカデメイアのカルネアデスによるストア派批判については同書一一-二三―一二-二八、一四-三一を参照。

(4) 「われわれに起因して生じてくるもの」については『論駁』第二巻一〇四を、また同様の三分類については、ディオゲネス・ラエルティオス『哲学者列伝』第十巻一三三を参照。

ければならないのである。しかるに、予言が必要となるのは、それが結果の回避策をもっている場合に限られるであろう[1]。他方、もしも偶然的な物事について予言を行なうとすれば、彼らは何か不可能なことを公言していることになる。というのも、偶然的に生じる物事には定まりがなく、そして定まりがなく別の時には別の仕方で実現する物事については、確定的な予言を行なうことは不可能だからである。**四八**　したがって残る選択肢は、われわれに起因して生じる物事について彼らは予言を行なうということである。しかしこれもまたありえない。というのも、実現するか否かがわたし次第であり、あらかじめ具えられた原因が最初から存在するわけではないものについては、だれも予言をすることはできないであろうから。したがって、カルデア人たちが目指している予言は成立可能なものではないのである。

四九　さて大多数の人たちは、こうしたいくつかの小競り合いによって、カルデア人たちの考究方法を否認しようと試みている。しかしわれわれは、いつもどおりの批判の方式に従い、彼らの考究方法の諸原理であり、いわば構成要素であるものを揺り動かしたならば、残りの諸規則の体系もそれらといっしょに斥けられたことになるのを見出すであろう[2]。

五〇　さて[3]、カルデア人たちの考究方法の原理であり、いわば土台[4]となるのは、「時の見張り」を定めることである。というのも、それから出発して残りの「中心」が獲得され、「離傾」と「次昇」、「三分」と「矩」、またそれらに基づく諸星の星相が獲得され、そしてそれらすべてから、予言が獲得されるからである。**五一**　それゆえ、もしも「時の見張り」が否認されるなら、必然的に「天頂」も「入没」も「天底」も知られうるものではないことになる。そして、それらが無把握であるとすれば[5]、カルデア人たちの考究方法のすべてがいっしょに消え去ってしまうのである。

五二　ところで、[6]「時の見張り」にあたる宮が彼らには発見不可能であるということは、さまざまの仕方で教示することができる。というのも、この宮が把握されるためには、第一に、考察対象となる人の誕生が確実に把握されていなければならず、第二に、誕生時を示す時計は誤差のないものでなければならず、また第三に、宮の上昇が正確に見てとられていなければならない。[7]　五三　すなわち、出生時には、天空に昇りつつある宮の上昇が観察されており、カルデア人たちはそれを、あたかも「時の見張り」を観察するための使者として用いるのである。また上昇後は、他の諸星と結ぶ星相——これを彼らは「天宮図」[8]と呼んでいる

（1）占星術に対する同様の批判については、キケロ『占いについて』第二巻八-二〇―九-二四を参照。またディカイアルコスは、未来の事柄は、知るよりも知らない方がよりよいということを論じる大部の書物を著わしたと言われる（同書第二巻五一-一〇五を参照）。他方、占星術の有益性擁護論については、プトレマイオス『アポテレスマティカ（テトラビブロス）』第一巻三-一―一九 pp. 14-21 (Hübner) を参照。

（2）『論駁』第一巻四〇および二五頁註（2）を参照。

（3）『論駁』第五巻五〇―五一＝ヒッポリュトス『全異端派論駁』第四巻三-一―一二。

（4）「土台」については『論駁』第三巻一〇、一一、第七巻二一六、第九巻二一、『概要』第二巻八四を参照。

（5）「無把握」については『概要』第一巻二〇一、また『論駁』第一巻三〇六も参照。

（6）『論駁』第五巻五二―五四＝ヒッポリュトス『全異端派論駁』第四巻三-三―一四。

（7）三つの論点は、それぞれ『論駁』第五巻五三―六七、六八―七二、七三―一〇五で考察される。

（8）「天宮図」と訳した原語は「ディアテマ（διάθεμα）」。「テマ（θέμα）」、または「ゲネシス（γένεσις）」（第五巻九〇、一〇五では「誕生天宮図」と訳す）とも呼ばれ、今日「誕生ホロスコープ」と呼ばれるものに相当する。

——が観察され、そして天宮図に基づいて諸々の予言がなされるのである。**五四**　しかし、われわれがこれから論じるように、考察対象となる人の誕生を捉えることも不可能であるし、時計も誤差のないものではないし、また昇りつつある宮も正確には把握されない。したがって、カルデア人たちの考究方法は成り立ちえないのである。**五五**　そこでまず第一に、第一の点について語ることにしよう。

　彼らが考察対象となる人々の誕生を捉えるのは、むしろ古風な方法によるのであって[1]、種子［精子］の蒔きつけと懐妊からであるか、あるいは、分娩からであるかのいずれかである。[2]しかし、種子の蒔きつけと懐妊からは、誕生を指摘することはできないであろう。なぜなら、それが起こる正確な時は把握不可能だからである。**五六**　そしてそれももっともなことである。というのもわれわれは、種子が蒔かれると同時に懐妊が起こっているのか、それともそうでないかを言うことはできない。なぜなら、それは、ちょうど天火の灼熱した部分に流し込まれた練り粉のように（練り粉はたちどころにくっつく）、一瞬のうちに起こることもありうるし、**五七**　また、ある時間をおいて起こることもありうるからである。というのも、地面に蒔かれる種子にしても、ただちに根を下ろすわけではなく、まず下にある土壌と混じり合うからである。[3]そして子宮口から、懐妊が起こる場所であると医者の一族が言っている子宮底までのあいだには隔たりも存しているから、必ずや、蒔きつけられた種子の実質は、ある時間をかけてこの隔たりを渡りきる[4]というのが自然本来のあり方である。[5]**五八**　しかし、カルデア人たちはこの時間の長さを正確には知っておらず、それゆえ彼らはけっして懐妊を把握しないであろう。なぜなら、ある時には、種子はまっすぐに落ちていき、ほかならぬ子宮内の懐妊に適した場所そのもの[6]へと瞬時に到達することもあれば、また別の時には、ほうぼうに撒き散らされながら落ちていき、子宮に具わった能力そのものによって一箇所に集められるということもありうるのであるから、[7]いつ前者が起こり、いつ後者が起こるかということも、また前者の懐妊のために費やされる時間がどれだけであり、後者の懐妊のために費やされる時間がどれだけであるかということも、知りえないこととなる。**五九** しかし、[8]これらのことが知られていないなら、懐妊の正確な把握もまた逃れ去ってしまうのである。

また、もしも自然学者たちのいく人かの人々が主張してきたように、種子はまず子宮の中で茹でられ、[9]あ

（1）『論駁』第五巻五五―五八＝ヒッポリュトス『全異端派論駁』第四巻三‐五―八。

（2）これら二つの時の隔たりの問題については、プトレマイオス『アポテレスマティカ（テトラビブロス）』第三巻二‐一―四 pp. 168-170 (Hübner)、アウルス・ゲリウス『アッティカの夜』第十四巻一‐一九―二〇などを参照。

（3）ヒッポクラテス『子どもの自然性について』一一（二二 Littré）を参照。

（4）底本の *ἀνύειν* ではなく、諸写本の *ποιεῖν* (Westerink) を読む。

（5）ガレノス『種子（精子）について』第二巻四‐一八 p. 174, 17-19 (De Lacy) を参照。

（6）五七節の「子宮底」のこと。

（7）子宮自体のこのような働きについては、ガレノス『種子（精子）について』第一巻二‐九―一三 p. 66, 14-p. 68, 2、四‐二二―二三 p. 74, 11-19 (De Lacy)、アリストテレス『動物発生論』第二巻第四章七三九b三―四などを参照。

（8）『論駁』第五巻五九＝ヒッポリュトス『全異端派論駁』第四巻三‐八―九。

（9）この過程についてはヒッポクラテス『子どもの自然性について』一（一二 Littré）を参照。

らかじめ変化し[1]、その上で子宮の開口した内腔に入っていくのだとすれば、明らかに、変化にかかる時間の長さを彼らは知らないのであるから、懐妊の時もまた知らないことになるだろう。六〇　それにまた[2]、ちょうど身体の他の諸部分の活動が女性同士で異なっているように、子宮の活動においても女たちのあいだには相違があって、ある女たちはより速やかに懐妊するが、別の女たちはよりゆっくりと懐妊するというのがありそうなところであろう。そしてそれも意外なことではない。なぜなら、女たち一人一人のうちで比較をしてみても、ある時には懐妊しやすく、別の時にはまったくそうでないことが観察されるからである。六一　しかし、事情がこのとおりであるとすれば、蒔かれた種子がいつ受胎に至ったか、その時に基づいてカルデア人たちが誕生の「時の見張り」を設定しようとしても[3]、その時を正確に言い当てることは不可能なことなのである。

六二　それにまた、懐妊の時は、自然本来的にいくつかの徴証[4]を通して——例えば、交合の後で膣が乾燥し[5]、またそうしたことが起こるとすれば子宮口が閉じ[6]、月経が止まり、妊娠に特有の嗜好の変化が生じる[7]、といった手掛かりから——把握されると言うこともできない。六三　というのも、まず第一に、それらの徴証は、懐妊していない女たちにも共通に生じるものである。また第二に、たとえ共通に生じることはないとしても、それらは、すでに起こっている懐妊をおおまかに何日も過ぎてから明らかにするものであって、正確に、間近に、ここ数時間のあいだに起こったこととして明らかにするものではない。六四　しかし、さまざまに異なる生を識別するためにカルデア人たちが必要としているのは、概略的でおおまかな懐妊の時ではなく、正確な時なのである。

以上のことから、懐妊から「時の見張り」を定めることはできないということは自明である。[8] 六五 しかし[9]、出産に基づいてもそれはできない。というのも、第一に、いつが出産の時であると言うべきか——はた

（1）底本の προμεταβαλλόμενον（S写本）ではなく、他写本の προμεταβάλλον を読む。

（2）『論駁』第五巻六〇－六一＝ヒッポリュトス『全異端派論駁』第四巻三－一〇－一一。

（3）マウが採用する στήσωσιν（ベッカー）ではなく、諸写本の συστήσωσιν を読む。

（4）「徴証」については『論駁』第八巻一四三－一五八、『概要』第二巻九七－一〇三を参照。

（5）アリストテレス『動物誌』第七巻第三章五八三a一四－一五を参照。

（6）ヒッポクラテス『箴言』第五章五一、『生殖について』五、アリストテレス『動物誌』第七巻第四章五八三b二九－三〇、ガレノス『自然の機能について』第三巻三 II. pp. 150-151 (Kühn) を参照。ガレノスは、女性が種子（精子）を取り込む（συλλαμβάνειν τὸ σπέρμα）ときには子宮の緩慢な収縮を感じ、そこから συλλαμβάνειν τὸ σπέρμα（懐妊する）、σύλληψις（懐妊）という表現が女性によって用いられるようになったと思われると述べている（『種子（精子）について』第一巻二－六－七 p. 66, 7-11 (De Lacy)）。

（7）ヒッポクラテス『不妊症について』二一五、アリストテレス『動物誌』第七巻第四章五八四a一七－一九、ガレノス『患部について』第五巻六 VIII. p. 343, 2-7 (Kühn) を参照。

（8）プトレマイオスは、懐妊の時を優先しつつも、その時は通常知られないところから、出産の時に注目することを勧めている（『アポテレスマティカ（テトラビブロス）』第三巻一－三－四 p. 169, 67-p. 170, 88 (Hübner)）。

（9）『論駁』第五巻六五－六七＝ヒッポリュトス『全異端派論駁』第四巻四－一－三。

して、新生児が冷たい空気の中に頭を突き出し始める時なのか、[1] あるいは、全身が出てきた時なのか、あるいは、地面に置かれた時なのか[2]――という問題は、行き詰まりに陥るからである。六六　第二に、それらのいずれの場合にしても、出産の正確な時を規定することは不可能である。というのも、魂の興奮度や身体の適応性や局所の素質、また産婆の経験やその他無数の原因のゆえに、羊膜が破れて新生児が頭を突き出す時[3]にしても、あるいは全身が外に出てくる時にしても、あるいは子どもが地面に置かれる時にしても、みな同一ではなく、場合場合によって異なってくるからである。六七　そしてここでもまた、確定的にかつ正確に問題の時を測定することができないとすれば、カルデア人たちには、出産の時刻をしかるべき仕方で規定することはできないであろう。

かくして以上のことから明らかに、出産の時に関するかぎり、カルデア人たちは「時の見張り」を認識していると公言してはいるけれども、しかしそれを知ってはいないのである。

六八　また[4]、彼らの時計も誤差のないものではないということは、同様の方法で推論することができる。なぜなら、陣痛の女に付き添っている者はドラを叩いて、尾根の上で天体観察を行なっているカルデア人に出産の合図を送り、そしてこの者は天を見上げて、昇りつつある宮を記録すると彼らが主張するとき、われわれは第一に、われわれが少し前に論じたように出産は不定のことであるから、ドラでそれを合図するのも簡単なことではないと彼らに指摘するであろう。六九　また第二に、仮に出産が把握可能であるとしてみても、それを正確な時刻に記録するのは不可能である。というのも、ドラの音は、かなり長い、感覚的に区分しうる幅をもった時間をかけて運動することによって、尾根にまで届いているのである。山地で木を伐採する人たちについて観察されることが、その証拠となる。というのも、斧が振り下ろされてから十分に時間が経ってはじめて打撃の音は聞こえてくるのであるが、それは、音がかなり長い時間をかけて聞く者の耳に達するからなのである。七〇　そしてそれゆえ、ちょうど昇ってきて正確に「時の見張り」に立つ宮の時を、カルデア人たちは正確に捉えることはできないのである。

それにまた、出産の後[5]、産婦の陣痛に付き添っている者から天体を観察している者のところにまでドラの響きが達するために、かなり長い時間が経ってしまうというだけではない。さらに、後者が上方を見上げ、ぐるりと見まわして、月とその他のそれぞれの星がいずれの宮のうちにあるかを調べているあいだにも、星々の天宮図は別様のものになってしまうのである。なぜなら、天空に目撃される事柄を彼が観察によって

（1）ストア派は、ピュシス（自然、生育力）としてあった胎児の気息が、出産時に外界の冷気による冷却作用（プシュークシス）を受け、魂（プシューケー）に変わると考えていた（*SVF* II. 804-808）。しかしセクストスの念頭にストア派のこの見解があったかどうかは不明である。

（2）何らかの宗教的な意味をもつと考えられる（アウグスティヌス『神の国』第四巻一一を参照）。

（3）ヒッポクラテス『子どもの自然性について』一九（三〇 Littré）を参照。

（4）『論駁』第五巻六八―七〇前半＝ヒッポリュトス『全異端派論駁』第四巻四-二-六。

（5）『論駁』第五巻七〇後半＝ヒッポリュトス『全異端派論駁』第四巻四-七。

誕生児の時刻の隣に書き添えるより先に、宇宙の動きは記述不可能[1]な速さで回転していくからである[2]。

七一　その上また、こうした観察は夜であれば、すなわち、獣帯の円のうちにある諸宮も目撃され、星々の星相も明らかに見える時であれば、おそらくはカルデア人たちもうまく行なうことができるであろう。ところが昼のあいだにも、すなわち、上述の諸対象については何一つ記録することができず、もしも何かできるとすれば、ただ太陽の動きのみを記録することができる時間帯にも生まれてくる人たちはいるのであるから、カルデア人たちの考究方法はある場合には可能であるけれども、別の場合には不可能であると言わなければならない。

七二　しかしまた、夜だからといって、彼らがいつでも揺るぎなく諸天体の観察を行なえるわけではないのではないかという点をも考えてみなければならない。というのもしばしば、雲に覆われ、靄のかかった夜も訪れるのであり、なるほどこうした原因がすべて除去されて、この学問のうちに確実なものを発見できるならば喜ばしいことであるが、しかし、諸天体の正確な把握の妨げとなるものが何か一つでも存在すれば、それはできないことになるであろう。

七三　さてわれわれは、カルデア人たちの時計も斥けたし、また、誕生の時は彼らにとって把捉不可能であるということも簡潔に論じたのであるから、次には、われわれの約束[3]の残りの部分に向かうことにしよう。残っていたのは、われわれが先に行なった諸々の論駁とは別個に、獣帯の円のうちで起こる上昇についても詳論するということであった。

七四　さてわれわれは次のように主張する――諸々の宮の諸部分［度］は相互に境界を定めがたいものであ

り、否むしろ、それらは正確に区分することの不可能なものであり、すでに上昇した宮がまだ昇ってきていないように思われることも、また逆に、まだ昇ってきていない宮がすでに上昇したように思われることもありそうなことである。**七五**　なぜなら、先述の水時計の方法も、(4)カルデア人たちの助けにはまったくなりえないからである。というのも、流れる水にも起因することであるし、空気の混和にも起因することであるが、流出と、流出に対応する時間は、一定していないからである。すなわち、水の運動について言えば、流れる落ちる水が純粋である最初の時点と、それが濁ってきていくらか流れにくくなる後の方の時点とでは、その運動は同様ではなくなってくるというのがありそうな線である。(5)**七六**　また、靄がかかって比較的ずっしりした空気の混和は、流出に抗して、何かしらそれを邪魔するような働きを示すけれども、他方、透明で微細な空気の混和は、むしろ流出を補助し促進するように働くというのが説得的なところである。**七七**　それにまた甕それ自体も、(6)いっぱいに満たされている時と、半分空《から》になっている時と、ほとんど空の時とでは同様の流れをもたらすわけではなく、ある時にはより速やかな流れを、ある時にはよりゆっくりとした流れを、またある時には中位の速さの流れをもたらすことであろうが、他方、天の運動はいつでも同じ速度で進行す

（1）底本の *ἀλήκτῳ* ではなく、他の諸写本の *ἀλέκτῳ* を読む。
（2）同様の批判についてはアウルス・ゲリウス『アッティカの夜』第十四巻一-二六、アウグスティヌス『神の国』第五巻三を参照。
（3）『論駁』第五巻五二―五四を参照。
（4）『論駁』第五巻二四―二六を参照。
（5）アテナイオス『食卓の賢人たち』第二巻四二a―bを参照。
（6）『論駁』第五巻七七＝ヒッポリュトス『全異端派論駁』第四巻五-三。

るのである。

七八　またなかでも最も重要なこととして、各星座（ゾーディオン）は、連続的な物体ではなく、また、自分の前の星座および後の星座とぴったりと繋ぎ合わされたかのように接合して、あいだにまったく広がりが介在しないというのでもなく、むしろ撒き散らされ、そのあいだにいくつかの隔たりと空隙が——ある場合は中央に、ある場合は境界付近に——横たわっている星々から成り立っている、ということがある。[1]　七九　かくして、獣帯の円のうちにある諸星座は、数えうる諸部分によって境界づけられているわけであるが、あいだに横たわる空隙が、先行する星座の限界なのか、それとも昇ってくる星座の始まりなのかということは、地上からの観察者たちには分からないため、必ずや彼らには間違いが生じて来ざるをえないのである。

八〇　また、そこから[2]天体観察が行なわれる山稜は、つねに同一のままにとどまるわけではない。むしろ、大雨が引き起こす洪水によってか、地震によってか、あるいは、他の何かそうした出来事によって、宇宙が、定められたところに従って[3]変容し変化するのに伴い、山稜は動揺し、結果として、それらがすっかり変わってしまうことによっても星々の観察は同一ではなくなり、高いところから空を見上げる人たちと低いところから見上げる人たちとでは、その観察結果は異なり、また、前者が目にしたものが、必ずしもその他の人々によっても観察されているわけではないことになるのである。

八一　人はまたここで、諸感覚の相違をも考慮に入れることができるであろう。というのも、ある人たちは別の人たちよりも視力が優れており、そして、鷲や鷹は、かなり離れていてわれわれにはまだ見えないものを、抜群の視力ゆえに非常に大きなものとして把握しているのであるが、ちょうどそれと同じように、すでに上昇してきて「時の見張り」に立つ宮が、視力が優れておらず、比較的ぼんやりとしか見ることのできないカルデア人には、(4) 大きな隔たりのゆえに、まだ昇ってきていないもののように思いなされるということは説得的なことなのである。(5)

八二　またこれらに付け加えて、カルデア人の考究方法に対する最も明瞭な論駁として、地平線の辺りでの空気の相違という点をも指摘しなければならない。すなわち、その辺りでは空気が濃密な部分から成り立っているので視線の屈折が生じ、そのためにまだ地の下にある宮がすでに地上に現われ出ているかのように思われるというのはありそうなことである。それはちょうど、水の上で反射する太陽光線の場合に起こることと似た現象である。というのも、われわれは太陽そのものは見ていなくても、しばしば反射光線を太陽で

(1) ゲミノス『天文現象入門』第一章三一五を参照。

(2) S写本の ἐφ᾽ ὧν (Nebe、マウ) ではなく、他の写本の ἀφ᾽ ὧν (ビュリー、スピネッリ) を読む。

(3)「定められたところに従って」とは、「運命によって」よりもむしろ、「周期的に」あるいは「物事の通常の成り行きに従って」を意味すると思われる。宇宙の変動については『論駁』第五巻一〇五を参照。

(4) スピネッリが採用する δοξάζεσθαι ⟨τῷ μὴ ὀξυωποῦντι χαλδαίῳ⟩ καὶ κατὰ σύγκρισιν (Giusta) を読む。

(5) 視力の不確かさについては、キケロ『占いについて』第二巻四三-九一を参照。

あるかのように思いなすのである。[1]

八三　しかし、すべてのうちで最も核心的なこととして、[2] もしも仮に人間の住む世界で天体観察を行なうすべての人々に、獣帯の円のそれぞれの「一二分の一部分」[3] が同時に現われ、また同一直線に沿って観測されるとするならば、あるいはカルデア人の一族も、地平線の辺りに上昇する宮をしっかりと捉えることができるかもしれない。八四　しかし実際には、[4] それら「一二分の一部分」はすべての人々に同時に現われてくるわけではなく、ある人々にはより早く、ある人々にはより遅く現われ、またある人々には斜めに傾いて、ある人々には垂直に現われてくるのであるから、結果として、すべての人々にとって同一の宮が「時の見張り」にあたるように思われるわけではなく、ある人々にはすでに昇ってきていると思われる宮が、別の人々にはまだ地の下にあるように思われるし、またある人々には「時の見張り」にあたる宮の「離傾」として現われる宮が、別の人々には「時の見張り」にあたる宮として観測されることになるのである。八五　そして事情がこのとおりであることは、例えば熊の番人〔アルクトゥルス〕や犬〔シリウス〕といった諸恒星もまた、どんな緯度に住んでいる人にも同じ時に現われるのではなく、異なる人たちには異なる時に現われるということからすれば、自明のことである。

かくしてわれわれは、「時の見張り」にあたる宮を正確に捉えることはできないこと、またそれゆえ、カルデア人たちの予言がそれに基づいて行なわれるところの他の「中心」のどれも正確に捉えることはできないということを十分に論じた。

八六　しかしここでおまけとして、[5] 次の点を指摘しておかねばならない――たとえそれらの宮が上昇[6]する正確な時が把握可能であるとしても、カルデア人たちの許を訪れる素人たちはだれ一人として、自分自身で正確な時を観察した上でやってくるわけではないということ、このことは明らかである。なぜなら、われわれが先に示したように、[7] この仕事は多大の熟達を必要とするのであって、素人になしうる範囲を越えているように見えるからである。[8] **八七** そこでカルデア人は、自分のところにやってくるこの特定の素人の人の正確な誕生時刻を自分で観察したわけではなくて、彼からそれを聞き取るのであるし、またこの素人の方は、一つには経験不足から、また一つにはこの仕事にそれほど本気で取り組んだことがないところから、彼は彼

---

(1)「反射」と訳した語は「屈折」とも訳すことができ、セクストスは水平線上での屈折現象のことを考えていたのかもしれない。ストア派のポセイドニオスは、太陽が水平線上で大きく見える現象を屈折によって説明していた(ストラボン『地誌』第三巻一-五(ポセイドニオス「断片」一一九(Edelstein/Kidd))を参照)。

(2)『論駁』第五巻八三―八五については、キケロ『占いについて』第二巻四四-九二―九三、アウルス・ゲリウス『アッティカの夜』第十四巻一-八を参照。問題となっているのは、緯度の相違に基づく宮の観測時の相違である。

(3) ここでは獣帯一二宮を指す。『論駁』第五巻二六および二七九頁註(5)を参照。

(4)『論駁』第五巻八四―八五=ヒッポリュトス『全異端派論駁』第四巻五-一二。

(5)『論駁』第五巻八六―八七=ヒッポリュトス『全異端派論駁』第四巻五-一。セクストスはしばしば、実質的内容を伴った議論を「おまけとして」付け加える。『概要』第一巻六二、六三、七六、第二巻四七、九六、一九二、一九四、第三巻二七三を参照。

(6) 原語は「エパナポラー(*ἐπαναφορά*)」。他の箇所では「次昇」であるが、ここではたんに「上昇」を意味するのであろう。

(7)『論駁』第五巻二七―二八を参照。

(8) 諸写本に従い、底本の *ὁ λόγος* は読まない。

で正確な時を知っておらず、したがって残るところは、カルデア人の技術から人々が得るのは、いかなる確実な予言でもなく、間違いと欺瞞でしかないということになる。

八八　しかし、[1]彼らが一歩退いて、捉えられるのは正確な時間ではなく、おおよその、幅をもった時間であると主張するとすれば、彼らはおおかた、それに由来する諸々の巡り合わせそれ自体によって論駁されることになるであろう。というのも、おおよそ同じ時に生まれたからといって人々は同一の生を送るわけではなく、例えば王になる人々もいれば、足枷に繋がれて年老いる人々もいるからである。八九　げんに人間の住む世界において、マケドニア王アレクサンドロスと同じ時に生まれた人々は多数いるのであるが、だれ一人彼と並ぶ者になった人はいないし、また哲学者プラトンに匹敵した者もいないのである。[2]したがって、もしもカルデア人の考察している対象が、幅のある誕生の時であるとするならば、彼は確実な主張として、この時に[3]誕生した人は幸福になるであろうと言うことはできないだろうし——なぜなら、多くの人々が、彼と同じ時に誕生しながら不幸な目にあっているのだから——、また逆に、この人は困窮するであろうと言うこともできないだろう。なぜなら、同じ誕生の天宮図をもつ人たちの中で少なからぬ人々が、きわめて裕福な老年を迎えているのだから。

九〇　それにまた、今述べた批判を逆にした議論も、並々ならずカルデア人たちを論駁するように思われる。[4]というのも、もしも同じ誕生の天宮図をもつ人々は、人生において同じ巡り合わせに遭遇するとするならば、必ずやまた異なる誕生天宮図をもつ人々は異なる者となるであろう。しかしこれは虚偽である。九一　というのも、われわれが目にするところでは、年齢や、身体の姿形や、諸情態の他の無数の特徴が異なる多数の人たちが、似かよった最期に遭遇し、戦死したり、家の倒壊に巻き込まれたり、難破して溺れ死んだりしているからである。彼らに対して――もしも彼らが生きているのであれば――、これから来ようとする人生の終局を、カルデア人はどのように予言しえたであろうか。これは、提起してみる価値のある問題である。

九二　なぜなら、[5]もしも「人馬」の矢の鏃《やじり》の中で誕生した人は、数学的な説明に従って、[6]刃にかかることになっているとすれば、[7]どうして何万もの他国人たちが、マラトンでギリシア人たちと戦って、いっぺんに斬殺されたのであろうか。というのも、すべての人にとって「時の見張り」が同一であったわけではもちろんないであろう。また同じく、もしも「宝瓶」の水差しの中で誕生した人はいつか難破することになってい

(1)『論駁』第五巻八八―八九＝ヒッポリュトス『全異端派論駁』第四巻五‐四―六。八八―八九についてはキケロ『占いについて』第二巻四五‐九五、九七―九八、プリニウス『博物誌』第七巻四九‐一六五、アウグスティヌス『神の国』第五巻二も参照。

(2)キケロ『占いについて』第二巻四七‐九七では、ホメロスの名が挙げられている。

(3)写本の τὸν αὐτὸν χρόνον ではなく、ビュリーが提案する τοῦτον τὸν χρόνον を読む。

(4)『論駁』第五巻九〇―九一についてはアリウス・ゲリウス『アッティカの夜』第十四巻一‐二七―二八を参照。

(5)『論駁』第五巻九二―九三＝ヒッポリュトス『全異端派論駁』第四巻五‐七―九。九二についてはキケロ『占いについて』第二巻四七‐九七も参照。

(6)すなわち、占星術理論に従って。『論駁』第五巻一および補註bを参照。

(7)人馬宮で誕生した人の運勢についてはフィルミクス・マテルヌス『マテーシス』第八巻二七を参照。

るとすれば[1]、どうしてトロイアからの帰還途上にあったギリシア人たちは、エウボイアの凹みの辺り[2]でいっしょに海に投げ出されたのであろうか[3]。**九三**　というのも、互いに異なること甚だしい人たちがみな、「宝瓶」の水差しの中で誕生したというのは、ありえない話である。それにまた、たぶん、海で亡くなるように運命づけられている一人の人のために、船中の人すべてがいっしょに死ぬことになるのだろう、というのもありえない主張である。なぜなら、何ゆえに、この一人の人の運命がすべての人の運命に打ち勝って、地上で死ぬように運命づけられている一人の人のためにすべての人が救われる、ということにはならないのであろうか。

九四　また別の人は、非理性的な動物についても難問を感じるであろう[4]。というのも、生における巡り合わせは諸星の星相に従って実現するのが自然本来のあり方であるとすれば、宮のこの同一部分［度］の中で荷ロバと人間が同時に誕生した場合には、生の実現は両者において同じものとなるはずであって、人間の方は、あるいは傑出した政治家になって民衆の羨望の的となったりするけれども、荷ロバの方は絶え間なく荷を運びつづけたり、粉引き場へと引かれていく、ということはないであろう。

九五　かくして、星々の動きに従って生が管理されているというのは、理に適ったことではないのである。あるいは、もしもそれが理に適ったことであるとしても、われわれには確かに把握不可能なことなのである[5]。

彼らはまた、人間の姿形と性格を諸々の宮の型と関係づけようと欲しているが、この点においてもわれわれは、同じ論拠から出発して彼らの面目をつぶすことになろう。例えば、彼らは次のように主張している[6]。「獅子」の中で誕生した者は勇気ある者となるだろうし、「処女」の中で誕生した者は、まっすぐな髪の毛、輝く眼、白い肌をもち、子どもはなく、[7]慎み深い者となるであろう。九六　ところが、こうした考えやこれらと似た考えは、真面目な考察よりもむしろ嘲笑に値するものなのである。というのも、まず第一に、もしも獅子が雄々しく男性的な動物であるという理由で、「獅子」の中で誕生した者は勇気ある者となると彼らが主張するのであれば、どうして彼らは、獅子と類比的な金牛を女性的な動物とみなしているのであろうか。

（1）宝瓶宮で生まれた人の運勢についてはフィルミクス・マテルヌス『マテーシス』第八巻二九を参照。

（2）「エウボイアの凹み（コイラ）」とは、エウボイア島南端のゲライストス岬から西海岸を北上して中央部のエレトリア辺に至る海域を指す。入りくんだ海岸線と暗礁の多い航行の難所であった。ヘロドトス『歴史』第八巻一三などを参照。

（3）この問題に対する占星術からの応答については、プトレマイオス『アポテレスマティカ（テトラビブロス）』第一巻三-七－八 p. 16, 269-p. 17, 285、第二巻一-二－四 p. 88, 26-p. 89, 47 (Hübner) を参照。

（4）『論駁』第五巻九四については、アウルス・ゲリウス『アッティカの夜』第十四巻一-三一、アウグスティヌス『神の国』第五巻七、キケロ『占いについて』第二巻四七-九八を参照。アウグスティヌスは動物と植物を、キケロは無生物をも取り上げている。

（5）プトレマイオス『アポテレスマティカ（テトラビブロス）』第一巻二（p. 5, 63-64 (Hübner)）は、「天文学［占星術］を通しての認識が把握可能であること、および、どこまで把握可能であるかということ」（＝章題）を論じている。

（6）『論駁』第五巻九五－九六前半＝ヒッポリュトス『全異端派論駁』第四巻六-一－二前半。

（7）処女宮で誕生した者に子どもがないことについては、例えば、プトレマイオス『アポテレスマティカ（テトラビブロス）』第四巻六-二－三 p. 321, 399-407 (Hübner)、マニリウス『天文誌』第二巻二三八、第四巻二〇二、ウェッティウス・ヴァレンス『アントロギアエ』第一巻二 p. 10, 2 (Pingree)、パウロス（アレクサンドレイアの）『エイサゴーギカ』二五 p. 74, 21-p. 75, 2 (Boer) などを参照。

九七　また第二に[1]、天の「獅子」は最も美しい宮であって、地上の獅子と類比関係をもっていると考えるのは空疎な想定である。なぜなら、ありそうな線として、古の人々はたんに形の類似ゆえにこうした名前をつけたのかもしれないし、またひょっとするとそれさえも理由ではなく、分かりやすい教示のためであったのかもしれない。**九八**　というのも、かの七つの星は相互に離れており[2]、熊とどんな類似性をもっているというのであろうか。あるいは、かの五つの星、すなわち、

しかし、二つはこめかみ、二つは両の目、そして一つは下の方
恐ろしい怪物の顎の先端に位置している[3]

とアラトスが語っている星々は、竜の頭とどんな類似性をもっているのであろうか。

九九　また実際、われわれが先に語ったように[4]、同じ宮の中で[5]誕生した人たちはその姿形も同じではないし、また性格も似ていないのである。ただし彼らが、それぞれの宮が分割された諸部分［度］とレプトン［分］とが[6]、そのような相違をもたらしうると主張しようとするのであれば話は別である。しかし、それもまた不可能である。というのもわれわれが示したように[7]、出産と「時の見張り」の観測との同一時刻に関する[8]正確さというものは成立不可能だからである。

一〇〇　そしてまた、二つに一つなのである。すなわち、誕生した者が勇気ある者となるのは、宮が「獅子」と呼ばれているからであるか、あるいは、天の「獅子」の作用で空気が変化し、生まれてくる人間にもそのような諸状態が結果してくるからであるかのいずれかである。しかし、「時の見張り」にあたる宮が「獅子」と呼ばれているから勇気ある人となるというのは、説得的ではない。なぜなら、この議論によれば、

地上の獅子といっしょに生まれたか、あるいはいっしょに育てられた人たちも、彼らがいっしょに育てられた動物が「獅子」と呼ばれているかぎりは、勇敢な者でなければならないからである。一〇一　他方、もしも空気の変化のためであるとすれば、そのことが生の違いにどう関係するのであろうか。というのも、誕生した者が身体的に頑強になり、性格的に野生的になるということのためであれば、空気のある種の混和はあるいは寄与するかもしれないが、しかし、誕生した者が借金で首が回らなくなったり、王になったり、鎖に繋がれたり、子どもや兄弟姉妹に恵まれなかったりするということのためには(9)、空気はいかなる補助的な働きもしないように思われるのである。

（1）『論駁』第五巻九七－九八＝ヒッポリュトス『全異端派論駁』第四巻六－三。

（2）マウが Harder に従って採用する ⟨τοσοῦτον⟩ は、ビュリー、Theiler と同じく読まない。

（3）アラトス『星辰譜（天文現象）』五六－五七。テクストはわずかに異なる。

（4）『論駁』第五巻八八－八九。

（5）ビュリーとともに、ベッカーの推測する *ἐν τῷ αὐτῷ ζῳδίῳ* を読む。

（6）『論駁』第五巻五を参照。

（7）『論駁』第五巻七四－八五。

（8）底本の *ἐν αὐτοῖς τοῖς χρόνοις* ではなく、諸写本の *ἐν τοῖς αὐτοῖς χρόνοις* を読む。

（9）星が金運に与える影響についてはプトレマイオス『アポテレスマティカ（テトラビブロス）』第四巻二 pp. 285-287 (Hübner) を、人生の盛衰に与える影響については第四巻三 pp. 288-291 (Hübner) を、子どもの数や運に与える影響については第四巻六 pp. 319-323 (Hübner) を、兄弟姉妹の数や運に与える影響については第三巻六 pp. 188-190 (Hübner) を参照。またウェッティウス・ウァレンス『アントロギアエ』第二巻一七 pp. 67-75、三九－四〇 pp. 116-117 (Pingree) も参照。

一〇二　それにまた[1]、もしも「処女」が「時の見張り」にあたる人はまっすぐな髪の毛、輝く眼、白い肌をもっているのであれば、エチオピア人はだれ一人として、「処女」を「時の見張り」としてもってはいけないことになるだろう。なぜなら、エチオピア人が白い肌と輝く眼とまっすぐな髪の毛をもっているとは、彼らはけっして認めないであろうから——そんなことは何よりもおかしなことである[2]。

一〇三　また一般的に、彼らの主張するところによれば、星々が人間たちの生の違いを彼らに知らせるのではなくて、彼ら自身がそうした違いを星々の位置関係とともに観察してきたのだというのであるから[3]、わたしとしては次のように主張する[4]。もしも予言が確実なものとなるべきであるとすれば、星々の同一の位置関係は、ただ一度、ある一人の人の生とともに観察されたというだけでは不十分であって、二度、三度とそれぞれ別の人の生とともに観察されていなければならない——それは、諸々の巡り合わせの実現がすべての人において不変であるところから、星々がこれこれの星相を示すときには、間違いなくこのことが結果するであろうということを、われわれが学び知るためである。一〇四　そして、医術においては、心臓の損傷が死の原因である[5]という観察をわれわれが得たのは、たんにディオンだけでなく、テオンやソクラテスやほかにも多数の人々の最期を心臓の損傷とともに観察した結果なのであるが、それと同じように数学[6]においても、星々が示すこの星相はこれこれの生の予兆であるということがもしも信用されうるものであるとすれば、必ずやそれは、一度だけ、一人の人において観察されたことではなくて、何度も、多数の人々において並行して観察されたことであるはずである。一〇五　ところが[7]、星々の同一の星相[8]は、彼らの主張によれば、長い時間を経たのちに観測されるのであって——大年の回帰は、九九七七年かかって起こるのである[9]——、それゆえ一つの誕生天宮図についても、人間による観察はそんなにも多くの時代を追跡していくことはできないであろうし、しかも、一度ならず何度も、ある人々の主張によれば、宇宙の消滅が観察を途切れさせたり、

（1）『論駁』第五巻一〇二＝ヒッポリュトス『全異端派論駁』第四巻六-二後半。また同様の議論については、キケロ『占いについて』第二巻四六-九六–九七、フィルミクス・マテルヌス『マテーシス』第一巻二-一も参照。この問題に対する占星術からの応答については、プトレマイオス『アポテレスマティカ（テトラビブロス）』第四巻一〇-三 p. 345, 696-p. 346, 709 (Hübner) を参照。

（2）テクストに問題のある箇所。Harder の挿入を採用する底本に従って訳したが、写本に従うとすれば、「さもなければ、エチオピア人が白い肌と輝く眼とまっすぐな髪の毛をもっていると彼らは認めることになるであろうから――しかしこれは何よりもおかしなことである」の意になる。

（3）このような主張については、プロティノス『エンネアデス』第二エンネアス三-七を参照。

（4）『論駁』第五巻一〇三–一〇五についてはアウルス・ゲリウス『アッティカの夜』第十四巻一-一四–二二、キケロ『占いについて』第二巻四六-九七を参照。

（5）マウが採用するS写本の *περίψυξίς ἐστι θάνατος* ではなく、ビュリーが採用する他の諸写本の *τρῶσις αἴτιόν ἐστι θανάτου* を読む。心臓の損傷の例については『論駁』第八巻一五三、一五七、二五四–二五五、またクインティリアヌス『弁論家の教育』第五巻九-五も参照。心臓の損傷は差し迫った死の想起的徴証に相当する。観察と記憶、および個別的体験の反復の重視は、セクストスが属する医学上の経験派の立場と一致していた。想起的徴証については『論駁』第八巻一四八–一五五、『概要』第二巻九九–一〇二を参照。また経験派の立場については『概要』邦訳二四九頁註（4）を参照。

（6）ここでは「占星術」のこと。『論駁』第五巻一および補註bを参照。

（7）『論駁』第五巻一〇五＝ヒッポリュトス『全異端派論駁』第四巻七-一–三。

（8）マウが採用するS写本の *σχηματισμός* ではなく、ビュリーが採用する他の諸写本の *συσχηματισμός* を読む。『論駁』第五巻五三を参照。

（9）「大年」および「回帰」については補註gを参照。

あるいは少なくとも宇宙の部分的な変動が、必ずや歴史的伝承の連続性を断ち切ったりしているのである。(1)

一〇六　さて以上のことが、カルデア人たちに対する実質的な反論(2)として語りうることである。次にわれわれは、簡単にではあるが音楽家たちに対する探求(3)をも、もう一度別の出発点から提起することにしよう。

(1) このような大変動と人類の滅亡の思想についてはプラトン『ティマイオス』二二D－二五D、『クリティアス』一〇九D、『法律』第三巻六七七A－C、アリストテレス『哲学について』断片八（Ross）、セクストス『論駁』第十巻一八八、ルクレティウス『事物の本性について』第五巻九一－一〇九、三三八－三四七、三八〇－四一五を参照。

(2) 実質的な反論については『論駁』第一巻七、第六巻六八、『概要』第三巻一三も参照。

(3) マウが採用するS写本の *ἀντίρρησιν* ではなく、ビュリーが採用する他の諸写本の *ζήτησιν* を読む。

第六巻

音楽家たちへの論駁

一　「音楽（音楽術）[1]」という語は三つの意味で用いられる。一つの意味では、「音楽」とは旋律（メローディアー）[2]や楽音（プトンゴス）[3]やリズム構成[4]（リュトモポイイアー）やそれらと類似の事柄に関わる一つの知識であり[5]、この意味においてわれわれは、スピンタロスの息子のアリストクセノス[6]は音楽家である、と言うのである。また別の意味では、「音楽」とは楽器演奏に関わる経験[7]であり、アウロスやハープ[8]を演奏する男たちやハープ弾き女たちをわれわれが音楽家と呼ぶ場合がこれに当たる。そして、本来の用法では、また多くの人々のあいだでは、「音楽」という語はまさしくこれらの意味で用いられている[9]。

二　しかし、時にわれわれは、この名称をもっと不正確に用いて、何かある事柄を上首尾になし遂げることをも、この同じ名称で呼ぶ慣わしである。げんにわれわれは、何か一つの作品を指して――たとえそれが絵画作品に属するものであっても――「音楽的」に仕上げられていると言い、またその作品を上首尾に完成した画家のことを「音楽的」な仕事をしていると言うのである。

三　しかしながら、「音楽」は以上挙げただけの仕方で理解されているけれども、目下の課題は、神かけて、他のどの意味での音楽に対してでもなく、第一の意味で理解されている音楽に対して反論を行なうことである。なぜなら、この意味での音楽は、その他の音楽と比較して、最も完全な音楽であるように思われるからである。[10]

四　ところで、反論の仕方には、ちょうど文法術の場合もそうであったように、二つの種類がある。[11]すな

（1）「音楽（音楽術）」と訳した原語は、ἡ μουσική (sc. τέχνη)。直訳すれば、「音楽の技術」「音楽術」である。本訳において、日本語として自然な「音楽」を用いている場合も、τέχνη（技術、学知）の意味をつねに補足して理解する必要がある。なお、現存するギリシア音楽の原典資料については補註hを、ギリシア音楽理論家による「音楽」の諸定義については補註i(i)を参照。

（2）「旋律（メローディアー）」については補註i(iii)を参照。

（3）「楽音（プトンゴス）」については『論駁』第六巻四二および補註k(i)を参照。

（4）「リズム」については『論駁』第六巻六〇および三三九頁註（2）、補註i(iii)を参照。

（5）補註i(i)および(ii)を参照。

（6）アリストクセノスについては補註hおよび「固有名詞索引」を参照。

（7）補註i(i)および(ii)を参照。

（8）「アウロス」、および「ハープ」と訳した「プサルテーリオン」については補註jを参照。

（9）アリスティデス・クインティリアヌス『音楽について』第一巻四―五 pp. 4-7 (Winnington-Ingram) を参照。古代ギリシア・ローマ時代の音楽論では、「音楽」はまず理論的分野と実践的分野に二大別される。

（10）技術を区分した上で、反論の対象を限定する同様の論法については、『論駁』第一巻四九および三一頁註（4）を参照。

（11）『論駁』第一巻二九九―三〇〇を参照。

わち、ある人々は、[1] 音楽は幸福を得るために必要な学問ではなく、むしろ有害な学問であるということを、比較的ドグマティスト的な仕方で教えようと試み、そしてそのことを、音楽家たちの発言を非難することによって、また、彼らの主要な諸議論は論破に値すると主張することによって示そうと試みた。

五　これに対して別の人々は、より行き詰まり主義的な[2]仕方を採って、上述のような反論すべてから遠ざかり、むしろ音楽家たちの基本的な諸仮設を揺るがすことによって、音楽の全体もまた否定されると考えた。

六　それゆえわれわれも、教示の任務をいささかでも値切っていると思われないために、これらのどちらの側についても、そのドグマあるいは事柄[3]の性格を、いくぶん要約的にではあるが考査していくこととし、その際、本題から外れる諸点に関しては過度に論述を長びかせず、また、より必要な諸点に関しては、重大な論点の陳述をし残さず、可能なかぎり適度で調和のとれた教示を行なうようにしよう。[4]

七　順序としてまず最初に、音楽について多くの人々が繰り返し持ち出す見解から始めよう。すなわち彼らは、もしもわれわれが哲学というものを、人間の生活を思慮節制あるものとし、また魂の諸情態を抑制するものとして受け入れるのであれば、音楽は、それほど強制的な仕方でわれわれに命令するのでなく、一種の魅惑的な説得を用いることによって、哲学がもたらすのと同一の結果をもたらすのであるから、われわれは哲学よりもはるかにいっそう音楽を受け入れる、と主張するのである[5]。

八　げんにピュタゴラスは、あるとき、酔っぱらってどんちゃん騒ぎをしている若者たちが狂人となんら変わらないのを目にして、彼らの酒宴に連なっていたアウロス奏者に勧め、若者たちにスポンデイオン調の旋律（メロス）[6]を吹いて聞かせるようにさせた。そこでアウロス奏者が命じられたとおりにすると、若者たちの態度は豹変して、あたかも最初からしらふでいたかのように、思慮節制ある者になったのである。[7]

(1) 例えば、前四世紀、犬儒派の祖ディオゲネス（ディオゲネス・ラエルティオス『哲学者列伝』第六巻七三、一〇四を参照）、前一世紀、エピクロス派のピロデモス（『音楽について』四）など。なお、ピロデモス『音楽について』については補註hを参照。

(2) 懐疑哲学が、「行き詰まり主義（*ἀπορητική*）」とも呼ばれていたことについては、『概要』第一巻七を参照。

(3) テクストは、Theiler、マウの *ἀπορήματος* でなく、写本の *πράγματος* を読む。*δόγμα*（ドグマ）と *πρᾶγμα*（事柄）の違いについては、『概要』第一巻二一〇―二一一を参照。

(4) 以下、まず最初に、音楽の有用性を主張する立場（第六巻七―一八）と、それらに対する反論（一九―三七）、ついで音楽の二つの主要原理に関わる反論、すなわち旋律に関わる反論（三八―五八）とリズムに関わる反論（五九―六七）が展開される。音楽の有用性、また音楽の主要原理としての旋律とリズムについては、補註i(i)および(iii)を参照。

(5) 性格形成や徳の涵養に対する音楽の効用については、例えば、プラトン『国家』第三巻三九八C―四〇二C、四一〇C―四一二B、第四巻四四一E―四四二A、『法律』第二巻六六九B―C、アリストテレス『政治学』第八巻第五章―第七章、ピロデモス『音楽について』p. 19, 32, 8-p. 20, 32, 20, p. 92, 23, 37-24, 9, p. 95, 26, 14-24, p. 54, 77, 12-p. 55, 77, 17 (Kemke)、プルタルコス『モラリア』一五六Cなどを参照。

(6) 宴席で、飲酒に先立つ献酒（スポンデー）に際して歌われた荘重な響きの旋律。条約（とくに休戦条約）締結（スポンダイ）など厳粛な儀式の際にも用いられた。特別なスポンデイオン音階と、スポンデイオス脚（長長脚）を含むリズムをもつ。また「旋律」と訳したギリシア語「メロス」については、補註i(i)および(iii)を参照。

(7) ピロデモス『音楽について』p. 58, fr. 1, 16-31 (Kemke)、クインティリアヌス『弁論家の教育』第一巻一〇-三二を参照。またスポンデイオン調が思慮節制のために有効であることについては、擬プルタルコス『モラリア（音楽について）』一一三七A、ディオニュシオス（ハリカルナッソスの）『デモステネスの語り方について』二二、アリスティデス・クインティリアヌス『音楽について』第二巻一五 p. 82, 17-19 (Winnington-Ingram) を参照。

九　またスパルタ人はギリシアの主導者であり、勇敢で聞こえていたが、彼らが戦う際にはつねに音楽が彼らの指揮をとるのであった。(1) また、ソロンの勧告に従った人々は、アウロスやリュラー(2)の音に合わせて隊列を整え、リズムをとって戦闘の動きをした。(3)

一〇　その上また、音楽は無思慮の人々を思慮節制ある者にし、また臆病な人々を励まして勇敢へと向かわせるのであるが、(4) ちょうどそのように、また怒りに燃えている人々の心を落ち着かせるのである。(5) げんにわれわれは、かの詩人の言葉によれば「怒りを燃やしつづける」アキレウスを、派遣された使者たちが見つけ出す場面を目にするのであるが、そこで彼は、

美しい音色の竪琴(6)を弾きながら心を楽しませていた、
見事な細工の琴で、銀の横木がついていたが、
それは彼が、かつてエエティオンの町を滅ぼしたおりに、
戦利品の中から選び取ったものだった。
この竪琴を弾きながら、彼は心を楽しませていた。(7)

——まるで、音楽に打ち込むことが、彼の心の状態を克服できる最良の策だと明らかに知っているかのように。(8)

一一　さらにまた、その他の英雄たちにしても、もしも故郷を離れて長い航海に出るようなことがあれば、音楽家を、最も信用できる自分の妻の守護者、また目付け役として、後に残していくのが習慣であった。実際、クリュタイムネストラには一人の歌人が付き添っていたが、アガメムノンはこの歌人に、妻の思慮節制

について多くの指図を与えておいたのだ。[9] 一三 しかし、アイギストスは奸智にたけた悪漢で、すぐさまこの歌人を

人住まぬ島へと連れ出し、
置き去りにして猛禽の餌食となした。[10]

それから、このようにして守護者を失ったクリュタイムネストラを手に入れ、アガメムノンの王権を簒奪す

---

(1) ピロデモス『音楽について』p. 27, 16, 22-p. 28, 17, 13 (Kemke)、クインティリアヌス『弁論家の教育』第一巻一〇-一四、プルタルコス『モラリア』二二〇F－二二一A、二三八B、擬プルタルコス『モラリア（音楽について）』一一四〇C、トゥキュディデス『歴史』第五巻六九－七〇、アテナイオス『食卓の賢人たち』第十四巻六二七d、六三〇fなどを参照。

(2)「リュラー」については補註jを参照。

(3) ピロデモス『音楽について』p. 87, 20, 16-21 (Kemke) を参照。戦闘を擬した「戦いの踊り（ピュリケー）」については、プラトン『法律』第七巻八一五A－B、アリスティデス・クインティリアヌス『音楽について』第一巻一五 p. 35, 22-23、第二巻六 p. 62, 2-5、一五 p. 82, 19-20 (Winnington-Ingram)、アテナイオス『食卓の賢人たち』第十四巻六三〇d－六三一bを参照。

(4) ピロデモス『音楽について』p. 55, 77, 15-17 (Kemke) を参照。

(5) ピロデモス『音楽について』p. 33, 27, 8-13 (Kemke)、セネカ『怒りについて』第三巻九-二を参照。

(6)「竪琴」と訳した「ポルミンクス」については補註jを参照。

(7) ホメロス『イリアス』第九歌一八六－一八九。

(8) 擬プルタルコス『モラリア（音楽について）』一一四五D－F、アリスティデス・クインティリアヌス『音楽について』第二巻一〇 p. 74, 12-18 (Winnington-Ingram)、アテナイオス『食卓の賢人たち』第十四巻六二四aを参照。

(9) ホメロス『オデュッセイア』第三歌二六七－二六八を参照。

(10) ホメロス『オデュッセイア』第三歌二七〇－二七一。

るよう勧めて、堕落させたのだった[1]。

一三　また、ちょうどプラトンがそうであるように、優れた哲学の能力をもつ人々も、知者は魂の調和を保持しているのであるから音楽家に似ている、と言っている[2]。それゆえソクラテスも、すでに非常な高齢になっていたにもかかわらず、キタラー奏者のランポン[3]のもとに通うことを恥としなかったし、そのことで彼をとがめた人間に向かって、無学の非難を受けるよりも、晩学の非難を受ける方がよいのだと答えたのである[4]。

一四　むろんまた、罰当たりで軟弱な現代の音楽を根拠に、古来の音楽をけなしてはならない――と彼らは言う[5]――、なぜなら、アテナイ人たちも、思慮節制を大いに心に懸け、また音楽の高貴さを把握して、音楽を最も必要な学問として子孫に伝えてきたからである[6]。

一五　このことの証人となるのは、古喜劇の詩人で、彼は次のように言っている――

　しからば、このわたしが死すべき人間たちに最初に授けた生活を話して聞かせよう[7]。

まず第一には、子どものぶつぶつ不平を鳴らす声が、だれの耳にも入ってはならなかった。

また次に、キタラー奏者のもとへ習いに行くときには、整然と道を歩いて行かねばならなかったのだ[8]。


したがって、たとえ音楽が今日、軟弱な旋律（メロス）と女々しいリズムによって、思惟を惰弱なものにしているとしても、それは古来の雄々しい音楽とは何の関係もないことなのである[9]。

一六　また、もし事実、詩の技術が生活に有益であり[10]、そして音楽は、それを部分に分けて歌唱に適うものにすることによって、詩の技術を飾るように見えるとすれば、音楽は必要であることになるであろう。また確かに、詩人たちは「旋律作り［歌作り］」[11]と呼ばれているし、ホメロスの叙事詩は、古くはリュラーに合わせて歌われていたのである。

---

(1) ストラボン『地誌』第一巻二-三、ピロデモス『音楽について』p. 20, 32, 23-27 (Kemke) を参照。

(2) プラトン『国家』第三巻四一〇E、第四巻四四三D–E、第八巻五五四E、アリストテレス『政治学』第八巻第五章一三四〇a一八–b一九、ピロデモス『音楽について』p. 31, 23, 1-6, p. 32, 26, 9-12 (Kemke) を参照。

(3)「キタラー」については補註jを参照。なお、ランポンなるキタラー奏者は知られていない。プラトンは、ソクラテスが高齢にもかかわらずキタラー奏者コンノスのもとに通っていることで嘲笑を受けていたことを伝えている（『エウテュデモス』二七二C）。

(4) ピロデモス『音楽について』p. 94, 25, 31-p. 95, 25, 40 (Kemke)、クインティリアヌス『弁論家の教育』第一巻一〇-一三を参照。

(5) 擬プルタルコス『モラリア（音楽について）』一一三一F、一一三六B–一一三八B、一一四〇E–一一四二Cを参照。

(6) アリストパネス『雲』九六一–九七二、プラトン『法律』第二巻六六九B–六七一A、第三巻七〇〇A–E、クインティリアヌス『弁論家の教育』第一巻一〇-三一を参照。

(7) 一行目は、テレクレイデス「断片」一 (Kock)。黄金時代を題材とする喜劇『アンピクテュオネス』「断片」一の冒頭の言葉。テクストは、アテナイオス『食卓の賢人たち』第六巻二六八bに従ってベッカー、マウが採用する *ἐξ ἀρχῆς ὂν* ではなく、写本の *ὂν ἐξ ἀρχῆς* を読む。

(8) 二–三行目は、アリストパネス『雲』九六三–九六四。

(9) ピロデモス『音楽について』p. 79, 14, 23-p. 80, 14, 31 (Kemke) を参照。

(10) 詩の技術（*ποιητική*）が生活に有益であるか否かの議論については、『論駁』第一巻二七〇–二九八を参照。

(11) 抒情詩人に対して、リュラー（*λύρα*）に由来する「リュリコス（*λυρικός*）」の呼称を用いるようになったのはヘレニズム期以降のことで、古典期までは「メロポイオス（*μελοποιός*）」（＝*μέλος* を作る人（旋律作り））と呼んでいた。例えば、プラトン『イオン』五三三E、五三四A、『プロタゴラス』三二六A、アテナイオス『食卓の賢人たち』第一巻三b、一四bなどを参照。

一七　そしてまた、悲劇詩人たちによる旋律（メロス）(1)やスタシモン(2)も同様であって、何らかの自然な釣合いを保持しているのであるが、以下の歌詞もそうした例である――

この上なく偉大な大地（ガイア）と、ゼウスの天空（アイテール）、
天空は人間たちと神々の父であり、
大地は、滴り落ちる雨のしずくを
身に受けて、死すべき人間たちを生み、
また食物と種々の獣を生む、
それゆえ、大地が万物の母とみなされているのは
不当なことではない(3)。

一八　なぜなら、総じて音楽は、ただたんに悦びに溢れる人々から聞かれるばかりでなく、また賛歌や祝宴(4)や、神々への供儀に際しても聞かれるからである。この理由によって、音楽はまた、精神を促して善きものに対する渇望へと向かわせるのである。そればかりでなく、苦しむ人々の慰めでもある。それゆえに、喪に服す人たちの苦痛を和らげようとする人々は、彼らのためにアウロスに合わせて歌を歌うのである(5)。

一九　以上のようなところが、音楽を擁護する議論である。しかし、これらの議論に対しては、まず第一に、諸々の旋律（メロス）のうちには、自然本来的に魂を鼓舞するものと、逆に抑制するものとがある(6)というのは、即座に承認されることではない、という反論がある。なぜなら、そのようなことはわれわれの思いなしに反することになるからである。というのも、雷鳴の轟きは、エピクロスの一族が主張するとおり(7)、だれ

かある神の顕現の合図ではないのであるが（もっとも、素人で神を恐れる者たちはそのように思いなしているけれども）―― 二〇 なぜなら、他の諸物体にしても、同じ仕方で互いに衝突するときには、同様の轟きを発するからである（ちょうど石臼を回したり、手を打ち叩いたりするときのように）――、ちょうどそれと同じようにして、音楽の旋律の場合も、自然本来的に、ある旋律はかくかくの性質であり、別の旋律はしか

(1) ギリシア悲劇の中で、コロス（合唱舞踏隊）や俳優によって歌われる旋律。「旋律（メロス）」については補註 i (i) および (iii) を参照。

(2) スタシモンは、ギリシア悲劇作品の中で、コロスがオルケーストラー（円形舞踏場）に入場した後、各エペイソディオン（俳優が演技し、劇の筋が展開していく部分）の後に続いて歌う歌のこと。悲劇作品の構造については、アリストテレス『詩学』第十二章を参照。

(3) エウリピデス『クリュシッポス』断片八三九（Nauck^2）。

(4) 底本の εὐχαῖς ではなく、写本に従って εὐωχίαις を読む。

(5) アリストテレス『問題集』第十九巻九一七b一九―二〇、アリスティデス・クインティリアヌス『音楽について』第二巻四 p. 57, 29-31 (Winnington-Ingram)、『マタイによる福音書』第九章二三を参照。

(6) 音楽が固有の性質、種類によって、魂や性格を異なる方向に導くという考えについては、プラトン『プロタゴラス』三二六A―B、『国家』第三巻三九六C―四〇二A、『法律』第二巻六五五A―B、六五七A―B、六六九B―六七〇C、第七巻八〇二A―E、八一二B―E、アリストテレス『政治学』第八巻第五章一三四〇a七―一三、a三八―b一九、ピロデモス『音楽について』p. 12, 22, 1-14, p. 15, 27, 5-20, p. 71, 7, 25-p. 72, 8, 25 (Kemke)、擬プルタルコス『モラリア（音楽について）』一一四〇B、一一四二Eなど、また補註k (v) も参照。

(7) ディオゲネス・ラエルティオス『哲学者列伝』第十巻一〇〇、ルクレティウス『事物の本性について』第六巻九六―一五九を参照。

じかの性質であるというわけではなくて、われわれがそのような思いなしを余分にもつのである。[1] げんに、同じ旋律が、一方では馬たちを鼓舞しながら、人間たちが劇場でそれを聞く場合には、彼らを鼓舞することはけっしてないのである。[2] それに、馬の場合にしても、たぶん鼓舞するのではなくて、動揺させるだけなのかもしれない。

二二　第二に、[3] たとえ音楽の旋律が上述のようなものであるとしても、だからといって、音楽は生活に有益であるということにはならない。なぜなら、音楽が精神を抑制するのは、思慮節制をもたらす力をもつからではなくして、精神を逸らす力をもつからなのである。それゆえ、そのような旋律がどうかして鳴り止むと、ふたたび思惟は、あたかもその旋律によって治療されなかったかのように、元の精神の状態に戻ってしまうのである。

二三　したがって、眠りや酒は苦痛を消し去るのではなくて、休眠状態と弛緩と忘却を生み出すことによって、苦痛を先送りするのであるが、ちょうどそれと同じように、ある性質の旋律は、苦しむ魂や怒りに駆られる精神を抑制するのではなくて、もしも何かするとすれば、むしろ逸らすのである。[4]

二三　また、[5] ピュタゴラスが時をわきまえず、酔漢たちを思慮節制ある者にしようと望んで、自分の方がその場を立ち去らなかったというのは、まず第一に彼が浅はかだったのである。また第二に、彼らをこの方法で矯正しようとすることによって、[6] 哲学者よりもアウロス奏者の方が性格の矯正に関して有能であると、彼は認めているのである。[7]

二四　また、[8] スパルタ人がアウロスとリュラーの音に合わせて戦うということは、少し前に述べたこと[9] の証拠ではあっても、音楽が生活に有益であるということの証拠にはならない。そして、ちょうど荷物を運んだり、船を漕いだり、あるいは何か他の骨折り仕事をする人たちが拍子をとって歌う(10)のは、仕事の苦しさから思惟を引き離すためであるように、戦争の際にアウロスやラッパ(11)を使用する人々がその方法を案出したの

---

(1) ピロデモス『音楽について』p. 63, 2, 5-p. 64, 2, 43 (Kemke) を参照。

(2) アイネシデモスの一〇の方式の第一方式（セクストス『概要』第一巻四〇－七八）を参照。

(3) 第七節への反論。

(4) ピロデモス『音楽について』p. 95, 26, 9-14 (Kemke) を参照。

(5) 第八節への反論。

(6) ピロデモス『音楽について』p. 100, 30, 24 (Kemke) を参照。

(7) 専門の楽器奏者は、徳よりも快楽を目的とする者として、むしろ蔑まれていた。アリストテレス『政治学』第八巻第六章一三四一b八－一八を参照。

(8) 第九節への反論。

(9) 第二十二節を指す。

(10) 例えば、アリストパネス『蛙』一〇七三。音楽が労働のつらさを紛らすことについては、ピロデモス『音楽について』p. 71, 7, 25-p. 72, 8, 25 (Kemke)、アリスティデス・クインティリアヌス『音楽について』第二巻四 p. 57, 27-29 (Winnington-Ingram)、クインティリアヌス『弁論家の教育』第一巻一〇－一六、アテナイオス『食卓の賢人たち』第十四巻六一八d－六一九a、パウサニアス『ギリシア案内記』第四巻二七－七を参照。

(11) 「ラッパ」と訳した「サルピンクス」については補註jを参照。サルピンクスの戦場等での使用については、ホメロス『イリアス』第十八歌二一九、トゥキュディデス『歴史』第六巻六九－二、クセノポン『ギリシア史』第五巻一－九、『アナバシス』第四巻三－二九、四－二二、アリスティデス・クインティリアヌス『音楽について』第二巻六 p. 62, 10-19 (Winnington-Ingram) を参照。

も、旋律が何か精神を鼓舞する力をもっていて(1)、男らしい気概の原因となるからではなくて、彼らが苦悩と動揺から自分自身を引き離すことに懸命だったからである――実際、他国人のうちにも、ほら貝を吹き鳴らし、太鼓を打ち叩きながら戦う人々がいるが、しかし、これらのことはいずれも、彼らを励まして勇敢へと向かわせはしないのであるから(2)。

二五　同じことが(3)、怒りを燃やすアキレウスについても言われなければならない。もっとも、彼は恋に弱く、自制のきかない人間であるから、音楽に熱心になるのも意外ではないのである(4)。

二六　しかし(5)、神かけて、英雄たちもまた、だれかある歌人を思慮節制ある守護者とみなして、彼におのが妻を委ねたではないか、ちょうどアガメムノンがクリュタイムネストラを委ねたように(と、彼らは言う)。しかし、それらのことは言うまでもなく、物語の語り手たち、しかも、語るはしから自分で自分を反駁する者たちの作り話なのである。というのも、もしも実際、音楽が諸情態を矯正するという点で信頼されていたのだとすれば、どうしてクリュタイムネストラはアガメムノンを、さながら「牡牛を飼葉桶の傍らで(6)」屠るがごとく、彼自身の屋敷の竈《かまど》の傍らで殺害したのであろうか。また、どうしてペネロペは、放蕩な若者たちの群をオデュッセウスの屋敷のうちに迎え入れ、たえず偽りの希望で彼らの欲望を誘い、膨れ上がらせて、イリオス(7)への出征よりももっとつらくて厳しいイタケでの戦争を、夫の身に引き起こしたのであろうか。

二七　それにまた(8)、たとえプラトンの徒が音楽を受け入れたとしても(9)、だからといって、音楽は幸福のために資すると言うべきではない。というのも、彼らに負けず劣らず信頼できる他の人たちもまた――エピク

ロスの徒がちょうどそうであるが――、この主張を否定して[10]、反対に音楽は無益であり、

怠惰で、酒好きで、金銭に無頓着だ[11]

と言っているからである。

二八　しかし[12]、詩の技術がもたらす利益を音楽と結びつけて、音楽の有用性を論じる人々もまたおめでた

（1）戦いにおいて音楽が鼓舞する力については、例えば、アリスティデス・クインティリアヌス『音楽について』第二巻六 p. 62, 2-5 (Winnington-Ingram)、クインティリアヌス『弁論家の教育』第一巻一〇-一四、セネカ『怒りについて』第三巻九-一一を参照。

（2）底本の *πολεμοῦσιν· ἀλλ' οὐδὲν τούτων ἐπ' ἀνδρείαν προτρέπεται* でなく、*πολεμοῦσιν, ἀλλ' οὐδὲν τούτων ἐπ' ἀνδρείαν προτρέπεται* (Blomqvist) を読む。他国人たちと音楽の関係については、アリスティデス・クインティリアヌス『音楽について』第二巻六 p. 62, 31-p. 62, 22 (Winnington-Ingram) を参照。なお、「太鼓」と訳した「テュンパノン」については補註Jを参照。

（3）第十節への反論。

（4）音楽への耽溺が魂にもたらす害については、プラトン『国家』第三巻四一一A－B、アリスティデス・クインティリアヌス『音楽について』第二巻六 p. 59, 17-21 (Winnington-Ingram) を参照。

（5）第十一節への反論。

（6）ホメロス『オデュッセイア』第四歌五三五、第十一歌四一一。

（7）トロイアのこと。

（8）第十三節への反論。

（9）ピロデモス『音楽について』p. 93, 24, 24-28 (Kemke)、クインティリアヌス『弁論家の教育』第一巻一〇-一五を参照。

（10）アイネシデモスの第二の方式（『概要』第一巻七九－九〇）を参照。

（11）エウリピデス『アンティオペ』断片一八四 (Nauck^2)。

（12）第十六節への反論。

い人たちである。なぜなら、『文法家たちに対する覚え書』の中でも述べたように、[1] 人は、詩の技術が無益であることを教示することもできるし、あるいはまた、音楽は旋律に関係するものであるから、自然本来的にただ悦びを与えるだけであるが、詩の技術は精神にも関係するから、有益であり、また思慮節制をもたらすことができるのだということを示すことも、等しくできるからである。

二九　さて、持ち出されてきている諸議論への反論は、以上のようなものである。しかし、音楽に対する主要な反論としては、また以下の議論もある。すなわち、もし事実、音楽の技術が必要であるとすれば、それが有用であると言われるのは、音楽の技術を修めた人の方が、素人の人たちと比べて、音楽の演奏を聴くことからいっそう多くの悦びを得るという理由からであるか、[2] あるいは、音楽の技術を修めた人々の手による初期教育を受けていなければ、人は善き人間になることができないという理由からであるか、[3] 三〇　あるいは、音楽を成り立たせる諸要素と、哲学の諸主題についての知見を成り立たせる諸要素とが同一であるという理由によるのであるか（この点は、文法術についてわれわれが先に述べたのと類似の論点である）、[4] あるいは、ピュタゴラスの一族が主張するように、宇宙は調和［音階］に従って秩序づけられており、[5] われわれが万有の知見を得るためには、音楽の諸法則を必要とするという理由によるのであるか、あるいは、ある性質の旋律が魂の性格を形成するという理由によるのであるか、[6] のいずれかである。

三一　しかしながら、音楽家の方が素人の人たちと比べて、演奏を聴くことからいっそう多くの悦びを得るという理由で、音楽は有用である、と言うことはできないであろう。なぜなら、まず第一に、素人の人たちにとっては音楽の悦びは、飢えや渇きや寒さに際して、飲んだり、暖をとったりすることから生じる悦びがそうであるように必然的なものであるわけではないからである。[7]

三二　また第二に、たとえその悦びが必然的なものであったとしても、われわれは、音楽の技術の経験な

(1)『論駁』第一巻二七七―二九八。

(2)アリストテレス『政治学』第八巻第六章一三四一a一三―一六を参照。

(3)『論駁』第六巻一九、および三一九頁註(6)、補註i(ii)および(iii)、k(v)を参照。

(4)『論駁』第一巻七二を参照。

(5)とくにピュタゴラス派に帰せられる思想。アリストテレス『天について』第二巻第九章二九一a八―九、『宇宙論』第五章三九六b一五―三四、第六章三九九a一二―一四、クインティリアヌス『弁論家の教育』第一巻一〇・一二、テオン(スミュルナの)『プラトンを読むための数学的事項に関する解説』p. 99, 8-14, p. 139, 11-p. 140, 3 (Hiller)、擬プルタルコス『モラリア(音楽について)』一一四七A、プラトン『クラテュロス』四〇五D、『国家』第十巻六一七A―B、『ティマイオス』三四B―三六D、セクストス『論駁』第四巻六、アリスティデス・クインティリアヌス『音楽について』第三巻二〇 p. 119, 21-p. 120, 29 (Winnington-Ingram)、ピロデモス『音楽について』p. 100, 30, 6-18, p. 101, 31, 10-24 (Kemke) などを参照。

(6)アリストテレス『政治学』第八巻第五章一三四〇a六―b一三、プルタルコス『モラリア』一五六Cを参照。

(7)エピクロス派は、欲求を(一)自然的で必要不可欠(必然的)な欲求、(二)自然的ではあるが、必要不可欠ではない(充足されなくても苦痛に導くわけではない)欲求、(三)自然的でも必要不可欠でもない空しい欲求、に分類し(エピクロス『メノイケウス宛書簡』一二七、『主要教説』二六、二九、「断片」四五六(Usener))、苦痛からの解放を最大の快楽とする立場から、(一)の種類の自然的で必要不可欠・必然的な欲求を満たすことさえできれば最大の快楽に簡単に到達できると説いた(『メノイケウス宛書簡』一二八、一三〇―一三一、『主要教説』三、一八、二〇、キケロ『善悪の究極について』第一巻三七)。簡単に充足できる質素な食物や生活の必要への欲求は、(一)の種類に属するが(『メノイケウス宛書簡』一三一)、音楽への欲求はエピクロス派にとって必要不可欠(必然的)な欲求ではない。セクストス『論駁』第六巻二七を参照。

しにそれらを楽しむことができる。確かに、子どもたちは美しい調べ[1]の子守歌を聴きながら眠りに就くし[2]、また、非理性的な動物たちは、アウロスやシューリンクス［牧笛］[3]の音に魅せられ[4]、イルカは、伝えられるところによれば、アウロスが奏でる旋律（メローディアー）を悦んで、漕ぎ進んでいく船に泳ぎ寄ってくる。[5]しかし、子どもにしても動物にしても、音楽の技術の経験や概念をもつようには見えないのである。

三三　またそれゆえに、おそらくわれわれは、ちょうど料理術や聞き酒の技術をもたずに、料理や酒を味わって快を感じるのと同じようにして、音楽の技術をもたなくても、悦ばしい旋律（メロス）を聴いて快を感じるのであろう。というのも、音楽技術の所有者は、技術に則って演奏されているということを、素人の人たちよりもいっそうよく認識するけれども、しかし、快い情態をいっそう多く得るわけではまったくないからである[6]。

三四　したがって、音楽の技術の知見をもつ人々の方がいっそう多くの悦びを得ることになるという理由によっては、音楽の技術は選択されえない。さらにまた、魂を知恵へと導くための道を備えるという理由によっても、選択されえない。なぜなら、反対に音楽の技術は、徳への渇望と衝突し、これに逆らうのであって、若者たちを不節制と好色に陥りやすい者にするからである。[7]三五　というのも、実際、音楽の技術を修めた人は、

　歌や踊りを楽しんで、たえずその快楽を追い求める。
　家や国家にとっては無用の者となるであろうし、
友人たちにとっては無きに等しい者となって、消え去って行くのだ、

人が甘い快楽に打ち負かされるときには。(8)

三六　同一の理由によって、ただちに明らかであるように、音楽と哲学とが同一の構成要素から出発しているということから、音楽の必要性を導入すべきでもない。したがって、残るところは、宇宙は調和［音階］に従って秩序づけられているという理由によってか、あるいは、音楽が性格を形成する旋律を用いているという理由によって、音楽は幸福のために必要であると論じることである。これらのうち、最後の理由は、すでに真ではないとして斥けられている。(9)

三七　他方、宇宙は調和［音階］に従って秩序づけられているという説が偽であることは、様々な仕方で示

(1)「美しい調べの」と訳した原語は「エンメレース（旋律的 ἐμμελής）」。『論駁』第六巻三二八および三二九頁註（3）を参照。

(2) クインティリアヌス『弁論家の教育』第一巻一〇-三二を参照。

(3)「シューリンクス［牧笛］」については補註Jを参照。

(4) 音楽に魅せられる動物については、プルタルコス『モラリア』七〇四E－七〇五F、九六一D－E、アイリアノス『動物の特性について』第十二巻四六、アテナイオス『食卓の賢人たち』第七巻三二八fなどを参照。

(5) イルカのアウロス好きの性格については、エウリピデス『エレクトラ』四三五、アイリアノス『動物の特性について』第十二巻四五、プルタルコス『モラリア』一六二F、七〇四F－七〇五A、九八四B－Cなどを参照。

(6) ピロデモス『音楽について』p. 62, 1B, 26-p. 63, 1B, 38, p. 66, 4, 15-p. 67, 4, 27 (Kemke) を参照。

(7) ピロデモス『音楽について』p. 78, 13, 28-p. 79, 13, 32 (Kemke) を参照。

(8) エウリピデス『アンティオペ』断片一八七（Nauck²）。

(9)『論駁』第六巻二七を参照。

されている。[1] その上、たとえそれが真であるとしても、ちょうど楽器における調和〔音階〕[2] と同じく、そのようなものは至福を得るためには、何の力にもならないのである。

以上、音楽家に対する反論の第一の種類は、上述してきたようなものである。三八 他方、第二の、音楽の諸原理に関わる種類の反論は、より実質的な探求を含むものである。例えば、音楽は、旋律的なものと非旋律的なもの、およびリズム的なものと非リズム的なものに関する一種の知識であるから、[3] もしもわれわれが、旋律（メロス）も成立的ではないし、リズムも存立的な物事に属するものではないことを示すならば、確かにわれわれは、音楽もまた非存立的であることを論じたことになるであろう。そこでまず第一に、諸々の旋律とその成立について論じることにしよう。その際、議論を少し遡ったところから始めることにしよう。

音声の定義[4]

三九 さて、人が異論のない定義として主張しうるところによれば、音声（ポーネー）とは、聴覚が固有に感覚しうるものである。というのも、色を認識することは、視覚のみが行ないうる仕事であり、芳香と異臭を捉えると主張することは、ただ嗅覚のみがなしうることであり、さらにまた甘さと苦さを感覚することは味覚の仕事なのであるが、それと同じようにして、音声は聴覚が固有に感覚しうるものとなるであろう。

四〇 ところで、音声には鋭い音声〔高音〕と重い音声〔低音〕があるけれども、これらはいずれも、どちらかと言えば隠喩的な仕方で、触覚によって感覚されるものからその呼び方を得ている。なぜなら実生活においては、触覚を突き刺し、また切断するものが「鋭い」と呼ばれ、押しつぶし、また圧迫するものが「重い」と呼ばれているが、それとちょうど同じようにして、音声のうちでも、聴覚をいわば切断するように響く音声は「鋭い」と呼ばれ、他方、いわば押しつぶすように響く音声は「重い」と呼ばれているからである。

四一　それにまたわれわれは、視覚的に感覚されるものに基づいて、音声を「灰色の［くぐもった］」音声とか、「黒い［不明瞭な］」音声とか、「白い［明瞭な］」音声と呼んでいるのであるが、ちょうどそれと同じように、触覚的に感覚されるものに基づいてわれわれが隠喩的な表現をいくつか用いたとしても、異様なことで

（1）アリストテレス『天について』第二巻第二章を参照。

（2）魂を、楽器（また身体）を構成する諸要素が作り出す調和（音階）とみなす思想、いわゆる魂調和説については、プラトン『パイドン』八六C、アリストテレス『魂について』第一巻第四章四〇七b二七―三二、『政治学』第八巻第五章一三四〇b一八―一九、アリスティデス・クインティリアヌス『音楽について』第二巻一八―一九、またセクストス『論駁』第四巻六も参照。

（3）この定義については『論駁』第十一巻一八六、また補註i(i)、バッケイオス・ゲロン『音楽術へのエイサゴーゲー』一-二 p. 292, 13-14 (Jan) も参照。「旋律的なもの（ἐμμελῆ）」と「非旋律的なもの（ἐκμελῆ）」については、プトレマイオス『ハルモニア論』第一巻四 p. 10, 23-25、七 p. 15, 14-17 (Düring)、バッケイオス・ゲロン『音楽術へのエイサゴーゲー』二-六九 p. 307, 7-10 (Jan)、ガウデンティオス『ハルモニア論へのエイサゴーゲー』一 p. 328, 16-20 (Jan)、アリストクセノス『ハルモニア原論』第二巻三七-二一―六 p. 46, 13-16 (da Rios) を、また「リズム的なもの（ἔνρυθμα）」と「非リズム的なもの（ἔκρυθμα）」については、アリスティデス・クインティリアヌス『音楽について』第一巻一四 p. 32, 30-p. 33, 7 (Winnington-Ingram) を参照。

（4）いくつかの写本中に見出される小見出し。

はないのである[1]。

さて音声が、均等に一つの高さで発せられ、より重い［低音の］方向にも、より鋭い［高音の］方向にもまったく感覚の揺らぎが生じないような場合に、そのような響きは「楽音（プトンゴス）」と呼ばれ、それゆえまた音楽家たちは、概略的に説明して次のように言っている。

楽音の定義[2]

四二 「楽音とは、旋律的な音声が一つの高さ［音高］をとることである[3]」。また楽音には、同音と非同音とがあり、そして同音というのは、鋭さ［高さ］と重さ［低さ］において相互に異ならない楽音のことであり[4]、他方、非同音というのは、そのような関係にない楽音のことである。**四三** また、非同音の場合も同様であるが、同音のうちのあるものは「鋭い［高い］」と呼ばれ、別のものは「重い［低い］」と呼ばれる楽音であり、さらに非同音のうちには、「不協和的［不協和音］」と呼ばれる音と、「協和的［協和音］」と呼ばれる音があり[5]、そして不協和音とは、聴覚を不均一で分裂的な仕方で触発する楽音であり、他方、協和音とは、より均一で非分断的な仕方で触発する楽音である。**四四** これらそれぞれの類の固有性は、われわれが味覚上の諸性質からの移行という仕方で考えてみるなら、より明らかになるであろう。すなわち、味覚の対象のうち、あるものは、例えば蜂蜜酒[6]や蜂蜜水がそのようなものであるが、単一形相的で滑らかな仕方で感覚を触発するように混和しているのに対して、別のものは、例えば酢蜜のように、そのような仕方で、また似たような仕方でも感覚を触発することのないものなのであるが（というのも、それらの混合要素の各々は、それぞれ固有の性質を味覚に刻印するからである）、ちょうどそれと同じように、楽音のうち、不均一で分裂的な仕方で聴覚を触発するものは不協和音であり、他方、より均一なものは協和音である。音楽家たちが示している楽音の相違は、以上のようなものである。

四五　そして、これらの楽音によって、ある隔たり［音程］(7)が囲まれ［区切られ］、この隔たりに従って音声は、より鋭い［高い］方に向かって上昇し、あるいは、より重い［低い］方に向かって下降するという動きをする。それゆえ、これらの隔たりも類比的に、あるものは「協和的［協和音程］」と呼ばれ、別のものは「不

（1）音声に対する種々の形容については、ポルクス『語彙集』第二巻一一七を参照。「黒い［不明瞭な］」、「白い［明瞭な］」、「灰色の［くぐもった］」という呼び方の音声への適用については、アリストテレス『トピカ』第一巻第十五章一〇六a二三―b一二、一〇七a一二―一七、『聞こえるものについて』八〇二a一―一二を参照。

（2）いくつかの写本中に見出される小見出し。

（3）「楽音」の定義については補註k(i)を参照。

（4）「同音（ὁμόφωνοι）」を「鋭さ［高さ］と重さ［低さ］において相互に異ならない楽音」、すなわち「ユニゾン」とみなす同様の定義については、ガウデンティオス『ハルモニア論へのエイサゴーゲー』八 p. 337, 7-8 (Jan)、アリスティデス・クインティリアヌス『音楽について』第一巻六 p. 10, 5-6 (Winnington-Ingram)、バッケイオス・ゲロン『音楽術へのエイサゴーゲー』一-六〇 p. 305, 10-12 (Jan) を参照。他方、プトレマイオス『ハルモニア論』第一巻七 p. 15, 10-12 (Düring) は、「同音」を「同時に発せられたときに、一音の印象を耳に与える楽音」、すなわち、オクターブの関係にある楽音同士と定義している。

（5）「協和」と「不協和」については、補註k(ii)を参照。

（6）蜂蜜酒の例については補註k(ii)を参照。

（7）「音程」については補註k(iii)を参照。

協和的［不協和音程］」と呼ばれる。[1] **四六** そして協和音程とは、協和音によって囲まれているすべての隔たりのことであり、他方、不協和音程とは、不協和音によって囲まれているすべての隔たりのことである。また、諸々の協和音程のうち、第一の最小の隔たりを、音楽家たちは「四度」と呼び、次に位置する、より大きな隔たりを「五度」と呼び、そして「五度」よりもより大きな隔たりを「八度［オクターヴ］」と呼んでいる。**四七** さらにまた、諸々の不協和音程のうち、最小で第一の隔たりは、彼らのあいだで「ディエシス」と呼ばれるものであり、第二の隔たりは「半音（ヘーミトニオン）」であり――これは、ディエシスの二倍である――、第三の隔たりは「全音（トノス）」――半音の二倍――である。[2]

四八 さらにまた、音楽における隔たり［音程］がすべて、諸々の楽音から成立しているように、音楽におけるエートス［性格］もまたすべて、諸々の楽音から成立している。そしてエートスとは、旋律（メローディアー）のある種の類（ゲノス）のことである。[3] というのも、人間のエートスのうちにも、むっつりしていて、比較的頑強なエートスもあれば――古の人々のエートスはそのようなものであったと伝えられている――、色恋や大酒や泣き言や悲嘆に流されやすいエートスもあり、それと同じようにして、ある旋律は、魂のうちに荘重で洗練された動きを生み出すが、別の旋律は、より卑俗で気品のない動きを生み出すのである。**四九** そしてこうした種類の旋律は、エートスを形成するものであるところから、音楽家たちによって一般に「エートス」と呼ばれている[4]――それはちょうど、恐怖が蒼白にするものであるところから、「蒼白の恐怖」[5]と呼ばれ、また「南風は、難聴で、かすみ目で、頭が重く、気だるくて、弛緩している」[6]という言い方が、それらの作用を及ぼすという意味でなされているようなものである。

五〇　そして、この一般的な旋律（メローディアー）のうちの一種類は「クローマ」と呼ばれ、一種類は「ハルモニアー」と呼ばれ、また一種類は「ディアトノン」と呼ばれる。このうち、ハルモニアーは、一種の厳めしいエートスと荘重さをもたらし、クローマは甲高く悲哀を帯びており、ディアトノンは、いくぶんごつごつしていて少々野卑である。(7)　五一　またさらに、演奏される諸旋律のうちで、ハルモニアー的な旋律（メロス）は分割されえないけれども、ディアトノンとクローマは、より特殊ないくつかの種差(8)をもっている。すなわち、ディアトノンは二つの種差、いわゆる「マラコン・ディアトノン」と「シュントノン・ディアトノン」の種差をもち、またクローマは三つの種差をもつ――そのうちの一つは「トニコン・クローマ」、一

(1)「協和音程」と「不協和音程」、および「協和音程」の種類については、補註k(iii)を参照。またセクストス『論駁』第四巻六―八、第七巻九五―九八、第十巻二八三、『概要』第三巻一五五も参照。

(2)「ディエシス」「半音」「全音」については補註k(iii)を参照。「ディエシス」が最小の音程であることについては、アリストテレス『分析論後書』第一巻第二十三章八四b三八―三九、『形而上学』第五巻第六章一〇一六b一八―二四、第十巻第一章一〇五三a一二―一三を参照。

(3) 音楽における「ゲノス」と「エートス」については補註k(v)を参照。

(4) 人間の性格（エートス）形成への音楽の影響については、補註k(v)を参照。

(5) ホメロス『イリアス』第七歌四七九、第八歌七七、第十七歌六七、『オデュッセイア』第十一歌四三三、六三三、第十二歌二四三、第二十二歌四二一、第二十四歌四五〇、五三三。

(6) ヒッポクラテス『箴言』三-五。

(7) これら三種類のゲノスと各ゲノスの性格については、補註k(v)を参照。

(8)「種差（διαφορά）」と呼ばれているが、「種」の意味である。ゲノスの種類については、補註k(vi)を参照。

つは「ヘーミオリオン・クローマ」[1]、もう一つは「マラコン・クローマ」と呼ばれている。

五二　ところで、以上述べたところから、旋律（メローディアー）に関する音楽家たちの考察のすべてが、ほかならぬ楽音のうちに成立している[2]ということは明らかである。そしてそれゆえ、もしも楽音が否認されるなら、音楽は何ものでもないことになるだろう。それでは、どのようにして人は、楽音が存在しないということも主張できるであろうか。楽音は類においては音声として存立しているということ[3]、および、音声は非存立的であることを、われわれはすでに『懐疑主義の覚え書』[4]の中で、ドグマティストたちの証言に基づいて示しているということから、とわれわれは答えるであろう。

五三　というのも、キュレネ派の哲学者たちは、受動的な諸情態のみが存立しているのであって、ほかには何も存立していないと主張している[5]。したがって、音声もまた、情態ではなく情態を生み出すものであるから、存立するものには属さないということになる。またデモクリトス派やプラトン派の哲学者たちは、感覚されるものすべてを否認しており[6]、それとともに音声をも否認している――音声は、一種の感覚される事物として存立するように思われるから。**五四**　さらにまた、もしも音声が存在するとすれば、それは物体であるか、あるいは、非物体であるかのいずれかである。しかし、ペリパトス派が多数の議論を通して教示しているように、それは物体でもないし、またストア派が教示しているように、非物体でもない[7]。したがって、音声は存在しない。

（1）底本の *ἡμιτόνιον* ではなく、*ἡμιόλιον*（Winnington-Ingram）を読む。「ヘーミオリオン・クローマ」については、補註k (vi)を参照。

(2) バッケイオス・ゲロンの言葉「音楽に関する事柄の第一の構成要素とは、楽音である」(『音楽術へのエイサゴーゲー』二-六七 p. 306, 18 (Jan))を参照。

(3)『論駁』第六巻四二における「楽音」の定義を参照。

(4)『懐疑主義の覚え書』については補註Hを参照。この著作は『論駁』第七巻――第十一巻を指すと思われるが、『論駁』第八巻一三一では、次のような議論が行なわれている――もしも音声が存在するとすれば、それは生成しつつあるものとして存在するか、あるいは、沈黙のうちにあるものとして存在するかのいずれかである。しかるに、生成しつつある音声も存在しないし(なぜなら、存立していないのであるから)、沈黙のうちにある音声も存在しない(なぜなら、いまだ生成していないから)。ゆえに、音声は存在しない。

(5) キュレネ派は、アリスティッポスがキュレネに立てた学派で、感覚的快楽を人生の目的とした。キュレネ派の思想については『論駁』第七巻一九〇―二〇〇、『概要』第一巻二一五、ディオゲネス・ラエルティオス『哲学者列伝』第二巻九二を参照。

(6)『論駁』第七巻一三五―一四四、第八巻六―七を参照。デモクリトスにとっては、真にあるもの――諸々の原子(アトム)と空虚――は感覚不可能であり、甘さや冷たさ等の感覚的諸性質は、たんにノモス(慣わし、約定)の上のことであるにすぎない(デモクリトス「学説」四九、「断片」九、一一七、一二五(DK)などを参照)。プラトンにとって、感覚されるものは絶えざる生成過程にあるものであって、真に存在するものではなく、真実在イデアは、感覚と関わりのない純粋の思惟の対象である(『パイドン』六五B―六六A、七八D―七九E、八三A―B、『国家』第七巻五二三A―五二五B、五二九B―五三一C、『ティマイオス』二七D―二八C、五二A―Dなどを参照)。

(7) ピュタゴラス、プラトン、アリストテレスは、音声は空気ではなく、打撃によって成立する空気の形態(*σχῆμα*)であるから、物体ではないと考え、他方ストア派は、物体のみが作用を与え、また受けることが可能であるから、作用を与えたり受けたりできる音声は物体であると考えた(擬プルタルコス『哲学者たちの学説』第四巻二〇(*Dox.* pp. 409-410)を参照)。音声を形態とみなすアリストテレスの立場については、彼の「感覚とは、感覚されうる諸形相(*εἴδη*)をその質料を伴わずに受け入れうるものである」という言葉(『魂について』第二巻第十二章四二四a一八―一九)を参照。ストア派の立場については、「音声とは打撃を受けた空気である」とするバビュロニアのディオゲネスの立場(ディオゲネス・ラエルティオス『哲学者列伝』第七巻五五)を参照。

五五　また、別の人は次のようにも論じようとするであろう。もしも魂が存在しないとすれば、諸感覚も存在しない——なぜなら、諸感覚は魂の諸部分として存立しているのであるから。[1] しかし、もしも諸感覚が存在しないならば、感覚されるものもまた存在しない——なぜならそれらの成立は、諸感覚[2]との相対的関係において思惟されるのであるから。しかるに、もしも感覚されるものが存在しないならば、音声もまた存在しない——なぜなら、音声は、感覚されるものの一種として存立しているのであるから。しかしじつのところ、『魂に関する覚え書』[3]の中でわれわれが示したように、魂は何ものでもない。したがって、音声は存在しないのである。

五六　さらにまた、もしも短い音声も長い音声も存在しないとすれば、音声は存在しない。ところが、『文法家たちに対する覚え書』の中で、[4] 文法家たちを論敵として音節と語（レクシス）について探求した際にわれわれが示したように、短い音声も存在しなければ、長い音声も存在しない。したがって、音声は存在しない。

五七　また以上のことに加えて次の議論も成り立つ。音声は、完了した結果として思惟されるのでもなければ、げんに成立しているものとして思惟されるのでもなく、むしろ生成過程と時間的延長のうちにあるものとして思惟される。しかし、生成過程にあるものとして思惟されるものは、生成しているのであって、いまだ存在してはいない——それはちょうど、生成過程にある家とか船とか、その他非常に多くのものもまた、存在するとは言われないのと同様である。[5] したがって、音声は何ものでもないのである。

五八　この論点のためには、ほかにも数多くの議論を用いることができるのであるが、それらについては、すでに述べたとおり、われわれは『ピュロン主義』(6)における論述の中で詳しく取り上げた。しかし今のところは、次のように述べておこう――もしも音声が存在しないとすれば、「音声が一つの高さをとること」と語られていた(7)楽音もまた存在しない。しかし、楽音が存在しないとすれば、音楽的な隔たり[音程](8)も成り立たないし、協和(9)も旋律(メローディアー)も、それらから成る諸々の類(ゲノス)(10)も成り立たない。それゆえまた、音楽も成り立たない。なぜなら、音楽とは旋律的なものと非旋律的なものの知識であると言われていた(11)からである。

五九　そこで、今度は別の原理から出発して、たとえこれらのことを別にしても、リズム構成に関して取り上げられるであろう行き詰まりのゆえに音楽は非成立的であるる(12)ということを示さなければならない。とい

---

(1) ネメシオス『人間本性について』一五 (*SVF* I. 143)、ストバイオス『抜粋集』第一巻四九-二四 (I. p. 348, 1-5 (Wachsmuth/Hense), *SVF* I. 377)、アレクサンドロス(アプロディシアスの)『霊魂論』p. 18, 28 (*CAG*) (*SVF* II. 793)、またプラトン『ティマイオス』四三C、プルタルコス『モラリア』一〇二四C、一〇三一Bも参照。

(2) 底本の *αἰσθήσει* でなく、一部写本の *αἰσθήσεις* を読む。

(3) セクストスの失われた著作(『論駁』第十巻二八四でも言及)。現存著作においては、『概要』第二巻三一-三三、第三巻一八六においてセクストスは魂の存立の問題に触れている。

(4) 『論駁』第一巻一二三-一三〇。

(5) 『論駁』第八巻一三一および三三五頁註(4)を参照。

(6) 『論駁』第一巻二八二および補註Sを参照。

(7) 『論駁』第六巻四二を参照。

(8) 『論駁』第六巻四五を参照。

(9) 『論駁』第六巻四三-四七を参照。

(10) 『論駁』第六巻四八、五〇を参照。

(11) 『論駁』第六巻三八を参照。

(12) リズムが音楽の構成部分であることについては補註ιを参照。

うのも、もしもリズムが何ものでもないとすれば、リズムに関する知識もまったく存在しないであろう。しかし実際、われわれがこれから論じるように、リズムは何ものでもない。したがって、リズムに関する知識はまったく存在しないのである。

六〇　というのも、われわれがしばしば述べてきたように[1]、リズム[2]とは詩脚[3]から成る体系であり、また詩脚はアルシス［上拍・弱拍］とテシス［下拍・強拍］[4]から構成されるものである。そして、アルシスとテシスは時間の量の中で観取され、そのうちテシスはいくつかの時間［時間単位］[5]を占め、またアルシスは別のいくつかの時間を占めている。というのも、ちょうど諸々の字母から音節が構成され、諸々の音節から語（レクシス）が構成されるように、諸々の時間から詩脚が生じ、諸々の詩脚からリズムが生じるからである。

六一　そこで、もしも時間は何ものでもないことをわれわれが示すならば、それとともにわれわれは、詩脚もまた存立しないであろうということ、それゆえまた、詩脚から構成されているリズムも存立しないであろうということを証明したことになるであろう。そしてそこからの帰結として、リズムに関する知識もまたまったく存在しないということになるだろう。ではどのようにして示すのか。時間は何ものでもないことを、すでにわれわれは『ピュロン主義』の中で論じたけれども[6]、しかしなお、またここでもある程度論じることにしよう。

六二　というのも[7]、もしも時間が何かであるとすれば、それは有限であるか、あるいは、無限であるかのいずれかである。しかし有限ではない。なぜなら、もし有限であるなら、時間が存在していなかった時間がかつてあった、また、時間が存在しないであろう時間がいつか存在するであろう、とわれわれは言うことに

西洋古典叢書

—第II期第30回配本—

月報45

2004年2月

京都大学学術出版会

アルケシラオスの懐疑主義の起源をめぐって

山口　義久

「アルケシラオスは、何か知りうるものがあることを否定したものでした。ソクラテスが自分のためにとっておいた、自分は何も知っていないということを知っているという、あのことまでも。それほどに、あらゆるものが見えないところに隠されていて、把握されたり知られたりできるものは何もないと考えたのです。そのことを理由に彼は、誰であれ何ひとつ主張も断言もすべきではなく、同意によって是認すべきではないと言ったのです」。

キケロは『アカデミカ』の中で、アルケシラオスについてこのように語っている（第一巻四五）。ここにその一端が垣間見られるように、アルケシラオスは、プラトンの創設した教育・研究機関アカデメイアに懐疑主義を導入した人である。古代における懐疑主義の創始者をピュロンだと認めるとして、その立場を再興したと称するアイネシデモスに始まる後期懐疑主義との間には、二百年以上の隔たりがある。アカデメイアの懐疑主義は、その間をつなぐ橋渡しの役を果たしうる位置にあったと言えよう。カルネアデスにおいて懐疑主義的傾向の絶頂期を迎えたアカデメイアは、その後懐疑主義の立場を捨てることになったが、その時期にアカデメイアにいたアイネシデモスは、それに飽き足らずに、みずから懐疑主義の運動を始めたのだと伝えられる。

冒頭のキケロの引用で目をひくのは、アルケシラオスの懐疑主義につながる見方だけでなく、その立場からはソクラテスの無知の知まで懐疑の対象となるという点もである。このことの意味を考える前に、そもそもアルケシラオスの懐疑主義とソクラテスが、何らかの関係をもっているのかどうかを問わなければならないだろう。

「ポレモンの弟子であったアルケシラオスは、プラトンの様々な書物やソクラテス的対話篇から、確実なことは何も感覚によっても精神によっても、知覚することはできないということを、とくに引き出した。彼は何かきわだって優美な語り方を用いて……自分の意見を出さずに、誰の言った意見にも反論するという、きわめてソクラテス的なやり方を始めた」。

同じキケロは『弁論家について』で、このように証言している（第三巻六七）。これによると、アルケシラオスの懐疑主義的な考えは、プラトンのソクラテス対話篇から引き出されたということになる。ディオゲネス・ラエルティオスも、アルケシラオスのことを、

「議論の対立のゆえに主張を保留した最初の人である。彼はまた両側の立場に立って議論をしたことでも最初の人であって、プラトンによって伝えられていた議論をはじめて動かして、問いと答えを通じてそれをさらに論争的な性格のものにした人である」。

と言って、その議論がプラトンゆずりのものであったことを語っている（『ギリシア哲学者列伝』第四巻二八）。

しかし同じディオゲネスは「ある人びとによると」という但し書きつきで、アルケシラオスがピュロンをも賞賛していたと付け加えている（同書第四巻三三）。ピュロンを「も」というのは、その直前に彼がプラトンを讃歎していたことが書かれているからだが、たとえ副次的にであれ、ピュロンの影響の可能性が示唆されていることは注目に値する。もしもアルケシラオスの懐疑主義がピュロンに由来するものであるなら、古代懐疑主義の歴史は、ある意味ですっきりしたものになるかもしれない。

少なくとも、ピュロンの立場の復興を標榜する後期懐疑主義者にとっては、アカデメイアの懐疑主義もピュロンの影響によって成立したと考えるほうが都合がよいであろう。セクストス・エンペイリコスは、アルケシラオスが自分たちの立場とほとんど同一だという見解を表明している（『ピュロン主義哲学の概要』第一巻二三二）。言わば第三者であるヌメニオスの目にも、アルケシラオスは名前だけがアカデメイア派で、実質はピュロンに忠実な懐疑主義者と映っていた（エウセビオス『福音の準備』第十四巻六-四）。現代の学者にも、同様の見方に立ってアルケシラオスに対するピュ

ロンの影響を考える人がいるのも当然であろう。

たしかに、アルケシラオスがピュロンやその弟子のティモンと同じ時代のアテナイで活動し、何らかの交渉もあったと伝えられることと、彼の思想内容を考え合わせれば、何も影響関係がなかったと想像するほうがむずかしいかもしれない。しかし、ただ似ていると指摘するだけでは影響関係の証明にはならない。セクストスの先の箇所も、類似性から影響関係を導き出すものではなかった。また、それだけでなく、影響を受けたとすると、どのような点においてだったのかを示すことができなければならないが、それはけっして明らかとは言えないのである。

この問題は、当事者であるピュロンもアルケシラオスも（その考え方を受け継いで発展させたカルネアデスも）、書物を書き残さなかったために、ますます困難なものとなっている。残された資料のなかで、最もピュロン自身の考えに近いものを伝えていると考えられるのは、エウセビオスが引用するアリストクレスの次の言葉である。

「ピュロン……の弟子ティモンは、幸福になろうとする者は次の三つのことに目を向けなくてはならないと言っている。すなわちまず、諸々の事物がその本性上いかなるものであるか、次に、われわれはそれらの事物に対していかなる心のもち方をすべきか、最後に、そのような状態にある人には何が結果として残るかである。ピュロンは『諸々の事物が同等に無差別であり、不安定で不確定なものであって、それゆえにわれわれの判断も、真とも偽ともならない』と主張していると彼は言う。『だからそれらのものを信用すべきではなく、むしろ判断を下さずに、どちらにも引かれず、動揺せずにいながら、個々の場合については、そうでないよりもむしろそうであるわけではないとか、そうでもありそうでなくもあるとかそうでもなくそうでなくもないとか、言うべきである』と。そのような心の状態にある人には、先ず無言明が、次いで心の平静が生ずるとティモンは言う」（『福音の準備』第十四巻一八‐二）。

ここでは、「エポケー（判断保留）」という術語は現われていないが、事物の不確定性ゆえにわれわれの判断は真とも偽ともならないのだから判断を下さずにおくべきだという言葉は、同趣旨の内容をもつものと考えることができる。それに対して、すでに見たアルケシラオスのエポケー（主張の保留）は、議論の対立のゆえに行なわれると言われていた。議論の「同等の力（イソステネイア）」は、後期懐疑主義者の術語の一つであるが、対立する議論が判断保留の根拠となるという要素は、アルケシラオスにおいては重要であったと考えられるものの、ピュロンにもあったかどうか疑問である。少なくとも、右の資料では明らかでない。

　そのことから推察するに、懐疑主義的な思考法においてアルケシラオスがピュロンと類似しているところがあったとしても、最もアルケシラオスらしい特徴は、賛否両論の立場に立って議論を展開するところにあるのではないかと思われる。そして、その特徴がプラトンの対話篇におけるソクラテスの議論からえられたということを疑う根拠は見つからない。この点に関しては、後世のヌメニオスより、比較的時代の近いキケロの証言を信じるほうがよいだろう。

　さて、そうすると、アルケシラオスがすべての知を否定するさいに無知の知まで否定したことは、どのように理解したらよいのだろうか。無知の知がありえないとすると、われわれは無知の無知の状態、すなわち自分が無知であることに気づかずにいる状態にとどまらざるをえないことになるのだろうか。だが、自分の無知についての無知とは、自分が知っていると思い込んでいる状態だとすると、アルケシラオスがそれを是認したとは考えられない。彼の立場はむしろ、知っていると思っている人の判断が真実とは言えないことを示そうとするものである。したがって、彼の無知の知の否定とは、自分が無知だと思う判断が知であることを否定したことにほかならないと言えよう。

　しかし、ソクラテスが自分の無知や、対話相手の無知を知ることは、ほんとうにありえないのだろうか。ソクラテスの対話において、論じられている問題について彼の対話相手が無知であることは、試みられた説明に矛盾が生じることによって明らかにされていると考えることができる。知っている人は正しく説明できるという前提を認めれば、正しく説明できない人は知っていないという結論は避けられないのではないだろうか。

　事柄はそうすると矛盾そのものに関わってくるであろう。アルケシラオスであれ他の懐疑主義者であれ、矛盾律そのものを否定することはできない。しかし、先のピュロンに関わる引用に、「そうでもなくそうでなくもない」という表現があった。これは、「そうであるかそうでないかのいずれかである」という、つねに真である命題の否定であるように見える。こういう言い方は、「そう」で表わされる内容が真か偽か確定するものであれば、不合理におちいることを免れない。しかしその内容の真偽そのものが、まさに懐疑主義において問われているものなのである。

（西洋古代哲学・大阪府立大学教授）

――「老後の愉しみ」の予習帳から（4）

フロイトが独訳したJ・S・ミルの論文のなかにプラトンを論じたものが含まれていたことについて、フロイトの高弟アーネスト・ジョーンズは、（論議はあったものの）標準的な位置を保ってきたフロイトの伝記のなかで、「プラトン哲学に関するフロイトの知識は、おそらくこのミルの論文から得たのであろう」と述べている。しかし、事情はそれほど単純ではないようだ。

フロイトがプラトンに関連して最も関心を寄せたのは、エロスの概念である。『性理論三篇』の第四版への序文では、精神分析を「汎セックス主義」とするような誤解・非難に答えて、次のように書いている。「精神分析での拡張された性の概念が、神のごときプラトンのエロスの概念といかに合致したものであることを思い出してほしい」。

フロイトがこの論文で実際に言及し、また『快感原則を超えて』では引用までしているのは、プラトンの『饗宴』でアリストパネスが持ち出す説、つまり原初は男男、女女、男女の状態であった人間がゼウスによって引き裂かれたために、いまもその半身を求めていることにエロスは由来するという説である。ただしフロイトは、このアリストパネス的な説明に完全に賛同しているわけではない。『性理論三篇』では性欲動についての世間一般の考え方のみごとな表現として触れるだけであり、『快感原則を超えて』でも注目すべき空想的仮説として論究するにとどめている。にもかかわらず「精神分析での拡張された性の概念」とプラトンのエロスの概念とが合致すると主張する以上、フロイトの理解するプラトンのエロス概念は、アリストパネスの寓話だけに限定されるものではないであろう。

フロイトにとって、意外なことに後年になってはじめて重要な意義を付与されるエロスの概念は、「死の欲動」に対比される、「生の欲動」あるいは「リビドー的な性欲動」を意味した。「エロスは生命ある実体からより大きな統一を形成し、それによって生命を維持し、さらに高度の発展に向かって進むことを目指すものである。……生殖はエロスの勝利である」と彼は書いている（『「精神分析」と「リビドー理論」』）。これはプラトンの『饗宴』のなかでも、むしろディオティマによる次のようなエロスの説明を想起させるだろう。「死すべきものは、できうるかぎりにおいて、永遠に存在し不死であることを求めるものです。……その欲求は出産ということによって達せられるのです」（二〇七D）。

そして、このようなエロスをはじめとして、意識と無意識をともに含むもの、フロイトの用語にしたがえば意識的精神活動である〈私〉（自我）だけでなく無意識的な動きとしての〈それ〉（エス）そして〈上位の私〉（超自我）とを包括するものが、〈魂〉にほかならなかった。フロイトの精神分析とは、そのような複数の「様相」や「組織」を含む〈魂の生〉を理解することに向けられていた。フロイトが、〈魂の生〉のありさまを、やはりプラトンの『パイドロス』に見られる馭者と馬の比喩を使って説明するのも当然であろう。「〈私〉（自我）は〈それ〉（エス）に対して、自分を上回る大きな力をもつ奔馬を御す馭者に喩えられる。……ただし馭者は馬が進みたい場所に行くしかない場合が多いが」。

ところが、ミルの膨大な全集のなかで『饗宴』に言及するのは、その索引によるかぎり、たった一箇所しかない。それはまさにフロイトが独訳した論文、すなわちグロートのプラトン研究書への書評においてであるが、そのくだりでミルは、『饗宴』と『パイドロス』にみられる恋愛への熱狂よりも『法律』『ピレボス』『国家』での強烈な快楽に対する戦いのほうが、より後年に執筆されたことは論証の必要がないほど明らかと断じている。エロスの教説は、プラトンの未熟な見解だというわけである。また『パイドロス』については、ミル自身が以前に抄訳を試みているが、興味深いことに、あの馭者と馬による比喩の直前で、魂（プシューケー）という言葉の基本的な訳語として使用している soul という語について、soul は感知力を備えた生の、すなわち意識の原理であると注記している。

これに対してフロイトは、ベテルハイムらが強調するように、精神分析の関わる領域が意識的な精神活動に限定されないことを表すために〈魂〉（Seele）の概念を使用したのである。フロイトにとって『パイドロス』の馭者と馬の比喩も、そのような意味で理解される〈魂〉のあり方を表象するものだった。だから、フロイトのプラトン理解は、むしろミルの解釈に抗うものなのだ。そしてこの点では、「ミルには不合理なものに対する感覚が欠けていた」というフロイトの言葉も意義をもちうるだろう。（つづく）

（『西洋古典叢書』編集委員・京都大学助教授）

トゥキュディデス　歴史　1, 2　藤縄謙三／城江良和 訳

ペロポンネソス戦争を実証的に考察した古典的歴史書。

ピロストラトス他　哲学者・ソフィスト列伝★　戸塚七郎／金子佳司 訳

ギリシア哲学者やソフィストの活動を伝える貴重な資料。

ピンダロス　祝勝歌集／断片選★　内田次信 訳

ギリシア四大祭典の優勝者を称えた祝勝歌を中心に収録。

フィロン　フラックスへの反論 他★　秦　剛平 訳

古代におけるユダヤ人迫害の実態をみごとに活写する。

プルタルコス　モラリア　2★　瀬口昌久 訳

博識家が養生法その他について論じた倫理的エッセー集。

プルタルコス　モラリア　6★　戸塚七郎 訳

生活訓や様々な故事逸話を盛り込んだ哲学的英知の書。

リュシアス　リュシアス弁論集★　細井敦子他 訳

簡潔、精確な表現で日常言語を芸術にまで高めた弁論集。

●ラテン古典篇

スパルティアヌス他　ローマ皇帝群像　1★　南川高志 訳

『ヒストリア・アウグスタ』の名で伝わるローマ皇帝伝。

ウェルギリウス　アエネーイス★　岡　道男／高橋宏幸 訳

ローマ最大の詩人が10年余の歳月をかけた壮大な叙事詩。

ルフス　アレクサンドロス大王伝★　谷　栄一郎／上村健二 訳

大王史研究に不可欠な史料。歴史物語としても興味深い。

プラウトゥス　ローマ喜劇集　1, 2, 3, 4　木村健治他 訳

口語ラテン語を駆使したプラウトゥスの大衆演劇集。

テレンティウス　ローマ喜劇集　5★　木村健治他 訳

数多くの格言を残したテレンティウスによる喜劇集。

西洋古典叢書 第Ⅱ期全31冊

★印既刊　☆印次回配本

●ギリシア古典篇

アテナイオス　食卓の賢人たち ★3, ★4　柳沼重剛 訳

グレコ・ローマン時代を如実に描く饗宴文学の代表的古典。

アリストテレス　魂について★　中畑正志 訳

現代哲学や認知科学に対しても豊かな示唆を蔵する心の哲学。

アリストテレス　ニコマコス倫理学★　朴　一功 訳

人はいかに生きるべきかを説いたアリストテレスの名著。

アリストテレス　政治学★　牛田徳子 訳

現実の政治組織の分析から実現可能な国家形態を論じる。

アルクマン他　ギリシア合唱抒情詩集★　丹下和彦 訳

竪琴を伴奏に歌われたギリシア合唱抒情詩を一冊に収録。

アンティポン／アンドキデス　弁論集★　髙畠純夫 訳

十大弁論家の二人が書き遺した政治史研究の貴重な史料。

イソクラテス　弁論集 2★　小池澄夫 訳

弁論史上の巨匠の政治論を収めた弁論集がここに完結。

クセノポン　小品集★　松本仁助 訳

軍人の履歴や幅広い教養が生かされた著者晩年の作品群。

セクストス　学者たちへの論駁 1★　金山弥平 金山万里子 訳

『ピュロン主義哲学の概要』と並ぶ古代懐疑主義の大著。

ゼノン他　初期ストア派断片集 ★1, ★2, ★3　中川純男他 訳

ストア派の創始者たちの広範な思想を伝える重要文献。

デモステネス　デモステネス弁論集 ☆3, ★4　北嶋美雪他 訳

アテナイ末期の政治情勢を如実に伝える公開弁論集。

なるだろうからである。しかしまた、時間は無限でもない。なぜなら、時間の一部は過去、一部は未来であ

(1)これに相当する論述は、セクストス現存著作には見当たらない。また『論駁』第六巻六〇—六七の議論は、『論駁』第一巻一六〇で予告されていた。なお補註1を参照。

(2)リズムの諸定義については、アリスティデス・クインティリアヌス『音楽について』第一巻一三 p. 31, 8-9 (Winnington-Ingram)、六つの定義を報告しているバッケイオス・ゲロン『音楽術へのエイサゴーゲー』一一-九三 p. 313, 1-12 (Jan)、作者不詳『音楽について』一 p. 1, 1-2、八三 p. 28, 1-2 (Najock)、クインティリアヌス『弁論家の教育』第九巻四-四六を参照。

(3)「詩脚(πούς)」とは、詩の一行を構成する単位であるが、リズム論においては、今日の音楽の小節に対応させて考えると分かりやすい。詳しくはアリストクセノス『リズム原論』第二巻一六—三六、アリスティデス・クインティリアヌス『音楽について』第一巻一四 p. 33, 12-28 (Winnington-Ingram)を参照。

(4)アルシス(上拍・弱拍)とテシス(下拍・強拍)は文字どおりには、ダンスや行進において足(あるいは腕)を「上げること」と「置くこと」を意味する。バッケイオス・ゲロンはアルシスを「われわれが足を踏み出そうとして、その足が空中にとどまっている時」、テシスを「足が地面に置かれた時」と説明している(『音楽術へのエイサゴーゲー』一一-九八 p. 314, 10-15 (Jan))。またアリスティデス・クインティリアヌス『音楽について』第一巻一三 p. 31, 15-16 (Winnington-Ingram)も参照。

(5)ここで「時間(χρόνος)」と呼ばれているものは、リズム論において「第一の時間」と呼ばれているもの——リズム構成における不可分・最小の単位——である(アリストクセノス『リズム原論』第二巻一〇—一一、アリスティデス・クインティリアヌス『音楽について』第一巻一四 p. 32, 11-24 (Winnington-Ingram)を参照)。

(6)『論駁』第一巻二八二および補註Sを参照。『ピュロン主義』に相当する著作は現存しないと考えられるが、しかし現存する『論駁』第十巻一八九—二〇〇、『概要』第三巻一四〇—一四六のうちに、『論駁』第六巻六二—六七と同様の議論を認めることはできる。

(7)『論駁』第六巻六二については、『論駁』第十巻一八九—一九一、『概要』第三巻一四〇—一四二を参照。

るが、もしもそれらがどちらも存在しないとすれば、時間は有限であることになるし、またもしもそれらがどちらも存在するとすれば、過去も未来も現に在《あ》るもの［現在］のうちにあることになるであろうが、これはおかしなことである。したがって、時間は存在しない。

六三　また、[1]非存立的なものから成り立っているものは、非存立的である。しかるに、時間は過ぎ去ってもはや存在しないもの［過去］と、来たらんとしていまだ存在していないもの［未来］から成り立っているのであるから、非存立的である。

六四　さらにまた、[2]もしも時間が不可分であるとすれば、それの一部は過去であり、一部は現在であり、一部は未来であるとわれわれが言うのは、どうしてなのであろうか。他方、もしも可分的であるとすれば、ちょうどペーキュス［腕尺］はパライステース［掌幅］によって計測され、パライステースはダクテュロス［指幅］によって計測されるように、[3]すべて可分的なものは、それ自身の何らかの部分によって計測されるのであるから、時間もまた、それ自身の何らかの部分によって計測されるのでなければならないであろう。**六五**　しかし、現在によってその他の諸時間を計測することはできない。というのもその場合には、同一の現在の時間が、それらの諸時間に従って生じ、過去であり、また未来であるということになるであろう――過去であるのは、それが過去の時間を計測するからであり、未来であるのは、それが未来の時間を計測するからである。これはおかしなことである。さらにまた、現在を残りの二つの時間のいずれかによって計測すべきでもない。それゆえ、この理由によってもまた、時間が何かとして存在すると言ってはならないのである。

六六　またこれらの諸議論に加えて、[4]時間には三部分があり、そしてその一部は過去、一部は現在、また一部は未来なのであるが、これらのうち、過去はもはや存在せず、未来はいまだ存在せず、[5] また、現在は不可分であるか、あるいは、可分的であるかのいずれかである。しかし、現在は不可分ではないだろう。なぜなら、ティモンが言っているように、不可分の時間のうちでは可分的なこと——例えば、生成すること、消滅すること——は、何も生じえないからである。[6] 六七 それにまた、もしも時間のうちの現在が不可分であるとすれば、それは、それがそこから始まる始まりも、それがそこへと終わる限界ももたず、それゆえまた中間ももたない。またしたがって、現在の時間は存在しないことになるだろう。しかし他方、もしも現在が可分的であるとするならば、その場合、もしも存在しない諸時間へと現在が分割されるのであれば、時間は存在しないことになるだろうし、他方、存在する諸時間へと分割されるのであれば、時間は全体として存在

---

(1)『論駁』第六巻六三については、『論駁』第十巻一九二、『概要』第三巻一四五—一四六を参照。またアリストテレス『自然学』第四巻第十章二一七b三三—二一八a三も参照。

(2)『論駁』第六巻六四—六五については、『論駁』第十巻一九三—一九六、『概要』第三巻一四三を参照。

(3)それぞれ長さの単位。ダクテュロスは指幅に相当(約一・八五センチメートル)、パライステース(またはパラステー)は掌幅に相当(四ダクテュロス)、ペーキュスは肘頭から中指の先までに相当する(二四ダクテュロス)。

(4)『論駁』第六巻六六—六七については、『論駁』第十巻一九七—二〇〇、『概要』第三巻一四四—一四六を参照。

(5)クリュシッポスによれば、過去と未来は成立するけれども存立せず(補註Fを参照)、ただ現在のみが存立する。ストバイオス『抜粋集』第一巻八・四二(I. p. 106, 18-23 (Wachsmuth/Hense), *Dox.* p. 461, 32-p. 462, 3, *SVF* II. 509, *FDS* 808, *LS* 51B)、プルタルコス『モラリア』一〇八一F(*FDS* 809, *LS* 51C)を参照。

(6)ティモン「断片」七六(Diels)。セクストス『論駁』第十巻一九七にも見られる。

するのでなく、むしろ、それの諸部分のうちで、ある部分は存在し、別の部分は存在しないということになるであろう。(1) したがって、時間は何ものでもなく、それゆえまた、詩脚も、リズムも、またリズムに関する知識も存在しないのである。

六八　音楽の諸原理に対してもこれだけのことを実質的な反論として述べたところで、以上をもって、諸学問に対するわれわれの論述を完了することとする。

(1) 分割された諸時間のうち、現に在る部分以外は現在でなく、それゆえ過去か未来であることになるが、しかし過去はもはや存在せず、未来はまだ存在しない。また存在するとされる現在については、再度、可分的か不可分かの二者択一が突き付けられる。

補註

A 「円環的な学問」について（第一巻七）

「円環的な学問（ἐγκύκλια μαθήματα）」は、早い段階で学ばれるべき一般教養的な学問の総称。名称は、合唱舞踏隊の輪舞のための音楽的学問から来ているとする説、教養人が一巡り習得しなければならない学問の意であるとする説などがある。建築術や医術を含める場合もあるが、一般には、算術（数論）、幾何学、天文学（星学）、音楽の、後に「四科（quadrivium）」と呼ばれる数学的諸学（プラトン『プロタゴラス』三一八E、『テアイテトス』一四五C－Dを参照）と、文法術、弁論術（修辞学）、問答法（論理学）の、後に「三科（trivium）」と呼ばれる言葉に関わる諸学を指す。このうち、『論駁』第一巻－第六巻で論じられるのは、『論駁』第七巻－第八巻で詳論される問答法（論理学）を除く残りの六つの学問である。

B 語（レクシス）について（第一巻八など）

「語（レクシス）」と訳したギリシア語原語は、λέξις であるが、これと似た語に λόγος（ロゴス、言論）がある。レクシスとロゴスの違いについて、ストア派は次のように言っている——「レクシスとは、例えば『ヘーメラー（昼 ἡμέρα）』のような、文字に記される（エングランマトス）音声である。ロゴスとは意味表示的な音声であって、思考から送り出されるものである」（ディオゲネス・ラエルティオス『哲学者列伝』第七巻五六）。「音声とレクシスとは異なる。なぜなら、たんなる響きも音声であるが、分節化された（エナルトロス）もののみがレクシスであるからである。またレクシスはロゴスと異なる。なぜなら、ロゴスはつねに意味表示的であるが、レクシスは、『ブリテュリ（βλίτυρι）』のように、意味をもたないこともあるからである」（『哲学者列伝』第七巻五七）。これらの規定によれば、口笛の音のように、たんなる響きであって文字により表現できない音声とは異なり、レクシスは、文字により音節へと分節化された音声である。したがって、「ブリテュリ」という、竪琴の弦の鳴る音も、文字で表わされうるかぎりはレクシスとみなされる（セクストス『論駁』第八巻一三三も参照）。しかし、何らかの意味を表示するものでなければロゴスではありえない。けっきょく、ディオゲネス・ラエルティオス『哲学者列伝』第七巻五六－五七によれば、ストア派のレクシスとは、文字によって音節へと分節化された語であり、「ヘーメラー」のように意味をもつ場合もあれば、「ブリテュリ」のように意味をもたない場合もあると考えられる。

ストア派のレクシスを、（無意味あるいは有意味な）「語」とみなす立場は、ストア派の影響を受けた前二世紀の文法家ディオニュシオス・トラクス（トラキアのディオニュシオス）によるレクシスとロゴスの次の区別によっても支持されるだろう――「レクシスは、構成されたロゴスの最小の部分である。ロゴスは、散文的レクシスの結合であり、完全な思考を表わすものである」（『文法術』第十一章（p. 22（GG I/I））。またセクストスも、レクシスとロゴスの区別を、前者は後者の部分であり、後者は前者が集まって構成されている点に認めている（『論駁』第二巻四八、第十巻二一六）。

確かに、レクシスは『論駁』第一巻でもしばしば「語」の意味で用いられている。しかし、レクシスが、文をも含む「語り方」「言葉」「文体」「語法」の意味で用いられる場合もある（例えば、アリストテレス『詩学』第二十二章、ディオゲネス・ラエルティオス『哲学者列伝』第七巻五九等を参照）。また、前掲のディオゲネス・ラエルティオス『哲学者列伝』第七巻五六の写本には、レクシスの例として「ヘーメラー（ἡμέρα）」ではなく、「ヘーメラー・エスティ（昼である ἡμέρα ἐστί）」を挙げているものもある。しかしこの写本を採用しつつ、レクシスを「語」に限定して解釈することも不可能ではない。一つの解釈は、「昼である（ἡμέρα ἐστί）」を「昼（ἡμέρα）」と「である（ἐστί）」の二つの語の例示とみなすものであり、もう一つの解釈は、用例の混在を想定し、「昼（ἡμέρα）」をレクシスの例、「昼である（ἡμέρα ἐστί）」をロゴスの例と解するもの（Casaubon）である。

本訳では、λέξις を場合に応じて「語」、「語り方」等と訳し分け、必要に応じて「レクシス」を補い、「語（レクシス）」のように記すことにする。

C　字母（ストイケイオン）について（第一巻八、四七など）

「字母」と訳したストイケイオン（στοιχεῖον、複数では στοιχεῖα）は、しばしば文字（グランマ γράμμα、複数では γράμματα）と同一視されるが、『論駁』第一巻九九でも言われているように、各 στοιχεῖον の符号（文字）だけでなく、その効力（音価）や名前も στοιχεῖον として問題にされうる。また στοιχεῖον は「字母」の原義から、事物の構成要素の意味にも用いられるようになり、さらには幾何学において、他命題を証明するための基礎命題を指すようにもなった。『概要』邦訳ではこの語に「構成要素」の訳語を当てていたが、本訳では場合に応じて、「字母」「字母（ストイケイオン）」「構成要素（字母）」「構成要素」の訳語を当てる。

D　第一巻一二―一三のテクストについて

一二節の「しかし」以下のテクストは、マウがテクスト本文に採用しているN写本の *εἰ δὲ καὶ μηδὲν ἀληθές, εἴπερ διδακτόν ἐστιν, τῶν γὰρ ὄντων ἐστὶ τὸ ἀληθές, ἀδίδακτον ἄρα τὸ μὴ ὄν. μηδ᾽ ἀληθὲς διδάσκεται.* を採らず、他の諸写本に従い、 *εἰ δὲ μηδὲν ἀληθές ὡς μὴ ὂν διδακτόν ἐστιν* (*τῶν γὰρ ὄντων ἐστὶ τὸ ἀληθές*), *ἀδίδακτον ἄρα τὸ μὴ ὄν.* を読む。この読み方はベッカー、ビュリーとほぼ一致する。この読み方を採用した場合の一二節の議論については、『論駁』第十一巻二二〇および『概要』第三巻二五六を参照。

　ブランクは「しかし」以下の一二節をすべて削除し、一三節についても、「というのも」以下をすべて削除する。これに従うなら、「さらにまた」以下の一二―一三節の議論は、次のように短くなる――「さらにまた、存在しないものは、真なるものとしても教えられえない。というのも、真なるものは存在しないものではないし、また何か真なるものが、存在しないものとして教えられうるということもないからである。**一三**　しかし、もしも真なるものが何も教えられないとすれば、教えられるものはすべて偽なるものであることになる。これはきわめて不合理である。したがって、存在しないものが教えられるということはない」。一二節「さらにまた」以下の他の読み方としては、マウは第二版への序文(pp. X-XI)で大幅な読み方の変更を提案しているが、そのような変更が必要かどうかは疑問である。

E　第一巻一四のテクストについて

　底本（マウ）に従い、*διδακτά* (Harder) を採用し、また *⟨καὶ ἄλλως· εἰ τὸ ὂν τῷ εἶναι διδακτόν ἐστιν, οὐδὲν ἔσται ἀδίδακτον⟩*（ハインツ）を補わないならば、「というのも」以下の一四節の訳は次のようになる――「というのも、存在するものはすべての人に等しく現われているのであるから、すべてのものが教えられうることになり、そこからして、教えられうるものは何もないことになるであろう。というのも、教えられうるものの学習が知られているものから生じるためには、何か教えられえないものがあらかじめ存在していなければならないからである。かくして、存在するものが存在するがゆえに教えられる、ということもない」。

　しかし、何かがすべての人に等しく現われるということは、それが教えられうるものであることより、むしろ、教えられえないものであることを示す論拠として、一般に用いられていることから（『論駁』第一巻二三、『概要』第三巻二五四を参照）、本訳では、諸写本の *ἀδίδακτα*（教えられえない）を読み、ディオゲネス・ラエルティオス『哲学者列伝』第九巻一〇〇と同様の議論が行なわれていると考える。しかしまた、一四節後半の、「教えられうるものの学習が知られているものから生じるためには、何か教えられえないものがあらかじめ存在していなければならない」は、ディオゲネス・ラエルティオス『哲学者列伝』第九巻一〇〇には認められない前提であり、ここでは別の議論が行なわれていると考え、新たな議論を導入する前提として、ハインツに従い、ἀδίδακτα の後に、⟨καὶ ἄλλως· εἰ τὸ ὂν τῷ εἶναι διδακτόν ἐστιν, οὐδὲν ἔσται ἀδίδακτον⟩（さらにまた、もしも存在するものが、存在するがゆえに教えられうるとすれば、教えられえないものは何も存在しないであろう）を補う。同様の議論は、『論駁』第十一巻二二二、『概要』第三巻二五七でも行なわれている。

ブランクは、存在するものが「すべての人に等しく現われる」という条件は、この箇所の議論にとっては筋違いのものであるとして、πᾶσι φαινομένων を削除、διδακτά（Harder）を採用し、さらに ἵνα ἐκ τοῦ γινωσκομένου γένηται ἢ τούτου μάθησις を、ἵνα ἐκ τοῦ γινωσκομένου γένηται ἢ [τούτου] μάθησις（あるいは ἵνα ἐκ τοῦ⟨του⟩ [γινωσκομένου] γένηται ἢ [τούτου] μάθησις）と読みかえて、「というのも、存在するものはすべて等しく教えられうることになり、そこからして、教えられうるものは何もないことになるであろう。というのも、学習が知られているものから生じるためには、何か教えられえないものがあらかじめ存在していなければならないからである。……」と訳している。

しかし、「存在するものがすべての人に等しく現われる」という前提は、ディオゲネス・ラエルティオス『哲学者列伝』第九巻一〇〇の議論でも用いられており、削除する理由はないように思われる。また、『論駁』第十一巻二二二と『概要』第三巻二五七では「存在するものであるかぎりにおいて（καθὸ ὄν ἐστι）」という共通の表現が用いられ、一方、『論駁』第一巻一〇―一四とディオゲネス・ラエルティオス『哲学者列伝』第九巻一〇〇では「存在するがゆえに（τῷ εἶναι）」、「存在しないがゆえに（τῷ μὴ εἶναι）」という共通の表現が用いられていることは、『論駁』第一巻一四前半部とディオゲネス・ラエルティオス『哲学者列伝』第九巻一〇〇とが同一の議論を含んでいることを示唆するようにも思われる。

F　ストア派における「何か（τί）」と「何かでないもの（οὔτι）」について（第一巻一五―一九）

ストア派はその物質主義に基づき、「物体（σῶμα）」のみが「存在する（εἶναι）」という立場を採ったが、しかし、時間、場所、空虚、（言葉の）意味、空想上の動物など物体とはみなしがたく、したがって存在するとは考えられないものも、思考や言論の対象となりうる以上、何らかの意味で成立していると主張した。そして、思考や言論の対象となりうるもの、物体的なものと非物体的なものを包括する類として、

「何か（τι）」を立て、「何か」であるからといって「存在する（εἶναι）」とは限らないが、しかし「何か」であれば必ず「成立する（ὑφίστασθαι）」と考えた（*SVF* II. 329-335 および『概要』邦訳補註P（四一三―四一四頁）を参照。本訳では ὑφίστασθαι を「成立する」、また名詞 ὑπόστασις を「成立」、形容詞 ἀνυπόστατος を「非成立的な」と訳す。「事項索引」の「成立」「非成立的」を参照）。

ストア派はさらに、類や種（すなわち、普遍）は観念（ἐννόημα）、すなわち思考の想念（φάντασμα）――「何か」でさえなく、「何か」であるかのようなもの――にすぎないと考え（ディオゲネス・ラエルティオス『哲学者列伝』第七巻六〇―六一を参照）、「何かでないもの（οὔτι）」と呼んだ（シンプリキオス『アリストテレス「カテゴリアイ」注釈』p. 105, 7-20（*CAG*）（*SVF* II. 278, *FDS* 1247, LS 30E）を参照）。本訳において、「何かでないもの」と訳したのは、この οὔτι（複数形で οὔτινα）、あるいは、τὸ οὔ τι ὄν である。「観念」と類似した語に「概念（ἔννοια）」がある。どちらも ἐννοεῖν（直訳すれば「思惟のうちに捉える」）という動詞に由来する名詞であるが、「観念」と異なり「概念」は、物体的な魂の中に刻印された表象の一種であり、物体的なものとして存在する。例えば、人が一般的に「人間」を考える場合に、魂の中に具体的に刻印されて存在しているのは人間の概念であるが、これに対して、この概念に対応する普遍としての人間、あるいは一般的に類や種は、観念であって、存在するものではなく、また成立する「何か」でもない（『概要』邦訳補註Z（四二〇―四二一頁）を参照）。

G　ストア派における「レクトン（言表されうるもの λεκτόν）」について（第一巻二〇、二八、七八、一五五―一五八、第二巻一〇七）

『論駁』第八巻一一―一二によれば、ストア派は「意味（意味されるもの σημαινόμενον）」と、「意味するもの（σημαῖνον）」と、「対象（τυγχάνον）」を区別し、(1)「意味するもの」とは、例えば「ディオン」のような音声であり、(2)「意味」とは、音声によって明らかにされ、われわれが思考によって認識するものであり、(3)「対象」とは、例えばディオンその人のような外界に存在するものであると考えた。このうち音声と対象は物体であるが、意味は物体ではなく、これをストア派は「レクトン（言表されうるもの λεκτόν）」と呼んだ。補註Fで述べた「存在する」と「成立する」の区別によれば、レクトン（言表されうるもの）は、成立するものではあるが、存在するものではない。レクトンには、自己完結的なレクトンと、欠如的なレクトンの二種類がある。自己完結的なレクトンとは、その表現が完結しているレクトンであり、命題（例、「ソクラテスは書く」）、質問（例、「今は昼か？」）、疑問（例、「ディオンはどこに住んでいるか？」）、命令（例、「きみはここに来なさい」）、三段論法、等々を含む。他方、欠如的なレクトンとは、その表現が完結していないレクトンであり、すべての述語内容（カテーゴレーマ）（例、「書く」）がこれに含まれる（ディオゲネス・ラエルティオス『哲学者列伝』第七巻六三―六七）。さらに自己完結的なレクトンのうちでも、命題は表明（主張）されうるもの、真か偽のいずれかであるものとして、他の自己完結的なレクトンと区別された（ディオゲネス・ラエルティオス『哲学者列伝』第七巻六五―六六、セクストス『論駁』第八巻七〇―七四。『概要』第二巻八一、『概要』邦訳補註P、S（四一三―四一六頁）も参照）。

H 『懐疑主義の覚え書』について（第一巻二六、二九、第二巻一〇六、第六巻五二）

第一巻二六で『懐疑主義の覚え書』と訳した原語は、*τὰ σκεπτικά*（懐疑主義）のみであるが、『論駁』第一巻二九、第二巻一〇六、第六巻五二で言及される『懐疑主義の覚え書』（*τὰ σκεπτικὰ ὑπομνήματα*）と同一著作を指すと考えられる。この書名は、『ドグマティストたちへの論駁』として現存する著作（すなわち『論駁』第七巻―第十一巻）に対してセクストスが用いていた呼称であると推測される。詳細については本書「解説」四〇四―四〇六頁、および『概要』邦訳「解説」四四一―四四二頁を参照。

I ストア派の技術概念と定義（第一巻三一―三四、七五、八三、第二巻一〇、一七、四九、六〇など）

ストア派の技術（テクネー）概念については『論駁』第一巻七五、第二巻一〇、第七巻一〇九、三七三、第十一巻一七〇、一八二、二四六、『概要』第三巻一八八、二四一、二五一、二七〇―二七一、ディオゲネス・ラエルティオス『哲学者列伝』第七巻九二、ストバイオス『抜粋集』第二巻七-五b (II. p. 58, 5-15 (Wachsmuth/Hense), *SVF* III. 95, LS 60K) などを参照。

ストア派による技術の定義については、次のオリュンピオドロス『プラトン「ゴルギアス」注釈』一二-一 (*SVF* I. 72, 73, 490, *FDS* 392, LS 42A) の言葉を参照――「クレアンテスは、技術は、方法的にすべてを成し遂げる素養（ヘクシス）であると言っている。しかし、この定義は不完全である。なぜなら、自然もまた方法的にすべてを為す一種の素養だからである。それゆえ、クリュシッポスは『諸々の表象とともに』を付け加え、技術は、諸々の表象とともに方法的に前進していく素養である、と言った。……他方、ゼノンは、技術は、実生活において有益な何らかの目的を目指して統一的に訓練される諸々の把握から成立する体系である、と言っている」。このうち、ゼノンの定義は、元来は問答学派の定義であったものをゼノンが引き継いだと考えられる（LS vol. 2, pp. 259-260を参照）。ストア派にとっては、これら二様の技術の定義はともに正統的な定義であって、技術を全体として技術者の魂の状態の観点から見る場合には、前者の定義が、他方、医術、問答術等々、個々の技術の客観的内容に関わる場合には、後者の定義が得られることになる（LS vol. 1, p. 263を参照）。「素養」と訳した「ヘクシス（ἕξις）」については『概要』邦訳補註e（四二五―四二六頁）も参照。

J　言葉、あるいは名前は、自然本来的に何かを表示するか、あるいは、取り決めによって表示するか（第一巻三七、一四四）

セクストスによるこの問題への言及については、『論駁』第一巻三七、一四四、第十一巻二四一、『概要』第二巻二一四、二五六、第三巻二六七を参照。ストア派は、最初の音声（表現）は名前の適用対象を模しているから、名前は自然本来的なものであると考え、事物探求のために語源研究を行なった（オリゲネス『ケルソス駁論』第一巻二四（*SVF* II. 146, *FDS* 643, LS 32J））。ディオゲネス・ラエルティオス『哲学者列伝』第七巻八三も参照。またエピクロス派も、ストア派とは異なる立場から、名前は自然本来的なあり方をもつと考えた（ディオゲネス・ラエルティオス『哲学者列伝』第十巻七五―七六、ルクレティウス『事物の本性について』第五巻一〇二八―一〇九〇（LS 19B）、オイノアンダのディオゲネス「断片」一〇 2. 11-5. 15 (Chilton)（LS 19C）を参照）。他方、アリストテレスは名前を定義して、「名前とは、取り決めによって表示作用をもつ、時間を欠いた音声であり、そのいかなる部分も分離された状態では表示作用をもたないものである」（『命題論』第二章一六a一九―二一）と言っている。名前は取り決めによって意味をもつという立場に立つ人としては、問答学派のディオドロス・クロノスが有名である。彼は、自分の召使たちを「しかるに（ἀλλὰ μήν）」その他の名で呼んだと伝えられている（アンモニオス『アリストテレス「命題論」注釈』p. 38, 17-20 (*CAG*)（LS 37O）、またアウルス・ゲリウス『アッティカの夜』第十一巻一二・一―三（*SVF* II. 152, LS 37N）も参照）。プラトン『クラテュロス』は、名前が自然本来的に定まったものか、それとも取り決めによるものかを問題とする対話篇であるが、ここでも、後者を支持する立場から、召使の名前を好きなように変更できる事実に言及している（三八四D）。

K　純粋ギリシア語（ヘレーニスモス *ἑλληνισμός, ἑλληνίζειν, τὸ Ἑλληνικόν*, etc.）、他国風言葉遣い（バルバリスモス *βαρβαρισμός, βαρβαρίζειν, τὸ βάρβαρον*, etc.）、語法違反（ソロイキスモス *σολοικισμός, σολοικίζειν, τὸ σόλοικον*, etc.）について（第一巻六四、一七六、二一〇など）

文法術の目的と位置づけられるヘレーニスモスは、バルバリスモスおよびソロイキスモスの誤りを犯していない正しいギリシア語法を意味し、ギリシア語の諸方言を包括する。バルバリスモスとソロイキスモスの区別については、文法家の見解はほぼ一致しており、『論駁』第一巻二一〇からも知られるように、前者は単一の語における誤り、後者は二語以上の結合、あるいは文章構成における誤りであるとされる。ただし元来は、両者にこうした区別はなく、同義的に用いられていた。例えば、アリストテレス『詭弁論駁論』第三章一六五b二〇—二二を参照。なおアリストテレスのヘレーニスモス論については、『弁論術』第三巻第五章一四〇七a一九—b二五を参照。

ヘレーニスモスの文法家による一般的な定義としては、例えば、「ヘレーニスモスとは、正当な語（*λέξις ὑγιής*）、および、それぞれの種族のもとで用いられている正当で正嫡的な方言に即して適切に配置された、文の諸部分の誤りなき構成（*ἀδιάστροφος λόγου μερῶν πλοκή*）である。ここで『正当な語』とは、バルバリスモスに対立する意味であり、また『文の諸部分の（誤りなき）構成』とは、ソロイキスモスに対立する意味である」（『ディオニュシオス・トラクス「文法術」への古注』p. 446, 12-15 (GG I/Ⅲ)）を参照。

ヘレーニスモス、バルバリスモス、ソロイキスモスについてはまた、ディオゲネス・ラエルティオス『哲学者列伝』第七巻五九、『ディオニュシオス・トラクス「文法術」への古注』p. 170, 21-25, p. 446, 6-p. 447, 28 (GG I/Ⅲ)、ポリュビオス『他国風言葉遣いと語法違反について』pp. 283-289 (Nauck)、擬ヘロディアノス『他国風言葉遣いと語法違反について』pp. 308-312 (Nauck)、アポロニオス・デュスコロス『構文論』第三巻八 (p. 273, 10-11 (GG Ⅱ/Ⅱ))、クインティリアヌス『弁論家の教育』第一巻五-六、一六、三四なども参照。

L　ギリシア語の字母と母音の分類について（第一巻一〇〇）

アリストテレスは『詩学』第二十章一四五六b二二—二五において、次のように字母を定義している——「字母（ストイケイオン）とは不可分の音声である。ただしあらゆる不可分の音声ではなく、それを基礎にして一つの結合された音声が生じるような自然本性をもつ不可分の音声である。というのも、動物が発する音声も不可分ではあるが、そのいずれをもわたしは字母とは呼ばないからである」。ディオニュシオス（ハリカルナッソスの）『名前の結合について』一四–一一六も参照。古典期に用いられたギリシア語の字母には、別表Ⅰの二四がある。各字母につき、左から「書かれた記号や形」（大文字および小文字）、「名称」（ローマ字表記）、「効力」（音価、発音）の順に表示する。なお、小文字はかなり早い時期から私的な筆記体として使われていたが、紀元九世紀以降支配的になった。しかし大文字の使用も、飾り文字や表題文字として用いられつづけた。

別表Ⅰに示した字母のうち、母音は α、ε、η、ι、ο、υ、ω の七つであるが、音価（発音）に示したように、ε と ο はつねに短母音、η と ω はつねに長母音、α、ι、υ は長短共通である。また二つの母音が合わさった複母音（ディプトンゴス）として、次の八つ（準複母音（αι (ᾳ), ηι (ῃ), ωι (ῳ)）も加えれば一一個）がある。

αι	ai	αυ	au
ει	ei	ευ	eu
οι	oi	ου	ou（ūと発音する）
υι	yi	ηυ	ēu

なお、各字母の名称の由来については、『ディオニュシオス・トラクス「文法術」への古注』pp. 320-323（GG I/Ⅲ）を参照。

M ギリシア語の子音の分類について（第一巻一〇二）

古典期に用いられたギリシア語の子音は、現在では一般に別表Ⅱのように分類されている。別表中の有声音は、声帯の振動を伴って発音される音、無声音は、伴わずに発音される音、無声帯気音は、無声音に気息が伴った音、また、唇音（labiales）、歯音（dentales）、喉音（gutturales）はそれぞれ、その音が発音される口の中の位置による名称である。黙音（mutae、発音時に気道が瞬間的に完全に閉鎖される音）のうち、φ、θ、χ（無声帯気音）は、気息を伴うがゆえに「粗い音」（*δασέα*, aspiratae）、π、τ、κ（無声音）は、それに対して「滑らかな音」（*ψιλά*, tenues）、β、δ、γ（有声音）は両者の中間であるして「中間的な音」（*μέσα*, mediae）とも呼ばれた。

アリストテレスは『詩学』第二十章一四五六b二五–三一において、字母を、母音にあたる「音声的なもの（ポーネーエン）」と、子音にあたる「半音声的なもの（ヘーミポーノン）」および「非音声的なもの（アポーノン）」とに分類し、母音を「舌を添えなくても聞きとれる音声をもつもの」、「半音声的子音」を「舌を添えることによって聞きとれる音声をもつもの」(例、σ、ρ)、「非音声的子音」を「舌を添えても単独ではまったく音声をもたず、何らかの音声をもつものを伴ってはじめて聞き取れるようになるもの」(例、γ、δ)と説明している。

子音に関しては、ディオニュシオス・トラクス『文法術』第六章(pp. 11-12 (*GG* I/I))、ディオニュシオス(ハリカルナッソスの)『名前の結合について』一四-七二-七六、一二〇-一二四は、「非音声的(アポーノン)」子音としてβ、γ、δ、κ、π、τ、θ、φ、χ(黙音)の九つを挙げ、「半音声的(ヘーミポーノン)」子音としてζ、ξ、ψ、λ、μ、ν、ρ、σ(黙音以外の子音)の八つを挙げている。これは、『論駁』第一巻一〇二においてセクストスが「別の人々」の分類として言及するものであり、文法学者の分類としてはこちらが主流であった。セクストスが挙げるもう一方の分類――黙音中の無声帯気音(φ、θ、χ)を「半音声的子音」のうちに数える立場――については、ストア派のバビュロニアのディオゲネスが「非音声的」字母としてβ、γ、δ、κ、π、τのみを挙げているところから(ディオゲネス・ラエルティオス『哲学者列伝』第七巻五七)、これはストア派の立場であったと推測される(*FDS* 525-527を参照)。θ、φ、χは元来はτ(t)、π(p)、κ(k)に気息の添えられた音にすぎず、ストア派の特殊な立場を別として、一般に非音声的子音に分類されていたが、時代が下るとともに、英語のthやph(f)の音のような、摩擦音に移行していったと考えられる。

N 文(ロゴス)の諸部分、および名前(オノマ)について(第一巻一三二、一三一、一四二)

文(ロゴス)の諸部分として、『論駁』第一巻一三二では、「名前、動詞、冠詞、その他」と言われているが、例えばストア派は、次のような立場をとっていた――「(バビュロニアの)ディオゲネスが『音声について』の中で語り、またクリュシッポスも語っているところでは、文の部分は五つ、すなわち、名前(オノマ)、普通名詞(プロセーゴリアー)、動詞(レーマ)、接続詞(シュンデスモス)、冠詞(アルトロン)がある。しかし、アンティパトロスは、『レクシスおよび語られるものについて』の中で、副詞(メソテース)もこれに加えている。普通名詞(プロセーゴリアー)は、ディオゲネスによれば、文の部分であって、共通の性質を表示するものである――例、「人間」「馬」。名前(オノマ)は文の部分であって、固有の性質を明らかにするものである――例、「ディオゲネス」「ソクラテス」。動詞(レーマ)は、ディオゲネスが言うように、文の部分であって、他の部分と結合されていない述語内容を表示するものであるか、あるいは、ある人たちが言うように、文の格変化しない構成要素であって、単数あるいは複数のものに配されうるものを表示するものである――例、『（わたしは）書く』『（わたしは）語る』。接続詞（シュンデスモス）は、文の格変化しない部分であって、文の諸部分を結合するものである。冠詞（アルトロン）は、文の格変化する構成要素であって、名前の姓と数を規定するものである――例、ὁ [ho], ἡ [hē], τό [to], οἱ [hoi], αἱ [hai], τά [ta]」（ディオゲネス・ラエルティオス『哲学者列伝』第七巻五七―五八）。

文法家（アレクサンドレイア派）の立場としては、例えば、ディオニュシオス・トラクス『文法術』第十一章―第二十章は文の部分として八つ、すなわち、「名前（オノマ）」、「動詞（レーマ）」、「分詞（メトケー）」、「冠詞（アルトロン）」、「代名詞（アントーニュミアー）」、「前置詞（プロテシス）」、「副詞（エピレーマ）」、「接続詞（シュンデスモス）」を挙げ、それぞれを次のように定義している。(1)名前（オノマ）とは、文の格変化する部分であり、物（例、λίθος lithos 石）や事柄（例、παιδεία paideia 教育）を表示し、共通的に語られることもあれば（例、ἄνθρωπος anthrōpos 人間、ἵππος hippos 馬）、固有的に語られることもあるもの（例、Σωκράτης Sōkratēs ソクラテス）である（これは、ストア派の名前（オノマ）と普通名詞（プロセーゴリアー）に相当する）。(2)動詞（レーマ）とは、格変化しない語（レクシス）であり、時称と人称と数を受け入れ、能動的活動または受動的情態を示すものである。(3)分詞（メトケー）とは、動詞の固有性と名前の固有性を分け持つ語である。(4)冠詞（アルトロン）とは、文の格変化する部分であり、名前の語形変化に前置されるものである。(5)代名詞（アントーニュミアー）とは、名前の代わりに採用される語であり、規定された人称を表わすものである。(6)前置詞（プロテシス）とは、文のすべての部分の前に、結合ないし並列して置かれる語である。(7)副詞（エピレーマ）とは、文の語形変化しない部分であり、動詞について語られる、ないし動詞に添えて語られるものである。(8)接続詞（シュンデスモス）とは、思考を順序づけて結合し、また表現の含意を明らかにする語である。文の諸部分の区別の仕方については、ほかにもディオニュシオス（ハリカルナッソスの）『名前の結合について』二、クインティリアヌス『弁論家の教育』第一巻四―一七―二一を参照。

文法家による「名前」の定義としては、ディオニュシオス・トラクスのもののほか、アポロニオス・デュスコロス（二世紀アレクサンドレイアの文法家）とヘロディアノス（アポロニオスの息子）に帰せられている「名前とは、文の格変化する部分であり、存在する物あるいは事柄のそれぞれに、共通の性質あるいは固有の性質を割り当てるものである」（『ディオニュシオス・トラクス「文法術」への古注』p. 524, 8-10

(GG I/Ⅲ）がよく知られている。なお今日「形容詞」と呼ばれているものは、名前のうちに含まれていた。

O「ある種の非理性的な時間と音声の延長」について（第一巻一一六）

『ディオニュシオス・トラクス「文法術」への古注』は、「長い音節」に関して次のような説明を与えている。「韻律学者のもとにおいては、すべての長い音節は二時間的であるけれども、音楽家や、リズム学者や、技術家のもとでは、三時間的な音節や、四時間的な音節もあることを知らねばならない。三時間的な音節とは、例えば *ηὔλουν* [ēuloun] がそれである。なぜなら、最初の音節は、長母音と短母音から成っていて、そのうちの長母音は二つの時間を、短母音は一つの時間をもっており、また第二の音節は、半分の時間をもつ子音と、二つの時間をもつ複母音と、もう一つ別の半分の時間をもつ別の子音とから成っていて、三つの時間となるからである。四時間的な音節とは、例えば *Θρᾷξ* [Thraix] がそれである。なぜなら、*ᾳ* [ai] は長くて、二つの時間をもち、その前の二つの子音は合わせてもう一つ時間をもち、そして複子音はもう一つ別の時間をもっており、こうして四つの時間となるからである」(p. 205, 24-p. 206, 4 (GG I/Ⅲ))。すなわち、セクストスによれば「文法家たちは……類としての音節を短い音節と長い音節に分割するのみ」(『論駁』第一巻一一六)であり、最小の時間をもつ短い音節と、その二倍の時間をもつ長い音節の二種類しか認めないのに対して、音楽家たちは、子音に半分の時間を認め、また三時間的、四時間的音節の存在をも認めている。「ある種の非理性的な時間と音声の延長」とは、このような事情を指していると思われる。なお、ディオゲネス（ハリカルナッソスの）『名前の結合について』一五も参照。

P 正書法（オルトグラピアー）について（第一巻一六九）

正書法とは文法術の一部門で、一般的には、単語の綴字法のことであるが、とくに、語の発音が、地域による異同のほかにも、時代の推移とともに変化をこうむり、実際の発音と綴り方とがもはや一致しなくなっている場合における正しい綴字法の検討が、その最重要の課題であった。アポロニオス・デュスコロス『構文論』第一巻八 (p. 7, 6-10 (GG Ⅱ/Ⅱ))、クインティリアヌス『弁論家の教育』第一巻七・一などを参照。

(a) 第一変化名詞（例、*χώρα* 場）と第二変化名詞（例、*ἄνθρωπος* 人間）の与格 (*χώρᾳ, ἀνθρώπῳ*) は、現在のテクストでは、語尾の準複母音（いわゆる「長い」複母音）のイオータ (*ι*) を主母音の下に添えて表記 (*ᾳ, ῳ*) するが（下書きのイオータ)、大文字表記においては、*ΧΩΡΑΙ, ΑΝΘΡΩΠΩΙ* のように、イオータは主母音と並べて記され(並記のイオータ)、また、元来は主母音とともにイオータも発音されていた。しかし、前二世紀半ばまでにはまったく発音されなくなり、それとともに、前二世紀頃からは並記のイオータが記されない傾向も出始めた。『論駁』第一巻一六九で正書法の第一の方式として言及される問題は、この状況に基づく。

(b) 元来は [ei] の発音をもっていた複母音 *ει* は、前五世紀には(狭い)[eː](*η* の(広い)[ɛː] と異なる)と発音されるようになり、さらに前四世紀半ば頃には、子音の前で [iː] と発音されるようになった(母音の前での [iː] の発音は、おそらく後二世紀以降のこと)。この発音の変化に伴って、前三世紀には子音の前での *ει* と *ι* の表記の混同が始まり、前二世紀末には広く見られるようになった。『論駁』第一巻一六九でセクストスが挙げる二例では、*ει* (*εὐχάλειvον, εὐώδειvας*) は誤記で、*ι* (*εὐχάλινον, εὐώδινας*) が正しい綴り方。『論駁』第一巻一一七、および六三頁註(1)も参照。

(c) *σ* [s] は有声子音の前で *ζ* [z] の音をもつ場合があるために(別表Ⅱ(ギリシア語の子音の分類)を参照)、前四世紀後半以降に生じてきた問題。「スミュルナ」の例については、ルキアノス『子音の訴訟』九を参照。

なお(a)(b)(c)の詳細については、L. Threatte, *The Grammar of Attic Inscription*, I: Phonology, Berlin, 1980, pp. 172-207, 299, 353-360, 510; W. S. Allen, *Vox Graeca*, 3rd ed., Cambridge, 1987, pp. 45-46, 70-88 を参照。

Q　第一巻二一七の「類比」の例

(a)「向こうずねを殴られる」は、*ἀντικνήμιον* (向こうずね)から派生する動詞 *ἀντικνημιάζειν* (向こうずねを殴る)の受動相 *ἀντικνημιάζεσθαι* によって表現されるから、類比に従うなら、*γαστήρ* (腹)から派生する動詞 *γαστρίζειν* は「腹を殴る」、その受動相 *γαστρίζεσθαι* は「腹を殴られる」を、また *μυκτήρ* (鼻)から派生する動詞 *μυκτηρίζειν* は「鼻を殴る」、その受動相 *μυκτηρίζεσθαι* は「鼻を殴られる」を意味すべきことになる。しかし実際は、*μυκτηρίζειν* は「鼻であしらう」の意味でしか用いられなかった。一方、*γαστρίζειν* は、ヘレニズム期には「腹いっぱい詰め込む」を意味したが、古典期アッティカ方言では「腹を殴る」の意味でも現実に用いられていたことが、アリストパネスの用例(『騎士』二七三、四五二、『蜂』一五二九)などから知られる(ポルクス『語彙集』第二巻一七五も参照)。なお、この文から次の文にかけて論述が省略的すぎるため、欠文の可能性が指摘されており、マウは *μυκτηρίζειν* の後に〈*ἐπὶ τοῦ εἰς γαστέρα ἢ ῥῖνα τύπτειν δεήσει λέγειν*〉のような句を補うこと（「それと類比的に、〈『腹を殴る』とか『鼻を殴る』の場合も〉γαστρίζειν とか μυκτηρίζειν〈と言わなければならないことになるだろう〉」）を提案している。ただし、現行テクストのままでも意味が取れないわけではない。本訳では前文から λέγεται を補って訳した。

(b) ἱππάζεσθαι は ἵππος（馬）から、καταχρημνίζεσθαι は κρημνός（崖）から、ἡλιάζεσθαι は ἥλιος（太陽）（もしくは ἡλιαία（法廷）――この場合、ἡλιάζεσθαι は「裁判を行なう」の意味）から派生する動詞。この三語も先の類比の例として挙げられているのであれば、文意は、類比に従うなら、これらはそれぞれ「馬を殴られる」、「崖を殴られる」、「太陽（もしくは法廷）を殴られる」を意味することになるであろう、という指摘となる。

R 慣わしの変則例について（第一巻二三七―二三九）

ブランクは、二三七―二三九節の例示リストの各組から、異種類のもの、無意味なものを削除して、全体を次のように整理することを提案している。セクストス自身のテクストがブランクの推測するように整理されたものであったか否かについては疑問の余地があるが、理解の便宜のために以下に紹介しておく。

二三七節

(1) 名前（固有名詞）の主格／属格

（例）Ἄρης／Ἄρεως, Χάρης／Χάρητος（普通名詞 χάρτης／χάρτου を削除）

Μέμνων／Μέμνονος, Θέων／Θέωνος（普通名詞 λέων／λέοντος を削除）

Σκόπας／Σκόπα, Ἄβας／Ἄβαντος（形容詞 μέλας／μέλανος を削除）

二三八節

(2) 動詞の現在能動形（三人称単数）／現在完了形

（例）εὑρίσκει／ηὕρηκεν, ἀρέσκει／ἀρήρεκεν

(3) 動詞の慣用される現在完了形（三人称単数）／類比に従うなら取るべき形

（例）（現在能動形 κτείνει）ἔκτονε*／ἔκταγκε

（現在中動形 ἀλείφεται）ἀλήλιπται／ἤλειπται

＊現存する原典中に単独形は見当たらず、すべて合成動詞の形をとっている。（例）ἀπέκτονε

(4) 現在分詞の主格／属格

（例）βοῶν／βοῶντος, θαρῶν／θαροῦντος（同形の νοῶν／νοοῦντος を削除）

(5) 普通名詞の主格／属格

（例）ἄναξ／ἄνακτος, ἄβαξ／ἄβακος

γραῦς／γραός, ναῦς／νηός

二三九節

(6) 名前（固有名詞）と現在分詞の主格／属格

（例）Ἄρχων／Ἄρχωνος, ἄρχων／ἄρχοντος

Μένων／Μένωνος, μένων／μένοντος

Θέων／Θέωνος, θέων／θέοντος

（属格の記載を欠く νέων の場合を削除）

なお、ストア派は名前（固有名詞 ὄνομα）と普通名詞（προσηγορία）とが異なる変化をすることを一つの根拠として、両者を文の別個の部分として区別したが、文法家はこの区別に反対して、両者を一括して名前（ὄνομα）として文の一部分とみなした（ディオゲネス・ラエルティオス『哲学者列伝』第七巻五七、『ディオニュシオス・トラクス「文法術」への古注』p. 214, 17-p. 215, 3, p. 356, 7-p. 357, 26, p. 517, 33-p. 518, 16（GG I/III）を参照）。

また、ストア派は分詞（μετοχή）を、動詞（ῥῆμα）の法の一つ（ἔγκλισις）とみなしたが、文法家は、動詞と名前それぞれの固有性を分け持つ（μετέχειν）けれども、そのいずれにも属さない文の別の一部分と位置づけた（『ディオニュシオス・トラクス「文法術」への古注』p. 254, 27-p. 256, 7, p. 376, 25-p. 377, 14, p. 518, 17-32, p. 540, 19-23（GG I/III）を参照）。

S 『ピュロン主義』について（第一巻二八二、第六巻五八、六一）

ピュロンがつねにホメロスを繙いていたことに関して、セクストスが『ピュロン主義』と呼ばれる書物の中でどのような理由を挙げていたのかは不明である。第一巻二八二で言及される『ピュロン主義』という書名は、『ピュロン主義哲学の概要』（『概要』）を指しているようにも思われる。もしもそうならば、『概要』の中で、判断保留に導く第十の方式において神話（ホメロスをはじめとする詩人たちによって語られる）が用いられていることが、一つの理由として考えられるかもしれない（『概要』第一巻一五〇、一五四、一五七、第三巻二〇五、二一四などを参照）。しかし、『論駁』第六巻五八では、同じ『ピュロン主義』という書名が、音声の非存在を詳論した書物として挙げられている。『概要』にはそのような議論は見当たらないことから、『ピュロン主義』と『概要』とは別の書物であると考える方がより妥当であろう。一つの可能性は、現存する『論駁』第七巻－第十一巻の前に、現在の『概要』第一巻の内容に対応する、より詳細な議論が元来は存在し、この部分が『ピュロン主義』の名で呼ばれていたという推測であろう。『概要』邦訳「解説」四四一－四四六頁、および本書「解説」四〇七－四〇八頁を参照。

T　第一巻三二六の詩について（第一巻三二六―三二七）

三一七節でも言われているように、きわめて難解な詩であり、種々のテクスト修正と解釈が提出されている。一つの代表的な解釈は、ファブリキウスが提唱し、ビュリーが大筋で受け継いでいるものである。ビュリーが採用するテクスト、また対応する訳はおおよそ次のようなものである。

ἦ γάρ σοι δισσοῖσιν ὑπ᾽ οὔρεσι δισσὸς ἐραστὴς
　ἔφθιτο, καὶ νεάτην μοῖρ᾽ ἀνέθηκε φύσιν.
ἄρθρῳ ἐν ἀσπιδόεντι βεβηκότα γυῖα καθ᾽ ὅλμου
　βλαισὰ τροχαντήρων ἄχρι περιστρέφεται,
σμερδαλέαι δ᾽ ὑπένερθεν ἀλώπεκες, ἄχρι δοχαίης
　αἰῶνος χαλαρᾷ σύνδρομον ἁρμονίῃ.

まことに二つの山々の下で一対の恋人は衰え滅びた、
　しかし、運命は新奇な自然を授けた。
蛇のごとき関節のうちに収まる肢体は、胴体の下方で
　歪み、転子のあたりまで絡まり合う、
下方ではおぞましき狐たち、来たるべき世代の容器に至るまで、
　緩やかな調和に伴い走った。

この解釈によれば、「一対の恋人」とは、共に蛇に変えられることになるカドモスと妻のハルモニアを指す。しかし、この解釈にはとりわけ次のような難点がある。この詩は稀語から成ると注意されているが（三一五節）、*ἐραστής*（恋人）も *ὄρη*（山々）も通常の意味で用いられている。また二行目以下においては、*φύσις*（自然）は陰部を、*ἀλώπεκες*（狐たち）は腰部、あるいは蛇に変身した人間たちを、*δοχαίη αἰῶνος*（来たるべき世代の容器）はカドモスとハルモニアの子孫の容器、すなわち二人の性器を、そして *ἁρμονίη*（調和）は性交を比喩的に示す語で、「比喩的に語られていない」（三一七節）という指摘に反する。さらにまた、この解釈から得られる詩の内容が露骨な性描写であることも、道徳的に厳格なセクストスとはいかにも異質であるように思われる。

この詩の大部分が解剖学用語（医学的な稀語）から成っていると推察したTheilerの解釈をさらに徹底して、完全に医学的な解釈を提出したのはBlomqvist (1971) である。彼は、三一六節冒頭の不確定な言葉遣い（「ある種の語から一つの詩が構成されるなら」）から、この詩は既存の詩の引用ではなく、文法家を困惑させる意図だけからセクストス自身（あるいは彼が資料とした作者）が創作したものであろうと推測している。

Blomqvist が提唱し、ブランク、本訳も採用したテクスト

は次のとおりである。

εἰ γάρ σοι δισσοῖσιν ὑπ' οὔρεσι διττὸς ἐραστὴς
ἔφθιτο καὶ νεάτην μοῖραν ἔθηκε φύσιν,
ἄρθρῳ ἐν ἀσπιδόεντι βεβηκότα γυῖα καθ' ὅλμου
βλαισὰ τροχαντήρων ἄχρι περιστρέφετο
σμερδαλέαι δ' ὑπένερθεν ἀλώπεκες ἄχρι δοχαίης
αἰῶνος χαλαρῆς σύνδρομον ἁρμονίης.

これを医学用語から成るものと解すると、まず *ὄρος*（一般には「山」）は足の甲を、*ἐραστής*（恋人）は足の小指ないし第四指、あるいは小指の近接部位を、*ἀσπιδόεν ἄρθρον*（盾形の（あるいは盾で被われた）関節）は膝関節を、*ὅλμος*（胴体、洞）は関節腔を、*ἀλώπεκες*（狐たち）は腰筋を、*αἰών*（一生、世代、永遠）は脊髄を、したがって *δοχαίη αἰῶνος*（脊髄の容器）は脊柱を、*ἁρμονίη*（調和）は縫合あるいは接合部を意味する。また、元々解剖学用語である *τροχαντήρ*（転子）とは、大腿骨頸下部にある大、小二つの突起で、このうち下方に位置する小転子は腸腰筋がつく部位である。

したがって、文法家にはけっして読み取れないとセクストスが断言する（三一七節）この詩の意味は、ほぼ次のようなものとなる。

もし仮に、きみの二つの足の甲の下で一対の爪先が衰え滅び、
　その部位（足の甲）を最も低い位置とするならば、
膝関節の中、関節腔にて動く下肢骨は
　転子に至るまで歪み捻じれ、
見るも恐ろしい腰筋は、（転子の）下部（小転子？）から
　緩い接合をなす脊柱に至るまで萎縮することであろう。

すなわちセクストスは、この詩の真の意味をけっして理解できない文法家に向かって、もしもきみの（急所である）爪先部分が衰え失せて、足の甲の部分が最も下の部位になるようなことがあれば、下肢骨は歪曲してX脚となり、転子から腰椎に張る腰筋も萎縮して、症状はますます悪化していくだろう、と呪いの言葉をあびせかけることによって、文法家を揶揄しているのである。（ただし、そこは文法家に配慮をして、この呪いの実現はありえないことが非現実話法によって示されている。）

U　『論駁』第二巻における各弁論術批判の典拠について（第二巻一〇－四三、八九－一一二）

哲学の立場からの弁論術批判は、古くはソクラテス、プラトンにまで遡るが、セクストスが彼以前に弁論術批判を展開した人々として名前を挙げているのは、「ペリパトス派のク

リトラオスの一派……プラトンの一派」（『論駁』第二巻一二）、「クリトラオス一派と、クレイトマコスとカルミダスを含むアカデメイア派」（二〇）、「アカデメイア派」（四三）である。弁論術批判がヘレニズム時代の哲学者たちによって活発に展開されていたことは、キケロ『弁論家について』第一巻一一‐四五―四六からも知られるところである。キケロは、アカデメイア派からはカルネアデスと彼の弟子たち――クレイトマコス、カルミダス（カルマダスとも呼ばれる）、アイスキネス、メトロドロス――の名を、ストア派からはムネサルコスの名を、そしてペリパトス派からは、クリトラオスと彼の弟子のディオドロスの名前を挙げている。また彼は、カルミダスの議論についてはかなり詳しく紹介しており（同書第一巻一八‐八四―二〇‐九三）、その中には、セクストスが展開しているのと類似した批判も認められる。またキケロのほか、ピロデモス『弁論術について』とクインティリアヌス『弁論家の教育』も、弁論術に対するセクストスと同類の諸批判を紹介しており、各著者がそれぞれの弁論術批判において利用した情報源や、相互の関係の確定といったことが解釈上の問題となっている。セクストスの場合は、クリトラオスとカルミダスがその主要情報源として考えられ、またカルミダス自身の弁論術批判は、その主なものがカルネアデスにまで遡ると思われる。ただし具体的にセクストスの批判のどの部分がクリトラオスとカルミダスのどちらに由来するのか、あるいは、別の情報源――例えば、プラトンの『ゴルギアス』『パイドロス』などの弁論術批判、ピロデモスが属するエピクロス派の思想、当時の一般的な弁論術観――はどの程度までセクストスの批判に取り込まれているのか、またセクストス自身の独創性はどの点に認められるか、等は決定の困難な問題である。これらの問題について、例えばKaradimasは、クリトラオスとカルミダスへの言及に続いて展開される二〇―二五節の議論（諸国家による弁論家追放を論拠とする議論）は両者に由来するが、他方、アカデメイア派のみに言及して締め括られる二六―四二節の議論（弁論術の非有益性を指摘する議論）はカルミダスが典拠である、また弁論術の諸部分に着目する議論（八九―一一二）は、他の著作家には対応するものが認められず、セクストスの独自な批判である、と考えている。詳細は、D. Karadimas, *Sextus Empiricus against Aelius Aristides*, Lund, 1996, pp. 192-198, 224-230, 236-239を参照。

V　「完結文（ペリオドス）」「締め括り的付言（エピポーネーマ）」「母音連続（hiatus）の回避」「同音語尾反復（ホモイオテレウトン）」「エンテューメーマ」「限定的問題（ヒュポテシス）」について（第二巻五七、七五、八〇、九〇）

「完結文」（「完全文」「完成文」とも訳される）と訳した「ペリオドス（*περίοδος*）」（文字どおりには「周回」「円環」を意味する）は、アリストテレスでは「それ自体において始めと終わりをもち、容易に総観しうる長さをもったレクシス（文、言葉）」（『弁論術』第三巻第九章一四〇九a三五—三七）と定義され、限定されているために聴き手にとって快く、また記憶が容易であるために学びやすいと言われ、さらに思考（意味）においても完結していなければならないとされている。同書第三巻第九章、また擬デメトリオス（パレロンの）『表現様式について』一-一〇—三五、ピロデモス『弁論術について』I. pp. 164-166 (Sudhaus)、キケロ『弁論家』六六-二二一—六七-二二六、『弁論家について』第三巻四八-一八六、四九-一九〇—一九一、擬キケロ『ヘレンニウスに与える修辞学書』第四巻一九-二七、クインティリアヌス『弁論家の教育』第九巻四-一二四—一二五などを参照。

「締め括り的付言」と訳した「エピポーネーマ（*ἐπιφώνημα*）」は、ある叙述や議論の締め括りとして付け加えられる格言的・装飾的な表現。擬デメトリオス（パレロンの）『表現様式について』一〇六—一一一、クインティリアヌス『弁論家の教育』第八巻五-一一、擬ヘルモゲネス（タルソスの）『発見について』四-九、テオン（弁論家）『プロギュムナスマタ』pp. 91-92 (Spengel)、ディオニュシオス（ハリカルナッソスの）『トゥキュディデスについて』四八-六六—六八、擬ディオニュシオス（ハリカルナッソスの）『弁論術』一〇-一八などを参照。

ギリシア語（とくにアッティカ方言）では、母音の連続（hiatus）を嫌い、一語の中での、また二語間の母音連続を、約音、融音、省音その他の方法を用いて回避しようとした。なお『論駁』第一巻一六一および八三頁註（6）を参照。

「同音語尾反復」と訳した「ホモイオテレウトン（*ὁμοιοτέλευτον*）」は、言葉の使い方に関する修辞法の一つで、一文中で同一語尾から成る語句を重ねて用いるもの。擬デメトリオス（パレロンの）『表現様式について』一-二六、五-二六八、キケロ『弁論家』三九-一三五、『弁論家について』第三巻五四-二〇六、擬キケロ『ヘレンニウスに与える修辞学書』第四巻二〇-二八、クインティリアヌス『弁論家の教育』第九巻三-七七などを参照。

「エンテューメーマ（*ἐνθύμημα*）」とは、アリストテレスが、「弁論術的証明（*ἀπόδειξις ῥητορική*）」（『弁論術』第一巻第一章一三五五a六）、あるいは「弁論術的三段論法（*ῥητορικὸς συλλογισμός*）」（第一巻第二章一三五六b五、一三五七a二一—二三）と呼んでいる推論であって、その前提の一部は必然的な前提であるが、前提の大多数は多くの場合に成り立つ「ありそうなこと」であるような議論である（第一巻第二章一三五七a二二－二三）。エンテューメーマの詳細については、アリストテレス『弁論術』第二巻第二十－二十六章を参照。

弁論術において、「ヒュポテシス（ὑπόθεσις）」（ラテン語 causa）は、特定の人や時や場所などへの言及を含む特定の問題（限定的問題）を意味し、そのような言及を含まない「非限定的問題（テシス θέσις）」（ラテン語 propositum, quaestio など）と対比される。セクストス自身はこれを「個別的な諸問題の探求」と規定している（『論駁』第三巻四）。例えば、「人は結婚すべきか」というのは非限定的問題（テシス）であり、「カトーは結婚すべきか」は限定的問題（ヒュポテシス）である。キケロ『トピカ』二一－七九－八〇、『弁論家について』第二巻三一－一三三－三一－一四一、クインティリアヌス『弁論家の教育』第三巻五－五－一八などを参照。なお、「ヒュポテシス」という語の主要な意味については『論駁』第三巻三－五、および補註Wを参照。

W　証明の原理（出発点）としてのヒュポテシス（仮設）について（第三巻一－六）

ギリシア語の「ヒュポテシス（ὑπόθεσις）」は、文字どおりには「下に置かれたもの」「基礎となるもの」を意味し、古代ギリシアの医学、数学、哲学においては、認識に至るために立てられる「前提」「仮設」「仮説」の意味で用いられた。この意味での「ヒュポテシス」の現存する最古の用例は、ヒッポクラテス集典中の『古来の医術について』（前五世紀末から四世紀初め）第一節に見られる例であるとされる。そこでは、自然哲学において用いられた熱・冷・湿・乾の基本性質などを「仮設」として立て、そこから諸々の病気や死を説明しようとする人々が、真偽を知りえない空虚な仮設を立てる者として批判の対象とされている。同書の著者の医学的立場は、そのような抽象的理論を排斥し、経験に基づく食餌療法を中心に置くものであった。

他方、幾何学の分野では、ヒュポテシスに基づく探求方法が問題解決のための有効な方法として重んじられ、それはまたプラトン（前四二七－三四七年）によって、哲学探求の重要な方法としても採用されることになった（『メノン』八六E－八七B、『パイドン』一〇〇A－一〇一E、一〇七B、『国家』第六巻五一〇B－五一一Dを参照）。しかし、プラトンによるヒュポテシスの方法の説明は非常に簡約的であり、解釈の困難な点も多々ある。

証明におけるヒュポテシスの役割については、アリストテレス（前三八四－三二二年）も『分析論後書』で論じており、そこから当時の数学とくに幾何学におけるヒュポテシスの使用について示唆を得ることができる。彼は同書第一巻で、推論の「アルケー（原理　ἀρχή）」を次のように分類する。推論の原理のうち、その正当性を証明によって示すことができず、また何ごとかを学ぼうとする人が必ずしももっている必要のない原理は「テシス（定立　θέσις）」と呼ばれ、他方、何ごとにせよ学ぼうとする人が必ずもっていなければならない原理は「アクシオーマ（公理　ἀξίωμα）」と呼ばれる（第二章七二a一四―一七）。アクシオーマは、あらゆる学問知識に共通の原理であって、それゆえ「コイノン（共通のもの　κοινόν）」（第十章七六a三八、第十一章七七a二七、三〇）、あるいは「コイネー・アルケー（共通の原理　κοινὴ ἀρχή）」（第三十二章八八b二八）、「コイネー・ドクサ（共通の思いなし　κοινὴ δόξα）（『形而上学』第三巻第二章九九六b二八）などとも呼ばれる。例えば、「等しいものから等しいものを除去すれば、残りは等しい」（『分析論後書』第一巻第十章七六a四一、第十一章七七a三〇―三一）、「同時に肯定しかつ否定することはできない」（第十一章七七a一〇）、「どんな事柄も肯定するか、あるいは、否定するかのいずれかである」（第十一章七七a三〇―三一）はアクシオーマである。

これに対してテシスは、それぞれの学問知識に固有の原理であり、それゆえ「イディオン（固有のもの　ἴδιον）」（第十章七六a三八）とも呼ばれるが、テシスのうち、（例えば「線が存在する」のように）ある事物の存在を想定するものは、「ヒュポテシス（仮設　ὑπόθεσις）」であり、他方、（例えば「線とはこれこれのものである」のように）存在を想定することなく、語の意味を表わすものは、「ホリスモス（定義　ὁρισμός）」である（第二章七二a一八―二二）。

この分類によれば、テシスが証明することのできない原理である以上、それの一種であるヒュポテシスも証明することのできない原理であるはずであるが、アリストテレスは他方において、「ヒュポテシス」と「アイテーマ（要請　αἴτημα）」とを区別して、次のようにも語っている――証明可能なものであるにもかかわらず、人が自分で証明することなく、前提として採用するものは、もしも学ぶ人が受け入れるならばヒュポテシス（ただし、無条件的な意味でのヒュポテシスではなく、学ぶ人との関係のみでのヒュポテシス）であり、他方、学ぶ人がそれについて何の考えももっていないか、あるいは、反対の考えさえもっているならば、アイテーマである（第十章七六b二七―三四）。

エウクレイデス（前三世紀前半）は、『原論』第一巻の冒頭で幾何学の原理として、「ホロス（定義　ὅρος）」「アイテーマ（要請［公準］　αἴτημα）」「コイネー・エンノイア（共通概念　κοινὴ ἔννοια）」の三種類を列挙している。このうちホロス（定義）は、アリストテレスのホリスモス（定義）に、またコイネー・エンノイアは、アリストテレスのアクシオーマ（公理）に相当する。実際、「等しいものから等しいものを除去すれば、残りは等しい」というアリストテレスのアクシオーマの例は、エウクレイデスではコイネー・エンノイアの第三として挙げられている。他方、エウクレイデスのアイテーマ（要請、公準）は、例えば「任意の点から任意の点へ直線を引くこと（が要請されたとせよ）」のようなものであって、これと似通った面をもつアリストテレスのアイテーマ、あるいはヒュポテシスとの関係が問題となる。

また、エウクレイデスは『原論』の中で「ヒュポテシス」を原理として挙げてはいないが、「いくつかの学問知識は、何であるかということ［定義］をヒュポテシスとして採用している」（『形而上学』第六巻第一章一〇二五b一一―一二）というアリストテレス自身の言葉は、テシスの、ホリスモス（定義）とヒュポテシスへの区別は、むしろアリストテレスに独自のものであったことを推測させる。

プロクロスは五世紀に『エウクレイデス「原論」第一巻注解』を著わし、その中で幾何学の原理として、アクシオーマ、ヒュポテシス、アイテーマを列挙し、次のように説明している（p. 75, 27-p. 77, 6 (Friedlein)）。アクシオーマは、学ぶ人にとってよく知られており、それだけで信じられるものである。ヒュポテシスは、それを聞く人がそれだけでただちにそれを信じうるような自明性はもっていないが、しかし証明なしでそれに同意が与えられるような前提である。さらにアイテーマは、その主張内容が知られていないものであり、学ぶ人が同意しなくても採用されるものである。プロクロスは三種類の原理のそれぞれについて具体的な例を挙げているが、アクシオーマの例「同じものに等しいものは、また互いに等しい」は、エウクレイデスのコイネー・エンノイア（共通概念）の第一と同一であり、ヒュポテシスの例「円とはこれこれの形である」は、エウクレイデスのホロス（定義）の第十五に相当し、そしてアイテーマの例「すべての直角は等しいこと」は、エウクレイデスのアイテーマ（要請、公準）の第四と同じである。

またプロクロスは、アクシオーマ、ヒュポテシス、アイテーマのすべてが「ヒュポテシス」と呼ばれることもしばしばあると付け加えている。「ヒュポテシス」という語のこの広い用法は、アレクサンドロス（アプロディシアスの）『アリストテレス「分析論前書」注釈』（p. 13, 7-11 (CAG)）にも認められるものである。

セクストス自身は、『論駁』第三巻一九以下の幾何学者に対する論駁においては、点、線、面、立体の定義を問題にし、それらの定義に相当するものは存在しない、という反論を展開している。アリストテレスは「いくつかの学問知識は、何であるかということ［定義］をヒュポテシスとして採用している」（『形而上学』第六巻第一章一〇二五b一一—一二）と語っていたが、この意味での「ヒュポテシス」——プロクロスにおける狭い意味でのヒュポテシス——が、『論駁』第三巻一九以下では取り上げられ、論駁されていると考えられる。他方、幾何学への反論に先立ち、「ヒュポテシス」一般を問題にする議論（『論駁』第三巻六—一七）、およびセクストスが広く仮設一般を批判する議論（『概要』第一巻一六八、一七三—一七四、『論駁』第八巻三六九—三七八）においては、幾何学に限定することなく、立論のために何ごとかを「要請すること（αἴτησις, αἰτεῖσθαι）」（『論駁』第三巻四、九）という意味での「ヒュポテシス」が批判対象とされており、これは、プロクロスの言う広い意味でのヒュポテシスに当たると思われる。

X　数学者の物体概念について（第三巻一九、八三）

「物体」の原語は「ソーマ（σῶμα）」。σῶμα は一般的には「物体」、また「身体」を意味する語である。セクストスは『概要』第三巻三八—五五において、二つの物体概念——ピュタゴラスがその主唱者とされる（『論駁』第九巻三六六を参照）「物体とは、作用を与えたり作用を受けたりしうるものである」、および、エピクロスに帰せられる（『論駁』第一巻二一を参照）「物体とは、三次元の広がりをもち抵抗を伴うものである」——を取り上げて、物体の把握不可能性を論じている。『論駁』第十巻二四〇、二五七、第十一巻二二六、『概要』第三巻一二六、一五二も参照。

一方、数学者の物体概念は、ここに見られるように、抵抗性を排除した幾何学的対象としての「三次元の広がり——長さと幅と深さ——をもつもの」であり、「立体（στερεόν, στερεὸν σῶμα）」に等しい。エウクレイデス『原論』第十一巻定義一、ヘロン『定義集』一一を参照。「立体」の意味での σῶμα の用例は、セクストス『論駁』第一巻二一、第九巻三六七、『概要』第二巻三〇、またアリストテレス『形而上学』第五巻第十三章一〇二〇a一四、『トピカ』第六巻第五章一四二b二四—二五などを参照。

Y　第三巻二六の議論について

テクストは、τῷ πέρατι ἑαυτῆς を κυκλογραφεῖν に、τὴν ἐπίπεδον を περιαγομένην にかけて訳した。この読み方を採る場合、「円を描き出す（κυκλογραφεῖν）」と言われる「円（κύκλος）」とは、「円周（περιφέρεια）」を意味し、二六節の議論は終始、直線の先端の点（σημεῖον）とそれが一回りすることによって描く円周とのあいだの問題に限定される。「円（κύκλος）」を「円周（περιφέρεια）」の意味で用いる例は、『論駁』第三巻六五—七〇、またエウクレイデス『原論』第三巻命題一〇などを参照。

他方、*τῷ πέρατι ἑαυτῆς* と *τὴν ἐπίπεδον* をともに *περιαγομένην* にかける読み方を採れば、「中心から引かれた直線は、平面上をそれ自体の限界によってぐるっと一回りさせられると、円を描き出す」という内容になり、描き出される「円」とは、本来の意味における円――すなわち、一本の線（円周）によって取り囲まれた平面図形としての円――を意味する。この読み方によると、以下のセクストスの批判は、描かれた円の一部分――円周――のみに向けられていることになる。平面図形としての円そのものに関わる批判については、『論駁』第三巻六五―七三を参照。

円の定義については、エウクレイデス『原論』第一巻定義一五「円とは、一本の線によって取り囲まれた平面図形であり、図形内部に位置する諸々の徴《しるし》［点］のうちの一つから、この線に向けて引かれたすべての線分が互いに等しいものである」、定義一六「この徴［点］は、円の中心と呼ばれる」を参照。またヘロンは『定義集』二七において、円周と円の区別を明示するとともに、「直線が、同一平面上に位置しつつ、その一方の限界は同一点にとどまったまま、もう一方の限界によってぐるりと回されて、最初に動きはじめたのと同じ位置にふたたび回帰したとき、円が生じる」という、セクストスによる『論駁』第三巻二六の説明よりもより厳格な説明を与えている。同様の円の説明については『エウクレイデス「原論」への古注』Euclides V, 1, p. 47, 19-22 (Stamatis) も参照。

Z 角の定義について（『論駁』第三巻一〇〇、一〇四）

セクストスは、幾何学者たちによる角の定義として、(1)「角とは、平行でない二本の直線の傾きのもとにある最小のものである」（『論駁』第三巻一〇〇）と、(2)「角とは、傾きのもとにある第一の広がりである」（同一〇四）を挙げている。「二本の直線の傾き」という点に関しては、エウクレイデスの定義「平面上の角とは、一平面上で相互に接触し、かつ一直線をなしていない二本の線相互の傾きである」（『原論』第一巻定義八）に通じるものである（ヘロン『定義集』一四も参照）。しかし、セクストスが挙げる定義(1)および(2)は、角を「傾き（*κλίσις*）」そのものとしてではなく、「傾きのもとにある最小のもの（*τὸ ὑπὸ τὴν κλίσιν ἐλάχιστον*）」、「傾きのもとにある第一の広がり（*τὸ ὑπὸ τὴν κλίσιν πρῶτον διάστημα*）」と規定している。ここでセクストスが「最小のもの」、また「第一の広がり」によって意味しているところについては、次の二つの定義が示唆を与えるであろう。

角の定義として、ペルゲのアポロニオスは、「角とは、折れ線あるいは折れ面下の一つの徴［点］における面あるいは立体の収斂である」（プロクロス『エウクレイデス「原論」第一巻注解』p. 123, 15-17(Friedlein)）と述べ、またアテナイのプルタルコス（プロクロスの師）を含む数学者たちは、「角とは、徴［点］のもとにある第一の広がりである」（p. 125, 14-16）と定義していた。後者の定義は、セクストスの定義(2)と実質的に同一であるが、プルタルコスがこの定義を提出したのは、プロクロスによれば、角は「性質」「関係」「量」のいずれに分類されるか、という問題との関連においてのことであった（p. 121, 12-p. 126, 6）。すなわち、角を「折れ（κλάσις）」として捉えるエウドクソスは、「性質」説を主張したのに対して、角を「傾き（κλίσις）」として捉えるエウクレイデスは、（シュリアノスによれば）「関係」説を主張し、またプルタルコスたちは、平面上の角は線により、立体的な角は平面により分割されるところから、「量」説を主張したのである。またプルタルコスは、角を「折れ線あるいは折れ面下の一つの徴［点］における面あるいは立体の収斂」とみなすアポロニオスも自分たちと同意見であると考え、さらに自説を説明して、「取り囲む線あるいは面の折れ（κλάσις）［「傾き（κλίσις）」と読み替える案もある］のもとには何らかの第一の広がりが存在しなければならない——徴［点］のもとにある広がりは連続的であって、たとえ第一のものを捉えることは不可能であるとしても」（p. 125, 17-21）と述べていた。アポロニオス自身が角を「量」とみなしたかどうかについては疑問はあるが、いずれにせよセクストスが紹介する定義(1)「角とは、平行でない二本の直線の傾きのもとにある最小のものである」が、角を量とみなす立場に通じる定義であり、またその背後にアポロニオスなどの定義が存在することは、容易に推測されるところである。角の定義と分類をめぐる問題については、Th. L. Heath, *The Thirteen Books of Euclid's Elements*, 2nd ed., vol. 1, pp. 176-178, New York, 1956 も参照。

a　テトラクテュスについて（第四巻二一―二）

「テトラクテュス（τετρακτύς）」とは、最初の四つの整数（一、二、三、四）の合計、すなわち一〇に対してピュタゴラス派が与えた名称で、頂点に一点、底辺に四点、その間に、等間隔に二点と三点を配置した正三角形の形でしばしば視覚的に表現された。テトラクテュス、およびそれと調和（音階）の関係については、ピロラオス「学説」一一（DK）、アルキッポス、リュシス、オプシモス「疑問著作」四（DK）、ピュタゴラス派「訓戒（アクースマタ）と象徴（シュンボラ）」四（DK）、セクストス『論駁』第七巻九四―一〇〇、テオン（スミュルナの）『プラトンを読むための数学的事項に関する解説』p. 58, 13-p. 59, 3, p. 87, 4-8, p. 93, 17-p. 94, 9

(Hiller) などを参照。

またテトラクテュスは、「第四の数」と呼ばれることもあった。ルキアノス『命の競売』四には次のような会話が見られる——買い手「あっしゃ今でも数の数え方くらい知ってまさあ」。／ピュタゴラス「どのように数えるのかね？」／買い手「一、二、三、四」。／ピュタゴラス「ほら見なさい。あんたが四だと思っているのは、じつは一〇であって、完全な三角形、われわれの誓いなのだよ」。

なお、セクストスが『論駁』第四巻二で引用している、この誓いの言葉にも見られるように、ピュタゴラス派は、ピュタゴラスを神格化していたため、その名を直接語ることを避けていた（イアンブリコス『ピュタゴラス伝』一八-八八、三五-二五五）。彼らがテトラクテュスによって誓ったことについては、擬ルキアノス『ピロパトリス』一二も参照。

b ギリシア、ローマの占星術（『論駁』第五巻一-二など）

今日の「占星術」を指すのに用いられたギリシア語としては、「アストロロギアー（*ἀστρολογία* 星に関わる学・理論）」「アストロマンテイアー（*ἀστρομαντεία* 星に関わる占い・予言）」「アストロスコピアー（*ἀστροσκοπία* 星に関わる考察）」「ゲネトリアケー（*γενεθλιακή* 誕生占星術）」「ゲネトリアーロギアー（*γενεθλιαλογία* 誕生占星術理論）」「カルダイケー（*Χαλδαϊκή* カルデア占星術）」（『論駁』第一巻一八二を参照）、「ホーロノミケー（*ὡρονομική* 時を区分する技術）」「ホーロスコピケー（*ὡροσκοπική* 時を見張る技術）」「マテーマティケー（*μαθηματική* 数学）」などがある。「カルダイケー」という名称が示唆するように、バビュロニアから伝来した学問技術と考えられていたが、実質的にはヘレニズム時代にアレクサンドレイアで理論化が進められ、発展を遂げた。

上述の名称のうち英語 astrology（占星術）の語源である「アストロロギアー」は、古代ギリシア、ローマにおいては、「アストロノミアー（*ἀστρονομία*）」とほぼ互換的に用いられ、両者とも天文学と占星術の両領域を含む天体（星）に関する学問技術であった。文字どおりには「星に関わる学・理論」を意味するところから、本訳では「星学」という訳語を採用した。プトレマイオスは、彼が「アストロノミアー」を通しての予言術（*προγνωστικόν*）」とも呼ぶ星学について、次のように語っている。そのうちには「最も大きく、最も力ある部分が二つあり、一方は、順序においても力においても第一のものであり、それによってわれわれが、太陽と月と星々の、相互関係における、また地球との関係における諸々の運動からその時々に生じる星相を把握するものである。もう一方は、それらの星相それ自体の自然的な固有性を通して、天の穹窿内の諸事物にもたらされる諸変化をわれわれが考察する部分である」(『アポテレスマティカ(テトラビブロス)』第一巻一-一 p. 3. 32-39 (Hübner))。星学のこれら二つの部分のうち、前者が今日の天文学(astronomy)に相当し、後者が占星術(astrology)に相当する。占星術はまた「数学(マテーマティケー)」とも呼ばれていたが(『論駁』第五巻二)、これは、占星術と天文学の密接な関係、また天文学が数学の重要な一分野であったこと(『論駁』第一巻七七および四五頁註(1)を参照)による。

c　獣帯の諸部分と占星術の基本原理について(『論駁』第五巻五)

『論駁』第五巻五で言及されている「獣帯の円(*ζῳδιακὸς κύκλος*)」とは、雄羊、雄牛など、多くは動物の形をした一二の星座を含み、天球上を一巡りする帯域をいう。また「獣帯の諸部分」とは、獣帯を三〇度角ずつに等分した一二の区域を指し、実質的に「黄道一二宮」と一致する。しかし「黄道」のギリシア語としては、*ἐκλειπτικὸς κύκλος*(文字どおりには「蝕の円」——月がそこに差し掛かるとき、日月蝕が起こる円——、ecliptic の語源)が別にあるところから、本訳では「黄道一二宮」ではなく、「獣帯一二宮」の訳語を用いる。

「獣帯一二宮」は、白羊宮から始まり、それぞれの宮が含んでいる(あるいはその近辺にある)星座に基づいて命名された。一二宮の名称と、それに対応する星座名、ギリシア名、ラテン名、記号は次のとおりである(ギリシア名、ラテン名ともに、宮と星座の両方を指示しうる。同名の宮と星座の位置は、命名当時は当然一致していたが、春分点が黄道上を東から西へ移動していく歳差のために、現在までにおよそ三〇度角のずれが生じてきており、現在では、金牛宮におひつじ座、白羊宮にうお座……が入るという形になっている)。

白羊宮《はくようきゅう》	おひつじ座	*κριός*, Aries	♈
金牛宮《きんぎゅうきゅう》	おうし座	*ταῦρος*, Taurus	♉
双子宮《そうしきゅう》	ふたご座	*δίδυμοι*, Gemini	♊
巨蟹宮《きょかいきゅう》	かに座	*καρκίνος*, Cancer	♋
獅子宮《ししきゅう》	しし座	*λέων*, Leo	♌
処女宮《しょじょきゅう》	おとめ座	*παρθένος*, Virgo	♍
天秤宮《てんびんきゅう》	てんびん座	*ζυγός*, Libra	♎
天蠍宮《てんかつきゅう》	さそり座	*σκορπίος*, Scorpius, Scorpio	♏
人馬宮《じんばきゅう》	いて座	*τοξότης*, Sagittarius	♐
磨羯宮《まかつきゅう》	やぎ座	*αἰγόκερως*, Capricornus	♑
宝瓶宮《ほうへいきゅう》	みずがめ座	*ὑδρηχόος*, *ὑδροχόος*, Aquarius	♒
双魚宮《そうぎょきゅう》	うお座	*ἰχθύες*, Pisces	♓

なおメソポタミアでは、てんびん座は、さそり座（蠍《さそり》の胴体および尾）につながる蠍の爪に見えていたため、*χηλαί*（双爪宮）とも呼ばれていた。そのためギリシアにおいても、天秤宮、てんびん座の名としては、*ζυγός*（天秤）と*χηλαί*（双爪）の両方が用いられた。セクストスは「天秤」を用いている。

「宮」に対応するギリシア語は、「ゾーディオン（*ζῴδιον*）」である。「ゾーディオン」は「動物」を意味する「ゾーオン（*ζῷον*）」に指小辞のついた語であり、元来は星々が形作る動物の姿（星座）であって、それらが住まう宮――獣帯を一二に等分した各区域（『論駁』第五巻二六の「一二分の一部分」）――ではなかった。しかし後には、星座だけでなく獣帯上の各区域にも適用されるようになった（ゲミノス『天文現象入門』第一章一、三を参照）。本訳では、獣帯を一二の部分（獣帯一二宮）に等分する以前の「ゾーディオン」の用例については「星座」の訳語を用い（『論駁』第五巻一三―一四、七八―七九）、他の用例については「宮」の訳語を用いる。また、白羊宮等の各宮の名前は、一般に動物等の名前のみで表わされており、ここでも「白羊」等の訳語を用いる。

獣帯一二宮とともに、占星術の最も重要な観察対象である七曜星の名称および記号は次のとおりである。

太陽	*ἥλιος*, sol	☉
月	*σελήνη*, luna	☾
アレスの星（火星）	*ὁ τοῦ Ἄρεως ἀστήρ*, Mars	♂
ヘルメスの星（水星）	*ὁ τοῦ Ἑρμοῦ ἀστήρ*, Mercurius	☿
ゼウスの星（木星）	*ὁ τοῦ Διὸς ἀστήρ*, Jupiter	♃
アプロディテの星（金星）	*ὁ τῆς Ἀφροδίτης ἀστήρ*, Venus	♀
クロノスの星（土星）	*ὁ τοῦ Κρόνου ἀστήρ*, Saturnus	♄

太陽は、黄道に沿って年周運動を行なうところから、ほぼ一ヵ月間、各宮のうちにとどまる。すなわち、三月二十一日から四月二十日までは春分点を起点とする白羊宮に、四月二十一日から五月二十一日までは金牛宮に、というふうに各宮を順次移っていき、一年をかけてふたたび春分点に戻ってくる。

また、月と五つの星（火星、水星、木星、金星、土星）も獣帯上を同じ方向に移動していく。しかし、地球からの距離、軌道、速度などの諸条件によって、宇宙の中心の位置に置かれた地球から観察するとき、これらの惑星の運行は、速度変化と順行、留、逆行、また惑星同士の合、離脱などの現象を伴う非常に複雑な様相を呈する。占星術においては、これら諸星の動きと一二宮との位置関係、また諸星の相対的な位置関係——「星相（アスペクト）」——などが、地上のあらゆる事象や人間の運命に重大な影響を及ぼすと信じられたから、これらについて正確な観測を得ることが最大の重要事であった。

しかし、一二宮も諸星も、天空を一日に一回転する日周運動をしているために、観測のための絶対的な基準とはなりえない。そこから、地上のある特定地点、ある特定時刻（とりわけ、人の誕生時刻は、占星術にとって決定的な意味をもつ）における一二宮や諸天体の位置を計測するための不動の基準として、天球上に一二の区画が「家」として設定された。「家」は、その上を一二の宮や星々が移動していく時計の文字盤のようなものである。「家」については補註eおよび別表Ⅳを、「星相」については補註f(v)および別表Ⅷを参照。

d　宮の種類について（第五巻六―一一）

「男性宮（ἀρρενικόν）」と「女性宮（θηλυκόν）」については、プトレマイオス『アポテレスマティカ（テトラビブロス）』第一巻一三 pp. 48-51 (Hübner)、マニリウス『天文誌』第二巻一五〇―一五四を参照。プトレマイオスによれば、一二宮のうちの六宮が「男性宮」（別名「昼の宮（ἡμερινόν）」）、残りの六宮が「女性宮」（別名「夜の宮（νυκτερινόν）」）であり、一年の出発点である春分点に位置する白羊宮から始めて、男性宮、女性宮と交互に割りふられる。したがって、白羊宮、双子宮、獅子宮、天秤宮、人馬宮、宝瓶宮は男性宮（また昼の宮）、金牛宮、巨蟹宮、処女宮、天蠍宮、磨羯宮、双魚宮は女性宮（また夜の宮）である。

「変動宮（トロピコン τροπικόν）」のうちにセクストスは、白羊宮、天秤宮、巨蟹宮、磨羯宮の四つを数えている（『論駁』第五巻一一）のに対して、プトレマイオスは、巨蟹宮、磨羯宮のみを「トロピコン」として挙げ、白羊宮、天秤宮は「昼夜平分宮（イセーメリノン ἰσημερινόν）」に分類している——この名前は、太陽がその宮の初端に来るときに、夜と昼の長さを正確に等しくすることに由来する（『アポテレスマティカ（テトラビブロス）』第一巻一二-一三 p. 47, 755-760 (Hübner)）。しかし、「昼夜平分宮」に相当する分類はセクストスには認められない。これは、「トロピコン」とその語源「トロペー（τροπή）」の意味に関する両者の理解の違いに由来するところが大きい。すなわちセクストスは、「トロペー」を「変動、変化」の意味に解して、「変動宮（トロピコン）というのは、太陽がその位置に達したときに方向を転換して、天の穹窿の諸々の変動（トロペー）を引き起こす宮である」（第五巻一一）と説明している。それゆえセクストスにおいては、太陽がそこに達したときに春と秋が始まる白羊宮と天秤宮も「トロピコン」と呼ばれることになる。他方、プトレマイオスは、「トロペー」を「至点」の意味に解して次のように言う——「トロピコン」とは、至点（トロペー）から数えて最初の三〇度域にある宮であり、夏至点から三〇度域の巨蟹宮と、冬至点から三〇度域の磨羯宮の二宮がある。それらが「トロピコン」と呼ばれるのは、太陽がそれぞれの宮の初端に来たときに、太陽は向きを変え（トレペタイ）、緯度上の進行方向を反転し、巨蟹宮では夏を、磨羯宮では冬をもたらすからである（プトレマイオス『アポテレスマティカ（テトラビブロス）』第一巻一二-一一-三 p. 46, 747-p. 47, 755 (Hübner)）。それゆえ、プトレマイオスに従うなら、「トロピコン」は、「変動宮」よりは、例えば「回帰宮」のように訳される方が適切であろう。

残る八つの宮については、そのうちの四宮——金牛宮、獅子宮、天蠍宮、宝瓶宮——が「不動宮（ステレオン στερεόν）」、他の四宮——双子宮、処女宮、人馬宮、双魚宮——が「双体宮（ディソーモン δίσωμον）」と呼ばれる。プトレマイオスによれば、「不動宮」とは、トロピコン（回帰宮）と昼夜平分宮に続く宮であり、これらが「不動宮（ステレオン）」と呼ばれるのは、太陽がその宮に位置するとき、それぞれその前の宮において始まった季節の特徴——湿、熱、乾、冷——が、より多く、またより固定的・安定的（ステレオーテロン）にわれわれに作用を及ぼすからである。また「双体宮」とは、不動宮に続く宮であり、これらがそう呼ばれるのは、不動宮と、トロピコン（回帰宮）ないし昼夜平分宮のあいだに位置して、その末端と初端において、二つの季節（デュオ・カタステーマタ）の自然的な固有性を分けもっているからである（プトレマイオス『アポテレスマティカ（テトラビブロス）』第一巻一二-四-五 p. 47, 761-p. 48, 775 (Hübner)）。なお「双体宮」は「共通宮」とも呼ばれるが、本訳ではギリシア語形容詞「ディソーモス」（「二つの身体の」の意味）に近い「双体宮」を訳語とした。宮の分類については、A. Bouché-Leclercq, *L'Astrologie Grecque*, Paris, 1899, pp. 149-153 も参照。

e 「家」について（第五巻一二-一九、別表Ⅳ）

『論駁』第五巻一二-一九において、セクストスは「宮（ζῴδιον）」という語を用いている。これは、むしろ不正確な用語であって、厳密に言えば、ここで論じられているのは「家」（ギリシア語 τόπος、ラテン語 locus——文字どおりの意味は「場」）である。

黄道一二宮（獣帯一二宮）を含めて、諸天体はすべて、地球の自転に由来する日周運動をしているから、それらを正確に観測するためには、観測のための固定された座標軸が必要とされた。地上のそれぞれの地点におけるこの座標軸、ないしは時計の文字盤のごときものとして導入されたのが、一二の「家」である。「家」の区分の起点となるのは、黄道が東の地平線と交わる「上昇点」（ギリシア語 ἀνατολή、ラテン語 ascendens）である。東の地平線を基線として、上昇点から天頂方向に向かって三〇度角ずつの区分を天球上で一回転することによって得られる全部で一二の球面月形が「家」である。黄道一二宮は、地上の特定地点ごとに不変であるこれらの家々と斜めに交叉し、各家を順に横切っていく。しかし、黄道のこの傾斜のために、家の初端と初端のあいだに挟まれる黄道の弧の長さは一定ではない。したがって、一つの宮が、完全に一つの家に含まれてしまう場合も、また、三つの家にまたがる場合も起こりうることになる。

一二の家のうち、「第一の家」はギリシア語で「ホーロスコポス（ὡροσκόπος）」と呼ばれる。「ホーロスコポス」とは、文字どおりには「時の見張り、時を考察する者」を意味する語であり、元来は、ある人の誕生時にちょうど昇ってくる「星座」ないし「宮」、およびそれを観察する「神官」を指したが、その後、「第一の家」を指すようになり、さらに一二の家と一二宮を図式化した体系――現在の「ホロスコープ（天宮図）」――を指すようになった。

一二の家は、「時の見張り」から始めて、時計回りと逆方向に「第一の家」「第二の家」……と「第十二の家」まで数えられる。（ただし、この箇所でセクストスは、普通の数え方とは逆に時計回りの順序で数えている。）一二の家は多くの呼び名で呼ばれるが、その主なものを左に掲げておく。

第一の家　時の見張り（ὡροσκόπος）
第二の家　下界の門（Ἅιδου πύλη）、不活動（ἀργόν）、次昇（ἐπαναφορά）
第三の家　女神（θεά）、善き離傾（ἀγαθὸν ἀπόκλιμα）
第四の家　天底（ἀντιμεσουράνημα）、地の下（ὑπόγειον）
第五の家　善き運（ἀγαθὴ τύχη）、次昇（ἐπαναφορά）
第六の家　悪しき運（κακὴ τύχη）、報復（ποινή）、悪しき離傾（ἀπόκλιμα φαῦλον）
第七の家　入没（δύσις）、対‐時の見張り（ἀνθωροσκόπος）
第八の家　死の始まり（ἀρχὴ θανάτου）、エピカタポラ（ἐπικαταφορά）、不活動（ἀργόν）、次昇（ἐπαναφορά）
第九の家　男神（θεός）、善き離傾（ἀπόκλιμα ἀγαθόν）
第十の家　天頂（μεσουράνημα）
第十一の家　善き神霊（ἀγαθὸς δαίμων）、次昇（ἐπαναφορά）
第十二の家　悪しき神霊（κακὸς δαίμων）、

離傾（ἀπόκλιμα）

――「第九の家」について、セクストスは「下方部分（κάτω μερίς）」、「単一部分（μονομοιρία）」の名も挙げている（『論駁』第五巻一五）。しかし、これらの名称はセクストスのこの箇所以外には見当たらず、Bouché-Leclercq, p. 284 n. 3 は、前者については ἀπόκλιμα（離傾）→ κάτω μερίδα への誤記が、後者については、この家の名称「男神」が「太陽」（ラテン語 sol）を指すところから、sol → solus（単一の）→ μόνος → μονομοιρία への誤解による混入があったのかもしれないとの疑問を呈している。

ところで「家」は、たんに天体観測のための基準としてあるばかりではない。各家は、そのもとに宿る一二宮や諸星を支配し、それぞれがもつ固有の性質や力に対して強力な作用を及ぼす。「家」のうちでもとくに、東西の地平線に接する第一、第七の家と、真上と真下に位置する第十、第四の家は「中心（κέντρον）」と呼ばれ、最も強力で、重要な意味をもっている。またこれらは、正方形のホロスコープ上で角に位置するところから、「角の家」とも呼ばれる。また、ある星がこれらの上に宿るときには、その星は「中心上の星（ἐπίκεντρος）」と呼ばれた（『論駁』第五巻三三、四〇）。

なお「家」については、プトレマイオス『アポテレスマティカ（テトラビブロス）』第三巻一一‐一三‐一四 p. 203, 562-p. 205, 584 (Hübner)、フィルミクス・マテルヌス『マテーシス』第二巻一五‐二〇、パウロス（アレクサンドレイアの）『エイサゴーギカ』二四 pp. 53-72 (Boer)、マニリウス『天文誌』第二巻八五六‐九六七なども参照。

f 「宿《しゅく》」「昂揚」「失墜」「区界」「護衛」「星相」について（第五巻三〇、三三‐四〇）

（i）「宿」（οἶκος、ラテン語 domus）（第五巻三三‐三四、別表V）

「宿」とは、七つの星のそれぞれに帰属する宮を意味し、各星は自分の宿に入ると力を増すと考えられた。輝きをもつ二つの星（太陽と月）には宿は一つしかないが、他の五つの星には宿が二つずつ割り当てられている。

プトレマイオスによれば、巨蟹宮と獅子宮は他の宮と比較して最も北に位置し、それゆえ最も天頂に近いところから、熱を生む宮とみなされ、最大の力をもつ輝く星（太陽と月）の宿とされた（男性宮である獅子宮は太陽の宿、女性宮である巨蟹宮は月の宿）。また獅子宮から磨羯宮に至る天球の半分は「太陽の半球」、宝瓶宮から巨蟹宮に至る天球の半分は「月の半球」とされ、他の五つの星にそれぞれの半球から一つずつ計一二の宮が宿として割り当てられた。その際、冷が支配的で、太陽や月から最も遠いクロノスの星（土星）には、獅子宮と巨蟹宮の衝にあたる宝瓶宮と磨羯宮が割り当てられ、また、穏やかで、クロノスの星（土星）の天球の下方に位置するゼウスの星（木星）には、磨羯宮と宝瓶宮に隣接する人馬宮と双魚宮、乾が支配的で、ゼウスの星（木星）の天球の下方に位置するアレスの星（火星）には、アレスと似た性質の天蠍宮と白羊宮、穏やかで、アレスの星（火星）の天球の下方に位置するアプロディテの星（金星）には、この上なく豊穣な天秤宮と金牛宮、太陽から、どちらの方向にもけっして一宮より遠く離れず、他のすべての星々の下に位置するヘルメスの星（水星）には、二つの輝く星の宮に続く処女宮と双子宮が、それぞれの宿として割り当てられた（プトレマイオス『アポテレスマティカ（テトラビブロス）』第一巻一八 pp. 57-61（Hübner））。またフィルミクス・マテルヌス『マテーシス』第二巻二‐二―五は、五つの星の二つの宿がそれぞれ男性宮と女性宮であることに注意を向けている。Bouché-Leclercq, pp. 182-192も参照。

(ii)「昂揚（ὕψωμα）」「失墜（ταπείνωμα）」（第五巻三三、三五―三六、別表Ⅵ）

「昂揚」とは、各星がその中に入ったときに本来の力を最大限に発揮する（星が「歓喜する」と表現される）宮、「失墜」はその力を失墜する宮であって、失墜は昂揚の衝に当たる。一つの宮のなかでも、その第何度に当たるかも含めて細かく定められていた。太陽にとっては白羊宮が昂揚であるが、プトレマイオスによれば、その理由は、太陽は白羊宮に入ると、高い、北の半球に移っていき、日は長くなり、また太陽の本来の力である熱する力が増してくるからである。また、太陽にとって天秤宮は失墜であるが、それは太陽が天秤宮に入ると、低い、南の半球に移っていき、その力を逆に弱めていくからである（プトレマイオス『アポテレスマティカ（テトラビブロス）』第一巻二〇 pp. 66-68（Hübner））。フィルミクス・マテルヌス『マテーシス』第二巻三‐―一六、Bouché-Leclercq, pp. 192-199も参照。

(iii)「区界（ὅριον）」（第五巻三三、三七）

「区界」とは、太陽と月以外の五つの星が最も力を発揮する範囲として、各宮のうちで、一つの星について一つずつ設置された領域である。各宮内の五つの区界の設定の仕方は不規則で、各星に割り当てられた区界の順序も大きさもばらばらであった。五つの星に割り当てられた区界の順序と数値（度）とは、各宮ごとに表形式で表わされていた。セクストスが『論駁』第五巻三七で言及している「表」とは、これを指している。表の順序と度数は、エジプト占星術、カルデア占星術、またプトレマイオスが紹介する「古写本」でそれぞれ異なっており（プトレマイオス『アポテレスマティカ（テトラビブロス）』第一巻二一 pp. 68-81（Hübner））、セクストスの指摘どおり（『論駁』第五巻三八）、区界については大きな食い違いがあったことが知られる。なお、区界は通常、五つの星のみに割り当てられていたが、太陽と月にも区界を割り当てる例外的な体系も存在していた。パウロス（アレクサンドレイアの）『エイサゴーギカ』三 pp. 11-14（Boer）、Bouché-Leclercq, pp. 206-215 も参照。

(iv)「護衛（*δορυφορία*）」（第五巻三三、三八）

「護衛されている」と訳した *δορυφορεῖσθαι* は、文字どおりには「槍持ちによって護衛される」を意味する語である。セクストスは、同じ宮のうちで、二つの星によって挟まれた星が、挟む二つによって「護衛されている」という説明を与えているが、この説明は、当時の占星術の一般的な用法とは異なっている。当時の占星術によれば、(1)二つの星がそれぞれ自分の宿、あるいは昂揚にある場合に、一方の星が「中心上（エピケントロス）」（補註eを参照）にあって、日周運動においてもう一方の星に先行し、同時にその星とある特定の星相（次の(v)を参照）に立つ場合に、前者は後者によって「護衛されている」と言われる。(2)別の用法によれば、昼／夜の星々を統轄する太陽／月が、自らは「時の見張り」あるいは「天頂」に位置し、それぞれ自分に属する星々に対してある特定の星相に立つ場合に、太陽／月は、それらの星々によって「護衛されている」と言われる。(3)第三に、太陽と月に限らず七つの星のいずれかが、「時の見張り」あるいは「天頂」に位置し、自分の前後に、昼の星であれば他の昼の星々を、夜の星であれば他の夜の星々を伴う場合に、それらの星によって「護衛されている」と言われる。これら三つの用法については、Bouché-Leclercq, pp. 252-254 を参照。

(v)「星相（*σχηματισμός*）」（『論駁』第五巻三〇、三三、三九－四〇、五〇、五三など、別表VII）

「星相」（アスペクト）とは、地球から見た、七つの星相互のあいだの角距離である。二つの星が作る星相は、関係する星に作用し、それぞれの星が地上に及ぼす影響もそれに伴って変化すると考えられ、星相の種類分けと、各星相がもたらす作用についての理論が展開された。代表的な星相は、衝（*διάμετρον* 一八〇度）、三分（*τρίγωνον* 一二〇度）、矩（*τετράγωνον* 九〇度）、六分（*ἑξάγωνον* 六〇度）である（別表VIIを参照）。これらのうち、衝はギリシアでは非協調的な凶の星相（バビュロニアではむしろ吉）、三分はギリシアでもバビュロニアでも非常に協調的な吉の星相、矩はほぼ一致して凶の星相、六分は吉の星相（ただし三分には劣る）とされていた。プトレマイオスは、セクストスと同じく星と星の「協和」について触れているが、「星相のうちで、三分と六分は同類のドーデカテーモリオン［宮］——すなわちすべて男性宮か、すべて女性宮——から構成されているから『協和的』と呼ばれ、他方、矩と衝は同類と対立的に構成されているから『非協和的』と呼ばれる」と説明している（プトレマイオス『アポテレスマティカ（テトラビブロス）』第一巻一四 pp. 51-53 (Hübner)）。また星相の関係は、惑星のみならず、黄道一二宮に対しても適用された。フィルミクス・マテルヌス『マテーシス』第二巻二二—二三、パウロス（アレクサンドレイアの）『エイサゴーギカ』一〇 pp. 23-25 (Boer)、ゲミノス『天文現象入門』第二章一—四五、マニリウス『天文誌』第二巻四六六—六四二、Bouché-Leclercq, pp. 165-179も参照。

g　「大年（*μέγας ἐνιαυτός*）」と「回帰（*ἀποκατάστασις*）」について（『論駁』第五巻一〇五）

「大年（メガス・エニアウトス）」とは、天空の星々がふたたび同一の配置を示すに至るまでの期間を指す。同様の考え方は、すでにプラトン『ティマイオス』三九Dに現われているが、そこでは八つの天球の運動が完成するのにかかる時間の長さが、完全数をなすものとして言及されていた。『ティマイオス』は、セクストスが取り上げるような宇宙の消滅に触れていないが、しかしプラトン『ポリティコス（政治家）』（二六八E—二七四D）には、周期的に訪れる宇宙の大異変への言及がある。

「大年」の思想が、宇宙の消滅と関係づけて大々的に展開されたのは、ストア派の「世界燃焼（エクピュローシス *ἐκπύρωσις*）」と「回帰（アポカタスタシス）」の思想においてである。ストア派によれば、諸惑星が一定の周期をとって宇宙の最初に位置していた宮に回帰するとき、諸存在は世界燃焼に遭遇し、消滅する。かくして宇宙は原初の状態に回帰し、諸惑星はそこから再度同じ仕方で運行を始め、そして世界の出来事は同じ過程を繰り返し、ソクラテスやプラトンなど同一の人間が同一の生を過ごし、国や村もすべて同じ歴史を辿り始めるのである。しかもこの宇宙全体の回帰は、一度だけでなく何度も無限に繰り返されるものであり、まさにそれゆえに、世界燃焼による消滅に遭うことがない神々は、最初の周期に起こったことを知る者として、続くすべての周期において起こることをも知っていることになるのである（ネメシオス『人間の本性について』p. 309, 5-p. 311, 2 (Matthaei) (*SVF* II. 625; LS 52C)）。このストア派思想は、エウセビオス『福音の準備』第十五巻一九-一—三 (*SVF* II.

599; LS 52D）において、「最大の年（*ἐνιαυτὸς ὁ μέγιστος* 大年）」という言葉を用いて紹介されている。

　占星術との関係では、セネカが、バビュロニア人のベロソス（前三世紀前半）の考えとして、すべての惑星が巨蟹宮に入り、その中で一直線上に位置したときには地上のものは燃え上がり、磨羯宮に入ったときには大洪水が起こるという思想に言及している（『自然学諸問題』第三巻二九-一）。大洪水への言及はストア派には認められないが、しかしストア派の創始者ゼノンと年代的に重なるベロソスの思想が、ストア派思想に影響を及ぼした可能性は高い。その他、占星術の思想としては、アウグスティヌスが、ウァロの著作中に記されていたこととして、長い年月（四四〇年）の後、同じ身体、同じ魂の結合によって同一の人間がもう一度新たに生まれるという見解に言及している（『神の国』第二十二巻二八）。またフィルミクス・マテルヌス『マテーシス』第三巻一-九は、星が大年（三〇万年とされる）を経て元の位置に戻る際の再生のためには、燃えつきた灰を凝固して、そこから新たな種子を生み出す水が必要であり、それゆえ世界燃焼だけでなく、大洪水も必要とされるという思想を伝えている。

　「大年」にはキケロも言及し、その長さについては大きな論争が存在すると語っている（『神々の本性について』第二巻二〇-五一－五二）。セクストスは九九七七年という数値を挙げているが、ヒッポリュトスの対応箇所（『全異端派論駁』第四巻七-二）では七七七七という数字が挙げられており、またアエティオス『学説誌』第二巻三二 pp. 363-364（*Dox.*）では、この七七七七年も含めて、先人が提示したいくつかの数値が紹介されている。ほかにもケンソリヌス『生誕の日について』一八-一〇－一一を参照。

h　現存するギリシア音楽の原典資料

　著作の現存する古代のギリシア音楽理論家（年代順）の年代、現存著作名、および本訳において参照した校訂テクストは次のとおりである。

アリストクセノス（Aristoxenus）　前三七五／六〇－三二〇年以降

『ハルモニア原論（*Elementa harmonica*）』R. da Rios (ed.), *Aristoxeni Elementa Harmonica*, Roma, 1954.

『リズム原論（*Elementa rhythmica*）』Aristoxenus, *Elementa Rhythmica*. The fragment of Book II and the additional evidence for Aristoxenean rhythmic theory. Texts edited with introduction, translation, and commentary by L. Pearson, Oxford, 1990.

クレオネイデス（Cleonides）　後二世紀（？）

『ハルモニア論へのエイサゴーゲー（*Harmonica introduc-*

tio)』 C. Jan (ed.), *Musici Scriptores Graeci*, Leipzig, 1895 (repr. 1995), pp. 167-207.

ニコマコス (Nicomachus) (ゲラサの)　後一〇〇—一五〇年頃盛年

『ハルモニア論要録 (*Manuale harmonices*)』 Jan 編前掲書 pp. 209-265.

テオン (Theon) (スミュルナの)　後一一五—一四〇年頃盛年

『プラトンを読むための数学的事項に関する解説 (*Expositio rerum mathematicarum ad legendum Platonem utilium*)』 E. Hiller (ed.), *Theonis Smyrnaei Philosophi Platonici Expositio rerum mathematicarum ad legendum Platonem utilium*, Leipzig, 1878 (repr. 1995).

プトレマイオス (Claudius Ptolemaeus)　後一〇〇頃—一七五年頃

『ハルモニア論 (*Harmonica*)』 I. Düring (ed.), *Die Harmonielehre des Klaudios Ptolemaios*, Göteborg, 1930.

ガウデンティオス (Gaudentius)　後三世紀または四世紀

『ハルモニア論へのエイサゴーゲー (*Harmonica introductio*)』 Jan 編前掲書 pp. 317-356.

ポルピュリオス (Porphyrius)　後二三二／三三—三〇五年頃

『プトレマイオス「ハルモニア論」注解 (*In Ptolemaei Harmonica commentarium*)』 I. Düring (ed.), *Porphyrios Kommentar zur Harmonielehre des Ptolemaios*, Göteborg, 1932.

アリスティデス・クインティリアヌス (Aristides Quintilianus ラテン名。ギリシア名では、アリステイデス・コインティリアノス)　後三世紀後半—四世紀中頃

『音楽について (*De musica*)』 R. P. Winnington-Ingram (ed.), *Aristidis Quintiliani De musica libri tres*, Leipzig, 1963.

バッケイオス・ゲロン (Bacchius Geron)　後四世紀またはそれ以降

『音楽術へのエイサゴーゲー (*Introductio artis musicae*)』 Jan 編前掲書 pp. 283-316.

アリュピオス (Alypius)　後四—五世紀

『音楽術へのエイサゴーゲー (*Introductio musica*)』 Jan 編前掲書 pp. 357-406.

その他

前三世紀の数学者エウクレイデス (Euclides) に帰せられている『カノンの分割 (*Sectio canonis*)』 Jan 編前掲書 pp. 113-166. エウクレイデスの著作ではないとの解釈も有力である。

一連の作者不詳論文集『音楽について』 D. Najock (ed.), *Anonyma De musica scripta Bellermanniana*, Leipzig, 1975.

マヌエル・ブリュエンニオス（Manuel Bryennius 一三〇〇年頃盛年のビザンチンの学者）
『ハルモニア論（*Harmonica*）』

またこれらに、擬プルタルコス（Pseudo-Plutarchus 二世紀以降）『音楽について（*De musica*）』（『モラリア14』、「西洋古典叢書」京都大学学術出版会所収）、音楽に対する批判の書であるピロデモス（Philodemus 前一一〇―四〇／三五年頃）『音楽について（*De musica*）』（I. Kemke (ed.), *Philodemi De musica librorum quae exstant*, Leipzig, 1884）、およびセクストス『論駁』第六巻を加えると、古代ギリシア音楽関係の基本原典資料はすべて網羅されることになる。このうち、エピクロス派の哲学者ピロデモスの『音楽について』は破損の多いパピルス断片であるが、セクストス『論駁』第六巻七―三七（音楽の有用性を主張する諸説とそれらへの反論）とのあいだには、内容的にも語彙の上でも重なり合う部分が非常に多く、セクストス『論駁』第六巻前半部分の最重要資料であったことは間違いない（『論駁』第六巻一〇、二五に挙げられているアキレウスの例に対応する言及は、ピロデモスには例外的に認められないが、失われた部分にそれが含まれていた可能性は十分ある）。本訳においては、主な対応箇所を註記することにした。

なお以下、補註 i ― k に関して参考にした現在の文献については、「解説」四三七頁を参照。

i　音楽の定義、分類、「メロス」、「メローディアー」、「リズム」（『論駁』第六巻一、八ほか）

(i) 音楽の定義

アリスティデス・クインティリアヌスは、音楽（音楽術）について次の四つの定義を与えている（『音楽について』第一巻四 p. 4, 18-23 (Winnington-Ingram)）。なお定義中の「旋律（メロス）」については、補註 i (iii) を参照。

(1) 音楽とは、旋律（メロス）と、旋律に付随する諸々の事柄の知識である（バッケイオス・ゲロン『音楽術へのエイサゴーゲー』一―一 p. 292, 3-4 (Jan) も参照）。

(2) 音楽とは、旋律（メロス）――完全な旋律と楽器演奏に関わる旋律――の理論的および実践的な技術である（作者不詳『音楽について』一二 p. 5, 1-4、一九 p. 9, 1-2 (Najock) も参照）。

(3) 音楽とは、諸々の音声（ポーネー）と動きにおける適切なものの技術である（作者不詳『音楽について』一九 p. 9, 2-4 (Najock) も参照）。

(4) 音楽とは、〈諸々の音声と〉身体的動きにおける適切なものの認識である（〈 〉部分は Winnington-Ingram による補足）。

これらのうちで、アリスティデス・クインティリアヌス自身が最も完全な定義として挙げるのは(4)である。

セクストス自身は、『論駁』第六巻一で㈠「音楽とは旋律（メローディアー）や楽音（プトンゴス）やリズム構成（リュトモポイイアー）やそれらと類似の事柄に関わる一つの知識である」、㈡「音楽とは楽器演奏に関わる経験である」、また三八で㈢「音楽とは、旋律的なものと非旋律的なもの、およびリズム的なものと非リズム的なものに関する一種の知識である」の三つの定義を提出し、㈠と㈢の意味での音楽を攻撃対象としている。㈠と㈢における「旋律」「旋律的なもの」と「リズム構成」「リズム的なもの」は、アリスティデス・クインティリアヌスの定義(3)(4)では「音声における適切なもの」と「（身体的）動きにおける適切なもの」に相当する。

(ii) 音楽の分類

アリスティデス・クインティリアヌスによれば、音楽は次の表のように分類される（『音楽について』第一巻五 p. 6, 8-24（Winnington-Ingram））。

音楽											
実践的部分（教育的部分）						理論的部分					
表現的部分			応用的部分			技術的部分			自然学的部分	
演劇	歌唱	楽器演奏	詩作	リズム構成	旋律構成	韻律論的部分	リズム論的部分	音階論的部分	自然学的部分	数論的部分

この中で「実践的部分」が「教育的部分」とも呼ばれるのは、音楽の究極目的が、たんなる快楽にあるのではなくして、人間の生活を徳に導くという教育的役割のうちにあるからである（例えば第二巻六 p. 60, 10-p. 61, 3（Winnington-Ingram）を参照）。そしてセクストスが『論駁』第六巻前半部において批判しているのは、この立場である（『論駁』第六巻七を参照）。なおアリスティデス・クインティリアヌスは、『音楽について』第一巻で「技術的部分」を、第三巻で「自然学的部分」を、第二巻で「実践的部分」を、主として論じている。

(iii)「メロス（*μέλος*）」「メローディアー（*μελῳδία*）」「リズム（*ῥυθμός*）」

ギリシア音楽用語の「メロス」は、広義と狭義の両方の意味で用いられる。㈠まず、より一般的な広義の「メロス（*μέλος*）」は、「メローディアーとリズムと歌詞（*λέξις*）」を含むものであって、「ハルモニアー（音階 *ἁρμονία*）とリズムと歌詞から構成されるもの」（アリスティデス・クインティリアヌス『音楽について』第一巻四 p. 5, 4-5、一二 p. 28, 8-9（Winnington-Ingram））、あるいは「歌詞とメロスとリズムから成り立つもの」（作者不詳『音楽について』二九 p. 9, 4-5（Najock））と定義され、しばしば「完全なメロス（*τέλειον μέλος*）」とも呼ばれる。この意味でのメロスは「曲」「楽曲」「歌」などとも訳すことが可能であるが、本訳では音楽用語として「旋律（メロス）」の訳語を当てる。

㈡これに対して、より狭義の「メロス」は、広義のメロスからその他の諸要素（リズムと歌詞）を除いたもの、すなわち狭義の「旋律」を意味する。この意味のメロスは、セクストスやアリスティデス・クインティリアヌスの定義に用いられている「メローディアー」と一致する。本訳では、「メローディアー」を「旋律（メローディアー）」と訳す（アリストクセノス『ハルモニア原論』第一巻四-九―一四 p. 8, 11-14、一八-五―一九-一六 p. 23, 9-p. 24, 15、第二巻三五-二四―二五 p. 45, 1-2、三八-一九―二四 p. 48, 4-8 (da Rios) などを参照）。

㈢さらに狭義の「メロス」は、㈡の旋律構成の基礎となる音組織（音階）をも意味する（アリストクセノス『ハルモニア原論』第一巻五-一一―一二 p. 9, 17-18、第二巻三九-二〇―二三 p. 49, 12-14 (da Rios)、アリスティデス・クインティリアヌス『音楽について』第一巻一二 p. 28, 9-10（Winnington-Ingram）などを参照）。

広義のメロス、すなわち「完全なメロス」の構成要素として、メロス（メローディアー）、リズム、歌詞の三つを数える見解は、少なくともプラトンにまで遡るものである（またアリストテレス『詩学』第一章一四四七a二一―二二も参照）。プラトンは、「メロスは三つの要素、すなわち言葉（*λόγος*）と音階（*ἁρμονία*）とリズムから成り立つ」（『国家』第三巻三九八D）として、国家の優れた守護者となるべき者たちに対する音楽教育のあり方を、これら三つの要素に従って詳細に検討している（『国家』第二巻三七六E―第三巻四〇三C）。プラトンのこの立場は、さらに『法律』第二巻の音楽論、感情教育論の基礎ともなっている。アリスティデス・クインティリアヌスが、完全なメロスを「欠けるところなき教育を提供するもの」（『音楽について』第一巻一二 p. 30, 18-20（Winnington-Ingram））と呼び、そして確実な知識・技術としての音楽を「実生活に無益なものではない」（『音楽について』第一巻四 p. 5, 2-3）と規定しているのは、このような伝統を受け継ぐものである（なお、『音楽について』第二巻三―四 p. 54, 27-p. 57, 22、六 p. 59, 1-p. 61, 3（Winnington-Ingram）なども参照）。

セクストスは「完全なメロス」の三要素のうち、音楽に固有の二つの要素――メロス（メローディアー）とリズム――を標的にして、それらの実生活上の有用性の検討を行ない（第六巻七―三七）、またメロス（メローディアー）（三八―五八）とリズム（五九―六七）に対する理論的な反論を展開する。セクストスはリズムについてはわずかの紙数しか割いていないが、リズムは、完全なメロスの構成要素として音楽家たちによってきわめて重要視されていた。例えば、アリステイデス・クインティリアヌスは、「昔のある人たちは、旋律（メロス）を、素材の役割を担う非活動的で形をもたない女性原理と呼び、リズムを、旋律に働きかけて形と秩序ある動きを与える男性原理と呼んでいた」と報告しており（『音楽について』第一巻一九 p. 40, 20-25（Winnington-Ingram）、第一巻一三 p. 31, 10-14 も参照）、また、擬アリストテレス『問題集』第十九巻九二一b二九―三一には、「旋律（メロス）は、それ自体の本性においては緩んでいて動きのないものであるが、リズムとの混合によって勢いと動きのあるものとなる」という発言が見られる。

j　『論駁』第六巻で言及されるギリシアの楽器（第六巻一、八、九、一〇、一三、一五、一六、一八、二三、二四、三二）。

古代ギリシアで用いられた楽器は多種多様であるが、『論駁』第六巻で言及されるのは次のものである。

管楽器

アウロス（αὐλός）。古代ギリシアの最も重要な有簧《ゆうこう》木管楽器。複簧（ダブルリード）の縦笛で、二本の管を右手と左手に一本ずつもち、V字型に口にくわえて同時に演奏する。

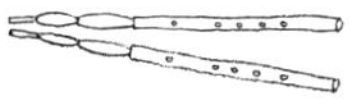

アウロス

サルピンクス（σάλπιγξ）。「ラッパ」と訳す。青銅製の細長い筒状管（一メートル内外）で、チューリップ状の先端開口部をもつ。片方の手にもって吹いた。おもに戦場で使用されたほか、集会の召集や競技の出発合図等にも用いられた。

サルピンクス
（ラッパ）

シューリンクス（*σῦριγξ*）。数本の単純な縦笛（古典期で四－一〇本、ヘレニズム期で四－一八本が認められる）を横一列に束ねた形の素朴な笛で、両手でもち、横にスライドさせて吹く。おもに牧人が用いた。牧笛。パンパイプ。

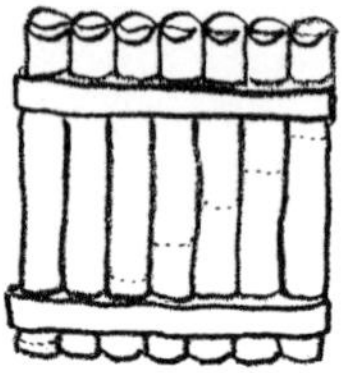

シューリンクス
（牧笛）

弦楽器

（キタラー系統）

キタラー（*κιθάρα*）。リュラーとほぼ同型であるが、それより大型の木製竪琴で、通常七弦（もしくは八弦）をもつ。左手で支え、右手にもった爪（ピック）と、左手の指で弾く。演奏に技術を要し、おもに専門演奏家用であった。

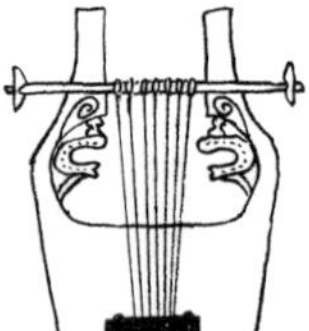

キタラー

リュラー（*λύρα*）。キタラーとよく似た通常七弦の竪琴であるが、キタラーよりも小型で軽く、演奏が容易。キタラーの共鳴箱が木製であるのに対して、亀の甲から出来ていた（一一二頁註（3）を参照）。専門演奏家でない一般の人々がおもに用いた。

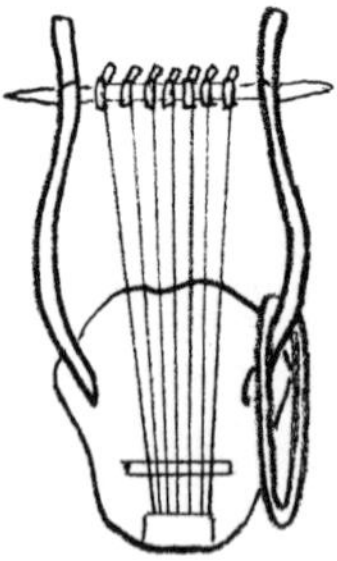

リュラー

ポルミンクス（φόρμιγξ）。「竪琴」と訳す。馬蹄形をしたキタラーの前身楽器。ホメロスの叙事詩中で吟唱詩人が奏でる。「キタリス（κίθαρις）」とも呼ばれる。

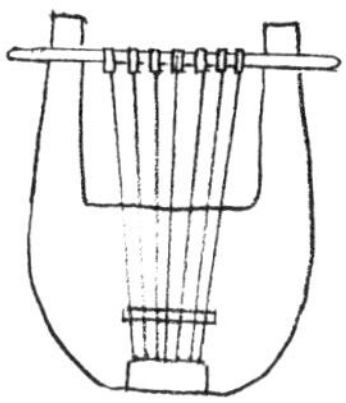

ポルミンクス
（竪琴）

（ハープ系統）

プサルテーリオン（ψαλτήριον）。「ハープ」と訳す。爪（ピック）を用いずに両手で弾じるハープ型竪琴の総称。「プサレイン」は「指でかき鳴らす」を意味する。

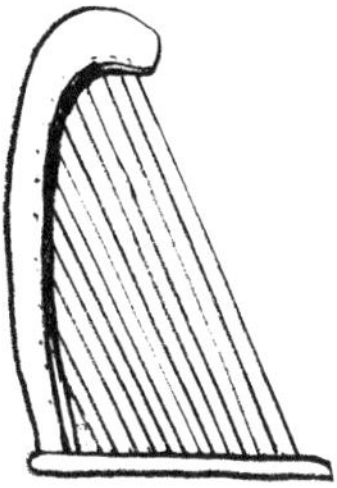

プサルテーリオン
（ハープ）

打楽器

テュンパノン（τύμπανον）。「太鼓」と訳す。ギリシアで一般に「テュンパノン」と呼ばれたのは、直径三〇－五〇センチの円形枠の片面あるいは両面に皮を張った打楽器。今日のタンバリンに似ており、左手で縦に持ち、右手の指で叩いて演奏した。枠に取っ手のついたものも認められる。しかし、『スーダ辞典』Τύμπανα の項には、インド人が戦場で用いた楽器「テュンパノン」の記述が見られる。これは、樅の木の幹をくりぬき、内部に青銅の鈴を多数仕込んで、開口部を牛皮で覆ったもので、打ち叩くと獣の咆哮のような音を発した。セクストスが『論駁』第六巻二四で言及する「テュンパノン（太鼓）」はたぶんこの楽器であろう。

テュンパノン

k　ギリシアの音階論

ギリシアの音階論の詳細は、理論家によっても、また時代によっても異なり、一律には論じられない。ここではセクストス『論駁』第六巻の議論の理解を助ける基本線の範囲内で、論述の順序に従いつつ、ギリシアの音楽家自身の証言を引用しながら簡単に解説するにとどめる。なお、言及される音楽理論家については補註hを参照。

(i) 楽音(プトンゴス φθόγγος)

音楽において、音階や協和音の構成要素となりうる音は、音の高さが正確に定められる音 ― 楽音(プトンゴス φθόγγος) ― であって、音の高さが正確に判断できない噪音(非楽音)ではありえない。古代ギリシアの音階論においても、この点は明確に認識されていた(バッケイオス・ゲロン『音楽術へのエイサゴーゲー』二-六七 p. 306, 18-19 (Jan)、ポルピュリオス『プトレマイオス「ハルモニア論」注解』p. 81, 20-21 (Düring) を参照)。セクストスは『論駁』第六巻四一において、「音声(φωνή)が、均等に一つの高さ(τάσις)で発せられ、より重い[低音の]方向にも、より鋭い[高音の]方向にもまったく感覚の揺らぎが生じないような……響き(ἦχος)が『楽音』と呼ばれる」という規定によって、この点を明確にしている(作者不詳『音楽について』三八―三九 p. 11, 18-p. 12, 1 (Najock) も参照)。

またニコマコスは、「楽音」について次の三つの定義を紹介している(『ハルモニア論要録』一二 p. 261, 4-7 (Jan))。

㈠ 楽音とは、不可分の音声であって、聴覚における〈一〉[単位]のようなものである。

㈡ また比較的最近の人々によれば、楽音とは、音声が単一の高さをとること(ἐπίτασις)である。

㈢ またいく人かの人々によれば、楽音とは、幅をもたず、場所的な広がりのない響きである。

このうち㈡は、セクストスが『論駁』第六巻四二で与えている定義「楽音とは、旋律的な音声が一つの高さをとることである」に対応する。またほかにも多くの音楽理論家たちが、ほぼ同様の定義を与えている。バッケイオス・ゲロン『音楽術へのエイサゴーゲー』一-四 p. 292, 15-17、二-六七 p. 306, 19-20 (Jan)、作者不詳『音楽について』二一 p. 6, 19-21、四八 p. 14, 9-10 (Najock)、ガウデンティオス『ハルモニア論へのエイサゴーゲー』二 p. 329, 7-8 (Jan)、プトレマイオス『ハルモニア論』第一巻四 p. 10, 18-19 (Düring)、クレオネイデス『ハルモニア論へのエイサゴーゲー』一 p. 179, 9-10 (Jan) などを参照。

しかしすでにアリストクセノスが、「楽音とは、音声が一つの高さをとることである」と定義しており(『ハルモニア原論』第一巻一五-一五―一六 p. 20, 16-17 (da Rios))、定義㈡は彼にまで遡ると考えられている。

他方、定義㈠は、アリスティデス・クインティリアヌスが与えている定義「楽音とは、旋律的な音声の最小の部分である」（『音楽について』第一巻六 p. 7, 15-16（Winnington-Ingram））などと重なり合う。同様の定義としては、バッケイオス・ゲロン『音楽術へのエイサゴーゲー』一-七 p. 292, 22-23（Jan）、作者不詳『音楽について』二一 p. 6, 16-19、四九 p. 14, 13-16（Najock）、テオン（スミュルナの）『プラトンを読むための数学的事項に関する解説』p. 49, 17-20（Hiller）を参照。またポルピュリオスは、「楽音は旋律（メロス）の最小の部分であるから、必然的に一つの位置［高さ］をとることになる」として、定義㈠と定義㈡を関係づけている（『プトレマイオス「ハルモニア論」注解』p. 86, 26-27（Düring））。

定義㈢は、楽音は幅をもつとするラソスやエピゴノスなど前六世紀の音楽家たちの説に対するアリストクセノスの批判にまで遡るものである（アリストクセノス『ハルモニア原論』第一巻三-二二－二四 p. 7, 20-21（da Rios）を参照）。

なお、これらの定義とは別の観点からの、すなわち、複数の楽音のあいだの比率から生じる旋律的（ἐμμελής, ἐναρμόνιος）な楽音の定義については、プトレマイオス『ハルモニア論』第一巻四 p. 10, 20-25（Düring）、テオン（スミュルナの）『プラトンを読むための数学的事項に関する解説』p. 47, 18-p. 48, 8, p. 50, 9-19（Hiller）などを参照。

(ii) 協和（シュンポーニアー συμφωνία）と不協和（ディアポーニアー διαφωνία）

ギリシアの音楽家たちは、彼らの音組織において「協和」と「不協和」の区別を重視した。「協和」と「不協和」はギリシアの音階論の基本概念の一つであり、高さの異なる二つの楽音（非同音）についても、またそれらによって囲まれる（区切られる）音程（διάστημα）についても用いられる。

セクストスは、「協和」と「不協和」の区別を、聴覚を均一で非分断的な仕方で触発するか、不均一で分裂的な仕方で触発するか、という相違に認め（『論駁』第六巻四三－四四）、この相違をさらに「混和（κρᾶσις）」の概念によって説明している。彼が挙げている蜂蜜酒の例は、プラトン派のアイリアノス（おそらくは後二－三世紀のクラウディオス・アイリアノス）が用いたものである。アイリアノスはこれによって、蜂蜜とブドウ酒の混和体である蜂蜜酒の場合と同様、協和音も、その構成要素である高音と低音とは別種の、単一の形相をもつ混和体であるということを示そうとした（ポルピュリオス『プトレマイオス「ハルモニア論」注解』p. 35, 26-p. 36, 3（Düring））。協和を混和とみなす見解は、プラトン『ティマイオス』八〇A－B、アリストテレス『魂について』第三巻第二章四二六b五－六、『感覚と感覚されるものについて』第七章四四七a三〇－b三にまで遡り、またギリシアの音楽理論家たち一般に行き渡っていた見解である。エウクレイデス『カノンの分割』p. 149, 17-24 (Jan)、クレオネイデス『ハルモニア論へのエイサゴーゲー』五 p. 187, 19-p. 188, 2 (Jan)、ニコマコス『ハルモニア論要録』一二 p. 262, 1-6 (Jan)、ガウデンティオス『ハルモニア論へのエイサゴーゲー』八 p. 337, 8-p. 338, 3 (Jan)、バッケイオス・ゲロン『音楽術へのエイサゴーゲー』一-一〇 p. 293, 8-12 (Jan)、アリスティデス・クインティリアヌス『音楽について』第一巻六 p. 9, 26-p. 10, 5 (Winnington-Ingram) などを参照。

(iii) 音程 (*διάστημα*)、および協和音程と不協和音程

「音程」については、例えばクレオネイデスは、「鋭さ [高さ] と重さ [低さ] において非類似的な二つの楽音によって囲まれる [区切られる] もの」と定義し (『ハルモニア論へのエイサゴーゲー』一 p. 179, 11-12 (Jan) ― 類似の定義については、アリストクセノス『ハルモニア原論』第一巻一五-二四-二三 p. 20, 20-p. 21, 6 (da Rios)、ガウデンティオス『ハルモニア論へのエイサゴーゲー』三 p. 329, 23-p. 330, 4 (Jan)、作者不詳『音楽について』二二 p. 7, 3-4、五〇 p. 14, 17-p. 15, 3 (Najock) を参照)、またアリスティデス・クインティリアヌスは、「二つの楽音によって囲まれた [区切られた] 音声の大きさ」と定義している (『音楽について』第一巻七 p. 10, 18-23 (Winnington-Ingram) ― 類似の定義については、ニコマコス『ハルモニア論要録』一二 p. 261, 8 (Jan)、バッケイオス・ゲロン『音楽術へのエイサゴーゲー』一-一六 p. 292, 20-21 (Jan) を参照)。

音程を囲む (区切る) 二つの楽音が協和関係にあるときには、その音程は「協和音程 (*σύμφωνον διάστημα*)」と呼ばれ、不協和関係にあるときには「不協和音程 (*διάφωνον διάστημα*)」と呼ばれる (セクストス『論駁』第六巻四六を参照)。そして、協和音程の数と種類について、例えばガウデンティオスは次のように言っている ― 「完全な音組織 (テレイオン・シュステーマ) のうちに、協和は数にして六つある。第一は、四度の協和、第二は、五度の協和 ― すなわち、四度音程より全音 (トノス) 分超過する協和 ― である。ここからある人々は、全音音程を、最初の二つの協和音程の大きさ上の差異として定義した。第三は、これら二つが結合した協和、すなわち八度 [オクターヴ] の協和である。なぜなら、四度音程に五度音程が付加されると、両端は協和音となり、この協和のあり方は『八度』と呼ばれるからである。第四の協和は、八度と四度が合わさった音程。第五は、八度と五度が合わさった音程。第六は、八度二つ分の音程である。もちろん、これらを相互に結合して、もっと多くの協和を考えることは可能であるが、しかし楽器はその高さを出

すことはできないであろう。それゆえ、楽器や人間の声の能力との関係では、われわれに与えられている協和は全部で六つだけなのである」(『ハルモニア論へのエイサゴーゲー』九 p. 338, 8-p. 339, 7 (Jan))。

しかし、協和音程でないからといって非旋律的であるわけではない。ギリシア音階論においては、最小の協和音程は旋律の自然本性そのものから四度に決定されているとみなされ、四度より小さい音程、および協和音程と協和音程のあいだに来る音程は、旋律を形成する音程ではあってもすべて不協和音程であると位置づけられていた(アリストクセノス『ハルモニア原論』第一巻二〇-六―二三 p. 25, 11-16、第二巻四五-九―二二 p. 56, 2-5 (da Rios)、プトレマイオス『ハルモニア論』第一巻七 p. 15, 14-17 (Düring) を参照)。四度より小さい音程として考えられていたのは、具体的には、ディエシス、半音(ヘーミトニオン)、全音(トノス)、二全音(ディトノン)、協和音程と協和音程のあいだの音程とは、三全音(トリトノン)、四全音(テトラトノン)、五全音(ペンタトノン)等々である(クレオネイデス『ハルモニア論へのエイサゴーゲー』五 p. 187, 15-19 (Jan))。セクストスは『論駁』第六巻四七で、四度より小さい音程のうちはじめの三つに言及しているが、バッケイオスはこれらについて次の説明を与えている――「諸々の音程のうちで最小のものはディエシスである。ディエシスとは、われわれの自然本性が、旋律的に弛緩させ[低くし]たり緊張させ[高くし]たりしうる最小のものである。ディエシスの二倍は半音(ヘーミトニオン)。半音の二倍は全音(トノス)。全音とは、五度の協和が四度の協和を超過する差異である」(『音楽術へのエイサゴーゲー』一-八―九 p. 293, 1-7 (Jan))。

「ディエシス」という語の由来について、アリスティデス・クインティリアヌスは次のように述べている――「音声の最小の音程は、いわば音声の消尽点(ディアリュシス)であって、『ディエシス』と呼ばれていた」(『音楽について』第一巻七 p. 12, 6-8 (Winnington-Ingram))。最小の音程を消尽点として捉える見方については、プラトン『国家』第七巻五三一A、アリストテレス『感覚と感覚されるものについて』第六章四四六a一―三も参照。しかし名称の由来については、管楽器のアウロス演奏において、指と孔の隙間をわずかに開けて空気を「解放(ディエシス)」し、微妙な音程の差異を生み出したことによるとも言われる(J. G. Landels, *Music in Ancient Greece and Rome*, London/New York, 1999, p. 35 を参照)。

ディエシスには、クローマティケー・ディエシスとエンハルモニオス・ディエシスとがあり、前者は全音の三分の一(三分音程)、後者は全音の四分の一(四分音程)である。エンハルモニオス・ディエシスより小さい音程は、実際には聞き取ることも歌うこともできない、非旋律的な（旋律を形成できない）音程とされ、エンハルモニオス・ディエシスが事実上、最小の音程とみなされた（アリストクセノス『ハルモニア原論』第一巻一四-一八―二五 p. 19, 15-p. 20, 1、二一-二〇―三〇 p. 27, 14-p. 28, 2、第二巻四六-四―八 p. 57, 4-6 (da Rios)、またアリスティデス・クインティリアヌス『音楽について』第一巻九 p. 16, 13-18 (Winnington-Ingram)、プラトン『国家』第七巻五三一 A―B などを参照）。

他方、最大の協和音程としては、先に引用したガウデンティオスは、八度（オクターヴ）二つ分を考えていた。しかし、アリストクセノス以来、採用されていた原則――八度にどんな協和音程が加えられても、それから生じる音程は協和音程となる（アリストクセノス『ハルモニア原論』第二巻四五-二〇―二七 p. 56, 10-15 (da Rios)）――によれば、より大きな方向に向けて無限に協和音程を取っていくことが、理論的には可能であるだろう。しかし現実の演奏では、人間の声や楽器の限界から、最大限度はおのずから設定されることになる。アリストクセノスは、高音楽器と低音楽器の組み合わせはかなり大きな協和音程を生み出しうることを認めつつ、一つの楽器の通常の使用に限定する場合には最大の協和音程は「五度＋二つの八度」になると考え、したがってこの範囲内で八つの協和音程（すなわち、四度、五度、オクターヴ、オクターヴ＋四度、オクターヴ＋五度、二オクターヴ、二オクターヴ＋四度、二オクターヴ＋五度）を数えた（『ハルモニア原論』第一巻二〇-一三―二一-一九 p. 25, 16-p. 27, 13 (da Rios)）。協和音程の数を八とする音楽理論家としては、ほかにもディオニュシオス、エラトステネスの名前が知られている（ポルピュリオス『プトレマイオス「ハルモニア論」注解』p. 96, 11-12 (Düring) を参照）。しかしギリシア音階論でより一般的に採用されていたのは、ガウデンティオスに見られた、二オクターヴを最大の協和音程とし、合計六つの協和音程を数える立場であった（バッケイオス・ゲロン『音楽術へのエイサゴーゲー』一-一一 p. 293, 13-16 (Jan)、プトレマイオス『ハルモニア論』第一巻五 p. 11, 1-5 (Düring)、クレオネイデス『ハルモニア論へのエイサゴーゲー』八 p. 194, 2-16 (Jan) などを参照）。その理由としては、ガウデンティオスは、発声や楽器の限界を挙げていたが、これに対してプトレマイオスは、あらゆる協和音程とそのすべての形態は、二オクターヴで十分に説明できるという理由から最大の協和音程を二オクターヴに設定した。彼はこの音程のうちにすべての協和音程の形態は含まれているとして、これを「完全な音組織（テレイオン・シュステーマ *τέλειον σύστημα*）」と呼んだ（プトレマイオス『ハルモニア論』第二巻四 p. 50, 11-

p. 51, 16 (Düring))。

(iv)「音組織（σύστημα）」と「テトラコード（τετράχορδον）」

音組織の構成単位となるのは、テトラコードである。「テトラコード（τετράχορδον）」とは、文字どおりには「四つの弦から成るもの」を意味し、四つの楽音と、それらによって囲まれた三つの音程から成る音階構成の基本的まとまりである。テトラコードの両端の楽音は四度の協和音程を形成する（バッケイオス・ゲロン『音楽術へのエイサゴーゲー』一-二六 p. 298, 19-21 (Jan) を参照）。

テトラコードを最小の組織として、より大きな音組織は構成される。その際、二つのテトラコードを連結する方法には、中間に全音一つ分の間隔を置く方法――今日「ディスジャンクト」と呼ばれる方法（ギリシア語は「ディアゼウクシス（διάζευξις）」）――と、低い方のテトラコードの最高音が、高い方のテトラコードの最低音となるように二つを連結する方法――今日「コンジャンクト」と呼ばれる方法（ギリシア語は「シュナペー（συναφή）」）――とがあった。また、より大きな音組織を作るために用いられるテトラコードの数は、三つの場合と、四つの場合と、五つの場合があった。先に挙げた二オクターヴの音組織は、テトラコードが四つ用いられる場合で、ディスジャンクトで連結された二つのテトラコードの上下両端に、それぞれ一つのテトラコードがコンジャンクトによって連結され、最下のテトラコードの下にさらに一全音（「付加音（プロスランバノメノス προσλαμβανόμενος）」と呼ばれる）が付加されることによって、二オクターヴの音組織が構成される。この音組織は「大完全音組織（μεῖζον τέλειον σύστημα）」と呼ばれ、他方、コンジャンクトで連結された三つのテトラコードの下に一全音を付加した一オクターヴ＋四度の音組織は「小完全音組織（ἔλαττον τέλειον σύστημα）」と呼ばれた。また、テトラコード五つの場合は、これら二つの音組織を組み合わせた形である（クレオネイデス『ハルモニア論へのエイサゴーゲー』一〇 p. 199, 11-p. 201, 13 (Jan)、ニコマコス『ハルモニア論要録』一一 p. 255, 23-p. 260, 4 (Jan)、ガウデンティオス『ハルモニア論へのエイサゴーゲー』六 p. 333, 19-p. 336, 23 (Jan)、バッケイオス・ゲロン『音楽術へのエイサゴーゲー』一八 p. 299, 1-5、七四 p. 308, 3-7 (Jan)、エウクレイデス『カノンの分割』一九―二〇 p. 163, 15-p. 165, 19 (Jan) を参照）。

(v)「ゲノス（γένος）」と「エートス（ἦθος）」

音組織を構成する各テトラコードの両端の音は、四度の音程を形成するように固定されており、それゆえ「固定された楽音（ἑστῶτες φθόγγοι）」と呼ばれたが、それに対して中間の二つの音は固定されておらず、「動く楽音（κινούμενοι φθόγγοι）」と呼ばれた。この可動的な音は、テトラコードの最下位の音程が最小になるという条件のもとで、種々の位置を占めることができ、それによって旋律は異なる印象を与えるものとなった。この可動的な楽音の位置が、テトラコードの「類（ゲノス）」を決定する。「ゲノス」――ギリシア語の「ゲノス」に対応するラテン語「ゲヌス（genus）」の複数形を用いて、しばしば「ゲネラ（genera）」とも呼ばれる――には三つがあった。セクストスが『論駁』第六巻五〇で挙げる「ハルモニアー（ἁρμονία）」と「クローマ（χρῶμα）」と「ディアトノン（διάτονον）」である。「ハルモニアー」は、「エンハルモニオン（ἐναρμόνιον）」とも呼ばれ、また「クローマ」は「クローマティコン（χρωματικόν）」とも呼ばれる。

　三種類のゲノスについて、例えばアリスティデス・クインティリアヌスは次のように言っている――「ゲノスとは、テトラコードのある種の分割である。旋律（メローディアー）のゲノスは三つある。すなわち『ハルモニアー』と『クローマ』と『ディアトノン』であり、それらは音程の狭さ、あるいは大きさのゆえに相互に異なっている。複数の最小音程を含むゲノスは、緊密に合わせられ（シュン・ハルモゼスタイ）ているゆえに『ハルモニアー』と呼ばれる。複数の全音（トノス）を含むゲノスは、音声がそこではより強く［高音に向かって］引っ張られる（ディアテイネスタイ）ゆえに『ディアトノン』と呼ばれる。半音ずつ引っ張られるゲノスは『クローマ』と呼ばれる。というのも、ちょうど白と黒のあいだに位置するものが『クローマ（色）』と呼ばれるように、二つのゲノスのあいだに観察されるゲノスもまた、『クローマ』と呼ばれるからである。各ゲノスはそれぞれ次のような旋律をもつ。エンハルモニオンは高音方向に、ディエシス、ディエシス、非複合的な二全音［1/4+1/4+2］、低音方向にはその反対。クローマは高音方向には、半音、半音、三半音［1/2+1/2+3/2］、低音方向にはその反対。ディアトノンは高音方向に、半音、全音、全音［1/2+1+1］、低音方向にはその反対である」（『音楽について』第一巻九 p. 15, 21-p. 16, 10（Winnington-Ingram））。

　各ゲノスの名前の由来については、アリスティデス・クインティリアヌスの説明のほかにも、「ディアトノン」は、その大部分が「全音を通して（ディア・トーン・トノーン διὰ τῶν τόνων）」形成されるからであるとか、「クローマティコン（クローマ）」は、その他のゲノスに「色合いを添える（クローゼイン χρώζειν）」からであるとか、「エンハルモニオン（ハルモニアー）」は、最善のゲノスであって、完全に「調音され（ハルモゼスタイ ἁρμόζεσθαι）」ているからであるといった説明も行なわれている（テオン（スミュルナの）

『プラトンを読むための数学的事項に関する解説』p. 54, 12-p. 56, 1 (Hiller)、作者不詳『音楽について』二六 p. 7, 14-20 (Najock)、アリスティデス・クインティリアヌス『音楽について』第二巻末尾（作者不詳部分）p. 92, 19-30 (Winnington-Ingram) を参照)。三つのゲノスについては、アリストクセノス『ハルモニア原論』第一巻一九-二〇一二九 p. 24, 18-p. 25, 4 (da Rios)、クレオネイデス『ハルモニア論へのエイサゴーゲー』一 p. 180, 1、三 p. 181, 12-p. 182, 3 (Jan)、ニコマコス『ハルモニア論要録』一二 p. 262, 7-p. 263, 17 (Jan)、プトレマイオス『ハルモニア論』第一巻一二一一四 p. 28, 13-p. 32, 27 (Düring)、ガウデンティオス『ハルモニア論へのエイサゴーゲー』五 p. 331, 7-23 (Jan)、バッケイオス・ゲロン『音楽術へのエイサゴーゲー』一-二一一二四 p. 298, 3-15 (Jan)、作者不詳『音楽について』二五 p. 7, 9-14 (Najock) も参照。

ゲノスについてバッケイオス・ゲロンは、「ゲノスとは、旋律（メロス）の、何らかの一般性を示すエートス［性格］であって、それ自身のうちに異なる諸相を含んでいるものである」（『音楽術へのエイサゴーゲー』一-七九 p. 309, 15-16 (Jan)）と定義している。セクストスも、音楽のエートス（性格）が人間のエートス（性格）に与える影響に言及し、ある種の旋律が、音楽家たちによって「エートス」と呼ばれていたことに触れている（『論駁』第六巻四八一四九）。実際、ギリシアの音楽家たちが音楽の重要性を主張したのは、それが人間のエートスに及ぼしうる影響に着目してのことであったし、またセクストスが『論駁』第六巻一九一三七において展開する批判も、そのような主張（七一一八節で紹介される主張）に対して行なわれたのである。

人格の形成に対する音楽の影響に着目し、独自の理論を展開した最初の人として名前を知られている音楽家は、前五世紀にアテナイで活動したダモンである（ダモン「断片」四、六一七、九一一〇（DK）を参照）。彼はアテナイの指導的政治家ペリクレスの師であり、またソクラテスやプラトンも彼から多大の影響を受けた。プラトンは『国家』の中で、国家の守護者を養成するために施されるべき音楽教育について論じつつ（第二巻三七六E一第三巻四〇三C）、音楽の様式はたんに人間の性格だけでなく、国家社会の最も重要な法律習慣にまで影響を及ぼさずにはおかないというダモンの見解を引用している（第三巻四〇〇B一C（ダモン「断片」九（DK））、第四巻四二四C（ダモン「断片」一〇（DK））。プラトンの見解については、ほかにも『プロタゴラス』三二六A一B、『ティマイオス』四七D一E、『法律』第二巻六五四C一六六一D、六六九B一六七一Aなどを参照。

このような考え方は、ペリパトス派やストア派（とくにバビュロニアのディオゲネス（前二四〇頃—一五二年））にも受け継がれた。また、アリスティデス・クインティリアヌスの音楽論の実践的（教育的）部分（『音楽について』第二巻—補註i(ii)を参照）は、ダモンの諸理論にまで遡ると推測されている。もちろん、セクストスやエピクロス派のピロデモス『音楽について』など、音楽が性格形成に及ぼす影響について否定的態度をとる思想家もいたが、しかしそれはむしろ少数派であった。この問題については、アリストテレス『政治学』第八巻第五章一三四〇a五—b一九、擬プルタルコス『モラリア（音楽について）』一一三六C—一一三八C、一一四〇E、一一四六A—一一四七A、ストラボン『地誌』第一巻二-三、擬アリストテレス『問題集』第十九巻九一九b二六—三七、九二〇a三—七、*SVF* III. pp. 221-235、プトレマイオス『ハルモニア論』第三巻四—七 pp. 94-100 (Düring)、アテナイオス『食卓の賢人たち』第十四巻六二三e—六三二cも参照。

各ゲノスのエートスについて、セクストスは、「ハルモニアー（エンハルモニオン）」は厳めしく荘重、「クローマ」は甲高く悲哀を帯びており、「ディアトノン」はごつごつしていて少々野卑であると報告している（第六巻五〇。またディオニュシオス（ハリカルナッソスの）『デモステネスの語り方について』二二なども参照）。前四世紀ないし前三世紀には、エンハルモニオンを男らしいゲノスとして評価し、クローマティコンを女々しいゲノスとして非難する傾向が強かったようであるが（Hibeh Papyrus 1. 13, pp. 184-185（A. Barker, *Greek Musical Writings*, vol. I, Cambridge, 1984））、しかし前一世紀のピロデモスの頃になると、そうした評価と並んで、エンハルモニオンを厳めしく専制的であるとして斥け、クローマティコンを穏やかで説得的であるとして評価する人々も現われた（『音楽について』pp. 63-64（Kemke））。一般的に言えば、元来は荘重で男らしく高貴な「最善の」ゲノスとして高く評価されていたエンハルモニオンが、四分音程を含み歌唱や演奏がきわめて困難であるために、しだいに衰退し、代わりに半音と全音しか含まず、だれにでも容易に演奏したり歌ったりできる「最も自然な」ディアトノンが主流になったという事態の推移が認められる（アリストクセノス『ハルモニア原論』第一巻一九-一九—二九 p. 24, 17-p. 25, 4 (da Rios)、ガウデンティオス『ハルモニア論へのエイサゴーゲー』六 p. 331, 26-p. 332, 3 (Jan)、アリスティデス・クインティリアヌス『音楽について』第一巻九 p. 16, 10-18（Winnington-Ingram）を参照）。それとともに、最初はエンハルモニオンに付されていた荘重さや単純さなどの性格は、ディアトノンに移されるようになった。作者不詳『音楽について』（二六 p. 7, 16-20（Najock））では、ディアトノンは比較的男らしくて厳めしく、クローマはこの上なく甘美で哀調を帯びていると性格づけられている。各ゲノスのエートスについては、ほかにも擬プルタルコス『モラリア（音楽について）』一一四三A－D、一一四四F－一一四五B、テオン（スミュルナの）『プラトンを読むための数学的事項に関する解説』p. 54, 12-p. 56, 5 (Hiller)、アリスティデス・クインティリアヌス『音楽について』（作者不詳部分）p. 92, 23-30 (Winnington-Ingram) などを参照。

(vi)「クロアー（*χρόα*）」

セクストスは『論駁』第六巻五一で、三つのゲノスのさらなる分割に言及している。彼がそこでゲノスの「種差」と呼んでいるもの（正確にはむしろ「種」と呼ぶべきもの）は、音楽家たちによって「クロアー（*χρόα*）」（複数形は「クロアイ（*χρόαι*）」）と呼ばれている。これは「色合い」「陰影」「表情」などと訳しうる語である。

「クロアー」について、クレオネイデスは次のように説明している――「『クロアー』とは、ゲノスの種的な分割である。言及され認知されているクロアーは六つ、すなわち、ハルモニアーのクロアーが一つ、クローマのクロアーが三つ、ディアトノンのクロアーが二つある。ハルモニアーのクロアーは、ゲノスそれ自体の分割を用いている。すなわち、その旋律は、ディエシス、等しいディエシス、二全音［1/4＋1/4＋2］によって形成される。クローマの分割のうちで、最も重い［低音の］ものは、『マラコン・クローマ（緩いクローマ）』のクロアーであって、全音の三分の一のディエシス、等しいディエシス、全音と半音と三分音に等しいもの［1/3＋1/3＋11/6］によって形成される。また『ヘーミオリオン・クローマ（一倍半のクローマ）』は、エンハルモニオス・ディエシス［1/4］の一倍半のディエシス、等しいディエシス、四分音のディエシス七つ分の非複合的音程［3/8＋3/8＋7/4］によって形成される。『トニアイオン・クローマ（全音のクローマ）』［＝セクストスの「トニコン・クローマ」］は、そのゲノスと同一のクロアーを用いている。すなわち、その旋律は、半音、半音、三半音［1/2＋1/2＋3/2］によって形成される。上述の諸クローマは、それらに内在するピュクノンからその呼称を得ている。というのも、『トニアイオン・クローマ（全音のクローマ）』は、足し合わせればそれに内在している全音［1/2＋1/2＝1］からそう呼ばれ、また『ヘーミオリオン・クローマ（一倍半のクローマ）』は、それに内在する二つのディエシス、すなわちエンハルモニオス・ディエシスの一倍半のディエシス［1/4×3/2＝3/8］からそう呼ばれ、また、『マラコン・クローマ（緩いクローマ）』は、ピュクノンが最小のクローマであって、クローマのうちのピュクノンが[低音へと]緩められ、解き放たれているがゆえにそう呼ばれるのである。またディアトノンの分割のうち、一方は『マラコン・ディアトノン(緩いディアトノン)』と呼ばれ、他方は『シュントノン・ディアトノン(緊張したディアトノン)』と呼ばれる。『マラコン・ディアトノン』のクロアーは、半音、ディエシス三つ分の非複合的音程、ディエシス五つ分の非複合的音程[1/2+3/4+5/4]によって旋律が形成される。また、『シュントノン・ディアトノン([高音へと]緊張したディアトノン)』のクロアーは、そのゲノスと同一の分割を共有している。すなわち、その旋律は半音、全音、全音[1/2+1+1]によって形成される」(クレオネイデス『ハルモニア論へのエイサゴーゲー』七 p. 190, 6-p. 192, 11 (Jan))。

クレオネイデスのこの説明は内容的にアリストクセノス『ハルモニア原論』第二巻五〇―五二 p. 62, 14-p. 65, 20 (da Rios)と一致しており、彼の分類に遡ると考えられている。なお説明中で「ピュクノン(πυκνόν)」と呼ばれているのは、ゲノスのうちエンハルモニオンとクローマティコンにおいて、三つの音程から成るテトラコードの下位に位置する二つの狭い音程を合わせた組織のことである。これらのゲノスにおいては、テトラコードの下位の二つの音程の合計は、その上の一つの音程よりもより小さく詰まっているために、まとめて「ピュクノン[詰まった(σύστημα 組織)]」と呼ばれていた(アリストクセノス『ハルモニア原論』第一巻二四-一一―一四 p. 31, 3-5 (da Rios))。また、「マラコン(緩い・柔らかい)」、「シュントノン(引っ張られた・緊張した)」は、いずれも調弦と関わる表現であって、翻訳で補ったように、「マラコン」は「低音の方に緩められた」、「シュントノン」は「高音の方に引っ張られた」という意味である。クロアーについては、作者不詳『音楽について』三-五二―五六 p. 15, 7-p. 16, 4 (Najock)も参照。

―『論駁』第六巻六〇について

セクストスは『論駁』第六巻六〇で、「われわれがしばしば述べてきたように、リズムとは詩脚からなる体系であり……」と言っている。しかし、この言葉に対応するようなリズムに関する議論を、われわれは少なくとも現存著作中には見出すことができない(第一巻一六〇では、詩脚への言及はあるが、リズムへの言及はない)。この「われわれがしばしば述べてきたように」という挿入句を、どのように解するべきであろうか。セクストスは通例、自著に言及する場合にはその書名を何らかのかたちで明記している。では、この箇所の「しばしば(πολλάκις)」は、彼の複数著作ないしは箇所を指すのであろうか。

この問題に対して J. Barnes (‘Scepticism and the Arts’,

Method, Medicine and Metaphysics（ed. R. J. Hankinson）, Edmonton, 1988, p. 57 n. 11）は、最もありそうな（by far the least implausible）解答として、セクストスが、情報源として用いたリズム論に関するだれかのテクストを、うっかりこの句（「われわれがしばしば述べてきたように」）もろとも引用してしまった、という可能性を指摘し、ここに、セクストスが資料の編纂者（compiler）であるだけでなく、少なくとも時には（sometimes）筆写者（copyist）でもあったことを示す証拠を見ている。セクストスがここに挙げているリズムの定義の情報源としては、現在そのテクストが断片的にしか残されていないアリストクセノスの『リズム原論』などが考えられるかもしれない。

解説

本書はセクストス・エンペイリコス『学者たちへの論駁』第一巻－第六巻の全訳である。著者のセクストス自身について知られること、彼の著作、および古代懐疑主義の歴史については、すでにセクストス・エンペイリコス『ピュロン主義哲学の概要』（京都大学学術出版会、一九九八年）の中で（「解説」四三一－四五三頁）かなり詳しく述べたので、ここでは本書と関係のある諸点の要約的な説明にとどめる。

セクストスとピュロン主義

セクストス・エンペイリコスは、エリスのピュロン（前三六五／六〇頃－二七五／七〇年頃）を創始者とする古代懐疑主義思想――ピュロン主義――の伝統に立つ哲学者である。ピュロンは「無判断」を通じて「無動揺（心の平静）」に至る懐疑主義の立場を実践することによって、懐疑主義思想の道を開いた哲学者である。しかしピュロン自身は何も書き残さず、また弟子ティモン（前三二五／二〇頃－二三五／三〇年頃）による師の言行の記録も断片的にしか残っていないため、ピュロンが「無判断」を勧めた根拠が、後代のピュロン主義のそれと同一であったかどうかについては疑問の点が多い[1]。いずれにせよ、ピュロンの思想がティモンの後、一時途絶え（ディオゲネス・ラエルティオス『哲学者列伝』第九巻一一五）、ようやく前一世紀に彼の名前を冠して

「ピュロン主義」というかたちで現われたときには、この思想は、ピュロン自身の思想とは異なる懐疑主義の諸要素を取り込んだものとなっていた。

ちょうどティモンが活動した時代、プラトンが興した学園アカデメイアにおいては、学頭アルケシラオス（前三一六／一五－二四一／四〇年）が同派の思想を懐疑主義へと向け変えつつあった。アカデメイアは、アルケシラオス以来、当時の代表的ドグマティストであるストア派に論戦を挑むようになり、論駁の精神に立つ懐疑主義思想は、学頭カルネアデス（前二一四／一三頃－一二九／一二八年）のもとでその極みにまで達すること

（1）この問題に関する最重要のテクストは、エウセビオス『福音の準備』の中でアリストクレス『哲学について』からの引用として伝えられるティモンの証言である（第十四巻一八－一－五（LS 1F））。この証言の解釈については、例えば、A・A・ロング『ヘレニズム哲学――ストア派、エピクロス派、懐疑派――』、金山弥平訳、京都大学学術出版会、二〇〇三年、一二二－一二四頁（A. A. Long, *Hellenistic Philosophy: Stoics, Epicureans, Sceptics*, London/New York, 1974; second edition, London/Berkeley/Los Angeles, 1986, pp. 80-82）、J・アナス／J・バーンズ『懐疑主義の方式』藤沢令夫監修、金山弥平訳、岩波書店、一九九〇年、一八－一九頁（J. Annas and J. Barnes, *The Modes of Scepticism*, Cambridge, 1985, p. 11）、LS vol. 1, pp. 16-17 を参照。

になる。カルネアデスの議論を記録した弟子のクレイトマコス（前一八七／八六－一一〇／〇九年）は、師の実際の見解が何であるのか自分には理解できなかったと表明している。しかしその後、学頭ラリサのピロン（前一五九／五八頃－八四／八三年頃）に至ると、アカデメイアの懐疑主義は、真実への接近可能性などの問題について妥協的態度を示すようになる。そして前一世紀に、アイネシデモスはこのようなアカデメイアから離反し、懐疑を生き抜いたピュロンの実践的懐疑主義とアカデメイアの理論的懐疑主義を総合して、「ピュロン主義」の名のもとに懐疑主義を復興する。本書の著者セクストス・エンペイリコスは、このピュロン主義思想の諸思想を纏め上げて今日に伝える大成者であると同時に、その伝統の最後期に位置する哲学者である。

「エンペイリコス（経験主義者）」という呼び名は、セクストスが経験派の医者でもあったことを示している。医者として活動したことは、本書『学者たちへの論駁』第一巻二六〇で、医神アスクレピオスを「われわれの知識の創始者」と彼が呼んでいることや、彼の著作の随所で示される医学的事例からも確認されるところである。その生涯は不明であるが、紀元三世紀前半に活動したと思われるディオゲネス・ラエルティオスが『哲学者列伝』第九巻一一六において、セクストスとその弟子のサトルニノスに言及しているという事実、また経験派の方法とその代表的な医者たちについて説明を行なっているガレノス（一二九頃－一九九／二一六年頃）が、セクストスにはまったく言及していないという事実から、ガレノスより後、ディオゲネスより前、すなわち三世紀初頭に活動したのではないかと考えられる。セクストスの出身地と活動場所も不明である。しかし本書第一巻二四六で、セクストスが自らのギリシア語語法とアテナイ人やコス人のそれとを比較していることから、少なくとも彼がギリシア語を母国語とするギリシア人であったことは確実である。

著作

現存する著作は、『ピュロン主義哲学の概要（*Πυρρώνειοι ὑποτυπώσεις*, *Pyrrhoniae hypotyposes*）』全三巻、および、一般に『学者たちへの論駁（*Πρὸς μαθηματικούς*, *Adversus mathematicos*）』と総称される全十一巻の書物である。これらは、ピュロン主義哲学に関するピュロン主義者自身の手になる唯一の現存著作であり、古代懐疑主義の思想と諸議論を今日に伝える重要資料である。また、論駁に際して論敵ドグマティストたちの学説を広く紹介しているところから、一次資料の現存しないヘレニズム哲学諸派、さらにソクラテス以前の哲学者たちの思想を知るための貴重な資料となっている。

『学者たちへの論駁』全十一巻は、古くから一つの書物であるかのように扱われてきた。しかし明らかに、性格の異なる二つの部分から成り立っている。すなわち、文法術、弁論術、幾何学、数論、星学（占星術）、音楽を批判する第一巻－第六巻と、論理学、自然学、倫理学を批判する第七巻－第十一巻である。後者の対象がいわゆる哲学の三部門であるのに対して、前者の対象は、一般に「円環的な学問（*ἐγκύκλια μαθήματα*）」と総称されている一般教養的な六領域の学問である。そして、これら「円環的な学問」と哲学の一部門である論理学とが一緒になって、後代の自由七科を構成することになる（補註Aを参照）。これら六つの学問を取り上げる本書がセクストス自身によって一つの書物として意図されていたこと、また現存する論駁書全十一巻の題名となっている『学者たちへの論駁』が、とくにこれら六巻に当てられていた書名であったことは、本書冒頭の第一巻一、七、および末尾の第六巻六八の言葉から確認することができる。

これに対して第七巻―第十一巻は、今日『学者たちへの論駁』に組み込まれてはいるが、セクストス自身は、別の書物を構成するものとして意図していた。このことは、本書においてセクストスが、彼自身の手になる諸著作ないしは議論に言及している箇所から容易に推察できるところである。具体的言及を、セクストスがそれらを名指ししている著作名（または議論名）ごとに分類して示すと次のようになる――まず「著作名（議論名）」を示し、次行から「本書の言及箇所」→「該当すると推測される著作名、箇所」の順序で示す。なお『論駁』と略記したのは『学者たちへの論駁』である（以下この略称を用いる）。

(A)

『懐疑主義の覚え書（τὰ σκεπτικὰ ὑπομνήματα）』『懐疑主義（τὰ σκεπτικά）』

　第一巻二六→『論駁』第九巻三六六―四四〇

　第一巻二九→『論駁』第七巻二九―四四六、第八巻一五―一四〇

　第二巻一〇六→『論駁』第八巻二九九―四八一

　第六巻五二→おそらく『論駁』第八巻一三一

「『懐疑主義』の箇所（ὁ σκεπτικὸς τόπος）」

　第一巻三三→『論駁』第十一巻一六八―二一五

(B)

「自然学者たちに対する反論（αἱ πρὸς τοὺς φυσικοὺς ἀντιρρήσεις）」

第一巻三五→『論駁』第九巻一九五—三三九、第十巻三一〇—三五〇

『自然学者たちに対する覚え書（*τὸ πρὸς τοὺς φυσικοὺς ὑπόμνημα*）』

第三巻一一六→『論駁』第九巻二八〇—三二〇

(C)『文法家たちに対する覚え書（*τὸ πρὸς τοὺς γραμματικοὺς ὑπόμνημα*）』

第二巻四八→『論駁』第一巻一三一—一四一

第二巻五二→『論駁』第一巻一八九—二四〇

第三巻一一六→『論駁』第一巻一六二—一六四

第六巻二八→『論駁』第一巻二七七—二九八

第六巻五六→『論駁』第一巻一二三—一三〇

(D)『ピュロン主義（*τὰ Πυρρώνεια*（または *οἱ Πυρρώνειοι*））』

第一巻二八二→不明

第六巻五八→不明

第六巻六一→不明（ただし同様の議論が『論駁』第十巻一八九—二〇〇、『概要』第三巻一四〇—一四六に存する）

(E)『経験主義の覚え書（*τὰ ἐμπειρικὰ ὑπομνήματα*）』（『論駁』第七巻二〇二の『医術の覚え書（*τὰ ἰατρικὰ ὑπομνήματα*）』と同一と思われる）

第一巻六一→不明（おそらく失われた著作）

『魂に関する覚え書（τὰ περὶ ψυχῆς ὑπομνήματα）』

第六巻五五 ↓ 不明（おそらく失われた著作）

(A)から、セクストスが『論駁』第七巻－第十一巻を、『懐疑主義の覚え書』『懐疑主義』という題名のもとに一つの著作として意図していたことが分かる（補註Hを参照）。

今日、これら五巻については、

(1)『論駁』第一巻－第六巻に続いて『論駁』第七巻－第十一巻と位置づける、

(2)『論駁』第一巻－第六巻とは別個に、『ドグマティストたちへの論駁（Πρὸς δογματικούς, *Adversus dogmaticos*）』第一巻－第五巻として一括する、

(3)哲学の三部門に従って、

『論駁』第七巻－第八巻＝『論理学者たちへの論駁（Πρὸς λογικούς, *Adversus logicos*）』第一巻－第二巻

『論駁』第九巻－第十巻＝『自然学者たちへの論駁（Πρὸς φυσικούς, *Adversus physicos*）』第一巻－第二巻

『論駁』第十一巻＝『倫理学者たちへの論駁（Πρὸς ἠθικούς, *Adversus ethicos*）』と区分する、

という三通りの扱いが行なわれている。しかし(A)は、(2)のまとめ方が最もセクストスの意図に近かったことを示唆している。また、(B)、(C)からは、論駁相手をさらに限定する必要を感じたときにはセクストスが(3)の方向の細かい区別も採用していたことがうかがわれる。さらに(A)における参照の方向は、『論駁』第一巻－第六巻が、第七巻－第十一巻よりも後に書かれたことを示している。

ところで、現存するもう一つの著作『ピュロン主義哲学の概要』（以下『概要』と略記）は、『論駁』第一巻―第六巻および第七巻―第十一巻と、執筆年代的・内容的にどのように関係するのであろうか。『概要』第一巻は、ピュロン主義の概略的説明、また第二巻は論理学者たちへの論駁、第三巻は自然学者たちと倫理学者たちへの論駁を主題としている。それゆえ、内容的には『概要』第二巻は『論駁』第七巻―第八巻と対応し、第三巻は『論駁』第九巻―第十一巻と対応することになる。しかし、これらの著作の執筆順序に関しては、それを決定する確定的な証拠はなく、したがって『概要』第二巻―第三巻が先に書かれ、それを拡充するかたちで『論駁』第七巻―第十一巻が執筆されたのか、それとも『論駁』第七巻―第十一巻が先にあって、『概要』はそれを簡潔にまとめたものなのか、両方の解釈が可能である。

また『論駁』第一巻―第六巻と『概要』との関係も明らかではない。もしも(D)において名前の挙がっている『ピュロン主義』が、『概要』（『ピュロン主義哲学の概要』）を指すと解することができれば、当然『概要』が『論駁』第一巻―第六巻よりも先に執筆されたことになるであろう。しかしこの解釈は、セクストスが「『ピュロン主義』における論述の中で詳しく取り上げた」（『論駁』第六巻五八）として紹介している議論が、現存する『概要』のうちのどこにも見当たらないという重大な困難にぶつかる。『ピュロン主義』と呼ばれる書物とは何なのか。

この問題を解く手掛りとなるのは、現存する『論駁』第七巻―第十一巻の前に、現在の『概要』第一巻の内容に対応する詳細な議論が元来は存在していたのであって、この失われた部分も含めた全体が『懐疑主義』（『懐疑主義の覚え書』）と呼ばれていたという、ヤナーチェクがその端緒を開き、そこからブロムクヴィストが展開した解釈である。[1] ディオゲネス・ラエルティオス（『哲学者列伝』第九巻一一六）と『スーダ辞典』（「セクストス」の項）は、セクストスの『懐疑主義（τὰ σκεπτικά）』は全十巻であったと報告している。ここで『懐疑主義』と呼ばれている著作が現在の『論駁』第七巻―第十一巻を含むことは、(A)からも明らかである。しかし、「全十巻」という巻数をどう解すればよいのか。従来の解釈では、これを現存の『論駁』全十一巻を指す言及とみなし、その際、わずか三四節からなる第四巻「数論者への論駁」は、元来は第三巻「幾何学者たちへの論駁」と合わせて一巻と数えられたとして「全十巻」を理解してきた。しかし、すでに見たように、『論駁』第一巻―第六巻と第七巻―第十一巻は当初から別の著作であったと考えられる以上、この解釈は受け入れがたい。これに対して上述の解釈は、報告されている『懐疑主義』を、現存の『論駁』第七巻―第十一巻と、失われた前半部分――五巻あったと考える――から成る著作とみなすことにより、「全十巻」という数字をより無理なく説明していると言える。この解釈では、『論駁』第二巻―第三巻は内容的に、現存する『論駁』第七巻―第十一巻と対応し、『概要』第一巻は失われた部分に対応することになる。ただし、ブロムクヴィスト自身は、『論駁』第七巻―第十一巻を含む一〇巻全体が、『懐疑主義』とも『ピュロン主義』とも呼ばれたと考えているが、むしろ『ピュロン主義』と呼ばれていたのは失われた部分のみであったと考える方が、より自然であるように思われる。しかしこの解釈に立つ場合には、『論駁』第一巻―第六巻と『概要』との関係は、いぜんとして不明のまま残されることになる。[2]

『論駁』第一巻—第六巻

これまでの考察から、セクストスの現存する三つの著作間の執筆順序に関して確実に明言できるのは、『論駁』第七巻—第十一巻の後に『論駁』第一巻—第六巻が執筆されたという一点のみであって、これら両著作と『概要』との関係については諸説が提示されている。しかし、ごく大まかに諸解釈の方向のみを捉えるとすれば、『概要』と『論駁』第七巻—第十一巻の関係については、セクストスは最初に『概要』で懐疑主義の立場を簡潔に素描し、しかる後に、そのプランに沿って大々的で詳細な議論を行なったと考えるか、あるいは逆に、最初に詳細な議論を展開していて、その後で、それを簡潔なかたちに整理、修正したと解するか、また両著作と『論駁』第一巻—第六巻の関係については、セクストスの懐疑的立場が、後者よりも前者においてより包括的で徹底しているように見えるところから、彼が晩年になって、より穏やかな立場をとるようになったと解するか、あるいは、後年になっても徹底的懐疑は堅持しているものの、そのことと、

（1）K. Janáček, 'Die Hauptschrift des Sextus Empiricus als Torso erhalten?', *Philologus*, 107, 1963, pp. 271-277; J. Blomqvist, 'Die Skeptika des Sextus Empiricus', *Grazer Beiträge*, 2, 1974, pp. 7-14; J. Barnes, 'Diogenes Laertius IX 61-116: The Philosophy of Pyrrhonism', *Aufstieg und Niedergang der römischen Welt* (ed. W. Haase and H. Temporini), II 36.6, Berlin/New York, 1992, p. 4279 n. 187 などを参照。

（2）セクストスの現存著作の執筆順序については、本書補註S、より詳しくは『概要』邦訳「解説」四四一—四四六頁を参照。

『論駁』第一巻―第六巻の一見したところ穏和な立場とは矛盾しないと解するか、という方向の相違が基本的対立点であると見ることができよう。

この問題は、セクストス自身の懐疑主義思想の展開と、論駁に向かう態度、論述方法などの問題、懐疑主義哲学の歴史全体の中でのセクストスの位置づけの問題等々をも含めた主要文献の精査を経ることになしに論じることは不可能である。

したがって、この問題にこれ以上立ち入ることはせず、ここではただ、非常に多くの領域にわたっているため錯綜した印象を与える『論駁』第一巻―第六巻の議論の構造を整理して示すことにより、諸学問に対するセクストスの論駁に共通する方法的、および内容的特徴を簡単に概観し、本書の理解に資することに努めたい。[1]

第一巻

全体の導入。(第一巻一―七)

学者たちへの反論における、エピクロス派とピュロン主義者の態度の相違。エピクロス派の動機は、諸学問が知恵に寄与しないと考えて、あるいは自身の無教養を隠すため。他方、ピュロン主義者は、諸学問を探求するなかで出会った力の拮抗した行き詰まりを隠さず示したにすぎない。本書も同じ立場から、諸学問への反論となる実質的議論を提示しようと試みる。

反論への導入。一般的反論と個別的反論の区別。(八)

一般的反論。（九－三八）

　学問が存在するための四条件（教えられる物事、教える人、学ぶ人、学習法）の非存在を示すことによって、学問の非存在を示す議論。

個別的反論。（第一巻三九－第六巻六八）

（1）底本としたマウのテクストは、いくつかの小見出しを含んでいるが、これらはセクストスの議論の構造を正確に写し出してはおらず、非常に不完全なものである。マウのテクストに記された各タイトルを、それが添えられた箇所とともに列挙すると次のとおりである。「学者たちへの論駁」（第一巻一）、「学問は存在するか」（九）、「教えられるものについて」（一〇）、「物体について」（二〇）、「教える人と学ぶ人について」（三一）、「学習法について」（三六）、「文法家たちへの論駁」（四一）、「『文法術』はいくつの意味で用いられるか」（四四）、「文法術とは何であるか」（五七）、「文法術の諸部分は何であるか」（九一）、「文法術の技術的な部分が方法を欠いており、成立しないということ」（九七）、「音節について」（一二一）、「名前について」（一四二）、「文と文の諸部分について」（一五五）、「区分について」（一五九）、「除去について」（一六二）、「付加について」（一六五）、「正書法について」（一六九）、「純粋ギリシア語に関する技術が何か存在するか」（一七六）、「語源論について」（二四一）、「歴史的な部分は構成可能か」（二四八）、「文法術のうちの詩人たちと作家たちに関する部分は非構成的であること」（二七〇）、「弁論家たちへの論駁」（第二巻一）、「幾何学者たちへの論駁」（第三巻一）、「数論者たちへの論駁」（第四巻一）、「星学者たちへの論駁」（第五巻一）、「音楽家たちへの論駁」（第六巻一）、「音声の定義」（三九）、「楽音の定義」（四二）。ブランク（p. lvi）は小見出しの不完全性、および『論駁』第一巻九－四〇の小見出しと、『概要』第三巻二五二－二六九の章題（「生活の技術は教えられうるか」「何か教えられるものが存在するか」「教える人と学ぶ人は存在するか」「何か学習法は存在するか」）との対応を指摘して、前者は、写本筆写者が後者に基づいて加えたものかもしれないと推測している。

その方法。各学問の諸原理を否認することによって各学問そのものの否認に導くこと。（三九―四〇）
文法家たちへの論駁。（第一巻四一―三二〇）
A　文法術を第一に取り上げる理由。文法術は他の学習のための出発点であり、約束するところが最も大きい。（四一―四三）
B　文法術の二種類。①読み書き術、②専門技術的な文法術。反論対象は②。（四四―五六）
C　文法術の諸定義。（五七―九〇）
1　ディオニュシオスによる定義。この意味での文法術の存在の否定。（五七―七一）
2　アスクレピアデスによる定義。この意味での文法術の存在の否定。（七二―七五）
3　カイリスによる定義。この意味での文法術の存在の否定。（七六―八三）
4　デメトリオスによる定義。この意味での文法術の存在の否定。（八四―八九）
5　まとめ。次の探求への導入。（九〇）
D　文法術の三部分への反論。（九一―三二〇）
1　文法術の三部分。①技術的な部分、②歴史的な部分、③詩人や作家に関わる問題を方法的に論じる比較的特殊な部分。（九一―九三）
2　反論の方法。三部分の緊密な関係に依拠せず、それぞれの部分への反論を試みる。（九四―九六）
3　文法術の「技術的な部分」への反論。（九七―二四七）
a　文法術の「技術的理論」を論駁することの正当性。（九七―九八）

b
「字母」について。(九九—一二〇)

①「字母」の三つの意味。(i) 書かれた記号、(ii) 効力(音価)、(iii) 名称。探求対象は(ii)。(九九)

②字母の分類。(一〇〇—一〇三)

③「二重的子音」も「二時間的母音」も存在しない。(一〇四—一一九)

④まとめ。次の探求への導入。(一二〇)

c
「音節」について。(一二一—一三〇)

①音節の分類。(一二一—一二二)

②「長い音節」も「短い音節」も存在しない。(一二三—一三〇)

d
語と、文の諸部分(名前、動詞、冠詞等)について。(一三一—一五八)

①音節が存在しないなら語も存在せず、音節に関する行き詰まりは語にも当てはまる。(一三一)

②文の全体とその諸部分の関係に基づく別の一般的反論。(一三二—一四〇)

③文の一部分「名前」について。(一四一—一五四)

(i)「名前」の区別(男性/女性/中性、単数/双数/複数)。(一四二)。

(ii) 名前の性、数の区別は自然本来的なものではなく、慣わしによる。(一四三—一五四)

④文は物体的な音声でも非物体的なレクトンでもないから、文は存在しない。次の探求への導入。(一五五—一五八)

e
文の「区分」について。(一五九—一六八)

①「区分」の二種類（韻脚分けと文の諸部分への分割）。韻脚分けは音楽家への論駁で論じる。ここでの考察対象は後者。（一五九—一六〇）

②後者のために必要な「除去」も「付加」も存在しないゆえに、「区分」は不可能である。（一六一—一六八）

f 「正書法」について。（一六九—一七五）

①正書法の三つの方式。（一六九）

②正書法の技術的理論を、反目と結果に基づき論駁する。（一七〇—一七四）

③次の探求への導入。（一七五）

g 「純粋ギリシア語」について。（一七六—二四七）

①純粋ギリシア語の二種類。(i)類比に基づくもの、(ii)慣わしに基づくもの。(ii)は有用であるが、(i)は無用であることを示す。（一七六—一七九）

②純粋ギリシア語のために必要なものは慣わしであって、類比ではないことを示す議論。（一八〇—二〇八）

③文法家たちの発言の検討。「他国風言葉遣い」と「語法違反」の定義。これらの判断は類比ではなく慣わしに基づく。（二〇九—二一六）

④「類似性に基づく移行（類比）」の無用性。（二一六—二二〇）

⑤「一般的規則」を個別的に適用する方法の不可能性。（二二一—二二六）

⑥「慣わし」に従った語り方を採用すべきこと。文法家の反論とそれへの再反論。（二二七―二四〇）

⑦「語源論」によって純粋ギリシア語を判断する方法の不可能性。（二四一―二四七）

h 「技術的な部分」への反論のまとめ。「歴史的な部分」への移行。（二四七）

4 文法術の「歴史的な部分」への反論。（二四八―二六九）

a 「文法術」および「歴史的な部分」の区分。（二四八―二五三）

b 歴史的部分の非技術性を示す議論。（二五四―二六五）

c 文法家からの反論に対する再反論。（二六六―二六八）

d まとめ。（二六九）

5 文法術の「詩人たちと作家たちに関する部分」への反論。（二七〇―三二〇）

a 文法家はとくに「詩人たちと作家たちに関する部分」に基づいて文法術の有用性を主張している。（二七〇）

b 文法家による擁護論の紹介。（二七〇―二七六）

c 文法家による擁護論への他の人々からの反論。有用であるのは哲学であって、文法術は無益。また詩人の技術はむしろ有害でさえある。（二七七―二九九）

d ピュロン主義者の反論。散文と詩の構成要素は、表示する語と表示される物事。文法家はそのいずれも理解しない。（二九九―三一八）

e その他の反論。最も優れた詩も劣った詩も文法術を必要としない。また作家の思考は反目の的の

ままで把握不可能であるから、文法術は無用となる。（三一八―三二〇）

E　結び。弁論家たちへの論駁への移行。（三二〇）

第二巻

弁論家たちへの論駁。（第二巻一―一一三）

A　弁論術の諸定義。プラトンによる定義、クセノクラテスやストア派による定義、アリストテレスによる定義。（一―九）

B　反論の方法。諸定義に含まれる三つの概念、①「技術」、②「言論」、③「説得」を取り上げて弁論術の非成立を示す。（九）

C　「技術」について。（一〇―四七）

1　技術の定義「技術は、統一的に訓練され、実生活に有益な目的に関係づけられた諸々の把握から成る体系である」。（一〇）

2　技術の定義と弁論術の実態との不一致に基づく議論。弁論家の弁明に対する反論。（一〇―一九）

3　ペリパトス派、アカデメイア派による弁論術批判。（二〇―二五）

4　弁論術はその所有者にとっても諸都市にとっても有益ではない（アカデメイア派も用いた議論）。（二六―四三）

5　弁論術の側からの弁明（二種類の弁論術の区別）。この弁明への反論。（四三―四七）

D　「言論」（弁論術の「素材」）について。（四八―五九）

1　語も、語から構成される言論（文）も存在しないとすれば、弁論術も存在しない。（四八）

2　弁論術は有害な言論に関わる。（四九）

3　語ることは弁論術に固有ではない。（五〇－五一）

4　弁論術は美しい語り方を授けない。（五二－五九）

E　「説得」（弁論術の「目的」）について。（六〇－七八）

1　弁論術の目的が存在しないとすれば、弁論術は技術ではないことになる。（六〇）

2　弁論術の諸定義。弁論術の目的は説得である。（六一－六二）

3　「説得的」の三つの意味。①明瞭に真なるもの、②真なるものに似た偽なるもの、③真偽両方に与かるもの。弁論術の目指す「説得的なもの」はそのいずれでもなく、したがって弁論術は説得の技術ではない。（六三－七一）

4　他の人々による弁論術批判の諸論点。（七二－七八）

F　弁論術に帰せられる他の目的（可能的な諸弁論を発見すること、審判人のうちに望みの思いなしを植えつけること、有益なこと、勝つこと）に対する反論。（七九－八七）

G　D－Fのまとめ。弁論術は成立しない。（八八）

H　弁論術の諸部分に基づく議論。（八九－一一二）

1　弁論術の三部分とその目的。①「法廷弁論術」の目的は正しいこと、②「議会演説術」の目的は有益なこと、③「称賛演説術」の目的は美しいこと。（八九）

2　三部分の関係に基づく行き詰まり。（九〇―九二）

3　「法廷弁論術」への反論。（九三―九九）

4　「議会演説術」への反論。（一〇〇）

5　「称賛演説術」への反論。（一〇〇―一〇五）

6　弁論術の三部分を認めても、その目的である正義、有益、美の証明が存在しなければ、弁論術は存在しない。証明の非存在を示す議論。（一〇七―一一二）

I　結び。幾何学者と数論者たちへの論駁への移行。（一一三）

第三巻

幾何学者たちへの論駁。（第三巻一―一一六）

A　仮設一般に対する反論。（一―一七）

1　幾何学の諸原理は仮設（ヒュポテシス）に基づいて要請されているから、ヒュポテシスから探求を開始する。（一―二）

2　「ヒュポテシス」の三つの意味。①劇の梗概、②弁論術における個別的諸問題の探求、③証明の原理。探求対象は③。（三―六）

3　仮設に基づく議論の不当性の諸論拠。（七―一七）

B　幾何学の諸原理に対する反論。（一八―九二）

1　その方法。諸原理を否認することによって残りのものも否認する。（一八）

2　幾何学の諸原理（点、線、面、物体（立体））に関する幾何学者の説明と定義。これらを順番に否認し、幾何学は技術ではないことを示す。（一九―二一）

3　「点」について。（二二―二八）

a　「広がりのない徴」としての点の把握不可能性を示す議論。（二二―二七）

b　エラトステネスの主張「点は流動することによって線を描く」への反論。（二八）

4　「線」について。点の存在を認めたとしても、線は存在しない。（二九―七六）

a　「点の流動」「幅のない長さ」としての線の非存在を示す議論。（二九―五九）

①「点の流動」としての線の非存在。（二九―三六）

②「幅のない長さ」の把握不可能性。（三七―五九）

b　「面の限界」としての線の非存在。（六〇―六四）

c　幾何学の最も総轄的な規則と、「幅のない長さ」としての線との抵触。（六五―七六）

5　「面」について。「物体の限界」としての面の把握不可能性。（七七―八二）

a　接触に関する行き詰まり。（七七―八〇）

b　物体か非物体かに関する行き詰まり。（八一―八二）

6　「立体」について。（八二―九一）

a　線や面が行き詰まるなら、それらから成立している立体も行き詰まる。（八二）

b　「長さと幅と深さをもつもの」としての物体の思考不可能性を示す議論。（八三―九一）

7　幾何学の諸原理への反論のまとめ。（九二）

C　幾何学者たちの諸規則に対する反論。（九三―一一六）

1　諸規則の基礎となる諸原理（直線、角、円）に対する反論。（九四―一〇七）

a　「直線」について。（九四―九九）

①「それ自体の諸部分と等しく位置づけられている線」としての直線の思考不可能性。（九四―九七）

②直線の別の諸定義と、その不可能性。（九八―九九）

b　「角」について。（一〇〇―一〇六）

①「平行でない二本の直線の傾きのもとにある最小のもの」としての角の思考不可能性。（一〇〇―一〇三）

②角の別の定義と反論。（一〇四―一〇六）

c　「円」について。円の定義に含まれる諸原理の否認からの円の思考不可能性。（一〇七）

2　諸規則そのものへの反論。（一〇八―一一六）

a　「直線（線分）の二等分」への反論。（一〇九―一一一）

b　「円の等分割」への反論。（一一二）

c　「線の分け目」への反論。（一一三―一一六）

第四巻

数論者たちへの論駁。（第四巻一―三四）

A　二種類の量の区別。幾何学が扱う量（大きさ）から、数論が扱う量（数）への移行。数の否認は数論の技術の否認を導く。（一）

B　ピュタゴラス派の立場。万物の原理は数であり、一、二、三、四のうちに物体と魂の説明原理が含まれる。諸々の数の構成原理は一である。（二―九）

C　反論。（一〇―三四）

1　一に関する議論。一の否定による、数の非存在の導出。（一〇―二〇）

a　プラトンによる一の規定「一とは、それの分有によって、それぞれのものが一つと呼ばれ、また多と呼ばれるものである」。（一一―一三）

b　「分有」概念における一（一のイデア）の思考不可能性。（一四―二〇）

c　まとめ。すべての数の否認。（二〇）

2　二に関する議論。一と一の並置によって二は成立しない。同じ行き詰まりがすべての数に生じる。（二一―二二）

3　除去と付加に基づく議論。（二三―三四）

a　数は一の付加と除去によって思惟されるから、付加と除去が不可能であるなら、数の成立も否定される。（二三）

b　除去の不可能性。（二四―三〇）

c　付加の不可能性。（三一―三三）

d　まとめ。数はまったく存在しない。次の探求への導入。（三四）

第五巻

星学者たちへの論駁。（第五巻一―一〇六）

A　「数学」の意味の区別。①完全な数学（数論と幾何学）、②天文学、③カルデア人の「誕生占星術」。批判対象は③。（一―二）

B　「誕生占星術」の説明。（三―四二）

1　その諸要素を、反論に必要なだけの概略的なかたちで説明する。（三）

2　地上の事象の作用的原因としての七曜星。補助的原因としての獣帯一二宮。（四―五）

3　一二宮について。（五―二八）

a　一二宮の種類。（五―一一）

b　四つの「中心」、および一二の宮（家）。（一二―一九）

c　星々と「中心」の関係。（二〇）

d　人体の各部分を一二宮の各々に帰属させる考え。（二一―二二）

e　カルデア人が獣帯の円を一二宮に分割した方法。（二三―二六）

f　誕生時における「時の見張り」を見つける方法。（二七―二八）

4　七曜星について。七曜星の性質と力、およびそれを左右する諸要因。（二九―四〇）

5　比較的単純な巡り合わせと、より精密な巡り合わせ。（四一―四二）

C　占星術に対する反論。(四三―一〇五)

1　人々が提示している反論。(四三―四八)

a　宇宙的共感を否定する議論。(四三―四四)

b　運命を否定する議論。(四五)

c　必然的生起、偶然的生起、われわれに起因する生起の三者択一から予言の有用性ないし可能性を否定する議論。(四六―四八)

2　ピュロン主義者が行なう反論。(四九―八五)

a　その方法。占星術の諸原理を揺り動かすことにより、全体系を斥けること。(四九)

b　原理は「時の見張り」を定めること。これが否認されるなら、占星術全体が否定される。(五〇―五一)

c　「時の見張り」を把握するための三つの条件。①誕生の確実な把握、②誕生時を示す時計の正確さ、③宮の上昇の正確な観察。これらはいずれも満たされえない。(五二―五四)

①誕生の正確な把握が不可能である諸理由。(五五―六七)

②時計の誤差が生じる諸理由。(六八―七二)

③宮の上昇の正確な観察が不可能である諸理由。(七三―八五)

④結論。「時の見張り」以下、占星術の基礎である「中心」の正確な把握は不可能である。(八五)

3　おまけの議論。(八六―一〇五)

a　素人のもたらす情報の不正確さ。(八六―八七)
b　誕生時の異同と運命の異同の不一致。(八八―九四)
c　人間の姿形や性格は宮の型と無関係。(九五―一〇二)
d　長期にわたる観察の不可能性。(一〇三―一〇五)
D　まとめ。音楽家に対する探求への導入。(一〇六)

第六巻

音楽家たちへの論駁。(第六巻一―六七)

A　「音楽(音楽術)」の三つの意味。①旋律や楽音やリズム構成やそれらと類似の事柄に関わる一つの知識、②楽器演奏に関わる経験、③何かを上首尾になし遂げること。反論の対象は①。(一―三)

B　二種類の反論。㈠音楽の有害性を示す比較的ドグマティスト的な反論、㈡音楽の基本的な諸仮設を揺るがす、より行き詰まり主義的な反論。両方の反論を試みる。(四―六)

C　㈠比較的ドグマティスト的な反論。(七―三七)

1　音楽の有用性の主張――徳の涵養のための有用性、生活に有益な詩の技術を飾るものとしての必要性、苦しむ人の慰めとしての有用性。(七―一八)
2　1の各論点への反論。(一九―二八)
3　音楽の有用性の諸理由。(二九―三〇)
4　3の諸論点への反論。(三一―三七)

D

(二) 音楽の諸原理に関わる、より行き詰まり主義的な反論。（三八―六七）

1 その方法。音楽の定義に基づき、旋律とリズムの否定から音楽の非存在を導く。（三八）

2 「旋律」について。（三九―五八）

a 旋律に関わる基本的諸概念の説明。（三九―五一）

b 反論。（五二―五八）

① aから、楽音が否認されるなら、旋律に関する知識である音楽も否認される。楽音の類《るい》は音声。（五二）

② 音声の非存在を示す議論。（五三―五八）

3 「リズム」について。（五九―六七）

a リズムに関わる基本的諸概念の説明。（六〇）

b 反論。（六一―六七）

① aから、時間が否認されるなら、リズムに関する知識である音楽も否認される。（六一）

② 時間の非存在を示す議論。（六二―六七）

全体のまとめ。（第六巻六八）

ほぼ以上のような本書の議論の要約から、諸学問を論駁するにあたってセクストスが用いた方法の共通的特徴を見出すことができよう。彼は、各論駁においてほぼ共通的に、

㈠論駁対象となる学問の特定
㈡用いる方法の提示
㈢基本的概念、基本原理の定義
㈣定義に基づく直接的攻撃対象の限定
㈤他の人々による（ドグマティスト的）論駁の紹介
㈥ピュロン主義者による論駁
㈦まとめ。次の課題への移行の告示

の内容を含む、高度の方法論的一貫性を具えた論述を行なっている。本書の中でセクストスが諸学問を論駁してその存在を否認していく方法は、ギリシア哲学における議論・論争の長い伝統の中で培われてきた、厳格な論理的思考と方法論から逸脱するものではないのである。

セクストスは、論駁の中心を占める懐疑派による議論を提出するまえに、他の人々による諸論駁をも紹介している。これらの議論は、エピクロス派、アカデメイア派、ペリパトス派等の議論であり（第一巻一—七、二九九、第二巻二〇、四三）、また彼が出所を特定せずに利用している議論もいくつか認められる（第二巻七二—七八、第五巻四三—四八、第六巻四、一九—三七）。これらの議論をもセクストスは論駁のために援用するけれども、これらはドグマティストたちによる「小競り合い」（第五巻四九）にすぎないのであって、懐疑主義者が行なう議論とは明確に区別されねばならない。論駁対象の原理・構成要素を覆すことによって対象全体の否認を導く後者の議論は、城壁や食糧など都市の命綱を断ち切ることによって都市全体を陥落させる攻撃法に

譬えられる（第一巻四〇）。懐疑主義者のこの戦法は、本書の論駁全体を通じて一貫して認められるものである。(1)

この点と関連して、幾何学に対する種々の反論方法を説明しているプロクロス（後四一〇頃―四八五年）の証言は、後に触れるエピクロス派の論法とも関係して興味深いものである。

> 幾何学への反論を行なった人たちの大部分は、諸原理に対して行き詰まりを提出し、これらの部分〔諸原理〕は非成立的であることを示そうとした。その議論が広く知られている人たちのうちの一方は、知識全体をも否認し、いわば敵軍が他国の土地――哲学を生み育てる土地――から穀物を奪い去るようにした。例えば判断保留主義者〔懐疑主義者〕たちがそれである。もう一方の人々は、幾何学的諸原理のみを覆すことを課題とした。例えばエピクロス派がそれである。しかしまた、諸原理を容認した上で、諸原理に続く諸事項は、諸原理のうちに含まれていない何か別のことが彼らに同意されなければ証明されないと主張した人々もいる。この種の反論を行なったのはシドンのゼノンである――もっとも彼はエピクロス派に属していたのであるが。このゼノンに対して、ポセイドニオスは一つの書物全体を反論のために著わし、彼の考えのすべてが不当であることを示した（プロクロス『エウクレイデス「原論」第一巻注解』p. 199, 3-p. 200, 3 (Friedlein) =ポセイドニオス「断片」四六

（1）『論駁』第一巻八―九、四〇、九〇、九九、一二〇、一六一、一八〇、第二巻九、四八、六〇、一一三、第三巻一、六、一〇、一七―二一、六五、九二、九四、一〇八、第四巻一、四、一〇、二三、四三、第五巻四九―五〇、第六巻五、三八、五九、六八などを参照。

(Edelstein-Kidd))。

もう一つ見落としてならない点は、セクストスが論駁に先立って、多義的に用いられている論駁対象の意味を区別し、批判対象を特定していることである。これにより、「文法術」「星学」「音楽」など同一の名前で呼ばれても、不明瞭な物事や自然本性に関する知識を自認するばかりで実生活に無用の学問・技術（第一巻四九、第五巻二、第六巻二）は攻撃の的とされ、他方、生活に有用であって（第一巻四九―五二）、現われの観察（第五巻二）ないしは経験にとどまるもの（第六巻二）は容認されることになる。セクストスが重んじるのはあくまでも実生活における有用性である。それは「あらゆる技術の目的が生活のために有用なものであることは明らか」だからである（第一巻五〇）。そしてその原則に基づき、慣わしの観察も重視されるのである[1]。

無動揺（平静）と諸学問への批判

セクストスは『概要』において、懐疑主義とは何であり、またその目的とするところは何であるかを説明して、

> 懐疑主義とは、いかなる仕方においてであれ、現われるものと思惟されるものとを対置しうる能力であり、これによってわれわれは、対立［矛盾］する諸々の物事と諸々の言論の力の拮抗のゆえに、まずは判断保留に至

り、ついで無動揺［平静］に至るのである（『概要』第一巻八）

と述べている。

ところで、懐疑主義が目的としている「無動揺（平静、アタラクシアー）」は、学派の祖であるピュロン自身の目標であったと同時に、広くヘレニズム哲学全体、そしてとくにエピクロス派の目標でもあった。それゆえに、ピュロン主義者とエピクロス派は、諸学問への攻撃において同一歩調をとることになるのである（『論駁』第一巻一）。少なからぬ学問は、その所有者に知識・知恵を授けることによって、彼を幸福にすると標榜している。この知識・知恵を授けるという約束に対して、エピクロス派も懐疑主義者も攻撃を加える。しかし彼らの立場は次の点で異なっている。エピクロス派は、諸学問が実際には知恵の完成になんら貢献しないにもかかわらず、貢献すると主張する点を攻撃する。エピクロスにとって「知恵の完成」とは、諸学問が教えると称する精緻な理論を学ぶことではない。彼にとって、それ自体で善であると言えるものは、ただ快楽（静的な快楽＝無動揺（心の平静））のみであり、知恵の完成とは、この快楽を確実なものとするために欲望を制御し、諸行為を正しく選択できる状態を達成することに存する。(2)

（1）『論駁』第一巻一五三、一七六、一八一、一八三、一八九、一九三、一九五－一九六、二〇九、二一四、二一六、二一八、二二七、二三二－二三五、二四〇、二四七、第二巻五二、五九などを参照。

（2）ロング『ヘレニズム哲学』一〇二－一〇四頁（原著 pp. 68-69）を参照。

一方、懐疑主義者たちにとっては、諸学問がまったく知恵に貢献しないというのは、ドグマティスト的な主張である（第一巻五）。彼らにとって重要なのは、対立（矛盾）する諸々の物事と諸々の言論の力の拮抗を通して判断保留に至り、そしてそこから無動揺（平静）を獲得することである。それゆえ彼らは、諸学問が知恵と幸福に貢献するか否かという問題についてはいっさいの断定から遠ざかり、しかもなお議論のために、諸学問に対する反対論を対置するのである。したがって、論駁の書である本書の中で諸学問の有用性が肯定的に論じられることがないのは当然であろう。

しかし、たんにそればかりでなく、セクストスの生きた時代の思想史的状況にも注目しておく必要があるだろう。すなわち、彼が生きた紀元三世紀初頭には、本書で取り上げられる諸学問はすでに一般に受け入れられ、社会的な基盤を確立していた。「諸学問はどうして『円環的な学問』と呼ばれているのか、またその数はいくつあるのかということを教えるのは、余計なことだとわたしは思う」（『論駁』第一巻七）というセクストスの言葉は、これらの学問が、当時の社会の中に広く定着していたことを示唆している[1]。

もちろんこのことは、これらの諸学問に対する外部からの批判が存在しなかったということを意味しない。むしろ逆に、社会に浸透すればするほど、これらの学問の有効性への疑問、またその否定的側面に対する批判は強まることであろう。また批判に対しては弁護、反論も試みられる。そうした論争は、すでに前五世紀から活発に行なわれていた。プラトンの弁論術、音楽批判（『ゴルギアス』『国家』など）はよく知られているが、喜劇詩人アリストパネス（前四四五頃－三八五年頃）は天文学、幾何学、そしてとくに弁論術に対して辛辣な批判を加え（『雲』一七一以下）、他方イソクラテス（前四三六－前三三八年）は、弁論術を弁護するに際して、天文学、幾何学をもあわせて擁護している（イソクラテス『アンティドシス（財産交換）』二六一―二六五）。

諸学問に対してとくに厳しい見方をとったのは、犬儒派とエピクロス派である。犬儒派のシノペのディオゲネス（前四一二／〇三頃―三二四／二一年頃）は、文法、弁論術、音楽、数学、幾何学、天文学の無用論を説き（ディオゲネス・ラエルティオス『哲学者列伝』第六巻二七―二八、七三、一〇四）、ボリュステネスのビオン（前三二五頃―二四五年頃）は占い、音楽、幾何学を攻撃し（『哲学者列伝』第二巻一三五、第四巻五三）、またメニッポス（前三世紀前半）は『自然学、数学者、文法家たちへの論駁』（『哲学者列伝』第六巻一〇一）を著わした。エピクロス派にとっては、すでに見たとおり、諸学問は幸福の獲得を妨げる有害無益なものであった。例を挙げるなら、エピクロスは『弁論術について』（『哲学者列伝』第十巻一三）、『音楽について』（第十巻二八）、ヘルマルコスは『諸学問について』（第十巻二五）において諸学問を攻撃し、また先に見たようにシドンのゼノンは幾何学を批判し、そしてとくにセクストスとの関連では、ピロデモス（前一一〇―四〇／三五年頃）が『詩について』『弁論術について』『音楽について』の中でこれらの学問への批判を行なったのである。[2]

他方、こうした諸学問批判に対してストア派は、実際に生きて活動している学者たちは「知者」ではないとしても、技術はいずれも、「統一的に訓練され、そして実生活に有益な目的に関係づけられた諸々の把握

（1）J. Barnes, 'Scepticism and the Arts', *Method, Medicine and Metaphysics* (ed. R. J. Hankinson), Edmonton, 1988, p. 56 を参照。

（2）こうした諸学問への批判については、ブランク（pp. xxvii-xxxii）を参照。

から成る体系」（『論駁』第二巻一〇）であり、「知識」としての資格をもつと考えていた（第二巻六も参照）。そして、実際、ヘレニズム時代における文法術、弁論術、星学（占星術）の発展に大きな寄与を果たしたのは、彼らストア派だったのである。

セクストスの『論駁』第一巻—第六巻は、このような諸学問への攻撃と擁護の交錯の歴史のうちに位置している。この広汎な思想史的伝統の中において、セクストスの懐疑主義思想とその諸議論に対する正当な位置づけと評価は行なわれなければならないであろう。

本書が対象とする諸学問、およびヘレニズム哲学においては多くの専門用語（術語）が用いられている。本訳ではそれらの術語をできるかぎり統一的に訳そうと試みた。巻末の「術語集」は、そのうちで重要と思われるものを抜粋して、ギリシア語原語および対応する訳語をあわせて収録したものである。またヘレニズム哲学の諸著作は、そのほとんどすべてが断片でしか残っておらず、各思想へのアプローチは散在する諸断片を拾集比較することによってしかなされえない。このため、訳註においてはセクストス以外の資料をもできるだけ参照箇所として挙げておいた。またその際、入手の困難な文献も多いため、比較的簡単に利用しうる断片集（以下に挙げる *Dox., FDS, LS, SVF* など）によっても参照できるようにはかった。

翻訳に使用した底本は凡例に挙げたとおりである。訳註の中で略号で示した文献と、また註、補註で参照した古代の文献以外で本書翻訳において参考にした主な文献は次のとおりである。

セクストス『論駁』第一巻—第六巻全体

『論駁』＝セクストス・エンペイリコス『学者たちへの論駁』全十一巻。

『概要』＝セクストス・エンペイリコス『ピュロン主義哲学の概要』全三巻。

『概要』邦訳＝セクストス・エンペイリコス『ピュロン主義哲学の概要』金山弥平・金山万里子訳、京都大学学術出版会、一九九八年。

ベッカー＝I. Bekker, *Sextus Empiricus*, Berlin, 1842.

マウ＝*Sexti Empirici Opera*, rec. H. Mutschmann, vol. III: *Adversus Mathematicos Libros I-VI continens*, iterum ed. J. Mau, Leipzig, 1961.（本翻訳の底本）

ビュリー＝*Sextus Empiricus, vol. IV, Against the Professors*, edited and translated by R. G. Bury (Loeb Classical Library), London and Cambridge, Mass., 1949.

ハインツ＝W. Heintz, *Studien zu Sextus Empiricus*, Halle, 1932.

F. Jürß, *Sextus Empiricus, Gegen die Wissenschaftler 1-6*, aus dem Griechischen übersetzt, eingeleitet und kommentiert von F. Jürß, Würzburg, 2001.

J. Barnes, 'Scepticism and the Arts', *Method, Medicine and Metaphysics* (ed. R. J. Hankinson), Edmonton, 1988.

J. Blomqvist, 'Textkritisches zu Sextus Empiricus', *Eranos*, 66, 1968, pp.73-100.

J. Blomqvist, 'Weiteres zu Sextus Empiricus', *Eranos*, 69, 1971, pp. 12-24.

M. Giusta, Review of Mau (ed.), *Sextus Empiricus vol. III*, *Rivista di Filologia e d'Istruzione Classica*, NS 40, 1962, pp. 425-432.

C. L. Kayser, 'Beiträge zur Erklärung und Kritik des Sextus Empiricus', *Philologus,* 4, 1849, pp. 48-77.

W. Theiler, Review of J. Mau (ed.), *Sextus Empiricus vol. III, Gnomon,* 28, 1956, pp. 282-288.

L. G. Westerink, Review of J. Mau (ed.), *Sextus Empiricus vol. III* et al., *Mnemosyne,* Series IV, 8, 1955, pp. 328-331.

ギリシア全般

CAG = *Commentaria in Aristotelem Graeca,* Berlin, 1882-1909.

Diels = H. Diels, *Poetarum Philosophorum Fragmenta,* Berlin, 1901.

DK = H. Diels/W. Kranz, *Die Fragmente der Vorsokratiker,* 3 vols., Berlin, 1951-1952^{6}.

Dox. = H. Diels, *Doxographi Graeci,* Berlin, 1879.

EGF = G. Kinkel., *Epicorum Graecorum Fragmenta,* Leipzig, 1877.

FDS = K. Hülser, *Die Fragmente zur Dialektik der Stoiker,* 4 vols., Stuttgart, 1987-1988.

FHG = K. Müller, *Fragmenta Historicorum Graecorum,* 5 vols., Paris, 1841-1870.

FGrH = F. Jacoby, *Die Fragmente der griechischen Historiker,* 3 vols., Leiden, 1926-1958.

Lloyd-Jones/Parsons = H. Lloyd-Jones and P. Parsons, *Supplementum Hellenisticum,* Berlin/New York, 1983.

LS = A. A. Long and D. N. Sedley, *The Hellenistic Philosophers,* 2 vols., Cambridge, 1987.

R. Pfeiffer, *History of Classical Scholarship,* Oxford, 1968.

PMG = D. L. Page, *Poetae Melici Graeci*, Oxford, 1962.

SVF = H. von Arnim, *Stoicorum Veterum Fragmenta*, vol. I-III, Stuttgart, 1903-1905; vol. IV, Indizes von M. Adler, Leipzig, 1924.

H. Usener, *Epicurea*, Stuttgart, 1887.

『論駁』第一巻（文法術）

D. L. Blank, *Sextus Empiricus, Against the Grammarians*, translated with an introduction and commentary, Oxford, 1998.

GG = G. Uhlig and R. Schneider, *Grammatici Graeci*, Leipzig, 1867-1910; repr. Hildesheim, 1965.

GL = B. Keil, *Grammatici Latini*, Leipzig, 1855-1923; repr. Hildesheim, 1961.

W. S. Allen, *Vox Graeca*, 3rd ed., Cambridge, 1987.

L. Threatte, *The Grammar of Attic Inscription, I: Phonology*, Berlin, 1980.

『論駁』第二巻（弁論術）

D. Karadimas, *Sextus Empiricus against Aelius Aristides*, Lund, 1996.

R. D. Anderson Jr., *Glossary of Greek Rhetorical Terms Connected to Methods of Argumentation, Figures and Tropes from Anaximenes to Quintilian*, Leuven, 2000.

『論駁』第三巻（幾何学）

フライターク＝W. Freytag, *Mathematische Grundbegriffe bei Sextus Empiricus*, Hildesheim, 1995.

J. Barnes, *The Toils of Scepticism*, Cambridge, 1990.

Th. L. Heath, *A History of Greek Mathematics*, Oxford, 1921.

Th. L. Heath, *The Thirteen Books of Euclid's Elements*, 2nd ed., 3 vols., New York, 1956.

『論駁』第四巻（数論）

W. Burkert, *Lore and Science in Ancient Pythagoreanism*, tr. by E.L. Minar, Jr., Cambridge, Massachusetts, 1972.

『論駁』第五巻（占星術）

スピネッリ＝E. Spinelli, *Sesto Empirico, Contro gli Astrologi*, Bibliopolis, 2000.

T. Barton, *Ancient Astrology*, London/New York, 1994.

A. Bouché-Leclercq, *L'Astrologie Grecque*, Paris, 1899.

A. Nebe, 'Textkritisches zu dem Buch des Sextus Empiricus *ΠΡΟΣ ΑΣΤΡΟΛΟΓΟΥΣ*', *Rheinisches Museum für Philologie*, 71, 1916, pp. 102-116.

『図説・占星術事典』池田信雄他訳、種村季弘監修、同学社、一九八六年。

ポール・クーデール『占星術』有田忠郎、菅原孝雄訳、白水社、文庫クセジュ、一九七三年。

第六巻（音楽）
D. D. Greaves, *Sextus Empiricus, ΠΡΟΣ ΜΟΥΣΙΚΟΥΣ, Against the Musicians*, Lincoln/London, 1984.
A. Barker, *Greek Musical Writings*, vol. I *The Musician and his Art*, vol. II *Harmonics and Acoustic Theory*, Cambridge, 1984, 1989.
W. D. Anderson, *Music and Musicians in Ancient Greece*, Ithaca, 1994.
J. G. Landels, *Music in Ancient Greece and Rome*, London/New York, 1999.
T. J. Mathiesen, *Apollo's Lyre. Greek Music and Music Theory in Antiquity and the Middle Ages*, Lincoln/London, 1999.
M. L.West, *Ancient Greek Music*, Oxford, 1992.
山本建郎『アリストクセノス「ハルモニア原論」の研究』東海大学出版会、二〇〇一年。

翻訳にあたっては訳者のあいだで分担は行なわず、翻訳、訳註、解説等すべてにわたって二人が関わり、テクストの読み方や解釈が異なる場合は相談の上いずれかを採用した。

訳者略歴

金山弥平（かなやま　やすひら）

名古屋大学大学院文学研究科教授

一九五五年　島根県生まれ

一九八六年　京都大学大学院文学研究科博士後期課程修了

二〇〇〇年　京都大学文学部助手、名古屋大学助教授を経て現職

主な著訳書

J・アナス／J・バーンズ『懐疑主義の方式』（岩波書店）

『ピュロン主義哲学の概要』（共訳、京都大学学術出版会）

A・A・ロング『ヘレニズム哲学』（京都大学学術出版会）

金山万里子（かなやま　まりこ）

大阪医科大学助教授

一九四二年　北京市生まれ

一九七五年　京都大学大学院文学研究科博士課程修了

一九八一年　京都大学文学部助手を経て現職

主な著訳書

『エウテュプロン』プラトン全集（岩波書店）

『変革期の思索』（共著、ミネルヴァ書房）

『ピュロン主義哲学の概要』（共訳、京都大学学術出版会）

学者《がくしゃ》たちへの論駁《ろんばく》1　西洋古典叢書　第Ⅱ期第30回配本

二〇〇四年二月十日　初版第一刷発行

訳　者　金《かな》山《やま》弥《やす》平《ひら》

金《かな》山《やま》万《ま》里《り》子《こ》

発行者　阪上　孝

発行所　京都大学学術出版会

606-8305 京都市左京区吉田河原町一五-九　京大会館内

電　話　〇七五-七六一-六一八二

FAX　〇七五-七六一-六一九〇

http://www.kyoto-up.gr.jp/

印刷・土山印刷／製本・兼文堂

ISBN4-87698-147-7

定価はカバーに表示してあります

固有名詞索引

　参考箇所を指示するローマ数字は巻数を、アラビア数字は節数を示す。年代に関して「盛年」とあるのはアクメー（*ἀκμή*）の訳で、当該人物の40歳頃にあたる年代が想定されている。「引用」として示すのは、セクストスが当該人物の著作の一部を引用するか、あるいはその内容を紹介している箇所である。また矢印は参照項目を指示する。項目の一部は「事項索引」と重複している。

アイオリス方言 (Aiolis)
　レスボス島と、その近辺の小アジア西岸地域（アイオリス地方）でおもに用いられ、テッサリアやボイオティアでも西部ギリシア語との混合形態が使用されたギリシア語方言。アルカイオスやサッポーが用いた。 *I. 78* →アッティカ方言、アルカイオス、ドリス方言、プリュギア方言

アイギストス (Aigisthos)
　テュエステスの息子。従兄弟アガメムノンのトロイア遠征中に、その妻クリュタイムネストラと通じ、凱旋したアガメムノンを殺害、王位を篡奪した。アガメムノンの息子オレステスにより、クリュタイムネストラとともに討たれた。 *VI. 12* →アガメムノン、オレステス、クリュタイムネストラ

アイスキネス (Aischinēs) 前397頃－322年頃
　アテナイの弁論家。デモステネスの宿敵。前330年の裁判でデモステネスに敗れた後、ロドス島に退き、同地において亡くなるまで弁論術を教えた。179頁註（1）を参照。 *II. 40*, 引用：*II. 40* →クテシポン、デモステネス

アカイア人、アカイア勢 (Achaioi)
　ホメロスの叙事詩中で、ギリシア人、ギリシア軍の総称。 *I. 42; II. 3*

アカデメイア派 (hoi apo tēs Akadēmias, hoi Akadēmaikoi)
　アカデメイアは、元来はアテナイ北西部の公園・体育場の名前。前387年頃、プラトン（1）がここに学園を創設して以来、同学園また学派の名称になった。学頭アルケシラオス（前316/15－241/40年）のときに懐疑主義に転向した。アカデメイアの系譜については、セクストス『概要』第1巻220－235、および『概要』邦訳補註K（408－409頁）を参照。このうち、アカデメイア派としてとくにセクストスが念頭に置いているのは、彼が「新アカデメイア」と呼ぶカルネアデス（前214/13－129/28年）やクレイトマコスに代表される懐疑派アカデメイアである（『概要』第1巻3－4、226、229を参照）。 *II. 20, 43* →クセノクラテス（カルケドンの）、クレイトマコス、プラトン（1）

アカマス (Akamas)
　キュプロス島西端の岬。 *I. 257* →キュプロス

アガメムノン (Agamemnōn)
　アトレウスの息子で、メネラオスの兄、クリュタイムネストラの夫。ミュケナイの王で、アルゴス近辺一帯の支配者。トロイア戦争におけるギリシア軍の総帥。 *VI. 11－12, 26* →アイギストス、アルゴス、オレステス、クリュタイムネストラ、トロイア、ミュケナイ

アキレウス (Achilleus)
　プティエの王ペレウスと海のニンフであるテティスの息子。トロイア戦争におけるギリシア軍第一の勇士。ホメロスの叙事詩『イリアス』はアガメムノンに対するアキレ

ウスの「怒り」を歌っている。 *VI. 10, 25* ホメロス『イリアス』第1歌1の詩句の引用中で：*I. 133, 139—140, 163, 165* →デイダメイア、テティス、トロイア、ペレウス、ホメロス

アスクレピアダイ (Asklēpiadai)
アスクレピオスの子孫と称し、コス島を中心に活動した医術の学派。ヒッポクラテスが著名。 *I. 261* →アスクレピオス、コス、ヒッポクラテス、ポリュアントス

アスクレピアデス（1）(プルサの) (Asklēpiadēs) 前1世紀
小アジア北部ビテュニア地方プルサ出身の医者。体液説を採らず、身体全体に行きわたる細孔内を運動する粒子 (アナルモイ・オンコイ) の流れと停滞によって健康と病気を説明した。 *III. 5*

アスクレピアデス（2）(ミュルレイアの) (Asklēpiadēs) 前1世紀
小アジア北部ビテュニア地方ミュルレイア出身の文法家・学者。スペインで活動。ビテュニア地方の歴史書のほか、ホメロス、テオクリトス、正書法に関する書物などを著わした。 *I. 47, 72—73, 252—253,* 引用：*I. 73—74* →ホメロス

アスクレピオス (Asklēpios)
アポロンの息子で医術の神。ケンタウロスのケイロンから医術を学び、死者を生き返らせることもできた。 *I. 260—261* →アスクレピアダイ、アポロン、ケンタウロス

アッティカ (Attikē)
ボイオティアの南東に位置し、アテナイを中心都市とする地域。 *I. 187, 257* →アテナイ

アッティカ方言 (Atthis)
アッティカ地方で用いられたギリシア語方言で、イオニア方言と近親関係にある。前5－4世紀のアテナイを中心とする文学・弁論・歴史・哲学等の諸分野で用いられた。 *I. 87, 89* →アイオリス方言、ドリス方言、プリュギア方言

アテナイ、アテナイ人 (Athēnai, Athēnaioi)
アッティカ地方の中心都市。 *I. 87, 148, 154, 215, 228, 246—247, 295; II. 22, 35, 77; VI. 14* →アッティカ

アテナイオス (Athēnaios) 前2世紀
ヘルマゴラスと同時代の弁論家。生涯不詳。教説も断片的にしか知られていない。 *II. 62,* 引用：*II. 62* →ヘルマゴラス

アテネ (Athēnē)
ゼウスの娘で、アテナイの守護神。「アテナ」「アテナイア」「アテナイエ」とも呼ばれる。 *I. 290* →アテナイ、ゼウス、パラス

アナクサゴラス　前500頃－428年頃
イオニア地方クラゾメナイ出身の哲学者。アテナイで活動し、ランプサコスで没した。同質素 (ホモイオメレー) の混合状態に理性 (ヌース) が動きと秩序を与えることによってこの宇宙が生成すると考えた。 引用：*III. 23, 58*

アナクレオン (Anakreōn) 前570年頃の生まれ
イオニア地方テオス出身のギリシア抒情詩人。サモス、後にはアテナイで活動した。現存する断片のほとんどは恋や酒について歌ったものである。 *I. 298*

アバス (Abas)
名前の例：*I. 237*

アプロディテ (Aphroditē)
ゼウスとディオネの娘とも、切り落とされたウラノスの男根から生まれたとも伝えられる。ヘパイストスの妻。愛と豊饒の女神。アプロディテの星 (金星) への言及：*V. 29, 32, 34, 36* →ゼウス、ディオメデス、プリュネ、ヘパイストス

アポロン (Apollōn)
ゼウスとレトの息子で、アルテミス女神と双子の神。医術、予言、音楽文芸などを司る。 *I. 101* →アスクレピオス、エウリュトス、オルペウス、ゼウス、ティテュオス、ヘルメス、リノス

アミュコス (Amykos)
ポセイドンとビテュニアのニンフ、メリエの息子。黒海沿岸、ビテュニア地方のベブリュキア人の王。訪れる他国人に対して拳闘を挑んで殺害していたが、アルゴ船の乗組員のポリュデウケスに打ち負かされた。 *II. 104* →ポセイドン

アラキュントス (Arakynthos)
アラキュントス山は、アイトリア地方やボイオティア地方のそれが有名であったが、アッティカ地方にも同名の山があった。 *I. 257* →アッティカ

アラトス (Aratos) 前315頃−240年以前
小アジア、キリキア地方ソロイ出身の詩人。エウドクソス（クニドスの）の『パイノメナ（天文現象）』に基づき、ヘクサメトロス形式の天文詩『星辰譜（パイノメナ、天文現象）』を著わした。同詩は非常に有名になり、キケロなどがラテン語に翻訳したほか、アラビア語にも訳され、また注釈も多数執筆された。 *I. 304; V. 98,* 引用：*I. 304; V. 98* →エウドクソス（クニドスの）、クラテス（マロスの）、ヒッパルコス（ニカイアの）

アリスタルコス（サモトラケの）(Aristarchos) 前216頃−144年頃
エーゲ海北部、サモトラケ島出身の文献学者・文法家。アリストパネス（2）の弟子。プトレマイオス7世の家庭教師やアレクサンドレイアの図書館長をつとめたが、晩年キュプロス島に退き、そこで没した。その傑出した学識、業績ゆえに「ホ・グランマティコータトス（最高の学者（文法家））」、また「マンティス（予言者）」とも称された。ホメロス、ヘシオドスの叙事詩、アルキロコス、アルカイオス、ピンダロス等の抒情詩のテクスト校訂、注釈を行ない、後世にも多大の影響を与えた。 *I. 44* →アリストパネス（2）、アルカイオス、アルキロコス、アレクサンドレイア、カイリス、キュプロス、クラテス（マロスの）、ディオニュシオス・トラクス、ピンダリオン、ピンダロス、ヘシオドス、ホメロス

アリスティオン (Aristiōn)
名前の例：*I. 169, 173−174*

アリストクセノス (Aristoxenos) 前370年頃の生まれ
南イタリアのタラス（タレントゥム）出身の音楽理論家、哲学者。父のスピンタロスも著名な音楽家。ピュタゴラス派の音楽理論家クセノピロスのもとで学んだ後、アリストテレス（1）の学園リュケイオンで学んだ。音楽理論書のほか、哲学者の伝記や教育論を含む膨大な著作のほぼすべてが散失し、現存するのは『ハルモニア原論』全3巻と『リズム原論』第2巻の一部、その他わずかな断片のみであるが、古代ギリシアの音楽理論を知る上で最重要の資料である。 *VI. 1* →アリストテレス（1）、スピンタロス、ピュタゴラス派

アリストクレス (Aristoklēs)
プラトン（1）の元来の名前。ディオゲネス・ラエルティオス『哲学者列伝』第3巻4を参照。 *I. 258* →プラトン（1）

アリストテレス（1）(Aristotelēs) 前384−322年
カルキディケのスタゲイラ出身の哲学者。20年間プラトン（1）のアカデメイアに学び、後に学園リュケイオンを開いてペリパトス派を創始した。広範な学問領域にわたって研究し、「万学の祖」と呼ばれる。若きアレクサンドロス（後の大王）の家庭教師をつとめたこともある。 *I. 2, 258, 315; II. 8−9, 61; III. 57, 59,* 引用：*II. 8, 61; III.*

57–58　→アリストクセノス、アレクサンドロス（大王）、スタゲイラ、ディカイアルコス（メッセネの）、テオプラストス、ニカノル（スタゲイラの）、ピュティアス、プラトン（1）、ペリパトス派

アリストテレス（2）（Aristotelēs）前3世紀
医者のメトロドロス（1）と、アリストテレス（1）の娘ピュティアスの息子。ディオゲネス・ラエルティオス『哲学者列伝』第5巻53のテオプラストスの遺書には、メディオス（あるいはメイディアス）とピュティアスの息子と記されているが、多くの校訂が「メトロドロス」に修正している。 *I. 258*　→アリストテレス（1）、テオプラストス、ピュティアス、メトロドロス（1）

アリストパネス（1）（Aristophanēs）前445頃−385年頃
アテナイ出身、アッティカ古喜劇を代表するギリシア最大の喜劇詩人。 *I. 228,* 引用：*I. 228; VI. 15*　→アリストパネス（2）、カイリス、クラテス（マロスの）

アリストパネス（2）（ビュザンティオンの）（Aristophanēs）前257頃−180年頃
文献学者・文法家。前194年頃、エラトステネス（キュレネの）を継いで、アレクサンドレイアの図書館長になる。ホメロス、ヘシオドス、アルカイオス、アルクマン、ピンダロス、アリストパネス（1）などの初期のテクスト校訂者で、文法のアレクサンドレイア派の創始者。ギリシア語アクセント記法を最初に考案したとされる。辞書的諸著作では『レクセイス（諸語）』（あるいは『グローッサイ（諸稀語）』）が最も重要である。 *I. 44*　→アリスタルコス（サモトラケの）、アルカイオス、アレクサンドレイア、エラトステネス（キュレネの）、ピンダロス、ヘシオドス、ホメロス

アリストン（Aristōn）前2世紀
ペリパトス派の哲学者。クリトラオス（パセリスの）の弟子で、師と同様に弁論術を批判した（クインティリアヌス『弁論家の教育』第2巻15. 19も参照）。ケオスのアリストン（ペリパトス派）の弟子で後継者であったコスのアリストンと同一視されることもあるが、定かではない。 *II. 61,* 引用：*II. 61*　→クリトラオス（パセリスの）、ペリパトス派

アルカイオス（Alkaios）前7世紀後半−6世紀中頃
レスボス島ミュティレネ出身の抒情詩人。祖国の独裁者たちとの戦いの生活のなかで、政治、戦い、同志と酌み交わす酒、恋愛を主題とする詩や、神々への賛歌などを作った。 *I. 298*　→アイオリス方言、アリスタルコス（サモトラケの）、アリストパネス（2）、ミュティレネ

アルカディア（Arkadia）
ペロポネソス半島中央の山岳地域。 *I. 261*　→ペロポネソス

アルキメデス（Archimēdēs）前287頃−212年
シュラクサイ出身の、古代ギリシア最大の数学者、また力学をはじめとする工学諸分野の開拓者。第二次ポエニ戦争では生地の王を助け、自ら考案した軍事機械によってローマ軍に対抗したが、戦いに敗れ、一兵卒によって殺害された。 *I. 301*

アルキロコス（Archilochos）前7世紀中頃
エーゲ海中央部パロス島出身の抒情詩人。移住したエーゲ海北端タソス島での軍隊生活のなかで、あるいは許嫁の裏切りへの激しい怨恨から、ホメロス以来の伝統的な道徳観、価値観と真っ向から対立する革新的な詩を作った。 *I. 298*　→アリスタルコス（サモトラケの）

アルクトゥルス（Arktouros）
うしかい座の首星。ギリシア語「アルクトゥロス」は「熊の番人」を意味する。夜明け直前に現われると実りの秋の到来を告げる。 *V. 85*　→シリウス

アルゴス（Argos）

アルゴスはテッサリア地方と、ペロポネソス半島にあるが、ここでは後者。同半島北東部、アルゴリス湾頭約5キロメートルに位置する都市。アガメムノンの支配下にあった。ホメロス叙事詩で「アルゴス勢」とはギリシア軍全体を指す。 *I. 42* →アガメムノン、ディオメデス、プロイトス、ペロポネソス

アルゴリス (Argolis)

アルゴスを中心都市とするペロポネソス半島北東部の地域。 *I. 262* →アルゴス、ペロポネソス

アルコン (Archōn)

名前の例：*I. 239*

アレイオス・パゴス (Areios pagos)

アテナイのアクロポリスの西側に位置する丘の名前 (字義どおりには「アレスの丘」)。そこで開かれた審議会も同じ名で呼ばれた。 *II. 77* →アテナイ、アレス (1)

アレクサンドレイア (Alexandreia)

アレクサンドロス大王が前331年にナイル河口に建設した都市。大王の死後、その将軍の一人でエジプトを入手したプトレマイオス1世が同市を政治的・経済的拠点に据えて以来、大きな発展を遂げ、ヘレニズム時代にはアテナイとならぶ学術、文化の中心地であった。 *I. 213* →アレクサンドロス (大王)、プトレマイオス (2)

アレクサンドロス (大王) (Alexandros) 前356－323年

ピリッポス2世の息子、マケドニア王。東地中海からインドに達する大帝国建設の途上で病死した。 *I. 263, 282; V. 89* →アリストテレス (1)、アレクサンドレイア、アンティゴノス、ニカノル (スタゲイラの)、ピュロン、ピリッポス (2世)、マケドニア

アレス (1) (Arēs)

ゼウスとヘラの息子。軍神。 *I. 101, 106, 121, 255; II. 24* アレスの星 (火星) への言及：*V. 29, 32, 34, 36* →アレイオス・パゴス、ゼウス、ヘラ

アレス (2) (Arēs)

名前の例：*I. 237*

アンタイオス (Antaios)

ポセイドンとガイア (大地) の息子で、リビュエに住む巨人。訪れる者に組み打ちを挑んで殺害していたが、ヘラクレスによって討たれた。 *II. 104* →ヘラクレス、ポセイドン、リビュエ

アンティオコス (Antiochos)

「アンティオコス」は、セレウコス王朝の何人かの王の名前。自由都市プリエネを支配下に収めた王として想定されるのは、アンティオコス3世 (大王) (前242頃－187年)。 *I. 293* →ソストラトス (2)、プリエネ

アンティゴノス (Antigonos) 前320頃－239年

マケドニア王。アレクサンドロス大王の将軍の一人アンティゴノス (1世) の孫で、「ゴナタス (Gonatas)」と呼ばれる。『論駁』I. 276の使節派遣の記事はおそらく、プトレマイオス (2) が支援した反マケドニア同盟とアンティゴノス・ゴナタスとのあいだのクレモニデス戦争時 (前267頃－261年) のことであろう。 *I. 276* →アレクサンドロス (大王)、ソストラトス (1)、プトレマイオス (2)、マケドニア

アンブラキア (Ambrakia)

ギリシア北西部の都市。「アンプラキア (Amprakia)」とも呼ばれた。現在のアルタ。 *I. 48*

イオニア人 (Iōnes)

小アジア西岸の中央部地域、および近辺の島々に住んでいた人々。前1000年頃、ギリ

シア本土から移住してきた。 *I. 88*

イオレイア (Ioleia)

オイカリア王エウリュトスの娘。一般に「イオレ (Iolē)」と呼ばれる。ヘラクレスは、エウリュトスが自分と息子たちを弓で負かした者にイオレを与えると約束しているのを知って、弓の試合を挑み勝利を収めたが、イオレとの結婚を拒絶されたことから、後にエウリュトスとその息子たちを殺害し、イオレを奪い去る。しかし、ヘラクレスの妻デイアネイラは、夫の心変わりを恐れ、ケンタウロスのネッソスの血を愛の妙薬と信じて夫の衣服に塗ったところ、毒のためにヘラクレスは瀕死の状態に陥る。彼は息子ヒュロスにイオレを妻にするようにと命じ、自身はオイテ山で焼死しようとしたが、天上に運ばれて不死の身となり、ヘラの娘ヘベと結婚したと伝えられる。 *I. 48*
→エウリュトス、ケンタウロス、ヘラ、ヘラクレス

イオン (キオスの) (Iōn) 前480年代−421年以前

エーゲ海東部キオス島出身、アテナイで活動した悲劇詩人。また抒情詩や散文著作も書くなど、きわめて多才な人であった。彼の作品はごくわずかの断片が現存するのみである。 *II. 24,* 引用：*II. 24*

イソクラテス (Isokratēs) 前436−338年

アテナイ出身の弁論家。ゴルギアスから詩的な文体と国家社会の問題に対する関心を、ソクラテスから倫理的問題への関心を受け継ぎ、前390年ごろアテナイに弁論・修辞学の学校を設立し、以後亡くなるまで教育活動に取り組んだ。その学校は、プラトン（1）のアカデメイアとともにアテナイにおける二大高等教育機関となった。21篇の著作 (演説) と 9 篇の書簡が現存する。 *II. 62,* 引用：*II. 62* →ゴルギアス、ソクラテス、ヒュペリデス、プラトン（1）

イタケ (Ithakē)

イオニア海東端ケパレニア島とギリシア本土のあいだに位置する小島。オデュッセウスの領地。 *VI. 26* →オデュッセウス

イデ山 (Idē)

小アジア北西部、イリオス (トロイア) の東に位置する山。 *I. 291* →トロイア

イリオス (Ilios)

トロイアの別名。イリオン (Ilion) とも言う。 *I. 101; VI. 26* →トロイア

エウドクソス (クニドスの) (Eudoxos) 前390頃−340年頃

クニドス出身の傑出した数学者、天文学者、地理学者。また医学を修め、クニドスのために法律を起草した。プラトン（1）と親交があった。天文学では、諸天体の見かけ上の運動に関する数学的説明を提出、また星座に関する著作 (『パイノメナ (天文現象)』) はアラトスの『星辰譜 (パイノメナ、天文現象)』に採り入れられた。占星術を批判した (キケロ『占いについて』第 2 巻42. 87を参照)。 *I. 301; V. 1* →アラトス、クニドス、クリュシッポス（1）、ヒッパルコス (ニカイアの)、プラトン（1）

エウボイア (Euboia)

ギリシア本土の東に位置する大きな島。 *V. 92*

エウリピデス (Euripidēs) 前485/84頃−406年

アテナイ、あるいは近接するサラミス島の生まれ。アイスキュロス、ソポクレスと並ぶギリシア三大悲劇詩人の一人。 *I. 58, 62, 271, 274, 287, 288* (「舞台の哲学者」), *308; III. 3,* 引用：*I. 62, 271, 274, 279, 287−288, 308; III. 104; VI. 17, 27, 35* →オレステス、クラテス (マロスの)、ソポクレス、プリクソス、ヘカベ

エウリュトス (Eurytos)

オイカリア王。弓の名手。ホメロスは、弓の技量でアポロンに挑戦して殺されたとしているが、後代の話では、娘のイオレイア (イオレ) をヘラクレスの妻とすることを

拒んだためにヘラクレスに殺されたとされる。 *I. 48* →アポロン、イオレイア、クレオピュロス、ヘラクレス、ホメロス

エエティオン (Ēetiōn)
トロイアの勇将ヘクトルの妻アンドロマケの父。7人の息子ともどもアキレウスに殺された。「エエティオンの町」とはトロイアの南西に位置するテーベー（テーバイ）のこと。 *VI. 10* →アキレウス、トロイア

エジプト人 (Aigyptioi)
V. 31

エチオピア人 (Aithiopes)
V. 102

エテオクレス (Eteoklēs)
オイディプスとイオカステの息子。テーバイの王権をめぐる弟ポリュネイケスとの戦いで両方とも討死にする。 *I. 62* →テーバイ（ボイオティアの）

エピカルモス (Epicharmos) 前6－5世紀前半
シュラクサイで活動したシケリアの喜劇詩人。その喜劇のうちには、哲学的な箴言風の言葉が多数含まれていたと考えられる。 *I. 273,* 引用：*I. 273*

エピクロス (Epikouros) 前341－270年
サモス島出身の原子論哲学者。無動揺（平静、アタラクシアー）を人生の目的とする快楽主義者。307/06年頃、アテナイに庭園つきの邸宅を購入し、親しい仲間と友愛を重んじる共同生活を送った。 *I. 1, 3−5, 21, 49, 57, 272−273, 283−285,* 引用：*I. 4, 273, 283−284* →エピクロス派、ナウシパネス、ミュティレネ、メトロドロス（2）

エピクロス派 (hoi Epikoureioi)
エピクロスの教えを信奉する学派。奴隷や女たちも仲間として受け入れられた。 *I. 1, 299; II. 25; III. 98; VI. 19, 27,* 引用：*III. 98* →エピクロス、メトロドロス（2）

エラシストラトス（ケオスの）(Erasistratos) 前315頃－240年頃
ケオス島出身、アレクサンドレイアで活動した医者、生物学者。人体解剖を行ない、心臓弁の機能を最初に正確に説明するなど多くの業績をあげ、また臨床医としても優れていた。 *I. 258* →アレクサンドレイア、メトロドロス（1）

エラトステネス（キュレネの）(Eratosthenēs) 前285/80頃－194年頃
アフリカ北岸キュレネ出身の多方面にわたる学者、詩人。プトレマイオス3世の招きに応じ、アレクサンドレイアで宮廷の家庭教師、また図書館長もつとめた。自らをphilologosと呼んだ最初の学者とされる。文献学、詩学、年代学、地理学、数学、哲学史などの領域で多数の著作を著わした。 *III. 28,* 引用：*III. 28* →アリストパネス（2）、アレクサンドレイア、キュレネ

エリピュレ (Eriphylē)
アルゴスの英雄でテーバイ攻めの七将の一人アンピアラオスの妻。ポリュネイケスに買収され、死を予知していた夫をテーバイ攻めに加わらせて戦死させる。アンピアラオスの遺言により息子アルクマイオン（またはアルクメオン）によって殺された。ステシコロスの『エリピュレ』のほか、ソポクレスも悲劇『エリピュレ』を書いた。 *I. 261*（ステシコロスの作品名） →アルゴス、ステシコロス、ソポクレス、テーバイ（ボイオティアの）

エレクテウス (Erechtheus)
伝説上のアテナイの王。『論駁』I. 262ではクレオパトラはエレクテウスの娘とされているが、正確には、彼の娘オレイテュイアとボレアス（北風）のあいだに生まれた娘、すなわち孫娘。 *I. 262* →クレオパトラ

エンペドクレス (Empedoklēs) 前493頃－433年頃

シケリア島アクラガス出身の哲学詩人。断片が現存する二著作のうち『自然について』では、火、空気、水、土の四元の「愛」と「争い」による混合と分離によって自然界の生成消滅を説明し、『浄め』では、魂の輪廻転生の思想を説いている。 *I. 302—303,* 引用：*I. 302—303*

オデュッセウス (Odysseus)

ホメロス『オデュッセイア』の主人公で、イタケ王。トロイア遠征軍中第一の知将。トロイア攻略の後、10年間の漂泊をへて帰国、妻ペネロペへの非道な求婚者たちを退治した。 *I. 42, 264, 267; II. 105; VI. 26* →イタケ、テレゴノス、トロイア、ペネロペ、ホメロス

オリオン (Ōriōn)

曙の女神エオスに愛されたボイオティアの狩人で巨人。一説によると、これを嫉妬した女神アルテミスに殺された。 *I. 262*

オリュンポス (Olympos)

ギリシア北部マケドニアの東南端に位置し、東にエーゲ海を臨むギリシアの最高峰(2918m)。ゼウスの玉座でオリュンポスの神々の住まい。 *I. 290* →ゼウス、マケドニア

オルペウス (Orpheus)

ギリシアの伝説上の詩人。アポロン (あるいはトラキア王オイアグロス) とムーサのカリオペの息子。 *I. 204; II. 31,* 引用：*II. 31* →アポロン、ムサイオス

オレステス (Orestēs)

アガメムノンとクリュタイムネストラの息子。父の仇を討ち、アイギストスと母クリュタイムネストラを殺した。『オレステス』という題名の悲劇としては、エウリピデスの作品 (前408年上演) が現存しているが、悲劇詩人のカルキノス (前380/76年盛年) や、悲劇詩人で弁論家でもあったテオデクテス (前405/400－334年頃) も同名の悲劇を書いた。 *I. 215* (悲劇作品名) →アイギストス、アガメムノン、エウリピデス、クリュタイムネストラ

カイリス (Chairis) 前１世紀

アリスタルコス (サモトラケの) の学派に属するアレクサンドレイアの文法家。アリスタルコスのホメロス校訂を擁護。ピンダロス、喜劇詩人アリストパネス（1）の注釈も著わした。『論駁』I. 76で『文法術について』の著者として名指しされているカレス (Charēs) はこのカイリスのことと思われる (43頁註（3）を参照)。 *I. 76—77, 79—81, 83,* 引用：*I. 76* →アリスタルコス (サモトラケの)、アリストパネス（1）、アレクサンドレイア、ピンダロス、ホメロス

カイロネイア (Chairōneia)

ボイオティア北西部の都市。前338年、カイロネイアの戦いで、アテナイとテーバイの連合軍がピリッポス2世率いるマケドニア軍に敗れ、ポリス (都市国家) の時代に実質的終止符が打たれることになった。 *I. 295* →アテナイ、テーバイ (ボイオティアの)、ピリッポス（2世)、マケドニア

カドモス (Kadmos)

ボイオティアのテーバイ建国の祖。ハルモニアの夫 (補註Tを参照)。 *I. 53—54* →テーバイ (ボイオティアの)

カドモスのフェニキアの印 (ta Phoinikika sēmata Kadmou)

ギリシア文字 (アルファベット) のこと。テーバイ建国の祖カドモスがフェニキアからテーバイに伝えたと考えられていた。 *I. 53—54* →カドモス、テーバイ (ボイオティアの)

カマンドドス (Kamandōdos)

小アジアのレベドス近辺の土地。写本には「カマンドロス (Kamandōlos)」と記したものもある。 *I. 275* →レベドス

カリマコス (キュレネの) (Kallimachos) 前4世紀末－3世紀中頃

プトレマイオス（2）の宮廷で活動した学者、詩人。アレクサンドレイア図書館の全書物の『図書目録』（全120巻）を作成した。800巻を越える膨大な著作のうち完全なかたちで現存するのは約60篇のエピグラムと6篇の賛歌のみ。 *I. 48, 309,* 引用：*I. 48, 309* →アレクサンドレイア、キュレネ、プトレマイオス（2）

カルデア人、カルデア占星術 (hoi Chaldaioi, Chaldaikē)

元来はペルシア王キュロス (大王) が支配する以前の、バビュロニア最後の王朝 (新バビュロニア王朝 (前625－539年)) を築いた民族の名前。ローマ時代には、占星術・天文学に従事する人々の総称となった。 *I. 182; V. 2－3, 5, 21, 27, 41, 43, 45－46, 48－51, 53－54, 58, 61, 64, 67－68, 70－71, 73, 75, 81－83, 85－87, 89－91, 106*

カルミダス (Charmidas) 前168/67頃－107年以降

またはカルマダス (Charmadas)。カルネアデスの弟子で、ラリサのピロンとともに第4のアカデメイアに分類されることもある。 *II. 20* →アカデメイア派

カレス (Charēs) →カイリス

カレス (Charēs)

名前の例：*I. 237*

キオス、キオス人 (Chios, Chioi)

エーゲ海東部、小アジアに面した島および都市。住民はイオニア方言を話す入植ギリシア人。 *II. 23*

キティオン (Kition)

キュプロス島南東部の都市。 *II. 7* →キュプロス

キュクロプス (Kyklōps)

キュクロプスは野蛮で非道な一つ目の巨人族 (「キュクロープス」とは「円い目」を意味する)。『論駁』III. 42, 49で言及されるキュクロプスは、オデュッセウスが帰郷途上で出会うポセイドンの息子ポリュペモスを指す (『オデュッセイア』第9歌参照)。ヘシオドス『神統記』139－146では、キュクロプスはウラノス (天) とガイア (大地) の子どもたちとされている。 *III. 42, 49* →オデュッセウス、ヘシオドス、ポセイドン

キュプロス (Kypros)

地中海の最東端に位置する島。地中海で3番目に大きい島。 *I. 257*

キュレネ (Kyrēnē)

地中海をはさんでペロポネソス半島の真南にあたるアフリカ北岸に位置するギリシアの植民都市。キュレネ派の創始者アリスティッポス、カリマコス (キュレネの)、懐疑派アカデメイアのカルネアデスなどの生地。 *I. 261* →アカデメイア派、カリマコス (キュレネの)、キュレネ派、ペロポネソス

キュレネ派 (hoi apo tēs Kyrēnēs, hoi Kyrēnaikoi)

ソクラテスの親しい仲間であったアリスティッポス (前435頃－355年頃)、あるいは同名の孫が立てた快楽主義の学派。感覚に直接感じ取られるもののほかは何も知りえないという刹那主義と、身体的快楽を人生の目的とする快楽主義の立場をとり、前4－3世紀に大きな影響力をもった。 *VI. 53,* 引用：*VI. 53* →キュレネ、ソクラテス

ギリシア、ギリシア人 (Hellas, Hellēnes)

I. 37, 44, 76－77, 83, 97, 145, 147, 155, 176, 218; II. 25; V. 92; VI. 9

ギリシア語

I. 81, 186, 218 →事項索引の「純粋ギリシア語」の項

クセノクラテス（カルケドンの）(Xenokratēs) 前４世紀

ボスポロス海峡をはさんでビュザンティオンのアジア側対岸に位置する都市カルケドン出身の哲学者。プラトン（１）の弟子。プラトン没後、スペウシッポスの後を継ぎ、前339－314年アカデメイアの学頭。謹厳かつ穏和な人柄で広く尊敬を集めた。彼以来、哲学は論理学、自然学、倫理学の三分野に分けられるようになった。 *II. 6, 61,* 引用：*II. 6, 61* →アカデメイア派、ビュザンティオン、プラトン（１）

クセノパネス（コロポンの）(Xenophanēs) 前570頃－470年頃

イオニア地方コロポン出身の哲学者、神学者、詩人。ホメロスやヘシオドスが描くような擬人的で不道徳な神の観念を批判するとともに、人間の認識の限界を説くなど、懐疑主義的主張も行なった。 *I. 257, 289,* 引用：*I. 289* →コロポン、ヘシオドス、ホメロス

クテシポン (Ktēsiphōn) 前４世紀

アテナイの政治家。前336年、アテナイへの貢献を理由に、反マケドニア派のデモステネスに対する顕彰動議を提出する。これに対抗してアイスキネスは『クテシポン弾劾』を著わした。179頁註（１）を参照。 *II. 40* →アイスキネス、デモステネス、マケドニア

クニドス (Knidos)

小アジア南西部カリア地方、コス島の対岸に位置する都市。 *I. 258* →コス

クラテス（マロスの）(Kratēs) 前２世紀

キリキア地方マロス出身の学者・文法家。アリスタルコス（サモトラケの）と同時代人。ストア派哲学者でパナイティオスの師。文法のペルガモン派の創始者で、ペルガモンの図書館創設にも尽力した。ローマ訪問時（前168年か159年）に行なった講義が、ローマ人の文法研究の端緒をなした。ホメロス、ヘシオドス、エウリピデス、アリストパネス（１）、アラトスなどを研究、「文法家（グランマティコス）」よりも、「批評家（クリティコス）」たらんことを目指した。 *I. 44, 79, 248,* 引用：*I. 79* →アラトス、アリスタルコス（サモトラケの）、アリストパネス（１）、エウリピデス、ストア派、タウリスコス、ヘシオドス、ホメロス、マロス

クリトラオス（パセリスの）(Kritolaos) 前２世紀前半

小アジア南西部リュキア地方パセリス出身のペリパトス派哲学者で学頭。アカデメイアのカルネアデスやストア派のディオゲネスとともに、前156/55年、哲学使節としてローマを訪問。弁論術に対する厳しい批判者であった。 *II. 12, 20, 61* →アカデメイア派、アリストン、ストア派、ペリパトス派

クリュシッポス（１）（クニドスの）(Chrysippos) 前350年頃の活動

ディオゲネス・ラエルティオス『哲学者列伝』第７巻186、第８巻87、89で言及される医者。クニドスのエウドクソスの弟子。メトロドロス（１）の師。 *I. 258* →エウドクソス（クニドスの）、クニドス、メトロドロス（１）

クリュシッポス（２）（ソロイの）(Chrysippos) 前280頃－206年頃

小アジア南東海岸キリキア地方ソロイ出身のストア派哲学者。前260年頃アテナイに出て懐疑派アカデメイアで学んだ後、ストア派のクレアンテスの弟子になり、前232年に師の後を継いで学頭になった。ストア哲学の大成者で、「クリュシッポスなくしてストアなし」との評判を得た。 *I. 301* →アカデメイア派、ストア派

クリュタイムネストラ (Klytaimnēstra)

テュンダレオスとレダの娘。ヘレネ、ディオスクロイ —— カストルとポリュデウケス（ポルクス）—— の姉妹。アガメムノンの妻。情人のアイギストスとともに、夫を殺害

し、後に息子のオレステスによって仇討ちされた。 *VI. 11—12, 26* →アイギストス、アガメムノン、オレステス、テュンダレオス、ヘレネ

クレイトマコス (Kleitomachos) 前187/86—110/09年

カルタゴ出身の哲学者。懐疑派アカデメイアでカルネアデスに学び、後に学頭になった。400巻以上に及ぶ書物を執筆、師カルネアデスが行なった懐疑主義の諸議論を記録した。 *II. 20* →アカデメイア派

クレオパトラ (Kleopatra)

ボレアス (北風) とオレイテュイアの娘、ピネウスの最初の妻。『論駁』I. 262ではクレオパトラはエレクテウスの娘とされているが、正しくは孫娘。 *I. 262* →エレクテウス、ピネウス

クレオピュロス (サモスまたはキオスの) (Kreōphylos)

プラトン (1)『国家』第10巻600Bで、ホメロスの弟子 (あるいは友人) として語られている人。古注は義理の息子としている。『オイカリアの征服 (*Οἰχαλίας ἅλωσις*)』を創作したと伝えられる。 *I. 48* →プラトン (1)、ホメロス

クレオンブロトス (アンブラキアの) (Kleombrotos) 前5—4世紀

プラトン (1)『パイドン』59Cで、アイギナ島にいてソクラテスの死に立ち会えなかったとして名前の挙がっている人物。 *I. 48* →アンブラキア、ソクラテス、プラトン (1)

クレタ (Krētē)

エーゲ海の南端に位置する大きな島。 *II. 20—21*

クロノス (1) (Kronos)

ウラノス (天) とガイア (大地) から生まれたティタン神族の末弟。生まれてきた子どもたちをガイアの奥底に閉じ込めていた父ウラノスの男根を、母の与えた大鎌で切断し、父の覇権を奪ったが、自分自身も生まれてきた子どもたちを次々に呑み込んだため、末子ゼウスによってタルタロスに投げ落とされた。 *I. 289,* クロノスの星 (土星) への言及：*V. 29, 32, 34, 36* →ゼウス、ティタン神族、デメテル、ハデス、ヘラ、ポセイドン

クロノス (2) (Kronos) →ディオドロス・クロノス

クロロス (Chlōros)

デメトリオスの通称。 *I. 84* →デメトリオス

ケンタウロス (hippokentauros)

胸から上は人間、胴から下は馬の姿をした神話上の勇猛な種族。 *III. 41, 47*

コス (Kōs)

エーゲ海南東部、スポラデス諸島の一つで、小アジア西岸のハリカルナッソスに面した島。 *I. 246*

コラクス (Korax) 前5世紀

シケリアのシュラクサイ出身の弁論家で、最初の弁論術の教師と伝えられている人。「ありそうなこと (eikos)」から出発する議論について論じた。 *II. 96—99*

ゴルギアス (Gorgias) (前485頃—380年頃)

シケリアのレオンティノイ出身で、最も声望の高かったソフィスト、弁論家。技巧を凝らした文体はイソクラテスやトゥキュディデスにも大きな影響を与えた。プラトン (1) の対話篇『ゴルギアス』の引用：*II. 2* →イソクラテス、トゥキュディデス、プラトン (1)

ゴルゴン (またはゴルゴ) (Gorgōn, Gorgō)

ステンノ、エウリュアレ、メドゥサの三人の女怪。その恐ろしい容貌によって、見る者すべてを石に変えた。ペルセウスがメドゥサの首を刎ね、そこからクリュサオルと

ペガソスが生まれた。 *I. 264* →ペガソス、ペルセウス

コロポン (Kolophōn)

小アジアのイオニア地方、スミュルナとエペソスの中間に位置する都市。 *I. 257, 289* →スミュルナ

シリア人、シリア語 (Syroi, syrizein)

I. 314

シリウス (Seirios, Kyōn)

全天で最も明るいおおいぬ座の首星。夜明け直前に現われると夏の到来を告げるので「焼けつく暑さをもたらす星 (セイリオス)」とも、また「犬 (キュオーン)」とも呼ばれた。 *V. 85* →アルクトゥルス

スコパス (Skopas)

名前の例：*I. 237*

スタゲイラ (Stageiros, Stageira)

ギリシア北部カルキディケの東海岸の都市。アリストテレス (1) の生地。 *I. 258* →アリストテレス (1)

スタピュロス (Staphylos) 前150年以前

ナイル河口に近いギリシア植民都市ナウクラティス出身の歴史家。テッサリア、アテナイ、アイオリア、アルカディアの歴史を著わした。 *I. 261,* 引用：*I. 261* →アテナイ、アルカディア

ステシコロス (Stēsichoros) 前600頃－550年頃活動

断片のみ現存する抒情詩人。おそらくシケリアのヒメラ出身。本名はテイシアスとも伝えられる。合唱抒情詩の完成者。 *I. 261,* 引用：*I. 261* →エリピュレ

ストア派 (hoi apo tēs Stoas, hoi Stōikoi)

キティオンのゼノンが前300年頃アテナイに創始した学派。その名は、ストア・ポイキレ (彩色柱廊) を活動拠点としたことに由来する。クリュシッポスによって大成される。懐疑派の主要論敵であった。 *I. 17, 20, 28, 78; II. 6; VI. 54* →クラテス (マロスの)、クリュシッポス (2)、ゼノン (キティオンの)、ディオドロス・クロノス、ディオニュシオス・トラクス、ヘラクレイトス

スパルタ、スパルタ人 (Spartē, Spartiatai)

ペロポネソス半島南東部を占めるラコニア地方の首都。別名ラケダイモン。ギリシアの主導権をアテナイと争った。 *II. 21; VI. 9, 24* →アテナイ、トゥキュディデス、ペロポネソス、ラケダイモン人、ラコニア、リュクルゴス

スピンタロス (Spintharos)

音楽家アリストクセノスの父。自身音楽家で、アリストクセノスの最初の音楽教師。 *VI. 1* →アリストクセノス

スミュルナ (Smyrna)

小アジア西海岸の重要な海港都市。現在のイズミル。 *I. 169, 173* →コロポン

セイレン (Seirēnes)

地中海の孤島に住み、近くを航行する船員を美しい歌声で魅了して破滅させる魔女たち。 *I. 41－42*

ゼウス (Zeus)

クロノス (1) とレアの末子。「神々と人間の父」として崇められたギリシア神話の最高神。 *I. 48, 101, 177, 195, 276, 288－290; II. 105; VI. 17* ゼウスの星 (木星) への言及：*V. 29, 32, 34, 36* 慣用句「神 (ゼウス) かけて (nē Dia)」という表現の用例：*III. 6, 14, 104; VI. 3, 26* →アテネ、アプロディテ、アポロン、アレス (1)、オリュンポス、クロノス (1)、タンタロス、ティテュオス、デメテル、ブシリス、ヘパイ

ストス、ヘラ、ヘラクレス、ペルセウス、ヘルメス、ヘレネ

ゼノン（キティオンの）（Zēnōn）前334頃－262年頃

キュプロス島キティオン出身の哲学者。ストア派の創始者。22歳のときアテナイに出て、ペリパトス派を除くほとんどすべての哲学派の授業を受け、犬儒派のクラテスからは徳や自足を重んじる禁欲主義的な生き方を、メガラ派のスティルポンからは普遍の存在を否定する認識論を、アカデメイア派のポレモンからは倫理学を中心とするプラトン主義思想を、問答学派のディオドロス・クロノスからは命題論理学を学んだ。アゴラに近いストア・ポイキレ（彩色柱廊）で教えたところからその学派は「ストア派」と呼ばれた。 *II. 7* →アカデメイア派、キティオン、ストア派、ディオドロス・クロノス、プラトン（1）、ペリパトス派

ソクラテス（Sōkratēs）前469－399年

アテナイ出身の哲学者、プラトン（1）の師。 *II. 25; VI. 13* 命題や議論のなかでよく用いられる名前として：*III. 40, 94; IV. 17; V. 104* →イソクラテス、キュレネ派、クレオンブロトス（アンブラキアの）、ヒッポクラテス、プラトン（1）、ランポン

ソストラトス（1）（Sōstratos）

プトレマイオス（2）からアンティゴノス王のもとに派遣された使節。おそらくは、プトレマイオスの廷臣で外交使節としても活躍したクニドス出身のソストラトスと同一人物であろう（P. M. Fraser, *Ptolemaic Alexandria*, Oxford, 1972, vol. 1, p. 19; 1982, vol. 2, p. 53 n. 121 を参照）。 *I. 276* →アンティゴノス、クニドス、プトレマイオス（2）

ソストラトス（2）（舞踏家）（Sōstratos）

アンティオコス王（おそらくアンティオコス3世（大王）（前242頃－187年））の宮廷舞踏家。 *I. 293* →アンティオコス

ソプロン（Sōphrōn）前5世紀

シケリア島シュラクサイのミーモス作家。プラトン（1）が人物の性格描写のためにその作品を参考にしたと言われる（ディオゲネス・ラエルティオス『哲学者列伝』第3巻18を参照）。 *I. 284* →プラトン（1）

ソポクレス（Sophoklēs）前496/95－406年

アテナイ近郊のコロノスの生まれ。アイスキュロス、エウリピデスと並ぶギリシア三大悲劇詩人の一人。 *I. 313; III. 3*, 引用：*I. 313* →エウリピデス、エリピュレ、テレゴノス、ピネウス

ソロン（Solōn）前640頃－561年以降

アテナイの政治家、詩人。前594/93年にアルコン就任。政治的、経済的改革を断行し、アテナイ民主制の基礎を築いた。 *VI. 9*

タウリスコス（Tauriskos）前2世紀後半－前1世紀前半

ペルガモン派の文法家。マロスのクラテスの弟子。 *I. 248* →クラテス（マロスの）

タレス（クレタの）（Thalēs）

リュクルゴスと同時代のクレタの抒情詩人、政治家、立法家。 *II. 21* →クレタ、リュクルゴス

タンタロス（Tantalos）

ゼウスの息子で、プリュギア（あるいはリュディア）のシピュロスの王。ニオベとペロプスの父。神々に対して犯した罪のゆえに、冥界で渇きながら飲めないなどの永遠の責苦を受ける。 *I. 286* →ゼウス、ニオベ、ペロプス

ディオドロス・クロノス（Diodōros ho Kronos）前284年頃没

小アジア南西部カリア地方イアソス出身の問答学派の哲学者。アリストテレス（1）より1世代後、アテナイで活動、ストア派のゼノン、アカデメイア派のアルケシラオ

ス、エピクロスなどに影響を与えた。また問答学派のピロンの師であり、論理学的な問題や詭弁を提起するなかで、ストア派命題論理学への道を拓いた。 *I. 309−312* →アカデメイア派、アリストテレス（1）、エピクロス、ストア派、ゼノン（キティオンの）

ディオニュシオス・トラクス（トラキアのディオニュシオス）(Dionysios ho Thraix) 前170頃−90年頃

ビュザンティオン出身の文法家。アレクサンドレイアでアリスタルコス（サモトラケの）に学び、後にロドス島で文法と文学を教えた。唯一現存する著作『文法術（テクネー・グランマティケー）』には、ストア派とアレクサンドレイア派の文法の影響が認められる。この著作それ自体は非常に短いが、ヘレニズム、ローマ、ビュザンティン時代に非常に多くの注釈書が書かれ、後の文法学の発展に多大の影響を与えた。 *I. 57, 60, 63, 72, 74, 80−81, 250, 253,* 引用：*I. 57, 60, 63, 66, 250* →アリスタルコス（サモトラケの）、アレクサンドレイア、ストア派、ビュザンティオン

ディオメデス (Diomēdēs)

テュデウスの息子でアルゴスの王。トロイア戦争における勇将。アプロディテの腕に傷を負わせたことから女神に憎まれ、辛酸をなめることになる。彼が亡くなったとき、彼の仲間たちは悲嘆のあまり鳥に姿を変えたと言う。 *I. 264* →アプロディテ、アルゴス、トロイア

ディオン (Diōn)

命題や議論のなかでよく用いられる名前（ディオゲネス・ラエルティオス『哲学者列伝』第7巻70、73−75、77−79などを参照）。 *V. 104* →テオン

ディカイアルコス（メッセネの）(Dikaiarchos) 前320−300年頃盛年

シケリア島メッセネ（メッサナ）出身で、アリストテレス（1）の弟子。博学で、哲学、歴史、文学、政治、地理など広範囲にわたり優れた業績を残し、後代に大きな影響を与えたが、断片しか現存しない。 *III. 3* →アリストテレス（1）

デイダメイア (Dēidameia)

スキュロス王リュコメデスの娘。リュコメデスのもとに預けられていたアキレウスの息子ネオプトレモスを生む。 *I. 308* →アキレウス、リュコメデス

ティタン神族 (Titēnes)

ウラノス（天）とガイア（大地）のあいだに生まれた巨人族。クロノス（1）、レア、オケアノス、テテュス、ムネモシュネ（記憶）などを含む。 *I. 264* →クロノス（1）

ティッサペルネス (Tissaphernēs) 前395年没

前413年頃、小アジア、リュディア地方サルディスの総督になり、ペルシア軍の総司令官として、アナトリア西部を支配する。ペロポネソス戦争に介入し、前412年、スパルタと、反アテナイ同盟を結ぶ。最後は、ペルシア王アルタクセルクセス2世の信用を失い、処刑された。 *II. 22* →スパルタ

ティテュオス (Tityos)

ガイア（大地）（あるいはゼウスとエラレ）から生まれた巨人。女神レトを襲ったため、レトの夫のゼウス、あるいは子どものアポロンとアルテミスによって殺され、冥界で禿鷹に肝臓を食われる罰を受ける。 *I. 286* →アポロン、ゼウス

デイプニオン (Deipniōn)

名前の例：*I. 174*

ティマイオス (Timaios)

プラトン（1）の対話篇名、またそこに登場し、宇宙論を展開するイタリア半島南端ロクリス出身の哲学者名。プラトンが創作した架空の人物である可能性が高い。 *I. 303* →プラトン（1）

ティモン（Timōn）前325/20頃－235/30年頃

プレイウス出身の懐疑哲学者。最初メガラでメガラ派のスティルポンの弟子、後にエリスでピュロンの弟子になり、後半生はアテナイで活動した。著作を残さなかったピュロンの生き方と思想は、おもにティモンの著作を通して後世に伝えられた。 *I. 53–54, 305–306; III. 2; VI. 66,* 引用：*I. 53, 305; VI. 66* →ピュロン、プレイウス

テーバイ（ボイオティアの）（Thēbai）

中部ギリシア、ボイオティア地方の主要都市。「テーベー（Thēbē）」とも呼ばれる。 *I. 154, 261* →カドモス

テーベー（Thebē）

I. 154 →テーバイ

テオプラストス（Theophrastos）前371頃－287年頃

レスボス島エレソス出身の哲学者。アリストテレス（1）の弟子。前322年、師がエウボイア島カルキスへ退いた後を継いでペリパトス派の学園リュケイオンの学頭となった。膨大な著作のうち、ごくわずかを除けば題名と断片が残るのみであるが、それらの題名から、アリストテレスと同様に、あらゆる学問領域を研究したこと、特に科学的関心が強かったことが知られる。 *I. 258* →アリストテレス（1）、ペリパトス派

テオン（Theōn）

命題や議論のなかでよく用いられる名前。 *I. 237, 239; V. 104* →ディオン

テティス（Thetis）

海のニンフで、ペレウスの妻、アキレウスの母。 *I. 290* →アキレウス、ペレウス

デマデス（Dēmadēs）前380頃－319年

アテナイの政治家、弁論家。最初は船の漕ぎ手であったが、集会での演説を通して弁論の技術を磨いた。カイロネイアの敗戦（前338年）以来、圧倒的な軍事力をもつマケドニアとの融和政策に立って活動した。マケドニアに対するラミア戦争（前323－322年）の敗戦後、反マケドニア派のヒュペリデスやデモステネスに対する死刑動議を提出した。 *I. 295; II. 16* →カイロネイア、デモステネス、ヒュペリデス、マケドニア

デマラトス（1）（Dēmaratos）前515頃－491年在位

スパルタのエウリュポン家の王。クレオメネス1世によって王位を追われ、ペルシアに亡命した。「ダマラトス（Damaratos）」とも呼ばれる。 *I. 258* →スパルタ、デマラトス（2）

デマラトス（2）（Dēmaratos）

デマラトス（1）の末裔のプロクレス（1）とアリストテレス（1）の娘ピュティアスとの息子。テオプラストスの遺書中に名前が認められる（ディオゲネス・ラエルティオス『哲学者列伝』第5巻53）。 *I. 258* →アリストテレス（1）、テオプラストス、ピュティアス、プロクレス（1）

デメテル（Dēmētēr）

クロノス（1）とレアの娘で、ゼウスの姉妹。穀物、農業の守護神。 *I. 255, 271* →クロノス（1）、ゼウス、プルートス、ペロプス

デメトリオス・クロロス（Dēmētrios ho epikaloumenos Chlōros）前1世紀

アレクサンドレイアの文法家。セクストス『論駁』以外では、ニカンドロス『有害動物誌』への古注において言及があるのみ。 *I. 84,* 引用：*I. 84* →アレクサンドレイア

デモクリトス（Dēmokritos）前460/57頃－380/70年頃

トラキア地方アブデラ出身の哲学者。レウキッポスが創始した原子論の完成者。 *VI. 53* →ナウシパネス

デモステネス (Dēmosthenēs) 前384－322年
古代ギリシア最大の弁論家。最初は法廷弁論代作人 (ロゴグラポス) として活躍したが、前350年代からは政治的問題についても反マケドニアの立場から積極的に発言。マケドニアに対するラミア戦争においてレオステネスとヒュペリデスを助けたが、前322年、クランノンの戦いによって反乱は鎮圧され、デマデスの動議によってヒュペリデスとともに死刑宣告を受け、服毒自殺を遂げた。61篇の弁論が現存する。 *I. 59, 98; II. 40,* 引用：*I. 59* →アイスキネス、クテシポン、デマデス、ヒュペリデス、マケドニア

テュンダレオス (Tyndareōs)
スパルタ王。レダの夫で、ヘレネ、クリュタイムネストラ、ディオスクロイ ── カストルとポリュデウケス (ポルクス) ── の父。 *I. 261* →クリュタイムネストラ、スパルタ、ヘレネ

テレクレイデス (Tēlekleidēs) 前５世紀中頃活動
アテナイの古喜劇詩人。８つの喜劇の題名といくつかの断片が伝えられている。引用：*VI. 15*

テレゴノス (Tēlegonos)
オデュッセウスと女神キルケの息子。成年に達したのち、父を求めてイタケを訪れ、島で狼藉を働いた際に応戦したオデュッセウスを父と知らずに殺す。後にオデュッセウスの妻ペネロペと結婚する。ホメロス『オデュッセイア』第11歌134－135では、オデュッセウスの死は ex halos (海から) 来るとされており、これについて古注は「海から遠く離れたところで」と「テレゴノスが槍の穂先として用いていたエイの棘によって」の二つの解釈を示している。ソポクレスには『エイの棘に刺されたオデュッセウス』という悲劇作品があった。 *I. 267* →イタケ、オデュッセウス、ソポクレス、ペネロペ、ホメロス

テレサルコス (Telesarchos) 年代不詳
ホメロス『イリアス』への古注は、著書名を複数形で『アルゴリカ (アルゴリス地方史)』としている。 *I. 262,* 引用：*I. 262* →ホメロス

トゥキュディデス (Thoukydidēs) 前460/55－400年頃
アテナイ出身の歴史家。アテナイとスパルタが戦ったペロポネソス戦争 (前431－404年) の『歴史』全８巻 (前411/10年の冬の記述までで未完) の著者。前424年にはアテナイ軍の将軍に選出されたが、作戦上の責任を問われて追放され、20年後にアテナイに帰国し、数年後に亡くなった。 *I. 58–59, 98*

トラキア、トラキア人 (Thraikē, Thraikes)
ギリシア最北部、エーゲ海北岸からバルカン半島東部の地域。 *I. 57, 63, 72, 218, 250*

トラキア語 (Thraikisti)
I. 218

ドリス人 (Dōrieis)
前13世紀から11世紀にかけて、ギリシア北西部から南下して、アッティカとアルカディアを除くギリシア本土を征服し、ミュケネ文化を滅ぼしたギリシア人の一種族。ドリス方言を用いる。 *I. 87–88* →アッティカ、アルカディア

ドリス方言 (Dōris)
アルカディアとエリスを除くペロポネソス半島、およびクレタ島、メロス島、テラ島、ロドス島などのエーゲ海のいくつかの島々、シケリアの一部と、南イタリアで用いられていたギリシア語方言。 *I. 78, 87, 89* →アイオリス方言、アッティカ方言、プリュギア方言

トロイア (Troia)

小アジア北西部の都市。プリアモス王の領土。トロイア戦争でアガメムノン率いるギリシア勢によって滅ぼされる。「トロイエ (Troiē)」「イリオス (Ilios)」「イリオン (Ilion)」とも呼ばれる。 *I. 42; II. 3; V. 92* →アガメムノン

トロイエ (Troiē) →トロイア

トロイゼン (Troizēn)

アルゴリス地方東部の都市。 *I. 261* →アルゴリス

ナウシパネス (Nausiphanēs) 前340頃－320年頃盛年

小アジア西岸テオス出身で、デモクリトスの伝統に連なる原子論者。ピュロンの弟子、またエピクロスの師。ただしエピクロスは彼の弟子であることを否定していた。 *I. 2－4* →エピクロス、デモクリトス、ピュロン

ニオベ (Niobē)

シピュロスの王タンタロスの娘で、テーバイのアンピオンの妻。ペロプスの姉妹。男の子、女の子６人ずつ（５、７、10人とも言われる）をもうけたが、そのことで女神レトに立ち勝っていると自慢したため、女神の怒りを買い、すべての子どもを失った（１人、２人生き残ったとも言われる)。 *II. 104* →タンタロス、テーバイ（ボイオティアの)、ペロプス

ニカノル（スタゲイラの）(Nikanōr) 前４世紀後半

スタゲイラ出身、アリストテレス（１）の身内で弟子。アリストテレスの遺言のなかで娘ピュティアスの結婚相手として指定されている（ディオゲネス・ラエルティオス『哲学者列伝』第５巻12)。アレクサンドロス大王の東征に従軍し、外交使節としても活動した。 *I. 258* →アリストテレス（１)、アレクサンドロス（大王)、スタゲイラ、ピュティアス

ネオン (Neōn)

名前の例：*I. 239*

ハデス (Hadēs, Haidēs, Aidēs)

クロノス（１）とレアの息子で、冥界の支配者。後に冥界そのものをも意味するようになった。 *I. 48* →クロノス（１）

パニュアシス（パニュアッシス）(Panyasis, Panyassis) 前５世紀

小アジア南西岸の都市ハリカルナッソス出身の詩人。ヘラクレスに関する14巻の叙事詩を書いた。歴史家ヘロドトスの叔父または従兄弟。 *I. 261,* 引用：*I. 261* →ヘラクレス、ヘロドトス

バビュロン (Babylōn)

古代メソポタミア文明の中心都市。とくに新バビュロニア帝国の時代（前605－539年)、その首都として繁栄を極めた。 *I. 263*

パラス (Pallas)

アテネの異名。 *I. 290* →アテネ

パン (Pan)

人間の上半身と山羊の下半身と耳と角をもつギリシアの牧羊神。一般に、ヘルメスの息子とされている。ニンフのシュリンクスに恋したが、彼女は彼から逃れようとして葦に変身、パンはその葦を束ねて楽器シューリンクスを作ったと言われる。 *I. 314* →ヘルメス

ヒッパルコス（ニカイアの）(Hipparchos) 前190頃－126年以後

ビテュニアのニカイア出身の天文学者。三角法の導入、日月蝕の正確な算定、歳差現象の発見とその割合の正確な計算など、優れた天文学上の業績を残した。『エウドクソスとアラトスの「パイノメナ」への注解』が唯一現存する。 *V. 1* →アラトス、

エウドクソス（クニドスの）

ヒッポクラテス（Hippokratēs）前460頃－370年頃

コス島出身の、アスクレピアダイに属する医学者。ソクラテスと同時代人。彼の名を冠した『ヒッポクラテス集典』は、前430頃－330年頃に執筆された作者不詳の医学論文を集めたもの。 引用：*VI. 49* →アスクレピアダイ、コス、ソクラテス

ヒッポナクス（Hippōnax）前６世紀後半

小アジア西岸エペソス出身の風刺詩人。エペソスから追放され、クラゾメナイに移住した。「乱れイアンボス（スカゾーン）」という韻律を用いて風刺詩を制作、ヘレニズム時代にもてはやされた。 *I. 275, 298,* 引用：*I. 275*

ヒッポリュトス（Hippolytos）

テセウスと、アマゾンのヒッポリュテの息子。継母のパイドラは彼への恋情を拒絶されたため、夫のテセウスに讒言して自殺。テセウスがポセイドンに報復を祈願したため、トロイゼンからの追放途上、ポセイドンが波間から放った牡牛に怯えた馬によって生命を落とした。 *I. 261* →トロイゼン、ポセイドン

ピネウス（Phineus）

トラキア地方サルミュデッソスの王。ソポクレス『ピネウス』によれば、ボレアス（北風）の娘クレオパトラとのあいだにもうけた二人の息子たちの視力を、二番目の妻イダイアの中傷を信じて奪ったため、神の怒りに触れて彼自身盲目にされた。彼が盲目になった理由については諸説がある。 *I. 262* →クレオパトラ、ソポクレス、トラキア

ピュグマイオス人（Pygmaioi）

アフリカ（あるいはインド、スキュティア、トラキア）に住むと考えられていた小人族。 *III. 42, 49* →トラキア

ビュザンティオン（Byzantion）

ボスポロス海峡の南口のヨーロッパ側に位置する都市。 *II. 38*

ピュタゴラス（Pythagoras）前530年頃盛年

小アジア西岸に面するサモス島出身の哲学者、数学者。40歳のとき、南イタリアのクロトンに移住し、魂の浄めを目的とする教団を設立した。宇宙を数的比例に基づく秩序（コスモス）とみなし、また魂の輪廻転生とそこからの解脱を説いた。 *I. 303; IV. 2; VI. 8, 23* →ピュタゴラス派

ピュタゴラス派（hoi Pythagorikoi）

ピュタゴラスの教説を継承すると称した学派。 *IV. 2, 9, 11; V. 8; VI. 30,* 引用：*IV. 2—3, 9; V. 8; VI. 30* →ピュタゴラス

ピュティアス（Pythias）

アリストテレス（1）と最初の妻（同名でピュティアス）の娘。 *I. 258* →アリストテレス（1）、アリストテレス（2）、デマラトス（2）、ニカノル（スタゲイラの）、プロクレス（1）（2）、メトロドロス（1）

ヒュペリデス（またはヒュペレイデス）（Hyperidēs, Hypereidēs）前389－322年

デモステネスに次ぐと称されたアテナイの著名な弁論家、政治家。イソクラテスに学び、最初は法廷弁論代作人（ロゴグラポス）として活動、政治的には反マケドニア派。前323年、レオステネスとともにマケドニアに対して反乱を起こしたが（ラミア戦争）、翌322年鎮圧され、デマデスの動議によって死刑宣告を受け処刑された。『論駁』で言及される遊女のプリュネを弁護した『プリュネのための弁論』は断片でしか残っていない。 *II. 4* →イソクラテス、デマデス、デモステネス、プリュネ、マケドニア

ピュラルコス（Phylarchos）前３世紀

アテナイあるいはナイル河口に近いナウクラティス出身の歴史家。主著は『歴史』。

I. 262, 引用：I. 262
ピュロン (Pyrrhōn) 前365/60頃－275/70年頃
　ペロポネソス半島北西部エリス出身の哲学者。古代懐疑主義の祖とされる人物。アレクサンドロス大王のインド遠征にも随行した。彼自身は書物をいっさい著わさず、弟子のティモンが師の懐疑主義について記録したが、思想の詳細については不明の点が多い。アイネシデモスが復興したピュロン主義のうちには、ピュロン以降の懐疑主義思想がかなり取り込まれている。 I. 1–2, 5, 53, 272, 281, 305–306 →アレクサンドロス (大王)、ティモン、ナウシパネス、ペロポネソス

『ピュロン主義』 (Pyrrhōneia または Pyrrhōneioi)
　セクストスの著作の一つ（補註S、「解説」407–408頁を参照）。 I. 282; VI. 58, 61

ピリッポス (2世) (Philippos) 前383/82－336年
　マケドニア王。アレクサンドロス大王の父。在位359–336年。カイロネイアの戦い（前338年）でアテナイとテーバイの連合軍を破り、ギリシアを実質的に支配し、さらに小アジアに侵攻しようとした矢先に暗殺された。 I. 295 →アテナイ、アレクサンドロス (大王)、カイロネイア、テーバイ (ボイオティアの)、マケドニア

ピンダリオン (Pindariōn) 前2世紀後半
　プトレマイオス・ピンダリオン (Ptolemaios Pindariōn)。「ピンダリオン」は別名。アレクサンドレイアの文法家。アリスタルコス (サモトラケの) の弟子。ホメロスの注釈を著わした。文法における「類比」を重視し、「類比家 (アナロゲーティコス)」とも呼ばれた。 I. 202, 205 →アリスタルコス (サモトラケの)、アレクサンドレイア、ホメロス

ピンダロス (Pindaros) 前518頃－438年頃
　ボイオティアのテーバイ近郊出身で、ギリシア最大の抒情詩人。祝祭競技のための祝勝歌45篇が現存。 I. 58 →アリスタルコス (サモトラケの)、アリストパネス (2)、カイリス、テーバイ (ボイオティアの)

ブシリス (Bousiris)
　エジプトの伝説上の王。ポセイドンと、ゼウスの子エパポスの娘リビュエの息子。エジプトを訪れた外国人をゼウスの祭壇で犠牲に供していたが、ヘラクレスによって殺された。 II. 104 →ゼウス、ヘラクレス、ポセイドン

プトレマイオス (1) (ペリパトス派) (Ptolemaios) おそらく前2世紀後半
　古代の文法家。生涯・経歴不詳。 I. 60–62, 72, 引用：I. 60–61 →ペリパトス派

プトレマイオス (2) (プトレマイオス2世) (Ptolemaios) 前308－246年
　プトレマイオス・ピラデルポス (Ptolemaios Philadelphos)。プトレマイオス朝エジプトの王、プトレマイオス1世の息子。在位前282–246年。アレクサンドレイアのムセイオン、図書館を充実させ、諸学問、とくに文献学、科学を大きく発展させた。 I. 276 →アレクサンドレイア、アンティゴノス、カリマコス (キュレネの)、ソストラトス (1)

プラタイアイ (プラタイア) (Plataiai, Plataia)
　ボイオティア地方南部、アッティカ地方との境に位置する都市。 I. 154 →アッティカ

プラトン (1) (Platōn) 前427－347年
　アテナイ出身で、アリストテレス (1) とならぶギリシア最大の哲学者。ソクラテスの死後、哲学に専心し、対話篇形式で執筆するとともに、学園アカデメイアを創設した。 I. 2, 28, 48, 58–59, 98, 258, 301, 303; II. 2, 4, 6, 12, 61; IV. 11, 14, 21; V. 89; VI. 13, 27, 53, 引用：I. 301, 303; II. 2, 61; IV. 11 →アカデメイア派、アリストクレス、アリストテレス (1)、イソクラテス、エウドクソス (クニドスの)、クセノク

ラテス（カルケドンの）、クレオピュロス（サモスまたはキオスの）、クレオンブロトス（アンブラキアの）、ゴルギアス、ゼノン（キティオンの）、ソクラテス、ソプロン、ティマイオス

プラトン（2）(Platōn) 前5世紀後半－385年頃

アテナイ出身の古喜劇詩人。30の著作名が伝えられているが、そこから政治色の強い喜劇を書いたことが知られる。 *II. 35,* 引用：*II. 35*

プラトン（3）(Platōn)

名前の例：*IV. 17*

プリエネ (Priēnē)

小アジア南西部カリア地方のギリシア都市。 *I. 293* →アンティオコス

プリクソス (Phrixos)

ボイオティア王アタマスとネペレの息子。王の後妻イノは継子のプリクソスとヘレを殺そうと謀るが、二人は金毛羊に乗って逃れ、途中でヘレは海に転落し、プリクソスはコルキスまで逃げる。エウリピデスの悲劇『プリクソス』への言及：*I. 274* →エウリピデス

プリュギア方言 (Phrygisti)

プリュギア地方は、小アジア内陸、アナトリア地方の西部地域。 *I. 313* →アイオリス方言、アッティカ方言、ドリス方言

プリュネ (Phrynē) 前4世紀

ボイオティア地方テスピアイ出身の遊女で、ヒュペリデスの愛人。不敬の訴えを起こされたとき（前340年代前半）、ヒュペリデスが彼女の胸を露わにして懇願したため、陪審員はアプロディテに仕える女性に対する畏怖と憐れみから、死刑にするのを止めたと言われる。アペレスの絵「海から現われるアプロディテ」や、プラクシテレスの彫刻「クニドスのアプロディテ（クニディア）」のモデル。（アテナイオス『食卓の賢人たち』第13巻590e－591f を参照）。 *II. 4* →アプロディテ、クニドス、ヒュペリデス

ブリレソス (Brilēsos)

アッティカ地方の山。同名の山はアイトリア地方やボイオティア地方にもあった。 *I. 257* →アッティカ

プルートス (Ploutos)

「富（プルートス）」を擬人化した神。イアシオンとデメテルの息子。 *I. 271, 279* →デメテル

プレイウス (Phleious)

ペロポネソス半島北東部アルゴリス地方、コリントスの南西に位置する都市。 *I. 305* →アルゴリス

プロイトス (Proitos)

アルゴス王アバスの息子。双子の兄弟アクリシオスと争い、アルゴスを追われるが、後にティリュンスの王となる。三人の娘、リュシッペ、イピノエ、イピアナッサは、ディオニュソスの儀式を受け入れなかったため、あるいはヘラの像を辱めたため、狂気となり、アルゴスの地を彷徨した。 *I. 261* →アルゴス、ヘラ

プロクレス（1）(Proklēs) 前4－3世紀

スパルタ王デマラトス（1）の末裔で、アリストテレス（1）の娘ピュティアスの二番目の夫。彼女とのあいだに二人の息子、同名のプロクレス（2）とデマラトス（2）をもうけた。主格を「プロクレウス (Prokleus)」ととる学者もいる。 *I. 258* →アリストテレス（1）、スパルタ、デマラトス（1）（2）、ピュティアス、プロクレス（2）

プロクレス（2）(Proklēs)

プロクレス（1）と、アリストテレス（1）の娘ピュティアスの息子。デマラトス（2）の兄弟。主格を「プロクレウス (Prokleus)」ととる学者もいる。 *I. 258* →アリストテレス（1）、デマラトス（2）、ピュティアス、プロクレス（1）

ペガソス (Pēgasos)

ペルセウスがメドゥサの首を刎ね、そこから生まれた天馬。 *I. 264* →ゴルゴン、ペルセウス

ヘカベ (Hekabē)

トロイア王プリアモスの王妃、ヘクトルやパリスの母。エウリピデス『ヘカベ』によると、末子ポリュドロスを、後見人のポリュメストルが殺害したことから、ポリュメストルの目を潰し、その子どもたちを殺害。ポリュメストルは、ヘカベが火のように赤い目をした犬に変わると予言した。トラキア地方、ケルソネソスのキュノス・セーマ (牝犬の墓) 岬の名はヘカベの墓に由来すると言われる。 *I. 264* →エウリピデス、トラキア、トロイア

ヘシオドス (Hēsiodos) 前8世紀末頃

ホメロスとならぶ叙事詩人。叙事詩『神統記』『仕事と日』などの作者。 *I. 58, 204, 289,* 引用：*II. 32* →アリスタルコス (サモトラケの)、アリストパネス（2）、キュクロプス、クセノパネス (コロポンの)、クラテス (マロスの)、ホメロス、ムサイオス

ヘシオネ (Hēsionē)

トロイア王ラオメドンの娘。プリアモスの姉妹。ヘラクレスによって海獣から救われたが、ラオメドンが約束した報酬を拒んだため、ヘラクレスはトロイアを攻め、トロイア攻めの功労者、テラモンにヘシオネを与えた。 *I. 255* →トロイア、ヘラクレス

ペネロペ（ペネロペイア）(Pēnelopē, Pēnelopeia)

イカリオスの娘、オデュッセウスの妻。トロイアに出征した夫の帰還を20年間待ちつづけた。貞淑な妻の鑑とされる。 *VI. 26* →オデュッセウス、テレゴノス、トロイア

ヘパイストス (Hēphaistos)

ゼウスとヘラの息子。火と鍛冶の神。アプロディテの夫。彼が天から放り落とされたレムノス島は、ヘパイストスの鍛冶場として、ヘパイストス信仰の中心地となった。 *I. 291* →アプロディテ、ゼウス、ヘラ、レムノス

ヘラ（ヘレ）(Hēra, Hērē)

クロノス（1）とレアの娘、ゼウスの姉で正妃。 *I. 261, 290−291* →アレス（1）、イオレイア、クロノス（1）、ゼウス、プロイトス、ヘパイストス、ヘラクレス

ヘラクレイトス (Hērakleitos) 前500−480年頃活動

小アジア西部イオニア地方エペソス出身の哲学者。「謎をかける人」「暗い人」などと呼ばれる難解な思想家で、ストア派に大きな影響を与えた。箴言風の言葉が120余り現存する。 *I. 301* →ストア派

ヘラクレス (Hēraklēs)

ゼウスとアンピトリュオンの妻アルクメネのあいだに生まれたギリシアの英雄。この世ではゼウスの正妻ヘラに苦しめられつづけるが、後に不死の身となってヘラと和解し、その娘ヘベを妻とする。 *I. 255; II. 105* →アンタイオス、イオレイア、エウリュトス、ゼウス、パニュアシス、ブシリス、ヘシオネ、ヘラ、リノス

ペリパトス派 (hoi Peripatētikoi)

アリストテレス（1）が前336/35年、アテナイ東郊外のリュケイオンに学園を開いて創設した学派。 *I. 60; II. 12; VI. 54* →アリストテレス（1）、アリストン、クリト

ラオス（パセリスの）、ゼノン（キティオンの）、テオプラストス、プトレマイオス（1）

ペルシア人 (Persai)

II. 33

ペルセウス (Perseus)

ゼウスとダナエの息子。ゴルゴンの一人メドゥサの首を刎ねた後、リビュエの砂漠を旅し、ヘスペリアの地では彼を敵視するアトラスをメドゥサの首によってアトラス山脈に変え、またエチオピアの海岸ではアンドロメダを海獣から救った。*II. 105* →ゴルゴン、ゼウス、リビュエ

ヘルマゴラス (Hermagoras) 前150年頃盛年

小アジア西岸テムノス出身の弁論家。争点もしくは争点の様態（ギリシア語 stasis, ラテン語 status, constitutio）に関する理論を精密化し、弁論術における発想（ギリシア語 heuresis, ラテン語 inventio）論の展開に大きく貢献した。*II. 62,* 引用：*II. 62* →アテナイオス

ヘルメス (Hermēs)

ゼウスとマイアの息子。生まれたその日にアポロンのもとから50頭の牛を盗み出したほどの盗みの名手であった。ヘルメスの星（水星）への言及：*V. 29, 32, 34, 36* →アポロン、ゼウス

ヘレ (Hērē) →ヘラ

ペレウス (Pēleus)

アイギナ王アイアコスと、ケンタウロスのケイロンの娘エンデイスとの息子。テッサリア地方プティアの王。海のニンフ、テティスとのあいだにアキレウスをもうけた。ホメロス『イリアス』第1歌1の引用中で：*I. 133, 139–140, 163, 165* →アキレウス、ケンタウロス、テティス、ホメロス

ヘレネ (Helenē)

ゼウスと、テュンダレオスの妻レダの娘。クリュタイムネストラ、ディオスクロイ——カストルとポリュデウケス（ポルクス）——の姉妹。メネラオスの妻。プリアモスの息子のパリスが、ヘレネを故国に連れ去ったことがトロイア戦争の原因となった。*II. 3* →クリュタイムネストラ、ゼウス、テュンダレオス、トロイア

ヘロドトス (Hērodotos) 前485頃－430年以降

小アジア南西岸の都市ハリカルナッソス出身の歴史家。広く各地を旅行して、ペルシア戦争を主題とする『歴史』を著わした。*I. 58* →パニュアシス

ペロプス (Pelops)

タンタロスと、アトラスの娘ディオネの息子。ニオベの兄弟。ミュケナイ王家の祖。タンタロスは神々の全知を試すため、息子ペロプスを殺して神々の饗宴に供したが、ハデスにさらわれた娘ペルセポネを案ずるデメテルのみが、うっかりペロプスの肩の一部を食べてしまい、神々はペロプスを生き返らせ、失われた肩の代わりに象牙の肩を与えた。*I. 255* →タンタロス、デメテル、ニオベ、ハデス、ミュケナイ

ペロポネソス、ペロポネソス人 (Peloponnēsos, Peloponnēsioi)

ギリシア南部の半島。コリントス地峡によって本土側のメガリスと接続する。アルゴリス、ラコニア、メッセニア、エリス、アカイア、アルカディアの諸地方を含む。「ペロプスの島」の意。*I. 148, 187* →アルカディア、アルゴリス、ペロプス、ラコニア

ポセイドン（ポセイダオン）(Poseidōn, Poseidaōn)

クロノス（1）とレアの息子で、海神、地震の神。*I. 290; II. 104* →アミュコス、アンタイオス、キュクロプス、クロノス（1）、ヒッポリュトス、ブシリス

ホメロス (Homēros) 前750年頃

叙事詩『イリアス』『オデュッセイア』の作者とされる詩人。しばしば「かの詩人」として言及される。 *I. 48, 58, 203−208, 272−273, 281, 283−284, 289, 307; VI. 16* 「かの詩人」としての言及：*I. 285−286; II. 3; VI. 10,* 引用：*I. 42, 101, 133, 164, 204, 206, 253, 273, 276, 283, 286, 289−291, 295, 307; II. 3, 105; III. 42; V. 4; VI. 10, 12, 26, 49* →アカイア人、アキレウス、アスクレピアデス（2）、アリスタルコス (サモトラケの)、アリストパネス（2）、アルキロコス、アルゴス、エウリュトス、オデュッセウス、カイリス、クセノパネス (コロポンの)、クラテス (マロスの)、クレオピュロス (サモスまたはキオスの)、テレゴノス、テレサルコス、ピンダリオン、ヘシオドス、ペレウス、ムサイオス

ポリュアントス (Polyanthos)

セクストス『論駁』I. 261で言及される『アスクレピアダイの起源』の著者であるということ以外は不明。 *I. 261,* 引用：*I. 261*

マケドニア (Makedonia)

バルカン半島諸国とギリシアのあいだに位置する地方。アレクサンドロス大王の故国。 *I. 282; V. 89* →アレクサンドロス (大王)

マラトン (Marathōn)

アッティカ北東部の区名。前490年、この地でアテナイとプラタイアイの同盟軍、総勢約１万の軍隊が、総勢約２万のペルシア軍を打ち破った (マラトンの戦い)。わずか192名のアテナイ軍の死者に対して、ペルシア軍の死者は、6400人であったと言われている。 *V. 92* →アッティカ、プラタイアイ

マロス (Mallos)

小アジア南東海岸キリキア地方東部の都市。 *I. 44*

ミュケナイ、ミュケネ (Mykēnai, Mykēnē)

ペロポネソス半島北東部アルゴス平野の北部の丘に位置していた都市。アガメムノンの王都。 *I. 154* →アガメムノン、アルゴス

ミュティレネ (Mytilēnē)

エーゲ海東部のレスボス島東海岸の都市。エピクロスはアテナイに移り住む前に、ミュティレネとランプサコスに自らの学園を創設した (ディオゲネス・ラエルティオス『哲学者列伝』第10巻15)。 *I. 4* →エピクロス

ムサイオス (Mousaios)

伝説的なギリシアの詩人。エレウシス (アテナイの北西約20キロメートルに位置する秘儀の中心地) と強い結びつきがあり、同地出身とも、あるいはトラキア出身とも言われる。ルナ (月の女神) の息子とも、オルペウスの息子とも伝えられ、また後者の弟子とされる。オルペウス、ホメロス、ヘシオドスとともにギリシアの詩聖に数えられていた。 *I. 204* →オルペウス、トラキア、ヘシオドス、ホメロス

メトロドロス（1）(Mētrodōros) 前350年以降の生まれ

セクストス『論駁』I. 258のみで言及されている医者。クリュシッポス（1）の弟子で、エラシストラトスの師。アリストテレス（1）の娘ピュティアスの３人目の夫で、アリストテレス（2）の父。(ディオゲネス・ラエルティオス『哲学者列伝』第５巻53のテオプラストスの遺言では、アリストテレス（2）はメディオス (Mēdios) あるいはメイディアス (Meidias) とピュティアスの息子として語られており、「メディオス」あるいは「メイディアス」はしばしば、セクストスのこの箇所に基づいて「メトロドロス」に変更されている。しかし「メディオス」という名の医者にはプリニウス、ガレノス、ケルススも言及しており、「メディオス」が正しくセクストスの「メトロドロス」が間違っている可能性もある。) *I. 258* →アリストテレス（1）（2）、エラ

シストラトス、クリュシッポス（1）、ピュティアス
メトロドロス（2）（ランプサコスの）(Mētrodōros) 前331頃－278年頃
エピクロス派哲学者。エピクロスの親しい仲間。ディオゲネス・ラエルティオス『哲学者列伝』第10巻24には、彼の著作リストが見られる。 *I. 61,* 引用：*I. 61* →エピクロス、エピクロス派
メナンドロス (Menandros) 前342/41－293/92年頃
アテナイ出身で、作品の一部が現存する唯一のアテナイ新喜劇詩人。 *I. 58*
メノン (Menōn)
名前の例：*I. 239*
メムノン (Memnōn)
名前の例：*I. 237*
ラケダイモン人 (Lakedaimonioi)
ラケダイモンはラコニア地方、およびその首都。「ラケダイモン人」は、「ラコニア人」「スパルタ人」と同義。 *I. 228, 258* →スパルタ、ラコニア
ラコニア (Lakaina)
ペロポネソス半島南部のスパルタを中心とする地域。 *II. 24* →スパルタ、ペロポネソス、ラケダイモン人
ラテン語 (Rhōmaisti)
I. 218
ランポン (Lampōn)
ソクラテスがキタラーを学んだとされるキタラー奏者。生涯・経歴ともに不明。*VI. 13* →ソクラテス
リノス (Linos)
ギリシアの古謡のリフレーン「アイリノン」は、「ああ、リノス」を意味するものと解されていたが、この「リノス」については、アポロンと、アルゴス王クロトポスの娘プサマテとの息子であるとか、自分の歌を誇ったためアポロンによって殺されたとか、ヘラクレスの音楽の師であったが、この弟子を侮辱したため彼によって殺されたとか、さまざまの伝承があった。 *I. 204* →アポロン、アルゴス、ヘラクレス
リビュエ (Libyē)
アフリカ大陸（その既知の北部地方）に対するギリシア人の呼称。 *II. 105*
リュクルゴス (Lykourgos)
スパルタの法律・政治制度を変革し、教育改革を行ない、スパルタの社会・政治・軍事体制の基礎を築いたとされる伝説的な政治家。 *II. 21* →スパルタ、タレス（クレタの）
リュコメデス (Lykomēdēs)
エウボイア島北東の島スキュロス島の王。デイダメイアの父。 *I. 308* →エウボイア、デイダメイア
レベドス (Lebedos)
小アジア西部、エペソスの北西、コロポンの西に位置する町。 *I. 275, 293* →カマンドドス、コロポン
レムノス (Lemnos)
エーゲ海北部、トロイアのはるか西方に位置する火山島。ヘパイストスの鍛冶場とみなされた。 *I. 291* →トロイア、ヘパイストス
ローマ人 (Rōmaioi)
I. 218

事項索引

ローマ数字は巻数を、アラビア数字は節数を示す。矢印は参照項目を指示する。項目の一部は「固有名詞索引」と重複している。

ア　行

愛／憎しみ　I. 303; II. 29

アウロス　VI. 1, 8—9, 18, 23—24, 32　→楽器、補註 j

悪、悪徳、劣悪、悪事、悪漢　I. 6, 62, 68, 274, 279—280, 285, 287—288, 298, 303; II. 27, 33, 40, 42—44, 46, 53, 56, 94; VI. 12　→徳

アクセント　I. 88—89, 109, 113—114, 119　→鋭調語／非鋭調語、発音法

欺き、欺瞞、ごまかし、ペテン　I. 280—281, 289; II. 21, 28, 76—77, 93; V. 87

悪しき運、報復（占星術）　V. 16, 19　→補註 e

悪しき神霊（占星術）　V. 15—16, 18　→補註 e

アプロディテの星（金星）　V. 29, 32, 34, 36　→補註 c 、別表 III

甘さ／苦さ　I. 23, 42, 185; III. 40, 89—90; VI. 35, 39　→快、味覚

争い　→戦争、論争

現われ、現われる　I. 14, 27, 30, 36, 58, 91, 126, 170, 195, 288, 300, 306; II. 46, 76, 95; III. 23, 45, 58, 62, 109; V. 2

ありそうなもの／ありそうもないもの　II. 63, 70; V. 60, 74—75, 82, 97

—の定義　II. 63, 70

アルシス［上拍・弱拍］／テシス［下拍・強拍］　VI. 60　→リズム

アレスの星（火星）　V. 29, 32, 34, 36　→補註 c 、別表 III

憐れみ、憐憫　II. 11, 32, 78

怒り、憤慨、憤激　I. 133, 161, 261, 273, 290; II. 11, 78; VI. 10, 22, 25

生き方［主義］　I. 7　→懐疑主義

行き詰まり、難問　I. 6, 15, 17, 29—30, 33, 35, 57, 68—69, 74, 80, 84, 108, 120, 124, 131—132, 160, 163, 169—170, 205, 227, 231—232; II. 68, 89, 96, 99—100, 113; III. 1, 18, 48, 60, 80, 82, 98, 102, 104, 115; IV. 14, 20—22, 31, 34; V.65, 94; VI. 59

—主義　I. 214; VI. 5

移行（遭遇からの／明瞭な物事からの）　I. 25, 216; III. 25, 40, 43—44, 109—110; VI. 44　→遭遇、明瞭

移行［転調］　I. 77

石　I. 145（投石機）, 226（磁石）; II. 19（砥石）; III. 62（石、金剛石）; IV. 11—13（石）; VI. 20（石臼）

医者　I. 85, 87, 255, 258; II. 41; V. 57　→医術

医術、医学　I. 45, 51, 72, 87, 95, 232—233, 300, 307; II. 5, 8, 13, 49, 51; V. 104　→医者、治療、技術

一（原理としての）　IV. 3—4, 8, 10—29, 31—33; V. 8　→二、三、四、十

—の定義　IV. 11

一体化　III. 61—63, 68, 86（合一）, 89

逸脱　I. 210, 214—215, 231; III. 67

一致（意見の）　I. 28, 49, 172, 184

一般（的）　I. 8, 30, 39—40, 44, 49, 65, 88, 103, 123, 136, 138, 141, 219, 221—226, 234, 237, 241, 253, 255, 294, 298; II. 47; III. 40, 99; IV. 2, 18, 33; V. 103; VI. 49—50　→個別的、すべて、普遍的

イデア　IV. 8, 14, 18—20　→形相

移動　→動

「今は昼である」　II. 65; III. 9

意味［意味されるもの］　I. 63, 78, 81—83, 158; II. 38; III. 4, 96; VI. 1, 3→意味するもの、レクトン、補註 G

意味するもの　I. 78, 82—83　→意味［意味されるもの］

色 *I. 23, 34, 48; VI. 39, 41* →視覚、白／黒
異論 →論争
韻文、韻律 *I. 159, 287* →散文、詩、詩脚
上／下 *III. 19* →前／後、右／左
嘘 *I. 260* →虚偽
歌、歌う、歌人、歌唱 *I. 48, 133, 161, 204, 264, 281; VI. 11−12, 16−18, 24, 26, 32, 35* →音楽、詩、詩人
宇宙 *IV. 6; V. 70, 80, 105; VI. 30, 36−37*
馬 *I. 217, 264, 267; III. 41, 47; VI. 20*
運動 →動
運命 *V. 45, 93*
永遠 *I. 170, 312, 316−317; III. 5* →不死
鋭調語／非鋭調語 *I. 89, 222−223* →アクセント
エイの棘 *I. 267*
英雄 *I. 92, 253; VI. 11, 26*
──詩調、英雄詩行 *I. 165−167* →詩
エートス（音楽の）*VI. 48−50* →性格、補註 k (v)
──の定義 *VI. 48*
益、有益、利益／無益 *I. 51, 55, 91, 274−275, 277−279, 285, 292, 296, 298; II. 10, 20, 26−27, 31, 42−43, 49, 56−57, 79, 85, 89−90, 92, 106; III. 10; V. 47; VI.16, 21, 24, 27−28* →害、生活、必要／不必要、有用
似非技術 *II. 12, 36, 49, 68* →技術
エピトリトス *IV. 6−7, 9* →協和、四度
──の定義 *IV. 7*
円 *I. 304−305; III. 26, 65−73, 107, 112* →獣帯、補註 Y
──の定義 *III. 107*
──周 *III. 26, 66, 69−70, 72* →補註 Y
──筒 *III. 75−76*
円環的な学問 *I. 7* →補註 A
演説 *II. 22* →弁論術
演奏、上演 *I. 281; VI. 1, 29, 31, 33, 51*

延長 *I. 126; III. 19; VI. 57*
エンテューメーマ *II. 75* →補註 V
王、王権 *I. 258, 276, 282, 293; II. 22, 33; V. 31, 88−89, 101; VI. 12*
押印、刻印、認め印 *I. 271; II. 37; VI. 44*
大雨、洪水 *V. 2, 80*
大きさ *I. 21, 166−167, 273, 283; III. 5, 24−25, 27, 49, 81, 95−96, 102; IV. 1* →より大／より小
大酒、大酒飲み、酒好き *I. 298; VI. 27, 48* →ブドウ酒
おかしな、奇妙、理不尽、場違い *I. 28, 33, 69, 73, 80, 104, 200, 206, 250, 260; II. 69, 71, 91, 94; III. 12, 33, 67, 77, 98−99; IV. 28, 31; V. 23, 102; VI. 62, 65* →つじつまの合わない、不合理
男神、下方部分、単一部分（占星術）*V. 15, 17−18* →補註 e
臆病 *VI. 10* →勇気、男らしさ
音、音色 *I. 116−117, 130; V. 69; VI. 9−10, 24, 32, 43* →音声、楽音
男らしさ、雄々しさ *II. 1; V. 96; VI. 15, 24* →勇気、臆病
覚え書 *I. 26, 29, 61; II. 48, 52, 106; III. 116; VI. 28, 52, 55−56*
おまけ *I. 76, 91, 96; V. 86*
思いなし *I. 5, 286−287; II. 53, 77, 79, 84; VI. 19−20* →判断
親 *I. 133, 279, 285, 289; II. 28, 44, 46* →子ども
オリンピック大会期 *I. 257*
音階 *I. 77; IV. 6, 8; VI. 30, 36−37* →調和、補註 i、k
音楽、音楽術、音楽的 *I. 72, 77, 80, 232, 279, 300; II. 51, 86; VI. 1−5, 7, 9−10, 14−16, 18−21, 24−36, 38, 48, 52, 58−59, 68* →技術
──の定義 *VI. 1−2, 38, 58* →補註 i (i)
完全な── *VI. 3*
──家 *I. 8, 85, 126, 160, 255, 300; II. 86; V. 106; VI. 1, 4−5, 11, 13, 31, 37, 41, 44, 46, 49, 52*
音声 *I. 8, 34, 45, 81−82, 100, 102,*

118, 126, 143, 155, 158; II. 107; VI. 39–42, 45, 52–58 →楽音、聴覚
—の定義 VI. 39
音節 I. 59, 102, 106, 120–131, 165, 169, 173–174; VI. 56, 60 →補註O
音程 →隔たり［音程］

カ 行

快、快楽、悦び I. 143, 273, 279, 283, 298; II. 2, 4, 25; VI. 18, 28–29, 31–35 →苦
害、害悪、有害 I. 173, 279–280, 298; II. 20, 30, 41, 49; VI. 4 →益、生活、有用
絵画（術） I. 182; VI. 2 →技術
回帰 V. 105 →補註g
懐疑主義、懐疑派 I. 305–306, 315
『懐疑主義』 I. 33
『懐疑主義の覚え書』 I. 26, 29; II. 106; VI. 52 →補註H
解釈 I. 58, 250–251, 270, 279, 301, 313; II. 36 →文法術
解説 I. 79, 93, 318–320 →文法術
回転
幾何学における— III. 27, 65–67, 72, 75, 98
天体の— V. 24, 70
懐妊、受胎 V. 55–64 →種子の蒔きつけ、出産
概念 I. 20, 25, 34, 57, 61, 65, 74, 90; II. 1, 9; III. 56–57, 64; IV. 4; VI. 32 →補註F
回避、排斥、斥ける I. 51, 189, 196, 200, 235, 271, 280; II. 25; III. 60, 64; V. 47, 49, 73; VI. 36 →選択、優先
外部に存在する事物 I. 315
概略、概略的説明 I. 93; III. 18, 20, 96, 100; V. 3, 41, 64; VI. 41 →要約
会話 I. 1, 64, 176, 178, 191–192
書き物 I. 47 →グランマ
格（主格、斜格、属格、与格） I. 169, 173, 177, 195, 222, 237–239
—変化 I. 226 →語形変化
角 III. 100–102, 104–106
—の定義 III. 100, 104, 106 →補註Z
楽音 VI. 1, 41–45, 48, 52, 58 →音声、同音／非同音、協和音／不協和音、補註k（i）
—の定義 VI. 42, 58
格言 I. 271, 277–279
確言 I. 28 →確証、ドグマ、判断保留
確実 I. 219–220; II. 6, 111; III. 8–9, 12–13, 15: V. 52, 72, 87, 89, 103
学者 →学問
学習、学ぶ I. 9, 12, 14, 17–18, 23, 29–31, 35, 38–39, 41, 49–50, 52, 56, 162, 182, 184, 243, 258, 275, 313; II. 33; III. 14, 97, 99; V. 103 →学問、教育、教師、弟子
—法 I. 9, 35, 38
学術的 I. 255, 307, 309, 315
確証、確立 I. 201, 222, 271; II. 110 →確言、証明
確信 →信用
拡大／縮小 I. 74; III. 42, 48–49, 52
確定的 V. 47, 67 →不定
学問 I. 1–9, 35, 38–40, 49, 57, 97, 320; II. 51; III. 2, 17; IV. 2; V. 1–3, 72; VI. 4, 14, 68
学者 I. 39; IV. 34
仮言命題 I. 309–310
過去 I. 98; VI. 62–66 →現在、未来
舵取り術 I. 51, 72 →技術
鍛冶の技術 I. 294 →技術
仮設、仮定 I. 8, 23, 39, 100, 132–133, 260, 262; III. 1–2, 5–14, 17, 65, 92, 110; IV. 8; VI. 5 →前提、ヒュポテシス、補註W
形、図形 I. 21; IV. 5; V. 97 →姿形
語ること、語り方 I. 217–218; II. 6–7, 9, 22–23, 28, 50–58 →言論、弁論
楽器 VI. 1, 37 →アウロス、キタラー、シューリンクス、太鼓、竪琴、ハープ、ラッパ、リュラー、補註j
可分／不可分、分割可能／不可能 I. 27, 125, 301; III. 32–33, 104, 114; IV. 19, 28; VI. 64, 66–67 →分割
貨幣 I. 178

可変的（母音について） I. 100
下方部分（占星術） →男神
神 I. 42, 48, 81, 85, 92, 253, 264, 271, 274, 276, 279, 287, 289—291, 302—303, 305—306; II. 11（神殿）, 25（神的）, 32; III. 6, 14, 104; IV. 2; V.4; VI. 3, 17—19, 26 →女神
カモメ I. 267
カラス I. 151, 309—310; II. 99
カルデア
—人 V. 5, 21, 27, 41, 43, 45—46, 48—51, 53—54, 58, 61, 64, 67—68, 70—71, 73, 75, 81—83, 85—87, 89—91, 106
—占星術 I. 182 →犠牲占い術、誕生占星術、技術、補註b
感覚 I. 22, 25, 117, 124—126, 147, 273, 285; III. 109, 116; V. 69, 81; VI. 41, 44, 55 →嗅覚、視覚、触覚、聴覚、味覚、無感覚、動（感覚の）
—の対象、—されるもの I. 20, 22—23, 26—27; III. 23—25, 37—38; VI. 39—41, 53, 55
簡潔 I. 96; II. 6—7, 22—23, 56—57; V. 18, 73
完結文 II. 57, 75 →補註V
勧告、勧め I. 271, 278; II. 12, 17, 36; VI. 8—9, 12
観察 I. 55, 61, 153, 176, 179, 189, 193, 207, 209, 214, 281; IV. 17; V. 2, 20, 23—24, 27, 53, 60, 68—72, 79—80, 83, 86—87, 103—105 →観測
冠詞 I. 132, 152 →名前、普通名詞、動詞、分詞、補註N
感取 I. 255, 300; III. 24, 42, 46
観取 I. 49, 54, 70, 214; II. 7, 18; III. 5, 48, 62; VI. 60
完全
—な音楽 VI. 3; —な数 IV. 3; —な数学 V. 1; —な知見 I. 44; —な調和 IV. 6; —な反論 I. 159, 175; —な文法術 I. 46, 76; —な弁論家 II. 62
完全にする I. 137, 139—140, 175 →内実を満たす
観測 V. 23, 26, 40, 83—84, 99, 105 →観察
慣用、慣例 →慣わし
記憶 I. 52—53, 257
議会演説（術） →弁論術
幾何学 I. 46, 232, 304; II. 5; III. 1, 6, 21, 65, 67, 92—93, 108; IV. 1, 4; V. 1 →技術
—者 I. 8; II. 113; III. 1, 6, 12, 37, 47, 51, 57—60, 64, 74, 81, 83—84, 93, 96, 104, 116; IV. 34
聞き酒の技術 VI. 33 →技術
喜劇 I. 252, 263, 281; III. 3
—詩人 I. 228 →古喜劇詩人、悲劇
帰結（証明の） II. 111; III. 13 →前提
稀語 I. 79, 253, 313, 316
記号 I. 99, 105—106 →字母
技術 I. 30, 32—34, 45—46, 49—51, 61, 72, 74—77, 82—85, 153, 179—183, 185, 187, 199, 207, 214, 219, 221, 229, 254—259, 262, 265—266, 268—271, 278, 280, 293—294, 298—300, 313, 318; II. 2, 5—6, 8—10, 12—13, 15—20, 24, 26, 36, 43—44, 48—50, 57, 59—60, 64—65, 68, 71—72, 85, 88; III. 18, 21; IV. 1; V. 87; VI. 16, 28—29, 32—35 →非技術、似非技術、医術、音楽、絵画（術）、舵取り術、鍛冶の技術、カルデア占星術、議会演説（術）、幾何学、聞き酒の技術、犠牲占い術、靴作り術、航海（術）、交際術、讒言術、詩の技術、称賛演説（術）、数論、大衆籠絡術、誕生占星術、影像制作術、批評術、舞踏術、文法術、弁論術、法廷弁論（術）、読み書き術、料理術、補註I
—の定義 II. 10
—所有者 I. 31—34, 61, 170; VI. 33
—的理論 I. 43, 97—98, 123, 141, 170—172, 270; II. 18, 52, 55; III. 105
技術的部分および歴史的部分に接する部分 →文法術
規準 I. 153, 181—183, 186—188, 198, 267—268; II. 80 →尺度、物差し
絆 I. 81; II. 31
犠牲占い術 I. 182 →カルデア占星術、誕生占星術、技術、補註b

気息　*III. 5*　→粒子
規則　*I. 80, 89, 218, 221−225, 236, 240, 301; II. 11−12, 51, 113; III. 17, 65, 74, 92−94, 108; IV. 1; V. 49*　→法則、理論
キタラー　*VI. 13, 15*　→楽器、補註 j
吉星　*V. 29−30, 40*　→凶星、星、幸福
規定　*I. 43, 72, 74, 79−80; III. 98−99; V. 66−67*　→定義
詭弁　*III. 58, 108*
欺瞞　→欺き
疑問表現　*I. 315*
宮　*V. 5−7, 9−15, 18, 21−22, 28−30, 35−39, 41, 52−54, 68, 70−71, 74, 81−86, 94−95, 97, 99−100*　→補註 c、d
球　*I. 77, 305; III. 27*
嗅覚、嗅ぐ　*I. 23; VI. 39*　→感覚
教育、教える、教養、教示、教導　*I. 5, 7, 9−20, 23−32, 34−36, 38−39, 42, 49, 52−55, 61, 92, 155, 158, 176, 237, 268, 296, 310; II. 2, 5, 9, 19, 42, 46, 56, 58−59; III. 13, 18−19, 37, 65, 71, 93, 97, 99; IV. 18, 23−24, 34; V. 5, 43, 52, 97; VI. 4, 6, 28, 54*　→学習、教師、初期教育、弟子、無教養
境界　*I. 68; V. 26, 74, 78−79*　→限界
共感（占星術）　*V. 4, 21, 43−44*　→非共感性
狂気、狂人　*I. 178, 261; VI. 8*
教師、師、教える人　*I. 3, 9, 30−33, 35, 37−38, 258; II. 18, 25; III. 99*　→学習、教育、弟子
凶星　*V. 22, 29−30, 40*　→吉星、星、災い
矯正　*VI. 23, 26*
教説　*III. 104*　→ドグマ
共通（長短、鋭重、帯気／非帯気）　*I. 55, 100, 105−108, 110−111, 113−115, 119, 121*　→字母
協和　*I. 77, 255; IV. 6, 8−9; V. 32, 39; VI. 58*　→四度、五度、八度、エピトリトス、ヘーミオリオス、ディプラシオーン、補註 k (ii) (iii)
　　—音／不—音　*I. 255; VI. 43−44, 46*

　　→楽音
　　—の定義　*VI. 43−44*
　　—音程／不—音程　*VI. 45−47*　→隔たり［音程］
　　—の定義　*VI. 46*
巨蟹［宮］　*V. 11, 13, 21, 34, 36*　→補註 c、別表Ⅲ
虚偽、偽　*I. 13, 29, 71, 164, 252−253, 260, 262, 264−268, 292, 297; II. 11−12, 63−64, 67−71, 80; III. 9−10, 16−18, 74, 81; V. 90; VI. 26, 37*　→嘘、真実
ギリシア（人）　*I. 37, 44, 76−77, 83, 97, 145, 147, 155, 176, 218; II. 25; V. 92; VI. 9*
　　—語　*I. 81, 186, 218*　→純粋ギリシア語
均一　*III. 95, 97; VI. 43−44*
金牛［宮］　*V. 7, 9, 11, 21, 34, 36, 96*　→補註 c、別表Ⅲ
矩（占星術）　*V. 39−40, 50*　→星相、補註 f (v)、別表Ⅶ
苦、苦痛、苦難、苦悩　*I. 51, 143, 273, 283, 308; II. 3, 32; VI. 18, 22, 24*　→快
空気　*I. 303; V. 65, 75−76, 82, 100−101*
空虚　*I. 21, 28, 156; III. 98*
偶然（自然における）　*V. 46−47*　→必然、われわれに起因するもの、原因
空疎、空しい　*I. 170, 174, 214, 278−279; III. 107; V. 97*　→技術的理論、穿鑿、駄弁、余計なこと
区界（占星術）　*V. 33, 37*　→補註 f (iii)
靴作り術　*I. 294*　→技術
区分（文／語の）　*I. 158−159, 161, 164−165, 168−169, 173*
区分的定義法　*II. 2*　→定義
熊　*V. 85, 98*
クラゲ　*I. 4*
グランマ　*I. 44−48*　→書き物、散文、文字
黒　→白／黒
クローマ　*VI. 50−51*　→ディアトノン、ハルモニアー、補註 k (v) (vi)

事項索引

クロノスの星（土星）　*V. 29, 32, 34, 36*
　→補註c、別表Ⅲ
訓練　*I. 61, 190; II. 10*
経験　*I. 5, 47, 57, 60—67, 70, 72, 79, 155; V.66, 87; VI. 1, 32*　→無経験
　—家、—者　*I. 61—62, 147*
　—主義　*I. 61*
形相　*I. 117—118, 301; IV. 8, 14*　→イデア
系譜学　*I. 253*
結合　*I. 21—22, 49, 211—212; III. 40—41, 44, 47, 59, 82, 84—85, 88—89*
欠如　*III. 53, 55—56, 59*
獣、海獣、猛禽　*I. 255; II. 32; VI. 17*　→動物
ケラステース　*I. 226*
原因　*II. 54; V. 5, 7, 48, 66, 104; VI. 24*　→作用的原因、補助的原因、偶然、必然、われわれに起因するもの
見解　*I. 284; III. 65; V. 5; VI. 7*　→想定、判断
限界　*I. 273, 283; III. 20, 23—26, 60—63, 77—82, 98, 113—115; V. 79; VI. 67*　→境界、端
原義　*I. 242, 244—246*
健康　*I. 255; II. 8*　→病気、病的
現在　*I. 46, 127—128, 143; VI. 62, 64—67*　→過去、未来
　—時称　*I. 238*
顕示　*II. 65; III. 13*　→証明、明瞭
減少　→増大／減少
ケンタウロス　*III. 41, 47*
限定的問題　*II. 80, 90*　→ヒュポテシス、補註V
原理、原理［出発点］　*I. 8, 40, 120, 180—181; II. 113; III. 1, 4, 6, 10, 17—18, 65, 92—94, 108; IV. 1, 4, 10; V. 5, 49—50; VI. 38, 59, 68*　→土台
言論　*I. 36, 43, 61, 92, 153, 235, 248—249; II. 2, 4—6, 8—9, 20—21, 23—24, 47—49, 51, 61—62, 76, 107*　→語ること、弁論
語（レクシス）　*I. 8, 38, 59, 84, 86—89, 106, 121, 123, 131, 165, 169, 191, 210—215, 231, 235, 249—251, 300, 313—316, 318; II. 38, 48; VI. 56, 60*
　→補註B
行為、行動　*I. 172, 253, 257—258; II. 28*
高音　→鋭い音声／重い音声
航海（術）　*I. 42; II. 13; V. 2; VI. 11*
　→技術
梗概（劇の）　*III. 3*　→ヒュポテシス
攻撃　*I. 40, 139, 152*　→反論、非難、批判、論駁
交際術　*I. 294*　→技術
考察　*I. 24, 28, 39, 46, 53—54, 57, 65, 72, 136, 160, 169, 196, 202, 227, 229, 251, 255, 262, 270, 276, 303, 306—307, 320; II. 1, 48, 53, 55, 61, 66—67, 70—71; III. 37, 83, 108; IV. 1; V. 3, 52, 54—55, 89, 96; VI. 52*
　→探求
好色、色狂い、色恋　*I. 298; VI. 34, 48*
恒星　*V. 85*　→星
構成要素　*I. 100, 104, 120; III. 19; V. 49; VI. 36*　→字母、補註C
光線　*I. 304; V. 82*
幸福、幸運、幸い、至福、福、裕福／不幸、不運　*I. 270—271, 279, 289, 294; II. 33, 53, 104; V. 29, 89; VI. 4, 27, 36—37*　→災い
公約、公言　→約束
昂揚（占星術）　*V. 33, 35—36*　→補註f（ii）、別表Ⅵ
護衛（占星術）　*V. 33, 38*　→補註f（iv）
古喜劇詩人　*II. 35; VI. 15*　→喜劇、悲劇
告発　*I. 3, 236, 272, 281; II. 40*　→攻撃
語形変化　*I. 238—239*　→格
語源、語源論　*I. 45, 241—242, 244—245, 247*
国家、祖国　*I. 275, 293—294; II. 35, 44; VI. 35*　→都市
五度　*IV. 6, 8; VI. 46*　→協和、ヘーミオリオス
　—の定義　*IV. 6; VI. 46*
言葉　*I. 54, 67, 82, 249, 271, 274—279, 290, 301, 305; II. 42, 53—55; III. 104; VI. 10*

子ども、幼児、男児、女児、新生児　I. 41, 279, 289, 310; II. 103–104; V. 7, 65–66, 70, 95, 101; VI. 15, 32　→親
個別的、個々の、個物　I. 8, 30, 39, 88, 113, 141, 145, 176, 221–222, 224, 255–256, 260; II. 110–111; III. 4, 18; IV. 13–15, 17, 24–25, 27, 31　→一般的、特殊、普遍的、類
語法　I. 59, 98, 178
—違反（ソロイキスモス）　I. 64, 97, 176, 210–212, 214–216, 241　→純粋ギリシア語、他国風言葉遣い、補註K
—の定義　I. 210, 214–215
固有、固有性　I. 8, 22, 58, 102, 114, 118, 133, 137, 140, 156, 178, 227, 242, 317; II. 5, 7, 9, 44, 51–52, 55, 85; III. 55–56, 90; IV. 11, 19; V. 12, 23, 33; VI. 39, 44
混合、混入、混和　I. 94–95, 301; III. 41; V. 42, 57, 75–76, 101; VI. 44　→純粋
混乱　I. 306; II. 96; III. 57

サ　行

細孔　III. 5　→閉塞、熱病
最小
—で部分をもたないもの　I. 27; —の円　III. 68; —の音節　I. 124, 126; —の音程　VI. 47; —の時間　I. 124; —の幅　III. 54; —の広がり　III. 106; —の隔たり　III. 69; —のもの（角について）　III. 100–102; —のもの（レプトン）　V. 5　→レプトン
裁判、裁判所、訴訟　II. 1, 14, 17–18, 28, 40, 97–99
酒壺　III. 78–79　→ブドウ酒
先取り（探求の的の）　I. 157, 223
作風　I. 249, 281
作家　I. 57–60, 63–68, 70–71, 73–75, 81, 91, 93, 251, 270, 277, 296–297, 299–300, 318, 320　→書き物、散文、詩人
殺害、殺人、斬殺　I. 238, 263, 267; II. 33, 37, 65, 104; V. 92; VI. 26
サメ　I. 226
作用　I. 143, 147; II. 54; V. 100; VI. 49
—的原因　V. 5　→原因
三（原理としての）　IV. 3, 5, 7–9, 18; V. 8　→一、二、四、十
三角錐　IV. 5
讒言術　II. 50　→技術
三次元　I. 21　→広がり
散文　I. 48, 57, 94, 300, 318　→韻文、書き物、グランマ、作家、詩
三分（占星術）　V. 39–40, 50　→星相、補註 f（v）、別表Ⅶ
四（原理としての）　IV. 3, 5, 7–9　→一、二、三、十
死、最期　I. 48, 261, 267, 271, 273, 284–285, 312; II. 49, 53; V. 91, 93, 104　→死すべき者、不死
詩、詩行、詩句、詩文　I. 48, 94, 101, 133–134, 139–140, 161–168, 203, 250–251, 264, 270, 272–273, 277, 281–283, 292, 298, 300, 302, 309, 316, 318–319　→韻文、散文、喜劇、悲劇
—人　I. 57–58, 60, 63–68, 70–71, 73–75, 81, 84–85, 91, 93, 95, 204–205, 228, 251, 270–271, 273–274, 277–281, 284–286, 296–300, 307, 318; II. 3, 24, 35; VI. 10, 15–17　→喜劇詩人、古喜劇詩人、悲劇詩人
—の技術　I. 270–271, 278, 280, 293, 298–299; VI. 16, 28　→技術
思惟　I. 22, 24–26, 57, 70, 94, 129, 132, 135, 139, 158, 163, 176, 279, 303–304, 307, 309, 313; III. 5–6, 22, 25, 28, 31–32, 34–37, 39–56, 58–59, 83–85, 87, 90–91, 96, 105, 109–110; IV. 5, 11, 14, 17, 19, 23, 30–31, 34; VI. 15, 21, 24, 55, 57
—の対象、—されるもの　I. 20, 24, 26–27, 76–78; II. 52; III. 23, 25, 37, 39–40, 50, 74
—不可能性　I. 138
子音　I. 55, 100, 102–103, 114, 122　→帯気／非帯気、単子音、二重的子音、半音声的子音、非音声的子音、母音、補註M、別表Ⅱ

視覚、視力、視線、見る　*I. 23, 32, 34, 185, 305–306; V. 26, 81–82; VI. 39, 41, 49* →色、感覚

四角形　*III. 74*

時間、時刻、時代、時　*I. 8, 28, 82, 124, 126–128, 259, 312; V. 13, 25–27, 30, 42, 47, 52–53, 55–67, 69–71, 73, 75, 77, 83–89, 94, 99, 105; VI. 23, 57, 60–67* →二時間的

識別　*I. 76, 83, 144, 186–187, 200, 220, 299; II. 80; III. 106; V. 64* →認識、把握、判別

詩脚　*I. 159–160; VI. 60–61, 67*
　——の定義　*VI. 60*

子宮、——口／底　*V. 22, 57–60, 62*

思考　*I. 17, 22, 130, 306, 320; II. 39; III. 36, 39–40, 44, 47, 53–54, 58, 90; IV. 4* →精神
　——不可能　*III. 28, 37, 50, 57, 84, 107; IV. 17*

獅子[宮]　*V. 11, 21, 34, 95–97, 100* →補註 c、別表Ⅲ

磁石　→石

時称　*I. 238* →現在時称

次昇（占星術）　*V. 14, 18–20, 50* →補註 e

詩人や作家に関わる比較的特殊な部分　→文法術

地震　*V. 2, 80*

死すべき、可死的　*I. 101, 271, 274, 279, 287–288, 302; IV. 17; VI. 15, 17* →死、不死、人間

自然、自然本性、自然本来　*I. 23, 34, 37, 42, 46, 49, 55, 100–103, 105–108, 110–111, 114–117, 121–122, 124, 142–147, 149–153, 161, 186–187, 189, 226, 234, 242, 288, 301; II. 76, 93; III. 16, 44, 71, 84, 87–88, 90; IV. 2–3, 9, 30; V. 7, 22, 57, 62, 94; VI. 17, 19–20, 28*
　——学、——研究　*I. 144, 300, 303*
　——学者　*I. 35, 300; III. 2, 116; V. 59*

自足　*I. 271*

実質的（議論、探求、反論など）　*I. 7, 63, 96, 270; II. 81; V. 106; VI. 38, 68*

失墜（占星術）　*V. 35–36* →補註 f

(ii)、別表Ⅵ

死の始まり（占星術）　*V. 15* →補註 e

字母　*I. 8, 47, 49, 54–55, 92, 99–100, 104, 106–108, 110, 112–123, 165, 172; VI. 60* 構成要素、文字、補註 C、L、別表Ⅰ

自明　*I. 27–28, 57, 278; II. 36, 66; III. 9; V. 64, 85* →明白、明瞭、不明瞭

締め括り的付言（エピポーネーマ）　*II. 57* →補註 V

尺度　*I. 193; III. 73, 106* →規準、物差し

十
　母音の数　*I. 112–113*; 第四の数　*IV. 3*; 除去と付加　*IV. 24–26, 29–33* →一、二、三、四

自由／奴隷　*I. 293; II. 57*

習慣　*I. 89; II. 40; VI. 11*

習熟　*I. 43; II. 47* →熟練

集積　*I. 21, 134–136; III. 83–84; IV. 13, 24*

獣帯、——の円　*I. 304; V. 5, 21–24, 26, 29, 71, 73, 79, 83* →補註 c

十二分の一部分（ドーデカテーモリオン）　*V. 9, 25–26, 83–84*

シューリンクス　*I. 314; VI. 32* →楽器、補註 j

授業料　*II. 97–98*

宿（占星術）　*V. 33–34* →補註 f (i)、別表Ⅴ

熟練、熟達　*I. 4, 61, 190, 248–251; II. 17; V. 86* →習熟

種子　*I. 307; V. 55–59, 61*
　——の蒔きつけ　*V. 55–57, 61* →懐妊

出産、分娩　*V. 27, 55, 65–70, 99* →懐妊、種子の蒔きつけ、誕生

出生　→誕生

純粋　*I. 94–95, 117, 176; V. 75* →混合

純粋ギリシア語　*I. 64, 92, 98, 175–177, 179–184, 186–191, 193–194, 200, 206, 209, 218–221, 229, 235, 241–243, 245–247; II. 56–57* →語法違反、他国風言葉遣い、補註 K

シュントノン・ディアトノン　*VI. 51*

→補註 k（vi）
衝　V. 10—11, 13, 16—17, 36　→星相、補註 f（v）、別表Ⅶ
省音　I. 161, 165
情況　I. 235, 275; III. 5
称賛　II. 21, 87, 89—92, 100—104　→弁論術
称賛演説（術）　→弁論術
上昇点　I. 304; V. 17
少数　I. 67, 70—71
情態　I. 6, 35, 298, 315; III. 55; V. 91; VI. 7, 26, 33, 53
衝突、反発　I. 191—192; VI. 20, 34　→母音同士の衝突
承認　II. 63, 65; VI. 19
譲歩　I. 35; III. 77, 82, 116
証明　I. 98, 157, 188, 198, 279—280, 284, 292, 300, 304; II. 106—112; III. 4, 6—8, 12—15, 17—18, 59, 92—93; VI. 61　→確証、立論
消滅　I. 35, 311; II. 31; III. 62; V. 105; VI. 66　→生成
勝利、勝つ　I. 7, 275, 279, 293; II. 14—15, 79, 86—87, 97—98　→敗北
初期教育　I. 41（幼児期の学習）; VI. 29　→教育
除去　I. 161—164, 168, 273, 283; III. 24, 116; IV. 21—31, 34; V. 72　→付加
植物　I. 82; IV. 11—13　→動物
処女［宮］　V. 10, 21, 34, 36, 95, 102　→補註 c、別表Ⅲ
女性、—的、女　II. 3—4; V. 7—9, 27—28, 60, 63, 68, 96; VI. 1　→男性、男性／女性／中性
女性宮　V. 6—7　→補註 d
触覚、触れる　I. 23, 185; III. 22; VI. 40—41　→感覚
思慮節制　VI. 7—8, 10—11, 14, 21, 23, 26, 28　→不節制、抑制
徴　→点
白／黒　I. 23, 42, 185, 237, 276; III. 40, 89—90; V. 95, 102; VI. 41　→色、視覚
素人　I. 64, 66—67, 147, 155, 235, 287—288, 302; II. 76—77, 83; V. 86—87; VI. 19, 29, 31, 33
真実、真　I. 6, 12—13, 29, 88, 252—253, 263, 266—267, 286, 292, 297; II. 11, 63—71, 80; III. 9—10, 14, 16—17, 104; VI. 36—37　→虚偽、真理
真正箇所／偽作箇所　I. 93
心臓　V. 104
身体　I. 94, 273, 285; II. 31; V. 21—22, 44, 60, 66. 91, 101　→肉、物体、魂
伸張
　字母の—　I. 109—111, 115, 119; 点の—　III. 28—32
人馬［宮］　V. 10, 22, 34, 92　→補註 c、別表Ⅲ
審判人　II. 4, 11, 39—40, 73, 76, 78—79, 84, 93, 95—96, 98—99　→裁判、弁護人
信用、信頼、信じる、確信、信憑性　I. 157, 197, 200—202, 245, 247, 292; II. 17, 27, 78, 96, 109, 112; III. 7—8, 11, 13, 15; V. 104; VI. 11, 26—27
真理　I. 6, 42　→真実
神話　I. 43, 92, 252—253, 263—265, 292　→物語
酢　III. 89—90
　—蜜　VI. 44
推測　I. 1, 5, 288
数（数論との関連）　IV. 1—5, 7—10, 18, 20, 22—23, 26—27, 30, 34; V. 8
　完全な—　IV. 3
数学　I. 77, 80, 300—301; IV. 2; V. 1, 92, 104
　完全な—　V. 1
　—者　I. 21, 300, 304; III. 59; V. 2
数論　II. 5; IV. 1—2; V. 1　→技術
　—者　II. 113; IV. 34
姿形　V. 91, 95, 99　→形
スタシモン　VI. 17
ストイケイオン　→構成要素、字母、補註 C
すべて　I. 8, 13—14, 18, 24, 27—28, 36—37, 39—40, 42, 48, 50—52, 57, 62, 66—67, 73—75, 81, 84—85, 88—89, 99, 116—117, 126, 134, 138, 145, 147—148, 155, 159, 163, 180, 192—193, 204, 217, 221—222, 224, 226,

229, 237, 256, 260, 273, 278, 300, 302, 314; II. 5, 10, 20, 25, 51, 60, 67, 69, 82, 85, 101, 104, 108; III. 12, 15, 24—25, 40, 65—66, 68—69, 72, 81, 98—99, 108; IV. 18, 20, 22, 31; V. 45, 72, 83—84, 92—93, 103; VI. 5, 46, 48, 52—53, 64 →一般的、大多数、普遍的、万人、万物

スポンデイオン調 *VI. 8*

鋭い音声／重い音声（高音／低音） *VI. 40—43, 45*

—の定義 *VI. 40*

性格（人の） *I. 271, 291; II. 44; V. 41, 95, 99, 101; VI. 23, 30, 36, 48—49* →エートス

星学、—者 *V. 1—2* 補註 b

正確／不正確 *I. 26, 71, 76, 154, 168, 176, 187; II. 106; III. 37; V. 3, 36, 41—42 (精密), 52, 54—55, 58—59, 61, 63—64, 66—67, 69—70, 72, 74, 85—88, 99; VI. 2*

生活、実生活、人生、生 *I. 50, 55, 61—62, 73, 171, 178—179, 191, 193, 232—233, 270, 274, 277—279, 285, 289, 296—298; II. 10, 17—18, 20, 31—32, 49, 58, 85; V. 2, 4—5, 47, 64, 88, 90—91, 94—95, 101, 103—104; VI. 7, 15—16, 21, 24, 40* →益、害、必要／不必要、有用

正義、正しい／不正 *I. 97, 126, 274, 287; II. 32, 46—47, 76—78, 87, 89—95, 98, 106*

整合／不整合 *I. 210, 215—216*

星座 *V. 23—24, 78—79* →宮、補註 c

静止 *I. 74, 83, 156; III. 5, 12* →動

政治、—家 *II. 41, 62; V. 94*

性質 *I. 108, 116—118, 169, 222, 226; II. 12, 19; III. 89; VI. 20, 22, 30, 44* →量

正書法 *I. 92, 169, 171—172, 175* → 補註 P

精神 *VI. 18, 21—22, 24, 28* →思考

生成 *I. 35; III. 85; VI. 57, 66* →消滅

星相 *V. 30, 33, 39—40, 50, 53, 71, 94, 103—105* →矩、三分、衝、補註 f

(v)、別表 VII

正当 *I. 56, 93, 183, 206, 276, 310; II. 101; III. 16*

青銅 *I. 108; III. 89*

成立（ὑφίστασθαι, ὑπόστασις の意味で） *I. 26, 28, 65, 90, 96, 109—110, 124, 128, 130—131, 137, 214, 267; II. 12, 107; III. 104; IV. 6, 14, 17, 23, 34; VI. 38, 48, 52, 55, 57* →非成立的、補註 F

ゼウスの星（木星） *V. 29, 32, 34, 36* →補註 c、別表 III

接触 *I. 25; III. 35—36, 75, 78—82, 98—99* →触覚

節制 →思慮節制

説得 *I. 280; II. 2—5, 9, 11, 61—62, 64—65, 71—76, 78—79, 84, 92—93; VI. 7*

—的 *I. 88, 139, 204; II. 62—64, 66—67, 69, 71, 92; III. 83; V. 76, 81, 100* →非説得的

—の定義 *II. 63*

説明原理 *III. 85; IV. 3—6, 11*

狭さ *III. 39, 52, 54* →幅

線 *II. 22; III. 19—22, 25, 27—34, 36—37, 60—67, 70—71, 73—74, 76—77, 82, 84, 92, 94, 96, 98—99, 107, 109—110, 113—114, 116; IV. 4* →直線

—の定義 *III. 20, 29, 37, 60, 65, 77*

全音 *VI. 47* →ディエシス、半音、隔たり［音程］、補註 k (iii)

—の定義 *VI. 47*

前件／後件 *III. 16—17*

穿鑿 *I. 54, 65, 257; II. 37; V. 5, 20* →空疎、駄弁、余計なこと

先取的認識 *I. 53, 57*

戦争、戦死、争い *I. 261, 275, 295; II. 3; V. 91—92; VI. 24, 26* →論争

全体 *I. 6, 71, 79, 128, 132—133, 135—136, 138—141, 161—167, 210, 215, 248, 250, 305, 314; II. 25, 85, 92; III. 27, 33, 35—36, 72—73, 98, 110, 116; IV. 7, 18, 24—27, 31—32; V. 23, 25; VI. 5, 67* →部分

選択 *I. 280, 285; VI. 34*

選択肢、残るところ *I. 17, 24, 33, 107,*

110, 138, 140, 144—145, 163, 167, 189, 313; II. 86, 94, 96, 109; III. 22, 44, 48, 67, 102; IV. 14; V. 48, 87; VI. 36
前提　*I. 8, 157; II. 36, 111; III. 3, 13—15; V. 4*　→帰結
旋律（メローディアー）　*VI. 1, 32, 48—50, 52, 58*　→リズム、補註ｉ（iii）
旋律（メロス）、—的／非—的　*VI. 8, 15—17, 19—22, 24, 28, 30, 32*（調べ）, *33, 36, 38, 42, 51, 58*→リズム、補註ｉ（iii）
洗練　*I. 235; II. 43, 47; VI. 48*
双魚［宮］　*V. 10, 22, 34, 36*　→補註ｃ、別表Ⅲ
遭遇　*I. 25; III. 40, 42—43, 47*　→移行
相互依存の方式　*III. 99*
双子［宮］　*V. 7, 9—10, 21, 34*→補註ｃ、別表Ⅲ
増大／減少　*I. 167; III. 24, 52; IV. 22, 32*
双体宮／非双体宮　*V. 6, 10*　→補註ｄ
相対的、—関係　*I. 70; II. 66; VI. 55*
想定　*I. 113, 134, 288, 302; II. 12; III. 2; IV. 24; V. 11, 97*
双方向的（母音について）　*I. 100*
属性　*I. 11, 15, 65*
測定　*III. 26, 28, 66, 72—75; V. 67*
測量　*I. 46*
素材
　文法術の歴史的な部分が扱う—　*I. 249, 254, 266*
　弁論術の—　*II. 48, 88*
訴訟　→裁判
ソフィスト　*III. 4*
素養（ヘクシス）　*I. 76—77, 83; II. 17, 49, 60, 97*
存在する／存在しない　*I. 8—14, 19, 28—31, 35, 38—39, 66, 75, 83, 86—87, 96, 104, 107, 110, 113, 123—124, 126, 128, 130—132, 135—136, 138, 158, 162, 165—168, 177, 180, 182—183, 211—212, 224, 229, 232, 259, 265, 267, 300, 311—312, 315; II. 10—11, 16, 32, 34, 45, 48, 60, 71, 94, 106—112; III. 3, 9, 16, 29—30, 36, 49, 76, 84, 90—92, 94, 102, 104; IV. 4, 8, 10, 13—15, 18—19, 22, 24—25, 29—30, 34; V.45, 48, 72; VI. 52, 54—59, 61—63, 65—67*　→存立、非存立
存立　*I. 11, 13, 19, 27, 39, 57, 63—64, 69, 107—108, 111, 121, 127—128, 130, 134—135, 157—158, 180, 253, 268, 277; II. 1, 11, 36, 48, 68, 88, 111; III. 16—17, 22, 24—25, 29, 64—66, 68, 74, 84, 92, 112; IV. 25; V.30; VI. 38, 52—53, 55, 61*　→存在する／存在しない、非存立

タ　行

多（原理としての）　*IV. 13, 16*
帯気／非帯気　*I. 59, 103, 111, 113—114, 119*　→子音、補註Ｍ、別表Ⅱ
体系　*I. 57, 75, 77; II. 10; V. 49; VI. 60*
太鼓　*VI. 24*　→楽器、補註ｊ
大事／小事　*II. 46*
大衆、民衆　*I. 280; II. 41—42, 50, 93; V. 31, 94*
大衆籠絡術　*II. 50*　→技術
堆積の難問　*I. 68—69, 80*
大体、たいてい　*I. 225; II. 1, 13, 15*　→少数、多数、大多数
大多数　*I. 57, 66—73, 192, 225, 254; II. 61; V. 49*　→少数、大体、多数
対置　*I. 188, 251*　→対立［矛盾］
「大地が飛ぶ」「大地は存在する」　*III. 16*
大年　*V. 105*　→補註ｇ
太陽　*I. 48, 305—306; V. 11, 28, 31—32, 34, 36, 71, 82*　→月、補註ｃ、別表Ⅲ
対立［矛盾］　*II. 67—68, 70; III. 8*　→対置
他国、—人　*I. 37, 44, 145, 147, 155, 278, 313—314; II. 21, 23, 34—35, 104; V. 92; VI. 24*　→ギリシア（人）
他国風言葉遣い（バルバリスモス）、他国語　*I. 64, 97—98, 176, 210—215, 220, 231, 234, 241, 245—246, 314*　→語法、純粋ギリシア語、補註Ｋ
—の定義　*I. 210, 214—215, 231*

多数　I. 22, 47, 62, 68, 91, 97, 156, 179, 188—189, 191—193, 195, 199, 207, 212—214, 226—229, 231, 260, 270, 279; II. 72; III. 1, 3, 28—30, 34, 99; IV. 18—19; V. 89, 91, 104; VI. 54　→少数、大体、大多数
竪琴　VI. 10　→楽器、補註 j
駄弁、おしゃべり、馬鹿話、馬鹿げた主張　I. 141, 174, 313; II. 23, 25, 104; III. 14　→空疎、穿鑿、余計なこと
魂　I. 48, 85, 94, 286, 297; II. 31; IV. 2—3, 6, 8, 21; V.66; VI.7, 13, 19, 22, 30, 34, 48, 55　→身体
単一（的）　I. 22, 104, 116—117, 210—212, 214—215, 222—223, 231
　—形相的　I. 117—118; VI. 44
単一部分（占星術）　→男神
探求、探索　I. 6, 28, 41—43, 53—54, 57, 59, 63, 71, 97, 99, 119—120, 142, 152, 154, 157, 160, 165, 169, 194, 197, 222—223, 227, 229, 267; II. 1, 46, 51, 72, 112; III. 2, 4, 6, 10—11, 65—66, 97; V. 1, 106; VI. 38, 56　→考察
単子音　I. 122　→子音、補註M、別表II
単純　V. 41
　—素朴　I. 153, 177, 179, 232; II. 21—22, 76—77
誕生、出生　V. 2, 7, 12—13, 22, 28, 32, 52—55, 61, 70—71, 73, 87—90, 92—96, 99—101, 105　→出産
誕生占星術　V. 2　→カルデア占星術、技術、補註 b
誕生天宮図　→天宮図
単数／複数（イデアについて）　IV. 18—19
単数／双数／複数（名前について）　I. 142, 154, 215
男性、男性的、男　I. 258, 295; II. 53; V. 7—9, 96; VI. 1　→男らしさ、女性
男性宮　V. 6—7　→補註 d
男性／女性／中性（自然的性と名前）　I. 142—143, 146, 148—153, 212, 215
知、知る、知見、知識　I. 14, 32, 38, 41—42, 44, 46, 49, 62, 66—68, 71, 73—75, 77, 79, 81, 83—84, 86—88, 96—97, 106, 146, 186, 190, 192, 198, 223—224, 232, 242, 259—260, 266—267, 269, 284—285, 288, 300, 303, 308, 310, 313—315, 318; II. 6, 9, 17—18, 20, 29, 52, 57, 62, 66—67, 69, 71, 80, 101—103; III. 46—47, 99; V. 3, 51, 58—59, 67, 87; VI. 1, 10, 30, 34, 38, 58—59, 61, 67　→知恵、知者、把握
知恵　I. 1, 4—5, 62, 270, 279; VI. 34　→知、知者
力（星の）　V. 20, 31, 33, 35, 37, 41
力の拮抗　I. 6; II. 99
知者　I. 49—50, 57, 73; II. 6, 43, 45; VI. 13　→知、知恵
地上　V. 4, 43—44, 79, 82, 93, 97, 100　→天界
知性　I. 288
秩序　VI. 30, 36—37　→方法的秩序
地の下（占星術）　→天底
地平線　V. 82—83
中間　III. 35, 110; V. 38—39; VI. 67
中心（幾何学における）　III. 26, 66, 68—70, 72, 98, 107, 112
中心（占星術）　V. 12, 14, 20, 33, 40, 50, 85　→時の見張り、天頂、天底、入没、補註 e
中心上の星　V. 40　→中心（占星術）、補註 e
聴覚、聴力、聴く、聞く　I. 34, 42—43, 118, 204; V. 28, 69; VI. 8, 18, 20, 29, 31—33, 39—40, 43—44, 49　→音声、感覚
調査、調べる　I. 49, 95, 154, 224, 253; II. 1, 9; V. 20, 25, 70
徴証　II. 54; V. 62—63
影像制作術、影像　I. 108, 182　→技術
長短共通的（字母）　→二時間的
調和　I. 316—317; IV. 6, 8; VI. 30, 36—37
　完全な—　IV. 6
直線　I. 304; III. 26, 65—67, 71—73, 75—76, 92, 94, 96—100, 103, 106—107, 109—110; V. 83　→線
　—の定義　III. 94, 96, 98—99

治療、癒し　*I. 45, 51—52, 261; VI. 21*　→医術
追放（弁論家、哲学者の）、追い出す　*II. 20, 23—25, 99*
月　*V. 31—32, 34, 36, 70*　→太陽、補註ｃ、別表Ⅲ
作り事　*I. 92, 252, 263, 265*
つじつまの合わない　*III. 69, 79*　→おかしな、不合理
ディアトノン　*VI. 50—51*　→クローマ、ハルモニアー、補註ｋ（v）（vi）
ディエシス　*VI. 47*　→全音、半音、隔たり［音程］、補註ｋ（iii）
—の定義　*VI. 47*
低音　→鋭い音声／重い音声
定義　→規定、区分的定義法
（文法術関係）
語法違反　*I. 210, 214—215;* 他国風言葉遣い　*I. 210, 214—215, 231;* 文法家　*I. 73;* 文法術　*I. 57, 60, 63, 66, 73—76, 81, 84, 86—88;* 文法術の諸部分　*I. 92—93;* 類比　*I. 199, 202, 229, 236*
（弁論術関係）
ありそうなもの／ありそうもないもの　*II. 63, 70;* 説得的　*II. 63;* 弁論術　*II. 2, 4—9; 61—62*
（幾何学関係）
円　*III. 107;* 角　*III. 100, 104, 106;* 線　*III. 20, 29, 37, 60, 77;* 直線　*III. 94, 96, 98—99;* 点　*III. 20, 22;* 物体　*III. 19, 83, 86;* 平面　*III. 99;* 面　*III. 20, 61, 77—78*
（数論関係）
一　*IV. 11*
（占星術関係）
悪しき運　*V. 16, 19;* 悪しき神霊　*V. 15, 18;* 男神　*V. 15, 18;* 下方部分　*V. 15;* 矩 *V. 39;* 区界　*V. 37;* 昂揚　*V. 35;* 護衛　*V. 38;* 三分　*V. 39;* 次昇　*V. 14;* 失墜　*V. 35;* 死の始まり　*V. 15;* 女性宮　*V. 7;* 単一部分　*V. 15;* 男性宮　*V. 7;* 地の下　*V. 13;* 中心上の星　*V. 40;* 天頂　*V. 13;* 天底　*V. 13;* 時の見張り　*V. 13;* 入没　*V. 13;* 不活動　*V. 15, 17—19;* 変動宮　*V. 11;* 報復　*V. 16;* 女神　*V. 17, 19;* 善き運　*V. 16, 19;* 善き神霊　*V. 15, 18;* 離傾　*V. 14*
（音楽関係）
エートス　*VI. 48;* エピトリトス　*IV. 7;* 音楽　*VI. 1, 38, 58;* 音声　*VI. 39;* 楽音　*VI. 42, 58;* 協和音／不協和音　*VI. 43—44;* 協和音程／不協和音程　*VI. 46;* 五度　*IV. 6; VI. 46;* 詩脚　*VI. 60;* 鋭い音声［高音］／重い音声［低音］　*VI. 40;* 全音　*VI. 47;* ディエシス　*VI. 47;* ディプラシオーン　*IV. 7;* 同音／非同音　*VI. 42;* 八度　*IV. 6; VI. 46;* 半音　*VI. 47;* ヘーミオリオス　*IV. 7;* 四度　*IV. 6; VI. 46;* リズム　*VI. 60*
（その他）
仮設　*III. 3—4;* 技術　*II. 10;* 人間　*IV. 17;* 等しさ　*III. 95;* 問答法　*II. 69*
抵触　*I. 229—230, 281, 305; II. 92; III. 8, 65, 105, 112*　→反目、論争
抵抗　*I. 21, 156; III. 56, 84*　→物体
ディプラシオーン　*IV. 6—8*
—の定義　*IV. 7*
敵意　→反感
適切　*I. 145, 205, 234, 274; III. 17*　→相応《ふさわ》しい
弟子、生徒、学ぶ人　*I. 2—4, 9, 23, 30—31, 35, 38, 248, 258, 275; II. 6, 61*　→学習、教育、教師
哲学　*I. 6, 61, 72, 232—233, 258, 271, 277, 279—280, 302, 306; II. 13, 25; VI. 7, 13, 30, 36*
—者　*I. 3—5, 9, 27, 59, 85, 116, 156, 233, 258, 271—272, 281, 288, 296, 302, 305, 311; II. 1, 6, 25, 102; V. 89; VI. 23, 53*　→追放
テシス　→アルシス
テトラクテュス　*IV. 2—3*　→補註ａ
点、徴（幾何学の）　*III. 19—37, 66—68, 70, 77, 84, 100, 102—103, 107, 110—115; IV. 4—5*
—の定義　*III. 20, 22*
天界、天上　*V. 4, 43—44*　→地上
天蠍［宮］　*V. 11, 22, 34*　→補註ｃ、

別表Ⅲ
天宮図、誕生天宮図　*V. 53, 70, 89−90, 105*
天体観察　*V. 27, 68, 70, 72, 80, 83*
天頂（占星術）　*V. 12−13, 15, 18, 40, 42, 51*　→中心、補註 e
　──の定義　*V. 13*
天底、地の下（占星術）　*V. 12−13, 16−17, 19, 40, 42, 51*　→中心、補註 e
　──の定義　*V. 13*
天の穹窿　*V. 2, 5, 11, 44*
天秤［宮］　*V. 11, 13, 22, 34, 36*　→補註 c、別表Ⅲ
天文学　*V. 1−2*　→補註 b
度　→部分［度］
動
　感覚の──、触発　*I. 117; VI. 43−44*
　心の──　*II. 24, 101; VI. 48*
動、移動、運動、流動　*I. 117, 156, 311−312, 316; III. 12, 19, 28−29, 31−32, 67, 72, 77, 98, 115; IV. 4−5; V. 28, 69−71, 75, 77, 95; VI. 45*　→静止
同意　*I. 9, 28−29, 35, 75, 124, 129, 157, 202, 204−205, 214, 223, 251, 254, 269, 272; II. 95, 97; III. 12*
同音／非同音　*VI. 42−43*　→楽音
　──の定義　*VI. 42*
同音異義　*I. 44*
同音語尾反復　*II. 57*　→補註 V
動詞　*I. 132−133, 195, 214, 237−238*　→名前、普通名詞、冠詞、分詞、補註 N、R
導出　*I. 168, 209; II. 25; III. 11−12*　→証明
投石機（カタパルト）　→石
同等　→等しさ
動物　*I. 82, 226; II. 110; III. 94; IV. 6, 11−13, 17; V. 94, 96, 100; VI. 32*　→獣
盗用（エピクロスについて）　*I. 273*
動揺　*VI. 20, 24*
時の見張り（占星術）　*V. 12−13, 15, 17−18, 27−28, 40, 42, 50−53, 61, 64, 67, 70, 81, 84−85, 92, 99−100, 102*　→中心、補註 e
　──の定義　*V. 13*
徳　*I. 85, 271, 319; II. 93−94; VI. 34*　→悪
特殊　*I. 44, 91, 93; VI. 51*　→一般的、個別的、普遍的
ドグマ、教説　*I. 271, 273, 303; VI. 6*　→確言、判断保留、ドグマティスト
ドグマティスト　*I. 5, 28, 306; VI. 4, 52*　→ドグマ、懐疑主義
時計　*V. 28, 52, 54, 68, 73, 75*　→時間
都市　*I. 40, 154, 178, 215, 228, 232; II. 20, 24−26, 31*　→国家
土台　*III. 10, 12; V. 50*　→原理
トニコン・クローマ　*VI. 51*　→補註 k (vi)
富、富者　*I. 271, 279; II. 2, 53, 72, 103*　→貧しさ
ドラ　*V. 28, 68−70*
取り決め、決まりごと　*I. 37−38, 144−145, 149, 189−190*　→慣わし、補註 J
奴隷　→自由
鈍感　*I. 70, 144*　→無感覚

ナ　行

内実を満たす　*III. 24−27, 70, 76*　→完全にする
長さ　*I. 21, 24, 167, 304; II. 7; III. 19−20, 24, 29−30, 37−39, 43−47, 49−61, 64−65, 71, 73−74, 76−77, 82−87, 90−91, 109; IV. 4−5; V. 58−59*　→幅、深さ、広がり
長さ／短さ
　音節の──　*I. 121−130; VI. 56*　→補註 O
　母音の──　*I. 55, 100−101, 105−115, 119*　→補註 L
「何か」　*I. 15−19*　→補註 F
「何かでないもの」　*I. 15−17*
名前　*I. 132−133, 141−146, 148−154, 169, 172−174, 199, 214, 221−224, 226−227, 234, 237, 239, 242−245, 247, 313−314, 317; V. 2, 12, 22, 97*　→動詞、普通名詞、冠詞、分詞、名称、

補註J、N、R
慣わし、慣用、慣例　I. 44, 84, 86―88, 97, 152―153, 176―179, 181, 183, 186―190, 193―196, 198―203, 205―210, 213―220, 227―233, 235―236, 240―241, 244―245, 247; II. 6, 52―53, 57, 59, 63; III. 4; VI. 2　→取り決め、補註R
軟弱　VI. 14―15　→男らしさ
難問　→行き詰まり
二（原理としての）　IV. 3―4, 7―8, 18, 21―22; V. 8　→一、三、四、十
苦さ　→甘さ／苦さ
肉、肉体　II. 31; III. 55―56　→身体
憎しみ　→愛／憎しみ
二時間的
—な音節　I. 127―128　→補註O
—的（長短共通的）な字母　I. 55, 100, 105, 107, 110, 112, 121　→補註L
二重的子音（複子音）　I. 103―104, 122　→子音、補註M、別表II
二分割［二等分］　III. 109―112, 114　→分け目
入没（占星術）　V. 12―13, 15―16, 19, 40, 51　→中心、補註e
—の定義　V. 13
人間　I. 4, 9, 42, 50―51, 83, 92, 94, 137, 190, 257, 298, 302, 305; II. 27, 31―32, 43, 47, 110; III. 41―42, 47, 49, 94; IV. 17; V. 4, 44, 83, 89, 94―95, 100, 103, 105; VI. 7, 15, 17, 20, 29, 48　→死すべき者
—の定義　IV. 17
認識　I. 25, 38, 117, 125, 129, 185, 272; V.41, 67; VI. 33, 39　→把握
盗み、略奪　I. 289; II. 12, 28, 33
根　IV. 2―3, 9; V. 57
熱／冷　I. 147; V. 56, 65
熱病　III. 5　→細孔、閉塞、病気
眠り　VI. 22, 32
農業　V. 2

ハ　行

把握　I. 38, 75, 186, 203, 243, 303; II. 6, 10―11, 54, 66; III. 24; V. 52, 54, 58―59, 62, 69, 72, 81―86; VI. 14　→知、認識
—不可能　I. 320; II. 11, 102; V. 55, 95　→無把握
ハープ　VI. 1　→楽器、補註j
排斥　→回避
敗北、負ける　I. 295; II. 15, 87, 97―98; VI. 35　→勝利
馬鹿話　→駄弁
博学、博識　I. 2, 63
白羊［宮］　V. 7, 9, 11, 13, 21, 34, 36　→補註c、別表III
端　III. 24―26, 63, 110; V. 38, 98　→限界
場所　I. 28, 78, 92, 137, 253, 257, 311―312; II. 27; III. 28, 30―36, 68―69; V. 20, 57―58
八度（オクターヴ）　IV. 6, 8; VI. 46　→協和、ディプラシオーン
—の定義　IV. 6; VI. 46
蜂蜜酒　VI. 44　→ブドウ酒
蜂蜜水　VI. 44
発音　I. 117, 121, 125, 130, 142, 149, 153, 161, 165, 187, 195, 212, 222―223, 227
—法　I. 79, 105―108, 113―114, 119, 250　→アクセント、共通（長短、鋭重、帯気／非帯気）
発見　I. 49, 51, 138, 238, 250, 267, 311; II. 45, 79―81, 83; III. 14, 37, 46, 104; V. 72　→発明
—不可能　I. 243; V. 52
発出　I. 304; III. 5　→光線、粒子
発明　I. 52　→発見
幅　I. 21, 24; III. 19―20, 29, 37―39, 43―47, 49―61, 64―65, 70―74, 76―77, 82―87, 90―91, 109; IV. 4―5; V. 69, 88―89　→長さ、深さ、広がり
ハルモニアー　VI. 50―51　→クローマ、ディアトノン、補註k（v）（vi）
半音　VI. 47　→全音、ディエシス、隔たり［音程］、補註k（iii）
—の定義　VI. 47
半音声的子音　I. 102　→子音、補註M、別表II

晩学　VI. 13
反感、敵意　I. 2, 6, 49, 195, 220, 241; II. 54, 59, 74　→愛／憎しみ
パンクラティオン　II. 44
判断　I. 116, 183, 216, 221, 229, 241–242, 244, 266, 310; II. 78, 96　→思いなし、規準、判定、判別、優先
—保留　I. 6, 28, 306; II. 99　→確言、ドグマ
判定　I. 9, 93　→判断、判別
—不可能、—のつかない　I. 27, 171, 320; II. 102
反転［覆し］　I. 53, 196
万人、すべての人、あらゆる人　I. 14, 27, 36–37, 49–51, 145, 147–148, 155, 172, 184, 186, 189, 192, 204, 260, 284, 302; II. 20, 29; V. 83–84, 92–93, 103　→すべて
万物　IV. 2–3; VI. 17　→すべて
判別　I. 280; II. 66–67　→識別、判断、判定
反目、食い違い　I. 9, 27, 170–171, 173, 267, 320; II. 108; V. 37　→抵触、論争
反論　I. 1–2, 7–8, 35, 39, 49, 63, 91, 96, 141, 159–160, 175, 211, 213, 216, 241–242, 254, 277, 296, 299; II. 9, 59–60, 72, 113; III. 1, 65, 93–94, 106, 108; IV. 10, 34; V. 1, 3, 43, 106; VI. 3–5, 19, 29, 37–38, 68　→批判、論駁
完全な—　I. 159, 175
火　I. 40, 147, 303
美、美しい　I. 215, 268, 279, 293; II. 2–4, 52, 54–56, 58, 72, 89, 91–92, 101, 103–104, 106; V. 97; VI. 10　→醜さ
非音声的子音　II. 102　→子音、補註M、別表II
非技術　I. 30, 83, 98, 153, 179–181, 183, 219, 254　→技術
—者　I. 31–34
非共感性（占星術）　V. 44　→共感
悲劇　I. 215, 261; III. 3　→喜劇、古喜劇詩人
—詩人　II. 24; VI. 17
非成立的　I. 17, 28, 80, 90, 126, 129, 247; II. 9, 48; III. 92; VI. 59　→成立、補註F
非説得的　I. 110, 168, 268; II. 66–67, 69; III. 18, 22　→説得
非存立　I. 75, 127, 159, 265; II. 1, 45, 48; III. 10; VI. 38, 52, 63　→存立
必然（自然における）　I. 288; V. 46–47　→偶然、われわれに起因するもの、原因
必要／不必要　I. 8, 31–32, 38, 49–53, 91, 96, 140, 159, 171–172, 183, 185, 189–190, 193, 200, 207, 220, 254, 270–272, 274–275, 278–279, 293–294, 296, 318–319; II. 9, 23, 26, 28, 31, 36, 65, 83; V. 47, 64, 86; VI. 4, 6, 14, 16, 29–30, 36　→生活、有益、有用
否定　I. 109–110; II. 31; VI. 5, 27　→否認
等しさ、同等　I. 6, 14, 27, 31, 87, 144, 166–167, 229, 304, 313; II. 41; III. 39, 68–69, 94–96, 98, 107, 111–112, 116; IV. 7; V. 25
—の定義　III. 95
非難　I. 4, 54, 56, 60, 72, 235, 290, 299; II. 12, 23, 43, 103–105; VI. 4, 13　→攻撃、反論、批判、論駁
否認　I. 3, 18, 30, 40, 53, 74, 96, 99, 105, 111, 123, 168, 270; III. 11, 18, 21, 37, 39, 53, 64, 92, 94, 106–107; IV. 1, 10, 20, 25; V.49, 51; VI. 52–53　→否定
批判　I. 53, 72, 111, 221; III. 18, 71; V. 49, 90　→攻撃、反論、非難、論駁
批評　I. 250–251
—家　I. 79, 248
—術　I. 248
非物体　I. 19, 24–25, 28–29, 155–158; II. 107; III. 22, 81–82, 84, 88–89, 113; VI. 54　→物体
比喩、隠喩　I. 194, 317; VI. 40–41
ヒュポテシス　II. 80, 90; III. 1, 3–6　→仮設、限定的問題、梗概、補註V、W
表（占星術）　V. 37　→補註f（iii）

病気、疾病　I. 308; III. 5; V.2　→健康、熱病、病的、肋膜炎
表示　I. 36—38, 145, 300
表象　I. 12; II.63; III. 28, 39, 41, 47
病的、病的情態　I.45, 52, 255　→健康、病気
表明　I. 72, 279, 284; II. 54; IV. 11, 21
非理性的　I. 22, 126; V. 94; VI. 32　→理性
昼　V. 28, 32, 71　→夜
—の星　V. 32
広がり　I. 21; II. 7; III. 19—20, 22—23, 25—27, 29, 35, 64, 77, 83, 102—104, 106, 111—112, 114; IV. 5; V. 78　→長さ、幅、深さ、三次元
付加　I. 69, 106, 113, 142, 161, 165—169, 215; III. 85; IV. 21—23, 31—34　→除去
深さ　I. 21, 24; III. 19—20, 81, 83—87, 90—91; IV. 5　→長さ、幅、広がり
不活動（占星術）　V. 15, 17—19　→補註ｅ
不幸、不運　→幸福
不合理　I. 13, 136; III. 86, 111, 115　→理に適った、おかしな、つじつまの合わない
相応《ふさわ》しい　I. 174, 235, 279; II. 4, 11—12, 53; III. 2　→適切
不死　I. 302　→永遠、死、死すべき者
不正　→正義
不正確　→正確／不正確
不整合　→整合／不整合
不節制、自制心のなさ、無思慮、放蕩　I. 291; VI. 10, 25—26, 34　→思慮節制
普通名詞　I. 133, 238　→名前、動詞、冠詞、分詞、補註Ｎ、Ｒ
物体　I. 19—27, 29, 155—156, 301; III. 19—22, 56, 60—64, 77—81, 83—91, 100—101, 113; IV. 1, 3, 5; V. 78; VI. 20, 54　→非物体、立体、広がり、抵抗、空虚
—の定義　III. 19, 83, 86　→補註Ｘ
不定、一定していない　I. 28, 68, 81, 236, 240, 260; III. 106; V. 47, 68, 74—75　→確定的、変則性
不動宮　V. 6, 11　→補註ｄ
ブドウ酒、酒　I. 141, 283; III. 78—79, 89—90; VI. 8, 22, 33　→大酒、蜂蜜酒
舞踏術、踊り　I. 293; VI. 35　→技術
船　I. 40, 42, 108, 238; V. 93; VI. 24, 32, 57
部分　I. 27, 49, 65, 87, 91—96, 123, 126, 128, 130—141, 155, 158—164, 167, 175, 247—256, 265, 268—270, 277, 304; II. 38, 43, 48, 85, 89, 91—95, 100, 106; III. 5, 20, 24, 28, 33, 35, 62, 65—67, 70, 72, 94—101, 104, 112—113, 116; IV. 7, 18—19, 24, 28, 31—32; V. 5, 9, 15, 21, 23, 25—26, 38, 44, 60, 74, 79, 82—84, 94, 99, 105; VI. 16, 55, 64, 66—67　→全体
部分［度］　V. 5, 36—38, 74, 94, 99
普遍的　I. 86, 88　→一般的、すべて
不明確　I. 195, 319　→明確
不明瞭　I. 27, 30, 93, 184, 186, 305; II. 53, 75, 108—110; III. 15, 23, 58; VI. 41　→明瞭、自明、明白
文、文の諸部分、文の分割　I. 49, 123, 131—136, 138, 140—141, 155, 158—160　→補註Ｎ
—体　I. 249
憤慨、憤激　→怒り
分割　I. 27, 126, 159—160, 252; III. 32—33, 101—102, 104—105, 109—114, 116; V. 23, 99; VI. 51, 67　→可分／不可分
分詞　I. 237—239　→動詞、名前、普通名詞、冠詞、補註Ｎ、Ｒ
分娩　→出産
文法家　I. 8, 41, 55, 57—59, 63, 67, 70—71, 73—75, 79, 84—85, 90—91, 93, 97—100, 103, 113, 115—116, 119—120, 123, 126, 132, 141, 143, 145, 152, 154, 158—159, 164—165, 168, 171—172, 174, 179—180, 185, 187, 191, 201, 209, 213, 222, 227, 229, 255—257, 267—268, 270, 275, 295—296, 300—302, 304—305, 307—308, 310, 313, 315, 320; II. 48, 52, 59, 86; III. 116; VI. 28, 56

—の定義　I. 73
文法術　I. 41, 43—47, 49, 53—54, 56—57, 60—61, 63—66, 69—70, 72—77, 80—88, 90—91, 93—94, 97, 120, 132, 141, 144, 153, 161, 176, 184, 190, 247—248, 250, 252—254, 265, 269—270, 272, 274—275, 277—281, 292—294, 296, 299, 309, 318—320; II. 1, 13, 86; VI. 4, 30　→読み書き術、技術
—の二種類　I. 44, 49
—の定義　I. 57, 60, 63, 66, 73—76, 81, 84, 86—88
完全な—　I. 46, 76
文法術の諸部分　I. 248—252
—の定義　I. 92—93
技術的な部分　I. 91—92, 94—95, 175, 247, 251—252　→技術的理論
歴史的な部分　I. 91—92, 94—95, 247—256, 265, 268—270　→歴史
詩人や作家に関わる比較的特殊な部分、技術的部分および歴史的部分に接する部分　I. 91, 93—95, 251—252, 270, 277　→詩、詩人、作家、散文
文法的方式　I. 249
分有　III. 91; IV. 11, 13—16, 18—20
分離　III. 62, 83
閉塞（熱病を引き起こす）　III. 5　→細孔、熱病
並置　III. 61—64, 78; IV. 21—22
平面　III. 26—27, 35, 66—67, 74—76, 94, 98—99, 107　→面、立体
—の定義　III. 99
並立的想起　I. 129
ヘーミオリオス　IV. 6—8　→五度
—の定義　IV. 7
ヘーミオリオン・クローマ　VI. 51　→補註k（vi）
ヘクサメトロス　I. 167—168
隔たり　I. 135; III. 28, 66—67, 69; V. 39, 57, 78, 81
隔たり［音程］　VI. 45—48, 58　→補註k（iii）
蛇　I. 226, 264
ヘルメスの星（水星）　V. 29, 32, 34, 36　→補註c、別表III
辺（四角形の）　III. 74
変化　I. 35, 82—83, 228; III. 87, 89—90; V. 2, 30, 59, 80, 100—101　→格、語形変化
弁護人　II. 4, 7　→裁判、審判人
変則性、変則的　I. 6, 154, 236, 240　→不定
変動（季節の、宇宙の）　V. 11, 105
変動宮　V. 6, 11　→補註d
弁論　II. 4, 16—18, 58, 73—77, 79—81, 83, 93—95, 98—99　→語ること、言論
可能的な—　II. 79—83
弁論家　I. 59, 87, 268, 295, 320; II. 14—16, 18—19, 38—41, 47, 52, 55—59, 62—64, 72—73, 75—76, 78, 82—83, 85—87, 89, 95, 101—103; III. 6　→追放
完全な—　II. 62
弁論術　I. 2, 87; II. 1—2, 4—18, 20—22, 24—27, 30—31, 34, 36, 41, 43—52, 55, 58, 60—62, 64—76, 78—81, 84—89, 92—95, 97, 99, 101, 106, 113; III. 4　→技術
—の定義　II. 2, 4—9, 61—62
—の素材　II. 48, 88
議会演説（術）　II. 85, 89—90, 92, 100
称賛演説（術）　II. 89—92, 100　→称賛
法廷弁論（術）　II. 58, 89—95, 100
母音　I. 55, 100, 105, 111—116, 121; II. 57　→子音、補註L、M
—同士の衝突（母音連続）　II. 57　→補註V
法（国の）　II. 21, 31—36, 38—41, 44　→無法状態、立法家
忘却、物忘れ　I. 52; VI. 22
方言　I. 43, 59, 78, 88—89, 249, 313
方式　I. 15, 123, 159, 168—169, 194, 200, 249—250, 281; II. 71; III. 99; V. 49
報酬　II. 29
法則　I. 32—34, 46, 132, 268—269; VI. 30　→規則、理論

法廷弁論（術）　→弁論術
報復　II. 37
報復（占星術）　→悪しき運
宝瓶（宮）　V. 11, 22, 34, 92−93　→補註c、別表III
方法、考究方法　I. 3, 39−40, 77, 81, 91, 96, 111, 131, 175, 185, 188, 249, 254−256, 266, 269; II. 12, 18, 100−101; III. 40, 42−44, 48, 50, 66; V. 3, 9, 24, 26−27, 43, 45, 49−51, 54−55, 68, 71, 75, 82; VI. 23−24
方法的秩序　I. 249, 254−255, 266, 269
誇り　I. 3, 42, 97
星　V. 5, 20, 22−24, 26, 29−35, 37−42, 50, 53, 70−71, 80, 94−95, 98, 103−105　→宮、恒星、星座
補助、補佐　V. 5, 7, 32, 76, 101
　—的原因　V. 5, 7　→原因
ほら貝　VI. 24

マ　行

前／後　III. 19, 35　→上／下、右／左
磨羯［宮］　V. 11, 13, 22, 34, 36　→補註c、別表III
貧しさ　II. 103, 105　→富
間違い　I. 86, 149, 195, 212; III. 58; V. 79, 87, 103
マラコン・クローマ　VI. 51　→補註k（vi）
マラコン・ディアトノン　VI. 51　→補註k（vi）
ミーモス劇　I. 252, 263
味覚、味わう　I. 23, 141, 185; VI. 33, 39, 44　→甘さ／苦さ、感覚
右／左　I. 135, 137; III. 19; V. 31　→上／下、前／後
水　I. 28, 101, 271, 286, 303; II. 105; III. 28, 62; V. 24−25, 75, 82, 92−93
醜さ　II. 103, 105　→美
未来　VI. 62−66　→過去、現在
民会　II. 1, 18
民衆　→大衆
無益　→益
無学、無知　I. 1, 64, 279; VI. 13
無感覚　I. 4, 273, 285　→感覚、鈍感
無教養　I. 1, 5　→教育
無経験　I. 85　→経験
無限　I. 66, 70−71, 81−83, 86, 126, 224, 259−260, 262, 314; III. 81; IV. 16; VI. 62　→有限
　—遡行　I. 180, 183, 242−243; II. 109, 112; III. 81
　—分割　I. 27, 124; III. 101, 104
無差別、無頓着　I. 5, 61, 153, 172, 174, 285; VI. 27
無把握　I. 306; V. 51　→把握
無法状態　II. 32−33　→法
無用　→有用
明確　I. 165, 176, 192, 194−195, 234, 278, 303, 318−319; II. 36; III. 57　→不明確
名称　I. 61−62, 99; VI. 2　→名前
迷信　V. 2
名声　I. 3; II. 2, 4, 72
命題表現　I. 315
明白　I. 20, 80, 176, 240, 248, 253; III. 94　→自明、明瞭、不明瞭
明瞭　I. 36, 184−185, 305; II. 54, 56−57, 63−65, 75, 108; III. 40, 43−44, 46−47, 51, 57, 64, 74; V.82; VI. 41　→自明、明白、不明瞭、移行
命令形　I. 133
女神　I. 101, 133, 290; II. 32　→神
女神（占星術）　V. 17, 19　→補註e
巡り合わせ（占星術）　V. 12, 31, 41−42, 88, 90, 94, 103
面、表面　III. 19−21, 60−61, 75−78, 80−82; IV. 5　→平面
　—の定義　III. 20, 61, 77−78
木材　I. 108; III. 95; IV. 15
目的　I. 40, 50, 61, 90, 214; II. 8, 10, 13−15, 33, 60−61, 72−73, 78−79, 81−94; V.22
文字　I. 44−46, 49−50, 52, 99−100, 105　→グランマ、字母、別表I
物語　III. 3; VI. 26　→神話
物差し　II. 80　→規準、尺度
問答　II. 6, 58, 65; III. 9
問答法　I. 301, 310; II. 6−7, 69
　—の定義　II. 69

ヤ 行

薬剤、薬売り、投薬 *I. 95; II. 41, 49*
約束、公約、公言 *I. 39, 41−42, 49, 65, 67−68, 179, 182; II. 19, 42, 68, 80, 97−98; III. 108; V. 47, 67, 73*
山 *I. 92, 257, 291, 316−317; V. 27, 69, 80*
有益 →益
有害 →害
勇気、勇敢 *III. 51; V. 95−96, 100; VI. 9−10, 24* →男らしさ、臆病
有限 *VI. 62* →無限
優先 *I. 280* →判断
有用、役に立つ／無用、役に立たない *I. 50, 52−55, 174, 177, 193, 209, 220, 259, 270, 272, 277−280, 293−294, 297, 320; II. 41, 49; VI. 28−29, 31, 35* →益、害、生活、必要／不必要
養生法 *I. 95*
要請 *I. 81; II. 23; III. 4, 9, 12*
要約 *I. 175; V. 22; VI. 6* →概略
善き運（占星術）*V. 16, 19* →補註e
善き神霊（占星術）*V. 15−16, 18* →補註e
抑制 *VI. 7, 19, 21−22* →思慮節制
余計なこと *I. 7, 54, 209, 241, 279, 309; II. 59, 65; V. 5, 20* →空疎、穿鑿、駄弁
予言 *V. 1−2, 12, 41, 46−48, 50, 53, 85, 87, 91, 103* →補註b
欲求、欲望 *I. 43, 271, 273, 283, 286; II. 97; VI. 26*
読み書き術 *I. 44, 47, 52−54, 56* →文法術、技術
よりいっそう多くはまったくない *I. 315*
より大／より小 *I. 91, 139, 163, 167; III. 64, 68−69, 101−102; V. 31, 33; VI. 46−47*
夜 *V. 27, 71−72* →昼
四度 *I. 77; IV. 6, 9; VI. 46* →協和、エピトリトス
　―の定義 *IV. 6; VI. 46*

ラ 行

ラッパ *VI. 24* →楽器、補註j
ラテン語 *I. 218*
利益／無益 →益
離傾（占星術）*V. 14, 18−20, 50, 84* →補註e
俚諺 *I. 253*
リズム *VI. 1, 9, 15, 38, 59−61, 67* →アルシス／テシス、旋律（メロス）、旋律（メローディアー）、補註i
　―の定義 *VI. 60*
理性 *I. 22, 61, 153; III.5; IV. 17; V. 2* →非理性的
立体 *III. 19, 82, 84; IV. 5* →物体、平面
立法家 *II. 20, 36* →法、無法状態
立論 *I. 206; II. 76−77, 111−112; III. 4−5, 13, 17, 57* →証明
理に適った *I. 226; V. 95* →おかしな、つじつまの合わない、不合理
竜 *V. 98*
粒子 *III. 5* →発出
流体的（母音について）*I. 100*
流動 →動
リュラー *VI. 9, 16, 24* →楽器、補註j
量、数量 *I. 70, 169; III. 5, 38, 52, 54−56; IV. 1; VI. 60* →性質
料理術 *VI. 33* →技術
理論、―的、―家 *I. 90, 95, 217, 248−249; II. 5; III. 67, 71* →技術的理論、規則、法則
類、―的、部類、種類、種族 *I. 264; II. 5, 25, 43, 110−111; III. 40, 54, 92, 94; IV. 17; VI. 4, 37−38, 49−50, 52*
類（ゲノス）（旋律について）*VI. 48−50, 58* →補註k（v）
類似／非類似 *I. 216−217; II. 19; III. 40, 44−46; V. 97−98; VI. 1, 30*
類比 *I. 16, 113, 131, 176, 179, 189−190, 192−202, 205−209, 214, 217−220, 224, 227, 229, 236−238, 240, 250−251; III. 40, 42, 44, 48−50; IV. 31; V.7−8, 27, 96−97; VI. 45* →補註Q

—の定義　I. 199, 202, 229, 236
—主義者　II. 59
冷　→熱／冷
歴史　I.43, 250—253, 256—257, 260, 262—263, 265—269, 278, 317; V.105
—家　I. 59, 259—260
—的な部分　→文法術
レクトン［言表されうるもの］　I. 20, 28, 76—78, 155—158; II. 107　→意味［意味されるもの］、補註G
劣悪　→悪
レプトン（分）　V. 5, 99
連続　III. 66, 68—69, 115; IV. 1; V. 78, 105
憐憫　→憐れみ
老人、老婆、老い、長老、年寄り、高齢　I. 62, 141, 238, 298; II. 3; V. 88—89; VI. 13　→若者
朗読　I. 43, 250—251, 272, 298
肋膜炎　I. 308　→病気
ロバ　V. 94
論争、異論、争い、論戦　I. 5—6, 28, 40, 91, 156—157, 170; II. 30, 95—96, 102, 111; III. 15, 93; VI. 39　→抵触、反目
論駁　I. 1, 26, 39, 56, 98, 132, 173; II. 19; III. 2, 51; V.73, 82, 88, 90
論理学　I. 79

ワ　行

若者、若造、若い　I. 2, 4, 62, 212, 234, 258; II. 21, 97—98; VI. 8, 26, 34　→老人
分け目（線の）　III. 110—111, 113—115　→二分割
災い　V. 20, 22, 29　→幸福、凶星
「わたしは問答している」　II. 65; III. 9
笑い、嘲笑、笑止　I. 176, 195, 206, 225, 234—235, 266; II. 19, 56, 58; V. 96
われわれに起因するもの　II. 104; V. 46, 48　→偶然、必然、原因

術 語 集

ἀγαθὴ τύχη　善き運
ἀγαθοποιὸς ἀστήρ　吉星《きっせい》
ἀγαθὸς δαίμων　善き神霊
ἀγωγή　生き方 [主義]
ἄδηλος　不明瞭な
ἀδιανόητος　思考不可能な
ἀδιάφορος　無差別の、無頓着な
ἀκαταληπτεῖν　無把握である
ἀκατάληπτος　把握不可能な
ἄκρον　端
ἀμέθοδος　方法を欠いた、方法的秩序を欠いた
ἀμφισβήτησις　論争、異論
ἀνάγνωσις　朗読
ἀναιρεῖν　否認する、否定する、削除する、取り除く
ἀναλογία　類比
ἀναλογιστικός　類比的、類比主義者
ἀνάλογος　類比的
ἀνατολή　上昇点
ἀνεπίκριτος　判定がついていない、判定不可能な
ἀνεπινόητος　思考不可能な
ἀντικεῖσθαι　対立 [矛盾] する
ἀντιμεσουράνημα　天底
ἀντίρρησις　反論
ἀντιτιθέναι　対置する
ἀντιτυπία　抵抗性
ἀνύπαρκτος　非存立的な
ἀνυπόστατος　非成立的な
ἀνωμαλία　変則性
ἀνώμαλος　変則的、一定していない、不均一な
ἀξιωματικὴ φωνή　命題表現
ἀπειρία　無限、経験不足
ἄπειρος　無限の、無限に多い
ἄπιστος　信用できない
ἀπόδειξις　証明
ἀποκατάστασις　回帰
ἀπόκλιμα　離傾
ἀπορεῖν, ἄπορος　行き詰まる
ἀπορία　行き詰まり、行き詰まり [難問]、難問
ἀποτέλεσμα　結果、巡り合わせ
ἀργόν　不活動
ἄρθρον　冠詞
ἀριθμητική　数論
ἁρμονία　調和、調和 [音階]、ハルモニアー
ἀρρενικὸν [ζῴδιον]　男性宮
ἀρχή　原理、原理 [出発点]、出発点
ἀρχὴ θανάτου　死の始まり
ἀστρολογία　星学
ἀστρονομία　天文学
ἀσυμπάθεια　非共感性
ἀσώματος　非物体、非物体的
ἄφωνος　非音声的な (子音)、物言わぬ

βάθος　深さ
βαρβαρισμός, τὸ βάρβαρον　他国風言葉遣い
βεβαιοῦν　確証する、確立する

γενεαλογικόν　系譜学
γενεθλιαλογία　誕生占星術
γένεσις　誕生天宮図、生成、起源
γενικὴ πτῶσις　属格
γεωμετρία　幾何学
γλῶσσα　稀語
γράμμα　文字、グランマ
γραμματική　文法術
γραμματιστική　読み書き術
γραμμή　線 (数学の)

δασύς　帯気的
διαβεβαιοῦσθαι　確言する
διαγιγνώσκειν　識別する
διάθεμα　天宮図
διακρίνειν　判別する
διαλεκτική　問答法
διάλεκτος　方言
διάμετρον　衝
διάνοια　思考、精神
διὰ πασῶν　八度 (オクターヴ) の (協

和)
διὰ πέντε　五度の (協和)
διαπορεῖν　行き詰まらせる、行き詰まりを提示する
διάστασις　広がり、論争
διάστημα　隔たり、隔たり [音程]
διὰ τεσσάρων　四度の (協和)
διάτονον　ディアトノン
διαφωνία　反目、食い違い
διάφωνος　合致していない
δίεσις　ディエシス
δικανική　法廷弁論術
διπλασίων　ディプラシオーン
δίσωμον [ζῴδιον]　双体宮
δίχρονος　二時間的な (母音、音節)
δόγμα　ドグマ、教説 (ドグマ)
δογματικός　ドグマティスト
δόξα　思いなし
δορυφορεῖσθαι　護衛されている
δοτικὴ πτῶσις　与格
δυϊκὸν [ὄνομα]　双数の [名前]
δύσις　入没
δωδεκατημόριον　十二分の一部分

ἐγκύκλια μαθήματα　円環的な学問
ἐγκωμιαστική　称賛演説術
ἔθος　習慣
εἰκός　ありそうな
ἐκκαλύπτειν　顕示する
ἐκμελής　非旋律的
ἔκρυθμος　非リズム的
τὸ ἐκτὸς ὑποκείμενον　外部に存在する事物
ἔλεγχος　論駁
ἑλληνισμός, τὸ Ἑλληνικόν　純粋ギリシア語
ἐμμελής　旋律的、美しい調べの
ἐμπειρία　経験
ἐναργής　明瞭な
ἐνθύμημα　エンテューメーマ
ἑνικὸν [ὄνομα]　単数の [名前]
ἐννοεῖν　概念をもつ、想像する
ἔννοια　概念、思考
ἔνρυθμος　リズム的
ἐξήγησις　解釈
ἕξις　素養

ἐπαναφορά　次昇、上昇
ἐπέχειν　判断を保留する
ἐπίκεντρος ἀστήρ　中心上の星
ἐπικρίνειν　判定する、判定を下す
ἐπινοεῖν　思考する
ἐπίνοια　概念、思考
ἐπίπεδον, ἐπίπεδος　平面
ἐπιστήμη　知識
ἐπίτριτος　エピトリトス
ἐπιφάνεια　面、表面、光彩、顕現
ἐπιφορά　帰結
ἐπιφώνημα　締め括り的付言
ἐποχή　判断保留
ἐτυμολογία　語源論
ἔτυμον　語源
εὐθεῖα [γραμμή]　直線

ζητεῖν　探求する
ζῳδιακὸς κύκλος　獣帯の円
ζῴδιον　宮《きゅう》、星座

ἡγούμενον　前件 (仮言命題の)
ἦθος　性格、エートス
ἡμερινὸς [ἀστήρ]　昼の星
ἡμιόλιος　ヘーミオリオス
ἡμιτόνιον　半音
ἡμίφωνος　半音声的な (子音)

θεός　神、男神
θέσις　取り決め
θεωρεῖν　考察する、観察する、観取する、観測する
θεώρημα　規則、法則、理論
θεωρία　考察
θηλυκὸν [ζῴδιον]　女性宮
θυτική　犠牲占い術

ἰσοσθένεια　力の拮抗
ἱστορία　歴史、歴史的記述

καθῆκον　相応《ふさわ》しいこと、相応しい責務
κακὴ τύχη　悪しき運
κακοποιεῖν　災いをもたらす
κακοποιὸς ἀστήρ　凶星、災いをもたらす星
κακὸς δαίμων　悪しき神霊

κακοτεχνία　似《え》非《せ》技術
κανών　規則、物差し
καταλαμβάνειν　把握する
κατασκευάζειν　立論する
κατὰ τὸ πλεῖστον　大多数の場合
κάτω μερίς　下方部分
κενόν　空虚
κέντρον　中心
κρίνειν　判断する、判定する
κρίσις　判断、判断法、批評
κριτήριον　規準
κριτική　批評術

λεκτόν　レクトン［言表されうるもの］
λέξις　語、語（レクシス）、語り方、言葉
λῆγον　後件（仮言命題の）
λῆμμα　前提
λόγος　理性、（説明）原理、言論、議論、弁論、比、文、理論

μαθηματική　数学
μαθηματικός　学者、数学的、数学者
μάχεσθαι　抵触する、争う
μέγας ἐνιαυτός　大年
μέγεθος　大きさ
μέθοδος　方法、考究方法
μέλος　旋律（メロス）
μελῳδία　旋律（メローディアー）
μερισμός　区分（文／語の）
μεριστός　可分的な、分割可能な
μεσουράνημα　天頂
μετάβασις　移行
μετοχή　分詞、分有
μέτρον　尺度
μῆκος　長さ
μονάς　一
μονοειδής　単一形相的
μονομοιρία　単一部分
μουσική　音楽、音楽術

νοεῖν　思惟する
νόησις　概念、思惟
νοῦς　思惟、知性

ὄγκος　粒子
οἶκος　宿
ὁμοιοτέλευτον　同音語尾反復
ὄνομα　名前、名称
ὀρθὴ πτῶσις　主格
ὀρθογραφία　正書法
ὅριον　区界
ὅρος　定義、限界
οὐδὲν μᾶλλον　よりいっそう多くはまったくない
οὔτι　「何かでないもの」

πάθος　情態、病的情態
παράπηγμα　規則、記録
τὰ παρ᾽ ἡμᾶς　われわれに起因するもの
πέρας　境界、限界
περιέχον　天の穹窿
περίοδος　完結文
περιπέτεια　梗概
περίπτωσις　遭遇
περίστασις　情況
περιτρέπειν　反転させる［覆す］
περιφέρεια　円周
πιθανός　説得的な
πίναξ　表
πίστις　確信、確信させる根拠、信憑性、信用
πιστός　信用できる、信頼できる
πλάγιος πτῶσις　斜格
πλάτος　幅
πλευρά　辺、側胸部
πληθυντικὸν [ὄνομα]　複数の［名前］
πνεῦμα　気息
ποιητική　詩の技術
ποιητικὸς τρόπος　詩的方式
ποινή　報復
πόρος　細孔
πούς　詩脚
προαρπάζειν, συναρπάζειν　先取りする（探求の的を）
πρόδηλος　自明の
προκρίνειν　優先させる
πρόληψις　先取的認識
προσηγορία　普通名詞
προστακτικὸν ῥῆμα　命令形の動詞
προσῳδία　発音法
πτῶσις　格、（音高を）とること

πυσματικὴ φωνή　疑問表現

ῥῆμα　動詞、語句、言葉、物言い
ῥητορική　弁論術
ῥυθμοποιία　リズム構成
ῥυθμός　リズム

σημαινόμενον　意味 [意味されるもの]、意味されるもの
σημαῖνον　意味するもの
σημεῖον　徴証、徴、徴 [点]、星座
σκεπτικοί　懐疑派
σκεπτικός　懐疑主義の
σολοικισμός, τὸ σόλοικον　語法違反
σοφία　知恵
σοφός　知者
στερεὸν [ζῴδιον]　不動宮
στερεόν, στερεὸν σῶμα　立体
στιγμή　点
στοιχεῖον　構成要素、構成要素 [字母]、字母、字母 (ストイケイオン)
σύγγραμμα　書き物、散文
συγκατάθεσις　承認
συμβουλευτική　議会演説術
συμμνημόνευσις　並立的想起
συμπαθεῖν, συμπάσχειν　共感する
συμπληροῦν　完全にする、内実を満たす
συμφωνία　一致、合致、協和、契約
σύμφωνον　子音
συνάγειν　導出する
συναλοιφή　省音
σύστασις　構成、体系、成り立ち
σύστημα　体系、音階体系、構成体
σχηματισμός　星相
σωρικὴ ἀπορία　堆積の難問

ταπείνωμα　失墜
τετράγωνον　四角形 (幾何学において)、矩 (星学において)
τετρακτύς　テトラクテュス
τεχνολογία　技術的理論
τήρησις　観察
τὶ 「何か」
τόνος　アクセント、全音
τριβή　熟練、実際行動
τρίγωνον　三分
τροπικὸν [ζῴδιον]　変動宮
τρόπος　方式、方法、仕方
τρόπος τῆς μαθήσεως　学習法

ὑπάρχειν　存立する、である
ὑπὸ γῆν　地の下
ὑπογράφειν　概略的に説明する
ὑπόθεσις　仮設、前提、限定的問題、ヒュポテシス
ὑπολαμβάνειν　想定する
ὑπόμνημα　覚え書
ὑπόστασις　成立
ὑποτίθεσθαι　仮設として立てる、仮設する、仮定する、前提する
ὑφίστασθαι　成立する
ὕψωμα　昂揚

φαίνεσθαι　現われる、思われる
φαινόμενον　現われ、現われるもの
φαντασία　表象
φαντασιοῦσθαι　表象する
φθόγγος　音、楽音
φύσις　自然、自然本来のあり方、自然本性、自然的性、実質
φωνᾶεν　母音
φωνή　音声、表現

Χαλδαϊκή　カルデア占星術
χρῶμα　色、クローマ

ψιλός　単純な、たんなる、裸の、非帯気的

ὡροσκόπιον　時計
ὡροσκόπος　時の見張り
ὡς ἐπὶ τὸ πλεῖστον　大多数の場合
ὡς ἐπὶ τὸ πολύ　大体のところ
ὡς τὸ πολύ　たいていの場合

別表 I　ギリシア語の字母

大文字	小文字	名　称	音価（発音）
Α	α	Alpha	a または ā
Β	β	Bēta	b
Γ	γ	Gamma	g
Δ	δ	Delta	d
Ε	ε	Ei（または Epsīlon）	e
Ζ	ζ	Zēta	z
Η	η	Ēta	ē
Θ	θ	Thēta	th
Ι	ι	Iōta	i または ī
Κ	κ	Kappa	k
Λ	λ	Lambda	l
Μ	μ	Mȳ	m
Ν	ν	Nȳ	n
Ξ	ξ	Xei（または Xī）	x（=ks）
Ο	ο	Ou（=οὖ）（または Omīkron）	o
Π	π	Pei（または Pī）	p
Ρ	ρ	Rhō	r（=rh）
Σ	σ（ς）	Sīgma	s
Τ	τ	Tau	t
Υ	υ	Ȳ（または Ȳpsīlon）	y または ȳ（=ü）
Φ	φ	Phei（または Phī）	ph
Χ	χ	Chei（または Chī）	kh
Ψ	ψ	Psei（または Psī）	ps
Ω	ω	Ō（または Ōmega）	ō

別表Ⅱ　ギリシア語の子音の分類

<table>
<tr><th colspan="3">分　類</th><th>唇音</th><th>歯　音</th><th>喉　音</th></tr>
<tr><td rowspan="8">単子音</td><td rowspan="3">黙　音
(閉鎖音)</td><td>有声音</td><td>β</td><td>δ</td><td>γ</td></tr>
<tr><td>無声音</td><td>π</td><td>τ</td><td>κ</td></tr>
<tr><td>無声帯気音</td><td>φ</td><td>θ</td><td>χ</td></tr>
<tr><td>流　音</td><td>有声音</td><td></td><td colspan="2">λ、ρ（ただし ῥ は無声帯気音）</td></tr>
<tr><td>鼻　音</td><td>有声音</td><td>μ</td><td>ν</td><td>鼻音のγ
(γγ, γκ, γχ, γξ)</td></tr>
<tr><td rowspan="2">擦　音</td><td>有声音</td><td></td><td>σが有声子音の前で
ζの音をもつ場合</td><td></td></tr>
<tr><td>無声音</td><td></td><td>σ、ς</td><td></td></tr>
<tr><td colspan="2" rowspan="2">複子音</td><td>有声音</td><td></td><td>ζ</td><td></td></tr>
<tr><td>無声音</td><td>ψ</td><td></td><td>ξ</td></tr>
</table>

別表Ⅲ　獣帯12宮（黄道12宮）および７つの星の記号

白羊宮	♈	太陽	☉
金牛宮	♉	月	☾
双子宮	♊	アレスの星（火星）	♂
巨蟹宮	♋	ヘルメスの星（水星）	☿
獅子宮	♌	ゼウスの星（木星）	♃
処女宮	♍	アプロディテの星（金星）	♀
天秤宮	♎	クロノスの星（土星）	♄
天蠍宮	♏		
人馬宮	♐		
磨羯宮	♑		
宝瓶宮	♒		
双魚宮	♓		

別表Ⅳ　4つの「中心」、およびそれらの「離傾」と「次昇」

（『論駁』第5巻12－19）

セクストスが用いていない名称は［　］で示す。

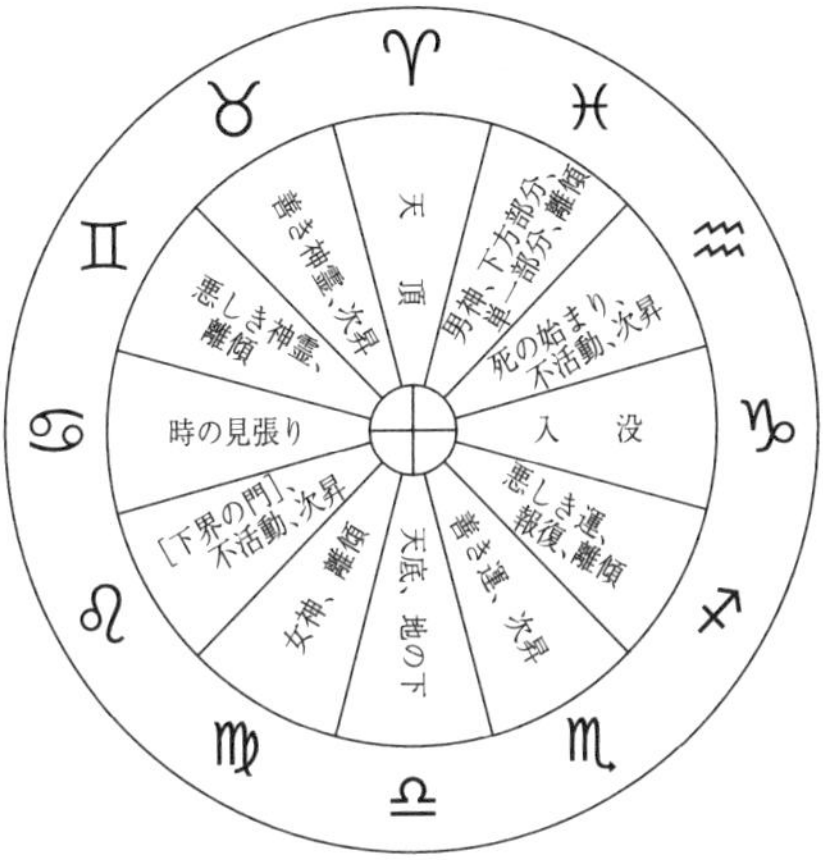

別表Ⅴ　7つの星の「宿」（『論駁』第5巻33－34）

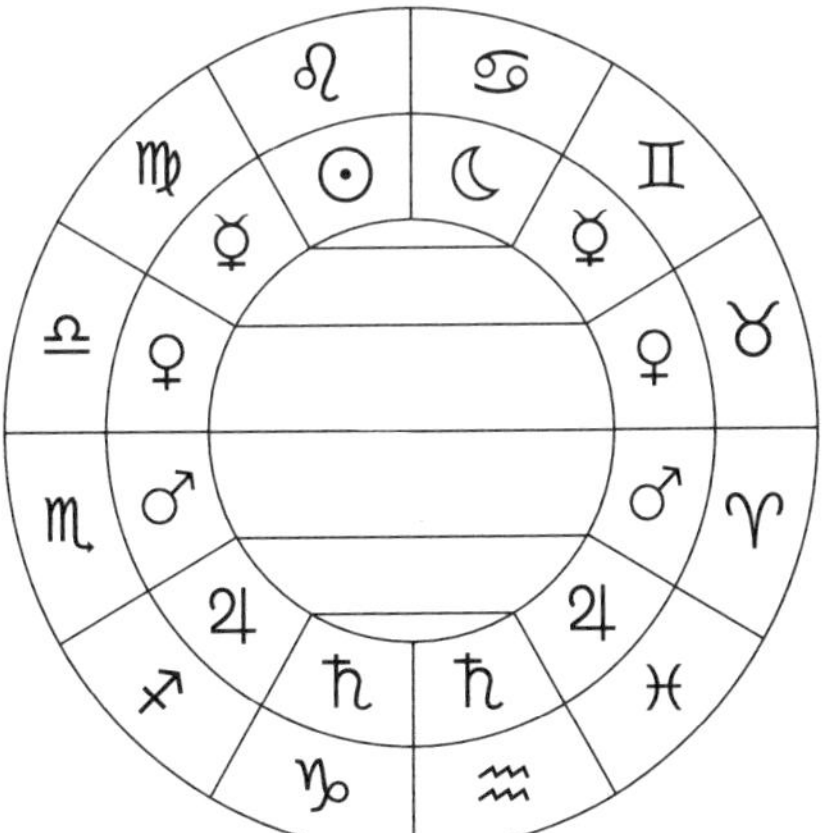

別表Ⅵ　「昂揚」と「失墜」（『論駁』第５巻35－36）

一番外側が12宮、中間が各宮を昂揚とする星、一番内側が各宮を失墜とする星である。

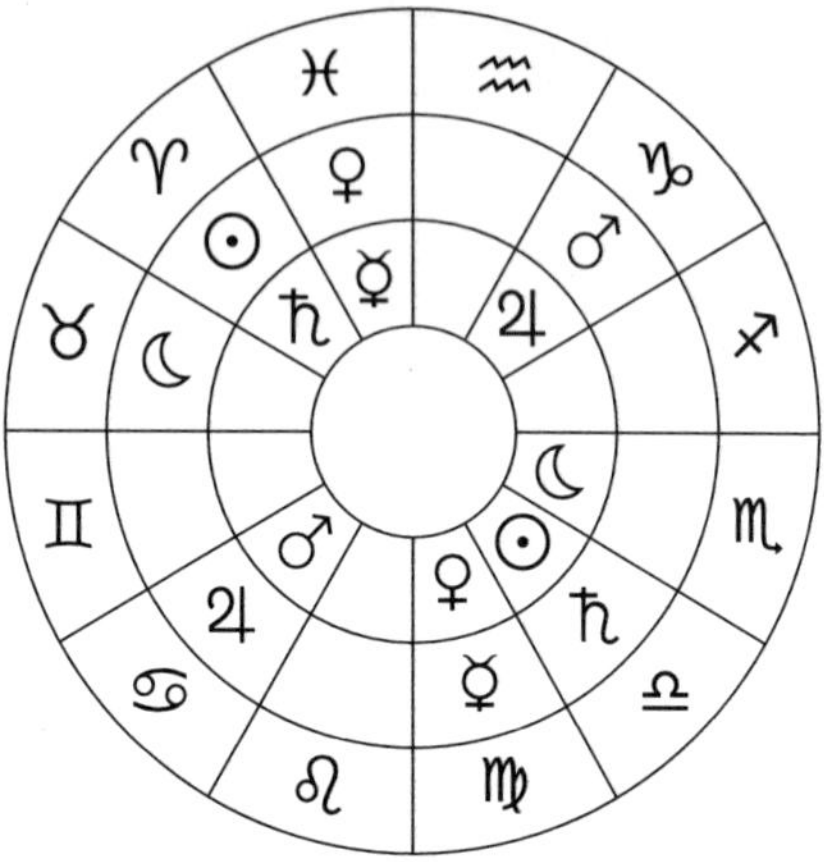

別表Ⅶ　星相（アスペクト）の種類

（『論駁』第５巻30、33、39−40、50、53など）

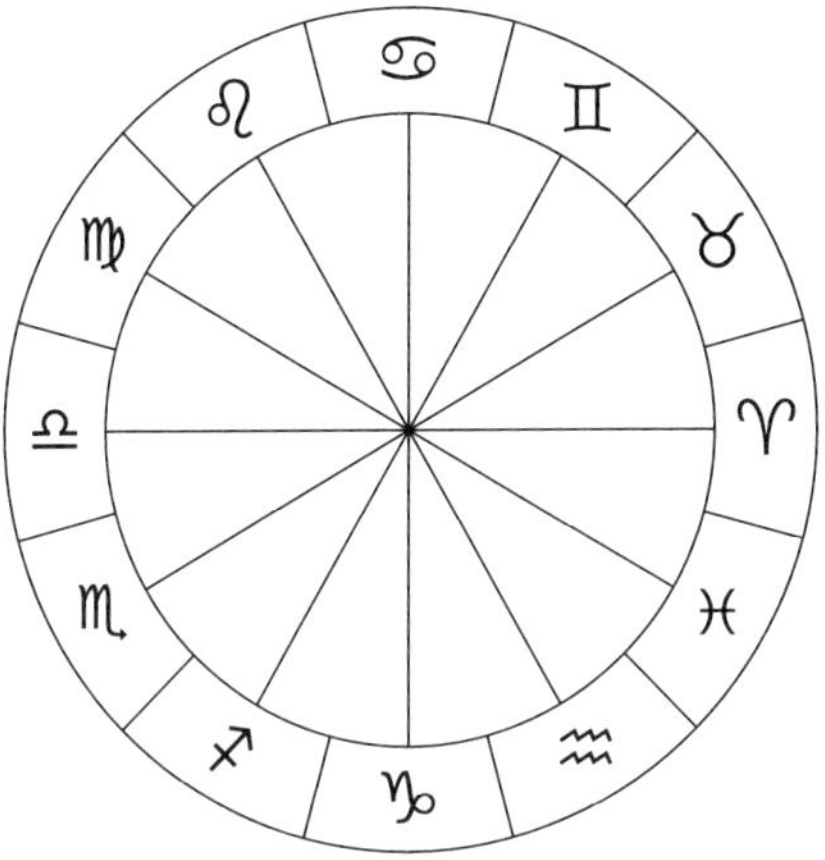

衝

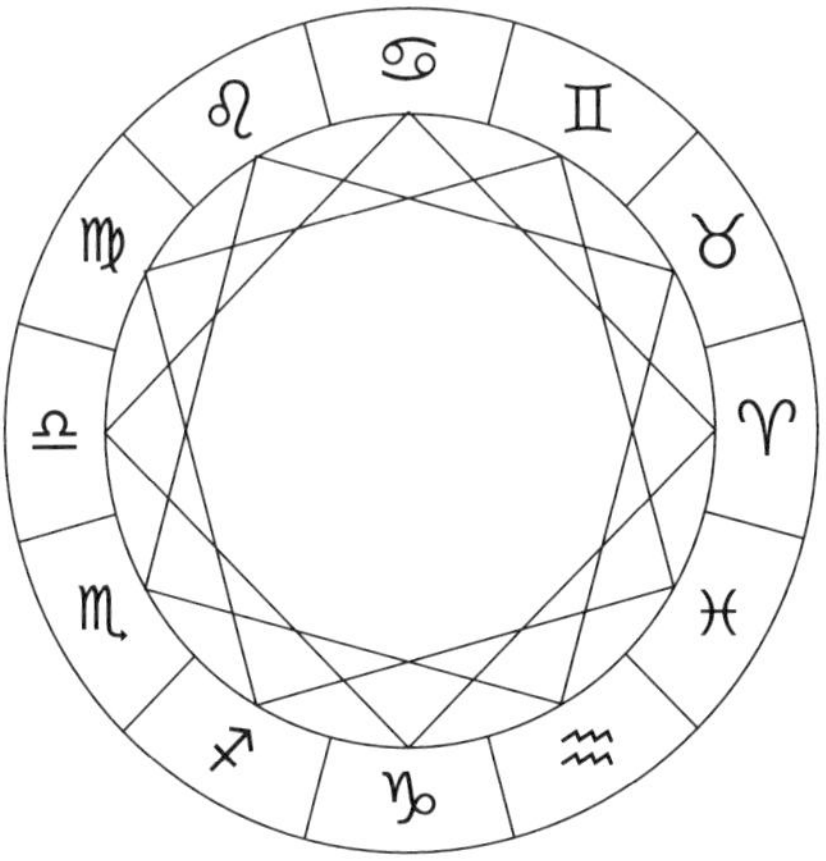

矩

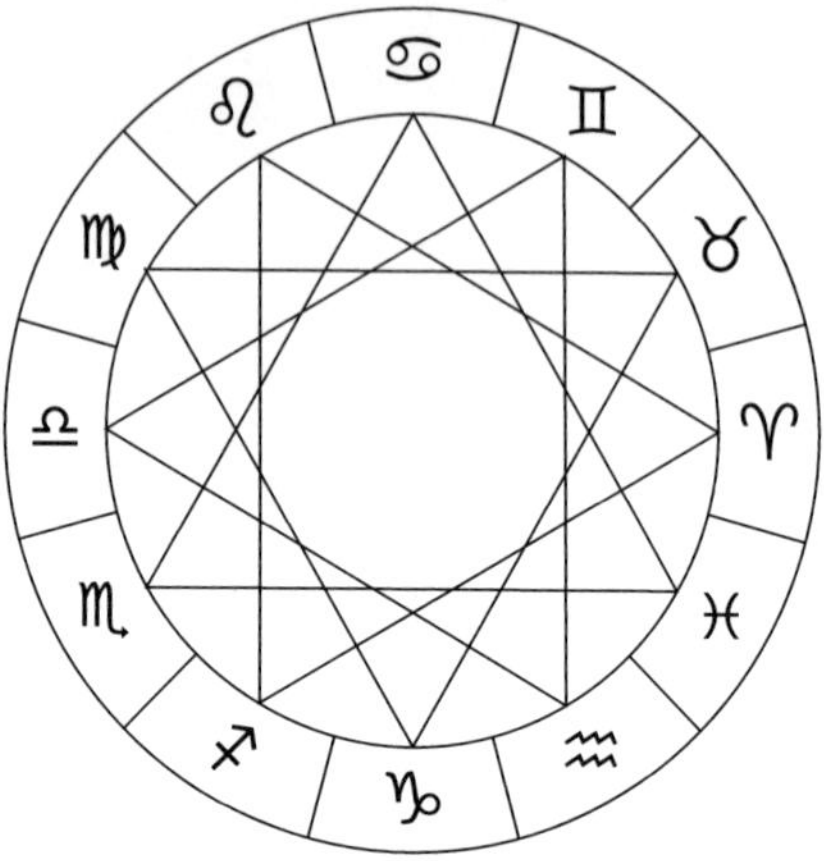

三分

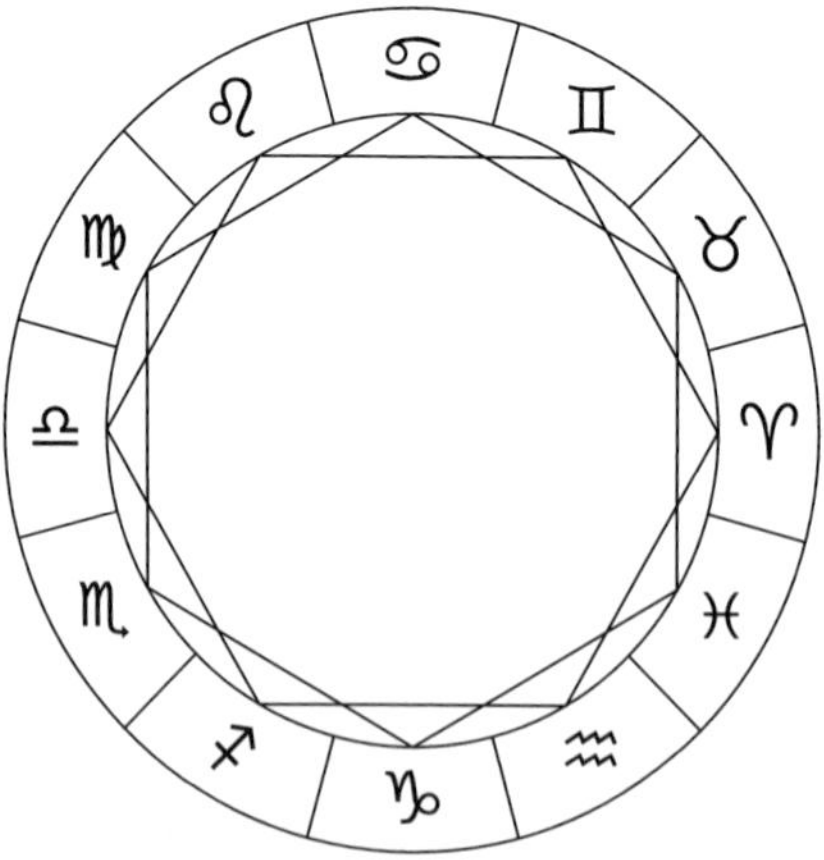

六分